DO OUTRO LADO DA LINHA
Poder Judiciário, Regulação e Adoecimento dos Trabalhadores em *Call Centers*

Para Anailde, Rui e Paula, por serem sempre meus.

RENATA QUEIROZ DUTRA

Doutoranda e Mestre em "Direito, Estado e Constituição" pela Universidade de Brasília (UnB). Integrante do Grupo de Pesquisa "Trabalho, Constituição e Cidadania" (Faculdade de Direito – UnB/CNPq). Integrante do Grupo de Pesquisa "Indicadores de regulação do emprego no Brasil" (Instituto de Economia – UNICAMP). Graduada em Direito pela Universidade Federal da Bahia. Analista Judiciária e Assessora Jurídica no Tribunal Superior do Trabalho (TST).

DO OUTRO LADO DA LINHA
Poder Judiciário, Regulação e Adoecimento dos Trabalhadores em *Call Centers*

LTr

EDITORA LTDA.
© Todos os direitos reservados
Rua Jaguaribe, 571
CEP 01224-001
São Paulo, SP – Brasil
Fone: (11) 2167-1101
www.ltr.com.br

Produção Gráfica e Editoração Eletrônica: Peter Fritz Strotbek
Projeto de Capa: Fabio Giglio
Impressão: Cometa Gráfica e Editora

LTr 5103.5
Agosto, 2014

Dados Internacionais de Catalogação na Publicação (CIP)
(Câmara Brasileira do Livro, SP, Brasil)

Dutra, Renata Queiroz
    Do outro lado da linha : poder judiciário, regulação e adoecimento dos trabalhadores em Call Centers / Renata Queiroz Dutra. — 1. ed. — São Paulo : LTr, 2014.

    Bibliografia.
    ISBN 978-85-361-3047-7

    1. Ambiente de trabalho — Brasil 2. Call Centers 3. Direito cuidados de saúde — Brasil 4. Direito do trabalho — Brasil 5. Telemarketing 6. Qualidade de vida I. Título.

14-07640   CDU-34:331.82(81)

Índice para catálogo sistemático:

1. Brasil : Ambiente de trabalho : Direito à saúde e segurança : Direito do trabalho   34:331.82(81)

Agradecimentos

Este livro é o resultado da dissertação de mestrado defendida perante o Programa de Pós-Graduação em Direito da Universidade de Brasília em fevereiro de 2014. Para escrevê-lo, contei com muitas mãos estendidas, às quais agradeço, com a certeza de que essas palavras não dimensionam com fidelidade o meu terno sentimento de gratidão.

Agradeço à Professora Gabriela Neves Delgado, pesquisadora generosa, que me abriu as portas do seu grupo de pesquisa, de sua sala de aula e do seu agradável convívio, acompanhando meu mestrado (e também o doutorado em curso) com apoio e incentivo entusiasmados. Se ingressei no Programa de Pós-Graduação da UnB com afinidade pela atividade de pesquisa, saio dele também encantada com o ato de ensinar e devo isso à sua postura vocacionada. Agradeço também a Isabela, que nasceu junto com essa dissertação, me trazendo muita sorte.

Ao grupo de pesquisa "Trabalho, Constituição e Cidadania", parte essencial da formação dos pós-graduandos que pesquisam o Direito do Trabalho na Universidade de Brasília, pelos debates acalorados, que amadureceram tantas das posições defendidas nesta obra. Também aos colegas, pelas discussões, risos e histórias que sempre acompanham e sucedem nossas reuniões, tornando tudo mais vivo.

Ao Grupo de Pesquisa "Indicadores de regulação do emprego no Brasil" (Economia/UNICAMP), cuja participação me proporcionou a oportunidade de conhecer novos referenciais e agregar em interdisciplinaridade aos resultados dessa pesquisa. Agradeço, em especial, a Vitor Filgueiras, que conduziu a pesquisa empírica contida neste trabalho e discutiu cada uma das conclusões, lendo criticamente o texto. Agradeço pela parceria, pela paciência.

Ao Ministro Luiz Philippe Vieira de Mello Filho, que, além de me proporcionar, a partir da convivência diária no Tribunal Superior do Trabalho, um aprendizado sem igual sobre o direito e sobre a magistratura, me franqueou uma aproximação intelectual que muito me honra e que ele, generosamente, denomina parceria. Agradeço especialmente pela postura de incentivador e apoiador desse projeto desde o início, seja por meio da anuência quanto ao gozo de licença-capacitação (imprescindível para a conclusão do trabalho), seja pelo apoio na publicação desse livro e na continuidade do projeto acadêmico com o doutorado.

A banca examinadora da dissertação, composta pela Professora Gabriela Neves Delgado, pela Professora Selma Venco, pelo Professor Ricardo Macedo de Britto Pereira e pelo Professor Cláudio Ladeira de Oliveira, é responsável pelo aperfeiçoamento deste trabalho.

Agradeço ao Professor Ricardo Macedo, com quem pude estabelecer um produtivo e frequente diálogo no grupo de pesquisa "Trabalho, Constituição e Cidadania", e que nos ensina, não só com seu acúmulo sobre as relações de trabalho, mas também com uma acessibilidade e horizontalidade no diálogo professor-aluno que poucas vezes vi igual.

À Professora Selma Venco, que além de oferecer referência teórica fundamental para a elaboração da pesquisa, compôs a banca examinadora da dissertação, oferecendo contribuição valiosa para o amadurecimento do texto. Agradeço também por todo o estímulo à publicação deste livro e pela continuidade carinhosa e proveitosa que o nosso contato tem ganhado.

Ao Professor Cláudio Ladeira, pela interlocução estabelecida no primeiro semestre de 2013, que contribuiu para a solidificação dos marcos teóricos desse trabalho e por franquear um espaço de discussão crítica dentro do Programa de Pós-Graduação em Direito da UnB.

Muitas pessoas contribuíram, em diversos momentos (desde a seleção do mestrado até a leitura do texto final), para que o resultado fosse este. Agradeço a todos, certa de que cada participação foi fundamental: Renan Freitas, Emília Teixeira, Clarice Calixto, Antônio Teixeira e Carla Gabrieli participaram da decisão de fazer o mestrado, dos meandros do processo seletivo e tiveram bastante trabalho comigo nesse momento. Antônio também me ajudou muito com a bibliografia, com a elaboração do sumário e com sua escuta sempre aberta. Noemia Porto me ofereceu boas horas do seu tempo escasso pra discutir o projeto, contribuindo muito para o seu aprimoramento. Cláudia Carvalho me acalmou em momentos decisivos com seus conselhos e sugestões, sempre tão ponderados.

Ao longo do mestrado contei com a parceria de Laís Maranhão, de quem tenho o privilégio de ter me tornado amiga, em uma troca constante, para risos, desabafos, reflexões e medos, todos compartilhados. Agradeço, sem tamanho, à família Cazazul, que viveu junto o tenso momento de redação da dissertação e que me propiciou alegria, companhia e uma aprendizagem bonita sobre a arte de conviver. Em especial, a Daniel Soeiro, cuja amizade há muito transbordou em fraternidade, agradeço pela confiança, pela lealdade e pela leve disponibilidade para dividir a vida. Também agradeço com muito carinho a João Paulo Araújo, cuja cumplicidade está contida nas entrelinhas deste livro, pelo apoio durante a elaboração do trabalho.

Aos colegas do Tribunal Superior do Trabalho, que carinhosamente apoiaram esse projeto e que cobriram muitas das ausências que o mestrado impôs, agradeço sinceramente. Em particular, agradeço a Gabriel Ramos, que leu desde os primeiros rabiscos produzidos no mestrado e que sempre foi um incentivador.

Devo um agradecimento especial ao amigo Valdemiro Xavier, que há uns bons dez anos me oferece a confortante sensação de nunca estar só. Pela discussão infinita deste trabalho, pelas reiteradas leituras do texto, pelas horas de terapia ao telefone e por ainda me fazer rir em meio a tudo isso, este trabalho também é seu, Valdinho.

Também agradeço a minha família querida, que desde sempre tem acompanhado cada passo meu com muita festa. Na Bahia ou em Brasília, a presença de vocês, em amor, me é fundamental.

A Rui Dutra, Anailde Dutra e Paula Dutra, eu agradeço do início ao fim. Ao papai, que foi quem primeiro me fez ver beleza no trabalho: é a você que eu venho, desde muito cedo, tentando teimosamente ser igual. À mamãe, que desde sempre esteve ali, exatamente perto, exatamente quando eu achei que era preciso: não compreendo a minha vida senão a partir de você. E a minha irmã, Paula, que, felizmente, me fez confundir, desde muito cedo, a sensação de paz que vem do seu amor fraterno com a serenidade dos livros e da leitura.

Por fim, agradeço às 23 trabalhadoras que, por meio dos acórdãos examinados, emprestaram suas histórias de dor e sofrimento para que, nessa pesquisa, fosse possível pensar o Direito. Espero oferecer em troca alguma contribuição que justifique a produção do conhecimento e a luta diária por um Direito do Trabalho que cumpra sua missão de resistência.

Sumário

Apresentação — *Luiz Philippe Vieira de Mello Filho* 13

Prefácio — *Gabriela Neves Delgado* 15

Abreviaturas e Siglas 17

Introdução 19

Capítulo I — A Nova Morfologia do Trabalho: o Lugar da Subjetividade e o Lugar do Adoecimento 25
1.1. Uma nova morfologia do trabalho: modelos de acumulação, Estado e regulação 25
    1.1.1. A crise estrutural do capital 26
    1.1.2. O modelo taylorista/fordista 27
    1.1.3. A resposta do capital: toyotismo e acumulação flexível 30
    1.1.4. A nova morfologia do trabalho, o discurso neoliberal e a precarização do trabalho 35
1.2. Trabalho e subjetividade na era pós-fordista 41
    1.2.1. A nova ofensiva do capital: o avanço sobre a subjetividade dos trabalhadores 43
    1.2.2. A crise das identidades profissionais 49
    1.2.3. Reflexos na organização coletiva 53
1.3. As consequências do novo modelo pós-fordista para a saúde dos trabalhadores 61
    1.3.1. Sofrimento e adoecimento psíquico 65

Capítulo II — O Trabalho em *Call Center* no Setor de Telecomunicações 70
2.1. Histórico do crescimento e remodelamento do setor de telecomunicações no Brasil 70
    2.1.1 A privatização do sistema Telebras 70
    2.1.2. O remodelamento da estrutura produtiva 73
    2.1.3. O crescimento da atividade de *call center* 76
2.2. Processos de trabalho no *telemarketing* e a instalação da precariedade 80
    2.2.1. O trabalho em *call center* e a marca do pós-fordismo 91
2.3. Consequências do modelo pós-fordista e a formação da nova parcela do precariado: quem são os operadores de *telemarketing*? 95

2.3.1 O perfil de gênero dos trabalhadores em *call centers*: uma nota necessária 95

2.3.2. O adoecimento identificado no setor 102

Capítulo III — A Regulação Jurídica do Trabalho em *Call Centers* pelo Tribunal Superior do Trabalho 110

3.1. O quadro jurídico que rege o trabalho em *call centers* no setor de telecomunicações 110

    3.1.1. A forma de contratação dos operadores de *call center* 110

        3.1.1.1. Parâmetros gerais de regulação da terceirização no Brasil 110

        3.1.1.2. A regulação da terceirização de call center no setor de telecomunicações: a Lei n. 9.472/97 e suas interpretações 116

    3.1.2. A tutela da saúde no trabalho em *call centers*: a proteção constitucional e a NR-17 do MTE 124

3.2. Os julgados do TST e a (ausência de) interlocução entre o adoecimento no trabalho e a precariedade social 129

    3.2.1. Metodologia 129

        3.2.1.1. Amostra do período compreendido entre 5.1.2005 e 5.1.2012. 136

            3.2.1.1.1. Primeiro grupo: grupo geral de acórdãos proferidos em reclamações trabalhistas ajuizadas por trabalhadores terceirizados de *call center* do setor de telecomunicações 136

            3.2.1.1.2. Segundo grupo: grupo específico de acórdãos sobre adoecimento de trabalhadores de *call center* do setor de telecomunicações 141

                a) Considerações gerais 141

                b) Os casos estudados 144

        3.2.1.2. Amostra do período compreendido entre 6.1.2012 e 6.1.2013 . 154

            3.2.1.2.1. Primeiro grupo: grupo geral de acórdãos proferidos em reclamações trabalhistas ajuizadas por trabalhadores terceirizados de *call center* do setor de telecomunicações 155

            3.2.1.2.2. Segundo grupo: grupo específico de acórdãos sobre adoecimento de trabalhadores de *call center* do setor de telecomunicações 163

                a) Considerações gerais 163

                b) Os casos estudados 166

3.3. O adoecimento de trabalhadores terceirizados no setor de telecomunicações e a resposta do Poder Público: Poder Judiciário x INSS 180

Capítulo IV — Estado, Regulação e Saúde dos Trabalhadores em *Call Center*.... 183

4.1. A regulação social do trabalho e a missão constitucional da Justiça do Trabalho 183

4.2. O TST no cenário da regulação do trabalho do país: apontamentos críticos.... 190

4.3. O TST no cenário da regulação do trabalho em *call centers* do setor de telecomunicações do país: o padrão regulatório identificado 196

    4.3.1. O lugar da Constituição de 1988 na proteção ao trabalho..................... 199

    4.3.2. Dissociação entre precariedade e saúde... 202

        4.3.2.1. Conceito de saúde adotado 203

    4.3.3. Os processos de trabalho como esfera infensa à regulação: a tutela do excesso 205

    4.3.4. Individualização dos casos de doença e ocultamento do adoecimento como questão coletiva 207

    4.3.5. O escudo da Súmula n. 126.. 210

    4.3.6. Ônus probatório estático e Nexo Técnico Epidemiológico Previdenciário (NTEP): quando o procedimento é uma opção regulatória 216

    4.3.7. O influxo do pensamento civilista clássico 218

4.4. Direito do Trabalho: perspectivas de resistência.. 226

Conclusões.. 231

Referências Bibliográficas 235

Se pudesse, esquecia-se de ser emotivo, gostava de acreditar que a vida podia existir apenas como para uma máquina de trabalho perfeita, incumbida de uma tarefa muito definida, com erro reduzido e já previsto, e com isso atender ao mais certeiro objetivo (...), retirar daí a felicidade das máquinas, uma espécie de contínuo funcionamento sem avarias ou interrupções. A felicidade das máquinas, para não sentir senão através do alcance constante de cada meta, sempre tão definida e cumprida quanto seria de esperar de si. As botas suspendiam-se e ele começara a balançá-las muito lentamente, como a criar um embalo, e talvez pudesse chorar.

Valter Hugo Mãe. O apocalipse dos trabalhadores. Cosac Naify, 2010.

Apresentação

Sinto-me especialmente privilegiado por ter sido escolhido para apresentar Renata Queiroz Dutra e sua obra *Do outro lado da linha: Poder Judiciário, Regulação e Adoecimento dos Trabalhadores em* call centers, ora editada pela LTr. Desde já, esclareço que cumpro esta missão não de forma protocolar, mas sim com singular alegria, em decorrência das inúmeras virtudes tanto da autora como do seu livro.

Renata Queiroz Dutra é uma jovem jurista que me chamou a atenção desde que nos conhecemos. Sua cultura jurídica, sua inteligência, sua sofisticação de raciocínio, a fluidez e a clareza do seu pensamento e dos seus textos e sobretudo o seu arrojo e empenho em pesquisar sobre temas difíceis e espinhosos sempre foram características marcantes. A tudo isso se junta a sua especial sensibilidade para tratar de temas jurídicos sob uma perspectiva aberta e interdisciplinar, sempre atenta ao humanismo que norteia a sua visão de mundo.

Todos esses talentos refletem-se na presente obra, cujo primeiro mérito consiste na escolha de tema que certamente é dos mais importantes e cruciais para o futuro das condições de trabalho no Brasil e do próprio Direito do Trabalho. De fato, a sua pesquisa procura demonstrar, a partir da situação dos terceirizados em *call centers* no setor de telecomunicações, como a terceirização vem minando conquistas históricas em favor da dignidade do trabalhador, impondo uma prática que cada vez mais se afasta dos ideais de trabalho previstos e consagrados pela Constituição Federal.

Contra o discurso atualmente dominante, que tenta invisibilizar tais abusos à dignidade do trabalhador ou mesmo justificá-los a partir de imperativos econômicos supostamente inquestionáveis, a autora retoma a necessária perspectiva de resistência do Direito do Trabalho, demonstrando inclusive como a própria Justiça do Trabalho, que deveria ser o maior pilar de sustentação da dignidade do trabalhador, não vem se desincumbindo, como poderia, de assegurar a efetiva proteção do trabalho. E a autora expõe sua linha de argumentação sem ceder à tentação fácil do discurso panfletário ou maniqueísta, mantendo a serenidade e a firmeza, sem nunca ignorar e reconhecer a complexidade e o caráter multifacetado da questão que busca explorar.

Por essas razões, ao tentar realçar o papel do direito na construção da dignidade e da justiça das relações de trabalho, entendo que o presente livro não apenas contribui e enriquece o debate atual a respeito da terceirização, como propõe uma pauta obrigatória de reflexões que não podem ficar de fora das discussões atuais em torno da matéria.

Sem exagero, trata-se de um livro especial, escrito por uma autora especial, da qual acredito que ainda muito se ouvirá falar não apenas por esta iniciativa mas também pelas valiosas obras futuras, que já antevejo na promissora carreira acadêmica que Renata Queiroz vem construindo.

Brasília, agosto de 2014.

Luiz Philippe Vieira de Mello Filho
Ministro do Tribunal Superior do Trabalho

Prefácio

São muitos os lugares da escrita e da leitura[1]. Os escritos de Renata Queiroz Dutra, na presente obra, inauguram importante contribuição sobre os trabalhadores terceirizados em *call centers*, no setor de telecomunicações.

Sua construção teórica é rica de reflexões fundadas na interdisciplinaridade, apreendida na trajetória do texto desde a partida até onde se chegou. As palavras ganham leveza, flutuam entre linguagens do saber jurídico e do saber sociológico, em universos que se conectam e se complementam. São vozes que se unem num mesmo embalo para noticiar a precariedade do trabalho provocada pelos ruídos da terceirização trabalhista.

As associações teóricas propostas denunciam, na terceirização trabalhista, a figura de um trabalhador encolhido pelo poder do capital que se manifesta, entre tantas facetas, por meio de uma lógica empresarial de viés predominantemente toyotista. Neste cenário, os terceirizados, silenciados por um processo produtivo dinâmico e incansável de mercantilização da força de trabalho humana, são submetidos a variados meios de volatilidade contratual, à cultura do descartável, à rotina do trabalho sem limites, à fragilização da identidade social e à ruptura da emancipação coletiva.

A partir da vastidão de temas relacionados ao fenômeno da terceirização trabalhista, Renata Dutra verticaliza a pesquisa para, com densidade teórica, analisar o cenário dos trabalhadores terceirizados em *call centers*, no setor de telecomunicações. As palavras tornam-se um coro de desassossego e de perplexidade. São vozes que falam de um mundo de assimetria contratual e de precariedades assombrosas nas relações de trabalho.

A temática é complexa e intrincada. No entanto, a autora propõe recorte específico e esclarecedor, amparada no domínio da língua portuguesa e na linguagem da Ciência. Com método científico rigoroso, divulga certa tendência de regulação social exercida pelo Poder Judiciário Trabalhista, em específico pelo Tribunal Superior do Trabalho, a partir do estudo de caso dos trabalhadores de *call center* do setor de telecomunicações submetidos a multifacetadas formas de organização produtiva toyotista.

Com respeito ao recorte metodológico proposto, a autora se ateve a avaliar, especialmente, a utilização argumentativa das premissas constitucionais de proteção ao trabalho pela Corte Superior Trabalhista, bem como sua efetiva compreensão acerca da realidade socioeconômica regulada.

Em resumo, a ideia central da autora, em torno da qual constrói uma série de raciocínios lógicos, refere-se à necessidade de se "delinear o horizonte de resistência que o

---

(1) A expressão é de Bartolomeu Campos de Queirós, em *Sobre ler, escrever e outros diálogos*. Belo Horizonte: Autêntica Editora, 2012. p. 25 (Série *Conversas com o Professor*, 2).

Direito do Trabalho, tal como moldado pela Constituição de 1988, pode representar na tutela da integridade física e psíquica dos operadores de *call center* do setor de telecomunicações, com vistas à concretização da sua dignidade no trabalho".

Note-se, portanto, que na condição de estudiosa do Direito do Trabalho, Renata Dutra se posiciona solenemente em favor da criação de um sistema concertado de proteção justrabalhista, sendo seu texto habitado por construção teórica fundada no princípio da proteção.

As palavras andantes em seu texto não apenas ecoam vozes de recusa a uma condição de trabalho precária e precarizada, mas também exprimem a premência por um sistema jurídico coeso que resguarde os direitos fundamentais trabalhistas, com especial substrato na Constituição de 1988, e que garanta um "controle civilizatório"[2] sobre o trabalho terceirizado.

Enfim, o referencial teórico ao princípio da proteção trabalhista, que compõe, direta e indiretamente, o conjunto das análises do presente livro, reforça o perfil de Renata Queiroz Dutra como uma pesquisadora de voz ativa, qualificada por forte compromisso social.

Por todas as razões ora expostas é que espero que o livro, ora lançado às comunidades acadêmica e jurídica, seja amplamente divulgado e que a autora seja agraciada com merecido sucesso.

Brasília, junho de 2014.

Gabriela Neves Delgado
Professora Adjunta de Direito do
Trabalho da Universidade de Brasília.
Pesquisadora e líder do Grupo de Pesquisa *Trabalho, Constituição e Cidadania*, da Faculdade de Direito da
Universidade de Brasília (UnB/CNPq).

---

(2) A expressão é de Mauricio Godinho Delgado, em *Curso de Direito do Trabalho*. 13. ed. São Paulo: LTr, 2014.

Abreviaturas e Siglas

ABT............ Associação Brasileira de Telesserviços
AEPS.......... Anuário Estatístico da Previdência Social
ANATEL .... Agência Nacional de Telefonia
BIRD.......... Banco Internacional de Reconstrução e Desenvolvimento
CAT .... Comunicação de Acidente de Trabalho
CDC........... Código de Defesa do Consumidor
CF.............. Constituição Federal
CID............ Classificação Internacional de Doenças
CLT............ Consolidação das Leis do Trabalho
CNAE .... Cadastro Nacional de Atividades Econômicas
CNJ............ Conselho Nacional de Justiça
CPC .... Código de Processo Civil
CTA .... Central de Teleatendimento
CPCT......... Centrais Privadas de Comunicação Telefônica
CTBC......... Companhia telefônica do Brasil Central
DAC........... Distribuição Automática de Ligações
DEJT.......... Diário Eletrônico da Justiça do Trabalho
DORT .... Distúrbios Osteomusculares Relacionados ao Trabalho
DRT .... Delegacia Regional do Trabalho
EC.............. Emenda Constitucional
EPI............. Equipamento de Proteção Individual
EUA .... Estados Unidos da América
FHC........... Fernando Henrique Cardoso
FMI............ Fundo Monetário Internacional
IBGE.......... Instituto Brasileiro de Geografia e Estatística
INSS........... Instituto Nacional do Seguro Social

LER	Lesão por Esforço Repetitivo
LGT	Lei Geral de Telecomunicações
MG	Minas Gerais
MPAS	Ministério da Previdência e Assistência Social
MPT	Ministério Público do Trabalho
MTE	Ministério do Trabalho e Emprego
NR	Norma Regulamentadora
NTEP	Nexo Técnico Epidemiológico
OIT	Organização Internacional do Trabalho
ONU	Organização das Nações Unidas
PA	Posição de atendimento
PCMSO	Programa de Controle Médico de Saúde Ocupacional
PPRA	Programa de Prevenção de Riscos Ambientais
PRT	Procuradoria Regional do Trabalho
RAIS	Relação Anual de Informações Sociais
SAC	Serviço de Atendimento ao Cliente
SBDI-1	Subseção Especializada em Dissídios Individuais I do TST
STF	Supremo Tribunal Federal
STJ	Superior Tribunal de Justiça
TAC	Termo de Ajustamento de Conduta
TELEBRAS	Telecomunicações Brasileiras S.A.
TMA	Tempo Médio de Atendimento
TMO	Tempo Médio Operacional
TST	Tribunal Superior do Trabalho

Introdução

O trabalho dos operadores de teleatendimento, teleoperadores ou operadores de *telemarketing* encontra-se significativamente difundido na sociedade atual: não se realizam diversas transações bancárias, aquisições, reclamações ou operações relativas aos serviços de telefonia fixa e móvel, de TV a cabo, de *internet*, entre outros, sem a mediação de um desses trabalhadores.

A condição de consumidor, hoje, é impositiva quanto ao desenvolvimento da contratação de serviços por meio da intermediação de uma central de teleatendimento, cujas deficiências técnicas muitas vezes se apresentam como óbice à plena realização dos direitos consumeristas, conduzindo os usuários desses serviços a uma visão pejorativa e impaciente em relação aos teleatendentes.

A inaptidão para a solução dos problemas que lhes são apontados, a excessiva confirmação de dados pessoais para identificação dos clientes, as sucessivas transferências de ligações para setores cada vez mais especializados e os famosos gerundismos constituem a representação social que esse tipo de trabalho guarda em relação à sociedade.

Somada a isso, a invisibilidade dos trabalhadores que atuam por trás do telefone os reifica e os diminui enquanto destinatários da consideração dos usuários dos serviços de teleatendimento.

De modo contraditório, ao mesmo tempo em que são tomados como representantes pessoais da empresa na canalização das insatisfações dos clientes, são negligenciados em sua condição humana dentro do processo produtivo, como se consistissem em meras engrenagens[1] do atendimento eletrônico.

A relevância crescente da categoria dos teleatendentes no mundo do trabalho é inquestionável. A categoria, que tem sido estudada largamente no âmbito da Sociologia do Trabalho, reúne condições fulcrais da nova morfologia do trabalho (a terceirização empresarial, a privatização neoliberal e a financeirização do trabalho) e destaca-se dentro do setor de serviços como um dos setores que mais cresce na economia do país.

De acordo com dados da RAIS — Relação Anual de Informações Sociais do Ministério do Trabalho e Emprego relativos ao ano de 2011[2], a categoria de trabalhadores que se ativa nesse setor é composta, em sua maioria, por mulheres (74% da força de trabalho), jovens (71% dos trabalhadores têm entre 18 e 29 anos), de classes média e baixa, com

---

(1) A expressão é cunhada por Selma Venco: *As engrenagens do telemarketing*: vida e trabalho na contemporaneidade. Campinas: Arte Escrita, 2009.

(2) Dados disponíveis em: <http://portal.mte.gov.br/rais/>. Acesso em: 24 fev. 2014, 23h04min.

nível de escolaridade correspondente ao ensino médio completo (82,9%), que estão ingressando no mercado de trabalho[3], sub-remuneradas (81,3% percebem até dois salários mínimos) e inseridas em categorias sindicais frágeis[4]. A mão de obra empregada no serviço de *call center* também é uma das mais rotativas do país[5].

A categoria, sem se afastar dos postulados tayloristas de gestão do trabalho, também encerra em si a aplicação das técnicas de gestão do trabalho pós-fordistas de forma bem delineada e, consequentemente, carrega as marcantes dimensões de dor e de doença que o novo modo de ser do capital tem imposto aos trabalhadores.

A nova organização produtiva pós-fordista ou toyotista, enquanto conjunto de técnicas administrativas que impôs modelo "inovador" de organização da produção e do mundo do trabalho, engendra novas estratégias de formação do consentimento dos trabalhadores em relação ao trabalho e de intensificação do emprego da força de trabalho. Pode-se identificar especialmente na organização do trabalho em *call centers* marcas efetivas desse novo paradigma pós-fordista e associá-lo, concretamente, ao incremento do adoecimento dos trabalhadores envolvidos.

O novo modelo, embebido dos valores da flexibilidade, da horizontalização, da organização de empresas em rede e do engajamento estimulado dos trabalhadores, não deixa de conviver com alguns resquícios típicos do modo de trabalho taylorista/fordista, sobretudo no que tange ao controle insistente do tempo de trabalho e na repetição de *scripts* e de atendimentos, o que preserva, do paradigma anterior, as consequências mais prejudiciais aos trabalhadores: por exemplo, lesões por esforço repetitivo, esgotamento físico e estafa mental, além de profundas condições de alienação.

A conjuntura de uma morfologia do trabalho que guarda em si a complexidade da convivência de características dos dois modelos (binômio taylorismo/fordismo e modelo de gestão toyotista), e cuja representação no Brasil hoje, por excelência, remete à ascendente categoria dos operadores de *telemarketing*, não parece ter encontrado no espaço da regulação judicial uma estratégia de atuação eficiente para coibir a precarização instalada no trabalho do setor e seus impactos sobre a saúde dos trabalhadores.

A dispersão dos processos produtivos em diversas empresas diferentes, articuladas em rede, todas elas atuando em conjunto no controle do trabalho vivo, como é típico da produção terceirizada pós-fordista, não parece encontrar no Poder Judiciário uma compreensão larga dos novos processos de reprodução do capital que permita distribuir responsabilidades e impor limites, de forma eficiente, à exploração desmedida do trabalho.

---

(3) OLIVEIRA, Sirlei Marcia de. *Os trabalhadores das centrais de teleatividades no Brasil:* da ilusão à exploração. In: ANTUNES, Ricardo; BRAGA, Ruy (Orgs.). *Infoproletários*. São Paulo: Boitempo, 2009. p. 190; NOGUEIRA, Cláudia Mazzei. As trabalhadoras do *telemarketing*: uma nova divisão sexual do trabalho? In: ANTUNES, Ricardo; BRAGA, Ruy (Orgs.). *Infoproletários*. São Paulo: Boitempo, 2009. p. 125.

(4) BRAGA, Ruy. *A política do precariado:* do populismo à hegemonia lulista. São Paulo: Boitempo: USP, Programa de Pós-Graduação em Sociologia, 2012 (Coleção Mundo do Trabalho), p. 183.

(5) De acordo com dados do DIEESE, a categoria de teleatendimento observou, em 2011, uma taxa de rotatividade bruta de 63,6% e uma taxa de rotatividade descontada (desconsiderados desligamentos a pedido, transferências de localidade, aposentadorias e falecimentos) da ordem de 41% (DIEESE. *Rotatividade e flexibilidade no mercado de trabalho*. São Paulo: DIEESE, 2011. 128 p.).

O *modus operandi* de uma cognição pontual, individualizada, focada no empregador imediato, e que descontextualiza a relação de trabalho do cenário produtivo no qual ela se insere, assim como a adoção de um conceito de saúde no trabalho que não se articula com as condições de produção como um todo, têm insinuado certa fragilidade do Poder Judiciário na regulação dos preceitos protetivos afirmados pelo Direito do Trabalho.

Os dilemas propostos pela flexibilidade e que se localizam, cada vez mais, na linha tênue que separa o "simples" sofrimento do adoecimento mental colocam novas perguntas para o Direito do Trabalho: como proteger a integridade física e psíquica dos trabalhadores diante do modelo pós-fordista? A afirmação de princípios e do valor da dignidade que a Constituição de 1988, de forma vanguardista, anuncia tem se concretizado na prática?

As táticas de organização do trabalho no setor de *call center*, com seus reflexos já constatados sobre a saúde dos trabalhadores, põem em questão a efetividade dos parâmetros constitucionais de proteção ao trabalho, recolocando para os agentes estatais de regulação do trabalho a importante missão de fazer frente à degradação promovida por certas relações de trabalho.

A vontade de ver o Direito vivo, interferindo de forma concreta nas relações de trabalho levou essa pesquisa para caminhos empíricos: aferir qual regulação social tem sido exercida pelo Poder Judiciário Trabalhista em relação à nova faceta do capitalismo e às novas formas de organização produtiva, a partir do estudo de caso dos trabalhadores de *call center* do setor de telecomunicações.

Os objetivos dessa pesquisa se concentram na identificação de um padrão jurisprudencial representativo do Tribunal Superior do Trabalho no momento histórico avaliado. Assim, a investigação se desenvolveu em torno de decisões proferidas pelo Tribunal Superior do Trabalho, entre 2005 e 2012, em reclamações trabalhistas envolvendo trabalhadores em *call centers* no setor de telecomunicações, nas quais foi discutido o adoecimento desses trabalhadores em razão do trabalho.

Pretendeu-se, com isso, aferir o padrão de regulação social que o TST, instância máxima da Justiça do Trabalho, tem realizado quanto a esse setor e sua aptidão para interferir nas relações produtivas ali desenvolvidas, seja por meio da resposta judicial oferecida ao fenômeno específico do adoecimento, seja por meio da aferição do entendimento do TST a respeito da forma de contratação desses trabalhadores (licitude ou ilicitude da terceirização) e das práticas gerenciais abusivas, entre as quais se destacam o controle do uso do banheiro pelos trabalhadores e o assédio na cobrança de metas e resultados.

Buscou-se responder às seguintes questões: a leitura realizada pelo Poder Judiciário Trabalhista relativamente a casos de doença identifica na organização do trabalho em *call centers* uma causa das lesões físicas e psíquicas suportadas pelos teleatendentes? O controle da subjetividade desses trabalhadores pela organização produtiva e o ritmo intenso do trabalho são considerados na aferição da existência do nexo de causalidade entre trabalho e doença? O problema é avaliado como uma questão coletiva ou individual? Existe uma política jurisdicional regulatória eficiente para combater o adoecimento massivo dos trabalhadores nesse setor?

A pesquisa se ateve aos trabalhadores em *call centers* no setor de telecomunicações, como forma de recortar de forma mais precisa o objeto analisado e também tendo em vista tratar-se de um setor produtivo em franca reformulação, por decorrência do processo de privatização ocorrido na década de 1990, que conferiu a ele características centrais do novo modelo de organização do trabalho.

O estudo orientou-se tanto a partir da avaliação qualitativa das fundamentações e conclusões de 23 acórdãos específicos sobre pedido de reparação moral ou material por doença ocupacional entre trabalhadores de *call center* do setor de telecomunicações, quanto a partir da análise quantitativa dos julgados que se polarizaram em torno de teses jurídicas a respeito das condições de trabalho no setor, o que se fez por meio da análise de uma amostra de dez por cento dos casos julgados envolvendo esses trabalhadores no período analisado. A metodologia adotada para a seleção dos acórdãos e análise dos dados colhidos está detalhadamente descrita no Capítulo III, item 3.2.1.

A dissertação está estruturada em quatro capítulos, organizados na forma a seguir descrita.

No Capítulo I, foi delineada a nova conjuntura econômica e o novo modelo de acumulação flexível, com especial atenção para as repercussões dessa nova forma de organização do capital, margeada pelo discurso neoliberal, no mundo do trabalho. A transição do modelo fordista/taylorista para o modelo pós-fordista foi analisada à luz da questão da subjetividade no trabalho e das repercussões desse novo modo de ser do capital na afirmação da identidade individual e coletiva dos trabalhadores e no seu bem-estar psíquico. Também foi revisitada a literatura concernente à vinculação estreita entre esse novo assédio subjetivo dos trabalhadores, que se acumula com um processo de intensificação do trabalho e de seu esforço físico, e a nova dimensão da precarização da saúde no trabalho.

No Capítulo II, o foco da pesquisa se concentrou no setor de telecomunicações e no trabalho dos operadores de *call center* desse setor. O histórico da privatização do sistema Telebras no Brasil e o remodelamento da arquitetura produtiva do setor foram resgatados como forma de lançar luzes sobre o modo de ser dos trabalhadores que prestam serviços às grandes empresas concessionárias de telecomunicações no Brasil hoje. Buscou-se identificar um perfil dos operadores de *call center,* abrangendo sua marcante identidade de gênero, sua condição precária e a peculiaridade de seus processos de trabalho. A partir desses dados, buscou-se compreender o alarmante quadro de adoecimento que se instala entre esses operários.

No Capítulo III, foi examinado o quadro jurídico subjacente ao trabalho dos operadores de *call center* do setor de telecomunicações, que incluiu os principais aspectos da política estatal de regulação do trabalho dos teleatendentes. A análise do que se denominou "quadro jurídico" se segmentou em três momentos: primeiro, se fez avaliação da prescrição do ordenamento jurídico para o trabalho em *call center* no setor de telecomunicações, e, nesse ponto, foi debatida desde a controversa questão da ilicitude da contratação terceirizada desses trabalhadores até a normatização específica de tutela da saúde no trabalho de teleatendimento, sempre com amparo nos valores constitucionais de proteção ao trabalho; em segundo lugar, foi examinado especificamente o objeto central dessa pesquisa, consistente na amostra colhida de decisões do Tribunal Superior do Trabalho; por fim, foi resgatado o procedimento do Poder Executivo, por meio de seus órgãos previdenciários, para amparo desses trabalhadores doentes em razão do trabalho, em contraposição ao procedimento judicial identificado.

No Capítulo IV, o fenômeno regulatório pesquisado foi analisado criticamente. Buscou-se compreender o papel do Estado e do Direito do Trabalho na regulação social do trabalho em *call center* no setor de telecomunicações, a partir do padrão de regulação identificado no Tribunal Superior do Trabalho. A leitura realizada pelo Poder Judiciário quanto à nova morfologia do trabalho e suas consequências para a saúde dos trabalhadores, o lugar dos fundamentos constitucionais de proteção ao trabalho na atividade de regulação e os paradigmas jurídicos adotados nos acórdãos analisados foram confrontados com a conformação do Estado Democrático de Direito resguardada pela Constituição de 1988.

Buscou-se avaliar, no padrão jurisprudencial identificado, a utilização argumentativa e efetiva das premissas constitucionais de proteção ao trabalho bem como a compreensão da Corte Superior a respeito da realidade socioeconômica a ser regulada.

A potencial infiltração dos influxos do discurso neoliberal naquela Corte, por meio da fragilização dos fundamentos constitucionais de proteção à pessoa humana e às conquistas históricas do Direito do Trabalho, foi ponderada nesse contexto, partindo-se da compreensão do Tribunal Superior do Trabalho como bloco heterogêneo, disputado por interesses conflitantes, e representativo do papel paradoxal do Direito do Trabalho numa sociedade capitalista.

A título de conclusão, a pesquisa reuniu os pontos centrais de avaliação colhidos na investigação e se prestou a delinear o horizonte de resistência que o Direito do Trabalho, tal como moldado pela Constituição de 1988, pode representar na tutela da integridade física e psíquica dos operadores de *call center* do setor de telecomunicações, com vistas à concretização da sua dignidade no trabalho.

Capítulo I
A Nova Morfologia do Trabalho: o Lugar da Subjetividade e o Lugar do Adoecimento

> *Os novos métodos de trabalho são inseparáveis de um modo específico de viver e de pensar e sentir a vida.*
>
> (Antônio Gramsci, *Cadernos do cárcere*)

1.1. Uma nova morfologia do trabalho: modelos de acumulação, Estado e regulação

A reformulação de modelos de acumulação capitalista, além de proporcionar novas formas de exploração do trabalho, com repercussões sensíveis nas condições de vida da classe trabalhadora, constitui a base material de sustentação de modelos de Estado e de políticas para a regulação do trabalho.

Assim é que a alternância dos modelos de Estado[6] Liberal, Social e Democrático de Direito (com as reservas que posteriormente serão tecidas acerca da tensão entre a afirmação discursiva de um Estado Democrático de Direito em ordens econômicas marcadas pela exclusão e pela precariedade) se coaduna com as diversas fases pelas quais passou o sistema capitalista de produção, observadas, evidentemente, as peculiaridades regionais e também as marcantes influências do processo de globalização econômica.

A transição do Estado Social para o Estado atual se apresenta como cenário de flagrante disputa entre o discurso jurídico avançadíssimo do Estado Democrático de Direito e a realidade socioeconômica moldada pelo influxo de discurso neoliberal, o qual lança as bases "ideopolíticas"[7] de um Estado Mínimo.

De forma adstrita aos objetivos dessa pesquisa, a sucessão dos paradigmas de Estado Constitucional será ponderada à luz da crise estrutural vivenciada pelo capital a partir da década de 1970, que ocasionou, como estratégia de enfrentamento do momento crítico, a substituição do padrão de acumulação taylorista/fordista pelo modelo que se denominou pós-fordista, marcado pelo padrão de acumulação flexível toyotista ou ohnista[8].

---

(6) Gabriela Neves Delgado pondera sobre a compreensão do Estado enquanto devir histórico originado das relações sociais. A respeito, consultar: DELGADO, Mauricio Godinho; DELGADO, Gabriela Neves. *Constituição da República e direitos fundamentais:* dignidade da pessoa humana, justiça social e direito do trabalho. São Paulo, LTr, 2012. p.17.

(7) A expressão é de José Paulo Netto. Consultar: NETTO, José Paulo. Prólogo. *In:* Manifesto do Partido Comunista. Cortez: São Paulo, 1998, apud ANTUNES, Ricardo. *Os sentidos do trabalho:* ensaio sobre a afirmação e a negação do trabalho. São Paulo: Boitempo, 1999.

(8) Referência a Taichi Ohno, engenheiro criador do modelo implementado na fábrica da Toyota.

O remodelamento produtivo que se observa nesse período implementa uma nova morfologia do mundo do trabalho e também instala uma nova subjetividade em relação ao papel do trabalho no mundo da vida e no seio das relações de produção. Os impactos sobre a conformação da classe trabalhadora e o bem-estar dos sujeitos que trabalham foram sensíveis. A autoridade regulatória do Estado para acomodar esse processo, concomitantemente, foi sendo minada pela ideologia neoliberal, que representou uma verdadeira infiltração, na expressão de Gabriela Neves Delgado[9], nas bases normativas do ordenamento jurídico.

Portanto, para que se possa falar em Estado, Direito do Trabalho e regulação judicial de conflitos trabalhistas hoje é imperativo compreender a atual morfologia do trabalho[10] e o que representa, de novo e de continuado, o modelo produtivo vigente.

1.1.1. A crise estrutural do capital

Como relata Ricardo Antunes, ao final do período de apogeu do fordismo e da fase keynesiana, o capitalismo passou a apresentar sinais de crise. O autor resume esses sinais em seis itens: 1) a queda da taxa de lucro, atribuída, entre outros elementos, ao aumento do valor da força de trabalho, que decorreu da intensificação das lutas sociais na década de 1960; 2) o esgotamento do padrão de acumulação taylorista/fordista, então incapaz de responder à retração do consumo, decorrente, em grande parte, do desemprego estrutural; 3) a hipertrofia da esfera financeira, que ganhava autonomia em face dos capitais produtivos, colocando-se como espaço prioritário para especulação; 4) a maior concentração de capitais, em razão do predomínio de empresas monopolistas e oligopolistas; 5) a crise do Estado Social, manifestada pela crise fiscal vivenciada dentro da própria máquina estatal, a demandar a retração dos gastos públicos com custos sociais, então transferidos para o capital privado; 6) e, por fim, o remodelamento do Estado, com tendências de privatização, desregulamentação e flexibilização do processo produtivo, do mercado e da força de trabalho[11].

Harvey articula elementos como a profunda recessão de 1973, que fora exacerbada pelo choque do petróleo, para desencadear o movimento que culminou na derrocada do compromisso fordista. As décadas de 1970 e 1980 são apontadas como período de conturbada reestruturação econômica e de reajustamento social e político, sendo esse espaço de incertezas e oscilações o gestor de novas experiências de organização industrial e da vida política e social, com demandas por um regime de acumulação e sistemas de regulação distintos[12].

---

(9) Ponderação da Professora durante as reuniões do grupo de pesquisa "Trabalho, Constituição e cidadania" (Faculdade da Direito da Universidade de Brasília/CNPQ).

(10) A expressão é de Ricardo Antunes. Por exemplo, consultar: ANTUNES, Ricardo. *Adeus ao trabalho?* Ensaio sobre as metamorfoses e a centralidade no mundo do trabalho. São Paulo: Cortez, 2010.

(11) ANTUNES, Ricardo. *Os sentidos do trabalho:* ensaio sobre a afirmação e a negação do trabalho. São Paulo: Boitempo, 1999. p. 31-32.

(12) HARVEY, David. *A condição pós-moderna*. São Paulo: Loyola, 2003. p. 140.

Também segundo Antunes, o período é marcado por mutações intensas, de ordem econômica, social, política, ideológica e, sobretudo, com fortes repercussões "na subjetividade e nos valores constitutivos da classe-que-vive-do-trabalho"[13].

Esse contexto foi acompanhado pelo desenvolvimento do processo de globalização, que decorreu da generalização do sistema capitalista, da nova revolução tecnológica (a chamada Terceira Revolução Industrial) e da hegemonia financeiro-especulativa, com a priorização da reprodução capitalista por meio da especulação, sem compromisso com as capacidades produtivas, da qual decorreu o endividamento dos países de capitalismo periférico[14][15].

A Terceira Revolução Industrial, com mecanização e robotização intensivas, compõe esse cenário reduzindo postos de trabalho em setores em que, historicamente, se demandava muita mão de obra, o que incitou a reformulação produtiva. Pertinente, todavia, a observação de Mauricio Godinho Delgado no sentido de que a tecnologia, ainda que elimine a demanda de trabalho em alguns polos, evidentemente cria novas ocupações e demandas não imaginadas no período anterior, não se justificando a crença apocalíptica na perda da relevância do trabalho em face da revolução tecnológica, tampouco em sua substituição integral pela máquina[16].

Antunes pontua que, embora a crise efetivamente se apresentasse como uma crise estrutural, que deitava suas raízes nos pilares essenciais do modo de produção capitalista, a resposta do sistema a esse contexto atuou na superfície do problema, "na sua dimensão fenomênica": "tratava-se, para o capital, de reorganizar o ciclo reprodutivo preservando seus fundamentos essenciais"[17]. O foco do processo, portanto, consistiu em reformular o binômio fordismo/taylorismo para restabelecer os patamares de acumulação vislumbrados no pós-guerra.

Imprescindível, pois, compreender as bases do modelo taylorista/fordista de produção e o compromisso social-democrático, fundante do modelo de Estado Social, que o assentava[18].

1.1.2. O modelo taylorista/fordista

O binômio fordista/taylorista, que capitaneou os processos produtivos da grande indústria no século XX, se assentava na lógica de uma produção homogeneizada, em

---

(13) *Ibidem*, p. 37.

(14) DELGADO, Mauricio Godinho. *Capitalismo, trabalho e emprego*. São Paulo: LTr, 2006. p. 13-27.

(15) Vale registrar que não há consenso na literatura quanto à existência de uma Terceira, muito menos de uma Quarta, Revolução Industrial. Enquanto alguns autores se pautam nas transformações tecnológicas e em suas repercussões na esfera do trabalho e da vida para reconhecer a ocorrência desses marcos revolucionários, outros autores são mais restritos no uso do termo, por compreender o conceito de Revolução de forma ampla, enquanto fenômeno de diz respeito não apenas a transformações tecnológicas mas também a transformações políticas, sociais e na organização do trabalho, amplitude que não identificam nesse marco.

(16) DELGADO, Mauricio Godinho. *Capitalismo, trabalho e emprego*. São Paulo: LTr, 2006. p. 37-39.

(17) ANTUNES, Ricardo. *Os sentidos do trabalho:* ensaio sobre a afirmação e a negação do trabalho. São Paulo: Boitempo, 1999. p. 38.

(18) *Ibidem*, p. 40.

larga escala e marcada pela verticalização. As indústrias de então, pesadas e agigantadas, englobavam todo o processo produtivo, recorrendo apenas excepcionalmente a fornecimentos externos[19].

Com relação ao trabalho, havia controle intenso de seu ritmo e predominava a racionalização das operações, para evitar o desperdício de tempo e de material. A lógica da divisão do trabalho era maximizada, com atribuição a cada trabalhador, de uma parcela ínfima do processo produtivo, a ser executada repetitivamente ao longo da jornada[20].

Nas palavras de Ricardo Antunes, a lógica da esteira de produção fordista, que marcava a produção em série, foi mesclada com o cronômetro taylorista para extrair o máximo de trabalho dos empregados ao mesmo tempo em que o processo de parcelamento e fragmentação do trabalho correspondia à desapropriação do saber dos trabalhadores, para quem o conhecimento da integralidade do processo produtivo passava a ser despiciendo, na medida em que eram isolados na infinita repetição de uma única tarefa[21].

Ramalho e Santana observam que o pensamento taylorista radicava-se na premissa de que o trabalhador era um ser indolente e que, para contornar essa característica, seria necessário promover a separação entre a concepção e a execução do trabalho, ficando a gerência com a parte intelectual e os trabalhadores com o aspecto manual. Com isso se produzia hierarquização e desqualificação (pouca ou nenhuma aceitação do "saber operário") no interior do processo do trabalho, ao mesmo tempo em que a disciplina se tornava o eixo central exigido para os obreiros[22].

Já o modelo fordista, como observa Druck, se apresenta como um padrão de gestão do trabalho e da sociedade, na medida em que sintetiza o novo modelo de produção em massa e, logicamente, de consumo em massa, a demandar a integração e a inclusão dos trabalhadores em um patamar de renda apto a garantir a ampliação do mercado consumidor. Essa inclusão, como pontua a autora, seria pautada na neutralização das resistências, forjando-se o consentimento dos trabalhadores a partir da nova forma de remuneração e dos benefícios sociais garantidos[23].

No padrão fordista/taylorista se buscava eliminar por completo o elemento volitivo do trabalho, mecanizando, ao limite extremo, o labor humano, a ponto de identificá-lo com a máquina, como Charles Chaplin bem representou em "Tempos Modernos"[24]. Nesse sentido, Gabriela Delgado observa que, apesar de propiciar o aumento do número de trabalhadores engajado na produção, o modelo "desconsiderava a qualidade

---

(19) *Ibidem*, p. 39.
(20) *Idem*.
(21) *Idem*.
(22) RAMALHO, José Ricardo; SANTANA, Marco Aurélio. *Sociologia do trabalho*. Rio de Janeiro: Jorge Zahar, 2004. p. 15.
(23) DRUCK, Maria da Graça. *Terceirização:* (des)fordizando a fábrica. São Paulo: Boitempo, 1999. p. 49.
(24) *Tempos Modernos*. Direção: Charles Chaplin. Produção: Charles Chaplin, Paulette Goddard, 1936. Rio de Janeiro: Continental Home Video. 1 fita de video (87 min), HI-FI, VHS. Consultar também a excelente resenha de Giovanni Alves a respeito do filme: ALVES, Giovanni. *Trabalho e cinema:* o mundo do trabalho através do cinema. Londrina: Praxis: 2006. p. 63-95.

do 'homem-trabalhador' como sujeito da produção, impossibilitando-o de pensar, ser criativo e inovador"[25].

A sustentação desse modelo vinculava-se ao compromisso social democrata, celebrado entre capital e trabalhadores e mediado pelo Estado, para o funcionamento da economia de forma controlada e regulada. Esse compromisso ilusório, como denomina Antunes, assentava-se nas políticas keynesianas e propunha um acordo sem uma pauta previamente estabelecida, o que implicava antes gerir consequências de um modelo adotado do que determinar seu delineamento, além da criação de uma verdadeira dependência do operariado em relação ao Estado Providência[26].

É por essa razão que o colapso desse modelo de Estado foi decisivo para que o pensamento gerencial capitalista questionasse o binômio fordismo-taylorismo e se propusesse a superá-lo por meio de novas ideias de acumulação flexível.

A criação do operário-massa, como observa Antunes, seguiu um processo contraditório. Assim como homogeneizava, desqualificava e massificava o proletariado, construía bases para o desenvolvimento de uma identidade e de uma consciência de classe peculiares.

Gramsci enxergava na manutenção da mente livre dos trabalhadores sob o regime fordista-taylorista um "curso de ideias pouco conformistas", que ameaçava cada vez mais o capital e a estabilidade do compromisso social democrático[27].

É que a redução da autonomia individual dos trabalhadores alimentava o desejo dessa autonomia e ele era compartilhado pelo conjunto de operários, concentrados num mesmo espaço social, dando azo a um sentimento coletivo impulsionador da organização dos trabalhadores em prol da reivindicação de direitos e da participação na organização do processo do trabalho.

A administração científica do trabalho proposta por Taylor, que entendia por prosperidade a possibilidade de cada homem e cada máquina oferecer o melhor de si, encontrava como principal obstáculo o fato de que o mesmo mecanismo que forjava a disciplina era capaz de produzir a resistência individual dos trabalhadores (o chamado "fazer cera") e a rebeldia coletiva operária, que foi se fazendo cada vez mais forte e menos pontual dentro desse modelo[28].

Não foi por outra razão que o final da década de 1960 assistiu a um processo de ebulição dos movimentos de luta dos trabalhadores. As palavras de Bihr ilustram os reflexos do acúmulo histórico dos anos fordistas no inconformismo dos trabalhadores:

---

(25) DELGADO, Gabriela Neves. *Terceirização*: Paradoxo do direito contemporâneo. São Paulo: LTr, 2003. p. 52.

(26) Antunes localiza no pensamento da classe trabalhadora forjada nesse período a concepção estatista de que a conquista do poder do Estado pelos trabalhadores permitiria a libertação do domínio do capital ou, ao menos, a redução do seu peso (ANTUNES, Ricardo. *Os sentidos do trabalho:* ensaio sobre a afirmação e a negação do trabalho. São Paulo: Boitempo, 1999. p. 40-41).

(27) GRAMSCI, Antonio. Maquiavel, a política e o Estado Moderno. Rio de Janeiro: Civilização Brasileira, 1984, a*pud* ALVES, Giovanni. *Trabalho e subjetividade*. São Paulo: Boitempo, 2011. p. 65.

(28) DRUCK, Maria da Graça. *Terceirização:* (des)fordizando a fábrica. São Paulo: Boitempo, 1999. p. 44.

"formada nos marcos do próprio fordismo, ela [a segunda geração do operariado] não se encontrava disposta a 'perder sua vida para ganhá-la': a trocar o trabalho e uma existência desprovida de sentido pelo simples crescimento do seu 'poder de compra'" [29].

O abalo causado pelos trabalhadores na própria estrutura do Estado é significativo, tendo em vista que o ente político assumiu a condição de legitimador do modelo. Então, tanto as falhas do Estado contribuíam para a insurgência obreira, quanto a insurgência obreira com os processos de trabalho repercutiam em demandas contra o Estado, num processo que se retroalimentava. Nesse sentido, Harvey esclarece:

> O Estado aguentava a carga de um crescente descontentamento, que às vezes culminava em desordens civis por parte dos excluídos. No mínimo, o Estado tinha de tentar garantir alguma espécie de salário social adequado para todos ou engajar-se em políticas redistributivas ou ações legais que remediassem ativamente as desigualdades, combatessem o relativo empobrecimento e a exclusão das minorias. A legitimação do poder do Estado dependia cada vez mais da capacidade de levar os benefícios do fordismo a todos e de encontrar meios de oferecer assistência médica, habitação e serviços educacionais adequados em larga escala, mas de modo humano e atencioso. Os fracassos qualitativos nesse campo eram motivo de inúmeras críticas, mas, ao final, é provável que os dilemas mais sérios fossem provocados pelo fracasso quantitativo. A condição de fornecimento de bens coletivos dependia da contínua aceleração da produtividade do trabalho no setor corporativo. Só assim o Estado Keynesiano do bem estar-social poderia ser fiscalmente viável [30].

Embora os trabalhadores não estivessem reunidos em torno de um projeto sólido e capaz de fazer frente à hegemonia capitalista, o inconformismo deduzido foi crucial para a desestabilização do modelo, culminando na crise de 1970.

1.1.3. A resposta do capital: toyotismo e acumulação flexível

O panorama de crise anteriormente descrito foi resumido (de forma superficial, como denuncia Antunes[31]) em uma palavra: rigidez. Para Harvey, na superfície, as dificuldades do fordismo e do keynesianismo foram atribuídas a problemas com a rigidez dos investimentos de capital fixo, de larga escala e longo prazo, em sistemas de produção em massa, bem como com a rigidez nos mercados, na alocação e nos contratos de trabalho. Nesse sentido, Harvey compreende que o ideal de acumulação flexível se apresentou como contraponto direto à rigidez do fordismo, apoiando-se na flexibilidade dos processos de trabalho, dos mercados de trabalho, dos produtos e dos padrões de consumo[32].

---

(29) BIHR, Alain. *Da grande noite à alternativa*: o movimento operário europeu em crise. São Paulo: Boitempo (Coleção Mundo do Trabalho), 1998, *apud* ANTUNES, Ricardo. *Os sentidos do trabalho:* ensaio sobre a afirmação e a negação do trabalho. São Paulo: Boitempo, 1999. p. 43-44.

(30) HARVEY, David. *A condição pós-moderna*. São Paulo: Loyola, 2003. p. 133.

(31) ANTUNES, Ricardo. *Os sentidos do trabalho*: ensaio sobre a afirmação e a negação do trabalho. São Paulo: Boitempo, 1999. p. 38.

(32) HARVEY, David. *A condição pós-moderna*. São Paulo: Loyola, 2003. p. 135 e 140.

A resposta à crise seria, portanto, tornar flexíveis os processos produtivos, as relações de trabalho, os mercados e, sobretudo, a regulação do trabalho. O novo ideal do capital seria produzir mais e melhor, sem o custo que uma estrutura produtiva completa e permanente acarreta. Assim, uma estrutura produtiva fluida, que oscilasse conforme a demanda, e que apenas representasse custos no momento de sua ativação seria a resposta para contornar o peso constante e estável da máquina fordista e, por consequência, do Estado Providência.

Assim, a reação do capital à crise pautou-se na combinação do regime de acumulação flexível com o modelo toyotista.

Helena Hirata destaca a existência de três acepções para o que denominou "modelo" japonês: a) ele corresponderia ora ao **modelo japonês de relações industriais**, sistema de emprego excludente, assentado na contratação regular de trabalhadores assalariados do sexo masculino, com o chamado emprego vitalício, protegido por promoções por tempo de serviço, pelo sindicato de empresa e pela manutenção de uma baixa taxa de desemprego, em convivência a precarização de mulheres e trabalhadores temporários, dentre outros; b) ora ao **modelo japonês de organização industrial interempresas**, assentado num padrão dualista, pautado na relação entre fornecedores/subcontratados e grandes empresas, dispostos em estrutura hierarquizada; c) e, finalmente, ao **modelo japonês de organização do trabalho e da empresa**, modo de divisão social do trabalho assentado na polivalência, na rotação de tarefas, no predomínio do trabalho em grupo sobre o trabalho individual, além de linhas de demarcação da divisão do trabalho mais difusas, que se associa a um conjunto de técnicas de organização do trabalho e da produção, como o *just in time*, o *kanban* e os círculos de controle de qualidade[33].

O modelo toyotista ou japonês, fulcrado no modelo *just in time* ("produção muito vinculada à demanda, visando atender às exigências mais individualizadas do mercado consumidor", por meio de uma produção variada e heterogênea que se opõe à produção em massa fordista[34]), surge como uma nova forma de organização industrial, pautada no trabalho em equipe, apta a gestar um trabalhador mais qualificado, participativo, multifuncional e polivalente, que, com isso, alcançaria "maior realização no espaço de trabalho"[35]. A ruptura da relação homem/máquina, vigente no taylorismo/fordismo, se concretizaria por meio do engajamento dos trabalhadores na operação de várias máquinas simultaneamente[36].

Também seriam marcas desse novo modelo a produção horizontalizada, que concentra na fábrica apenas o que é considerado central no processo produtivo, com transferência a "terceiros" de parcelas significativas desse processo. Essa seria a matriz da "epidemia" de contratação de trabalhadores terceirizados que marca o período, como denomina Graça Druck[37].

---

(33) HIRATA, Helena (Org.). *Sobre o "modelo" japonês:* automatização, novas formas de organização e relações de trabalho. São Paulo: Editora da Universidade de São Paulo, 1993. (Apresentação) p. 13-14.

(34) ANTUNES, Ricardo. *Os sentidos do trabalho:* ensaio sobre a afirmação e a negação do trabalho. São Paulo: Boitempo, 1999. p. 56.

(35) *Ibidem*, p. 50.

(36) *Ibidem*, p. 56.

(37) DRUCK, Maria da Graça. *Terceirização:* (des)fordizando a fábrica. São Paulo: Boitempo, 1999.

Essa nova concepção do trabalho, que supostamente valorizaria as competências e a subjetividade humana, foi alardeada como instauradora de um nível de interação entre o capital e o trabalho apto a superar as contradições da sociedade capitalista[38].

Antunes, de pronto, infirma esse discurso da criação de um relacionamento cooperativo entre capital e trabalho a partir das mudanças técnicas. O autor respalda-se em pesquisas que demonstram que a introdução da tecnologia não tem acarretado como consequência a instalação de um trabalho mais qualificado. Na verdade, o sociólogo pontua que há um superdimensionamento das mudanças que o pós-fordismo teria trazido ao processo capitalista de trabalho, uma vez que o que se tem é a persistência do mesmo processo de trabalho, com alterações restritas à forma de gestão e ao fluxo de controle (sempre objetivando a intensificação do trabalho)[39].

Outro elemento que costuma ser destacado no novo modelo é o controle da qualidade dos produtos, por meio da operacionalização do trabalho em equipes, atuando com "círculos de controle de qualidade", nos quais os trabalhadores são instigados a discutir seu trabalho e desempenho, com vistas a melhorar a produtividade por meio da apropriação do saber operário[40].

Esse elemento, todavia, também guarda em si fatores de contradição. Como critica Antunes, a instauração desse modelo convive com uma taxa decrescente do valor de uso das mercadorias, produzidas cada vez mais para um curto prazo de duração, em flagrante oposição à produção fordista, consagrada pela alta durabilidade dos modelos de automóveis, eletrodomésticos, entre outros produtos[41]. O fenômeno da "obsoletagem programada" marca o modelo de acumulação flexível, com fomento contínuo ao consumo.

Quanto às peculiaridades e continuísmos do modelo[42], a ponderação de Stephen Wood, para quem o sistema *just in time* inverte os meios convencionais de operacionalização da produção em massa, por meio da abolição dos estoques de reserva, do controle centralizado de qualidade e da soberania do engenheiro industrial. A lógica do crescente envolvimento dos trabalhadores com as tarefas e o aumento da produtividade com a operacionalização de lotes menores de produção também são apontados como inovações do modelo[43]. Entretanto, para o autor, seguem sendo projetadas atividades com ciclos

---

(38) ANTUNES, Ricardo. *Os sentidos do trabalho:* ensaio sobre a afirmação e a negação do trabalho. São Paulo: Boitempo, 1999. p. 50.

(39) Exemplo disso é que a categoria objeto desse estudo: os operadores de *call center* tem processos de trabalho altamente racionalizados, por meio de incrementos tecnológicos, mas isso não reverbera na qualificação do trabalho. A sofisticação que se observa reside nos métodos de extração da força de trabalho e no controle de sua intensidade. Essa observação será desenvolvida no segundo capítulo.

(40) ANTUNES, Ricardo. *Os sentidos do trabalho:* ensaio sobre a afirmação e a negação do trabalho. São Paulo: Boitempo, 1999. p. 57.

(41) *Ibidem*, p. 52-53.

(42) Ricardo Antunes também aponta elementos de continuidade e descontinuidade com o padrão produtivo anterior (ANTUNES, Ricardo. *Os sentidos do trabalho:* ensaio sobre a afirmação e a negação do trabalho. São Paulo: Boitempo, 1999. p. 51 e 54).

(43) WOOD, Stephen. Toyotismo e/ou Japonização. *In:* HIRATA, Helena (Org.). *Sobre o "modelo" japonês:* automatização, novas formas de organização e relações de trabalho. São Paulo: Editora da Universidade de São Paulo, 1993. p. 54-55.

curtos, tarefas fragmentadas e um trabalho que tem concepções de tarefa estandardizada[44]. Portanto, o modelo japonês não foi concebido de forma alheia às teorias da administração ocidentais anteriormente afirmadas (como o taylorismo). Isso denota o caráter híbrido do processo de reformulação produtiva, que guarda marcas dos modelos sucedidos, embora inove em alguns aspectos:

> Portanto, é melhor tratar o modelo de administração japonês como algo híbrido, mistura das teorias existentes, aliado a novas descobertas importantes, particularmente aos métodos de produção *just in time*, a novas formas de controle de qualidade e ao valor atribuído a relações mais próximas entre fornecedores e usuários finais[45].

Assim, ressalvados os excessos com relação ao suposto caráter extraordinariamente inovador do modelo japonês, cabe analisá-lo dentro de seus contornos, limites e contradições.

Um resumo das principais características do toyotismo pode ser encontrado em Ramalho e Santana: a) empresas de grande porte se tornam enxutas e aumentam a produtividade (*lean production*); b) exigência de trabalhadores polivalentes/flexíveis, utilizando ferramentas flexíveis para a produção de resultados/produtos flexíveis; c) contratação terceirizada de tudo aquilo que não se enquadra no que foi eleito como "foco da empresa"; d) retração do setor industrial e correspondente ampliação do setor de serviços, associada à flexibilidade das atividades produtivas e à precarização dos contratos de trabalho; e) desemprego e informalização agigantados pela fragilização dos sindicatos, que passam a enfrentar dificuldades reais de organização dos trabalhadores em locais de trabalho cada vez mais fragmentados e também pela dificuldade de responder às modificações cada vez mais rápidas impostas pelo capital[46].

Nessa toada, o trabalhador-padrão do modelo fordista/taylorista precisaria ser conformado ao novo regime. E por conformação ao novo regime se deveria entender tanto a redução dos custos com pessoal, por meio do enxugamento dos empregos estáveis e centrais, como da adaptação profissional dos trabalhadores à fluidez desse novo processo produtivo: era necessária a presença de trabalhadores polivalentes, com capacidade de iniciativa e envolvimento no processo produtivo, para realizar não mais uma, mas diversas tarefas, ao sabor das demandas.

Por outro lado, demandava-se por um exército de trabalhadores contratado precariamente, para suprir as demandas "não qualificadas" de trabalho e com regimes de contratação que permitissem um fácil e barato descarte nos momentos de crise[47].

Consequência lógica desse processo seria a demanda por um Estado também enxuto e flexível em seus processos regulatórios: o Estado Mínimo defendido pela ideologia neoliberal[48].

---

(44) *Idem.*
(45) *Idem.*
(46) RAMALHO, José Ricardo; SANTANA, Marco Aurélio. *Sociologia do trabalho*. Rio de Janeiro: Jorge Zahar, 2004. p. 10-11.
(47) HARVEY, David. *A condição pós-moderna*. São Paulo: Loyola, 2003. p. 144.
(48) *Idem.*

O enxugamento do quadro de trabalho se fez por meio de duas estratégias. Primeiro, a intensificação do trabalho daqueles que continuavam empregados, que, exercitando várias funções e com respaldo nas novas técnicas de produtividade do novo modelo, combinadas com aquelas já consagradas pelo modelo fordista/taylorista, arcavam com o encargo de substituir parcela da força de trabalho destacada dos empregos diretos. E, em segundo lugar, pela realocação do pessoal necessário ao funcionamento do processo produtivo em uma zona periférica composta por trabalhadores temporários, subcontratados, terceirizados, contratados por tempo determinado ou em regime de tempo parcial.

Harvey apresentou como fatores da transição do modelo fordista para o modelo *just in time* de produção, destacadamente, o surgimento de uma organização horizontalizada do trabalho, um forte apelo por desregulamentação e flexibilidade e a categorização dos trabalhadores em dois grupos: um grupo central, composto por trabalhadores qualificados e detentores de empregos formais e estáveis, e um grupo periférico, composto por terceirizados, temporários, autônomos e subcontratados em geral, que prestariam serviços sem segurança no posto de trabalho e em condições precárias. O efeito desse processo é inequívoco para o autor: "é uma transformação do modo de controle do trabalho e do emprego" [49].

Os resultados foram problemáticos para o mundo do trabalho. O surgimento de altos níveis de desemprego estrutural convivendo com a intensificação do trabalho daqueles que continuam na atividade e o retrocesso do poder sindical são os efeitos mais marcantes [50].

Quanto ao primeiro (binômio incremento do desemprego/intensificação do trabalho), ainda que se vislumbre a aparente redução do emprego regular, o fato é que a condição de trabalho protegido escasseia em favor do crescente uso do trabalho em tempo parcial, temporário ou subcontratado. Os trabalhadores descartados desse polo elitizado do processo produtivo ou se instalam na periferia precária ou amargam o desemprego, dificilmente retornando aos postos centrais de trabalho.

Por outro lado, nunca se trabalhou tanto, seja no que toca à extensão das jornadas e à ausência de desconexão do trabalho, seja no que se refere à percepção dos trabalhadores a respeito da intensidade e do ritmo de trabalho [51].

Quanto ao segundo reflexo (fragilização da organização coletiva dos trabalhadores), ainda segundo Harvey, a dispersão dos trabalhadores, inclusive fisicamente, na esfera da produção foi decisiva para minar a forma de atuação dos sindicatos. Ainda que a estrutura paternalista do fordismo representasse perigo de corrupção e de cooptação do poder sindical, a homogeneização dos trabalhadores e sua alocação em condições geográficas, de vida e de trabalho idênticas permitiam o estabelecimento de identidade, reconhecimento e consciência de classe, condições organizativas que a fragmentação e heterogeneização do trabalho promovidas pelo modelo flexível abortam.

---

(49) *Ibidem*, p. 144-145.
(50) *Ibidem*, p. 141.
(51) A esse respeito, consultar: DAL ROSSO, Sadi. *Mais trabalho!* A intensificação do labor na sociedade contemporânea. São Paulo: Boitempo, 2008.

Como consequência direta da fragilização do movimento sindical, que, além de minado pela nova forma de organização do mundo do trabalho, passou a ser atacado pelo contundente discurso neoliberal no sentido de que o trabalho, seus custos e as reivindicações de "privilégios" por coletivos de trabalhadores eram os verdadeiros vilões da crise econômica, tem-se o recuo das pautas sindicais, com redução drástica dos patamares reivindicatórios. Se as possibilidades de vitória das pretensões trabalhistas no novo contexto já eram escassas, a intimidação dos sindicatos agrava o quadro.

O fenômeno, que é mundial, é bem desenhado pela socióloga Daniele Linhart, com as epígrafes da obra "A desmedida do capital". A autora cita, sequencialmente, duas palavras de ordem expressadas pelo movimento social francês em momentos históricos diversos: 1968 e 2006. Enquanto na primeira o movimento clamava prospectiva e utopicamente "Seja realista, exija o impossível", na segunda, mais atual, o apelo desesperado é apenas "Garanta seu emprego" [52].

Esses resultados negativos suportados pela classe trabalhadora, como observa Druck, não podem ser apresentados como se passassem ao largo das diretrizes do modelo japonês, como meros efeitos colaterais[53]. A redução dos postos de trabalho, a precarização, a fragmentação sindical e a intensificação do trabalho não figuram como dados acidentais do modelo que surgiu nos anos 1970, senão como pilares de sustentação da sua forma eficiente de extração da mais-valia. Nesse sentido, explica a autora:

> (...) apresentar o modelo japonês recortando aqueles elementos que lhe dão um conteúdo de novidade ou de um novo paradigma de gestão e organização do trabalho — que alguns estudiosos classificam como pós-fordista —, sem reconhecer o outro lado do modelo, que o complementa e é indispensável para fazê-lo funcionar, sem compreendê-lo, assim, na sua plenitude, pode levar a uma certa mistificação do próprio modelo. Esta aparece, na sua forma mais grotesca, nos manuais publicados por consultores de empresa, para os quais o TQC (Total quality control), o just-in-time, a terceirização e a flexibilização da produção são os responsáveis por verdadeiros milagres econômicos, a exemplo do "milagre japonês"[54].

A mistificação do toyotismo, de seu discurso para a vida e para o trabalho e a contaminação da esfera pública pelos seus valores sedutores foram inevitáveis, já que tal modelo, como será demonstrado, se assenta em bases ideológicas fortes.

1.1.4. A nova morfologia do trabalho, o discurso neoliberal e a precarização do trabalho

Como visto, o sistema capitalista se remodelou mais uma vez no intuito de reduzir custos produtivos e maximizar os lucros: a nova ordem econômica colocou em pauta a

---

(52) LINHART, Daniele. *A desmedida do capital*. São Paulo: Boitempo, 2009.
(53) DRUCK, Maria da Graça. *Terceirização:* (des)fordizando a fábrica. São Paulo: Boitempo, 1999. p. 97.
(54) *Idem.*

realização de cortes nos quadros de trabalhadores mediante intensificação da exploração dos que persistem trabalhando.

Para tanto, o capitalismo se reinventa utilizando o "tempo livre" dos trabalhadores em proveito da reprodução capitalista. Faz isso por meio do controle ideológico das massas, construindo uma conjuntura na qual, embora se dispense cada vez mais trabalhadores contratados de forma protegida, maior é o controle e a difusão dos princípios e valores do sistema produtor de mercadorias, a ponto de se poder falar que hoje o trabalho também é o *não trabalho*[55].

O mecanismo é complexo: a partir da difusão de valores fundantes do sistema por meio da mídia, da propaganda, da arte e do seu complexo superestrutural, o sistema produtivo tem utilizado o tempo livre dos trabalhadores para a construção subjetiva do perfil de trabalhador que deseja aproveitar nos processos de produção: competitivo, proativo, preparado para responder com rapidez e agilidade às demandas tecnológicas e comunicacionais do capital.

Concomitantemente, a significação do lazer dos trabalhadores é aproximada da noção de consumo. Desse modo, a reprodução capitalista passa a persistir nos momentos de *não trabalho* e se difunde pela sociedade, por meio das esferas comunicacionais e científicas.

Nesse contexto, a difusão do trabalho e do controle da produção do trabalhador na sociedade atual demonstra concretamente, embora de forma diferenciada dos primeiros momentos da organização capitalista, a intensa relevância do trabalho na sociedade moderna, desconstruindo a ideia de dispensabilidade do trabalho e de perda da sua centralidade[56]. Entretanto, no plano dos discursos difundidos hegemonicamente a respeito do trabalho, é essa sua nova faceta difusa exatamente o argumento para que se afirme, insistentemente, a perda da centralidade do trabalho.

O papel de uma ideologia conformadora nessa complexa transição pela qual o mundo do trabalho, a economia e a política passaram é, portanto, inquestionável.

O processo de transição do modelo fordista para o conjunto que se denominou pós-fordista foi sustentado ideopoliticamente pela hegemonização de um pensamento econômico orientador das políticas dos Estados, que se intitulou neoliberalismo.

Por neoliberalismo entende-se a readequação da antiga matriz econômica liberal, que instaura "o império da dinâmica econômica privada, a quem devem se submeter a normatividade pública e a atuação estatal"[57][58].

---

(55) ALVES, Giovanni. *Trabalho e subjetividade:* o espírito do toyotismo na era do capitalismo manipulatório. São Paulo: Boitempo, 2011.

(56) Consultar: CARDOSO, Luís Antônio. A categoria trabalho no capitalismo contemporâneo. *Tempo Social,* Revista de Sociologia da Universidade de São Paulo, v. 23, n. 2, p. 265-295.

(57) DELGADO, Mauricio Godinho. *Capitalismo, trabalho e emprego.* São Paulo: LTr, 2006. p. 19.

(58) O neoliberalismo também pode ser definido como o "conjunto de políticas e processos que permitem a um número relativamente pequeno de interesses particulares controlar a maior parte possível da vida social com o objetivo de maximizar seus benefícios individuais" (MCCHESNEY, Robert W. Introdução. *In:* CHOMSKY, Noam. *O lucro ou as pessoas?* Neoliberalismo e Ordem Global. Rio de Janeiro: Bertrand Brasil, 2006).

Um momento de consolidação e declaração desse pensamento pode ser localizado no Consenso de Washington, oportunidade em que foi apresentado como proposta da comunidade financeira internacional (em especial FMI e BIRD) para ajustar as economias dos países periféricos às novas exigências dos países centrais, ao processo de reestruturação produtiva e ao reordenamento dos mercados no cenário internacional[59].

Os três objetivos principais desse modelo, nos termos elaborados por John Williamson, seriam a *estabilização da economia*, por meio do controle da inflação e cortes do déficit público; as *reformas estruturais do Estado*, com redução da máquina governamental por meio de privatizações, desregulação de mercados e liberalização financeira e comercial; e a *abertura da economia a investimentos internacionais*, com vistas à retomada do crescimento[60].

Tal pensamento foi marcado pela ascensão de lideranças políticas neoliberais em países ocidentais de destaque (Margaret Thatcher, na Inglaterra; Ronald Reagan, nos EUA; Helmut Kohl, na Alemanha) e pela ausência do contraponto político à maximização ideal do bloco capitalista, decorrente da queda do bloco soviético[61].

Para as lideranças acima indicadas, esse modelo representou o desmantelamento do Estado Social, com o endurecimento das políticas para o trabalho e o recuo em relação às pautas trabalhistas.

Michael Perelman compara esse modo de fazer econômico a uma cama de Procusto, personagem da mitologia grega. No mito, o bandido que vivia na serra de Elêusis possuía uma cama de ferro, que tinha seu exato tamanho e para a qual convidava todos os viajantes a se deitarem. A oferta de Procusto, entretanto, era sádica: ao ter o hóspede sob sua guarida, ele buscava adaptá-lo ao tamanho de sua cama, de modo que, se os hóspedes fossem demasiado altos, ele amputava o excesso de comprimento para ajustá-los à cama, e, se tinham pequena estatura, eram esticados até atingirem o comprimento suficiente. Utilizando essa metáfora, o autor ilustra a afirmação de que o atual modo de fazer econômico, num mecanismo próximo ao sadismo procusteano, faz da disciplina do mercado a lei e obriga todos a se amoldarem a ela violentamente[62].

Como consequência, Perelman observa que o mesmo sistema que exclui e marginaliza trabalhadores implica em transferir a eles altos níveis de responsabilidade. Ao identificar trabalhadores e capitalistas, dentro do mercado, como seres que se relacionam com paridade de armas, o sistema atribui ao insucesso da massa de trabalhadores suas próprias escolhas e insuficiências, o que, em última análise, significa imputar os resultados sociais desastrosos de uma administração do trabalho e de políticas públicas francamente voltadas à reprodução do capital, a qualquer custo, às próprias vítimas desse processo de produção[63].

---

(59) DRUCK, Maria da Graça. *Terceirização:* (des)fordizando a fábrica. São Paulo: Boitempo, 1999. p. 23.
(60) *Idem.*
(61) DELGADO, Mauricio Godinho. *Capitalismo, trabalho e emprego*. São Paulo: LTr, 2006, p.13-27.
(62) PERELMAN, Michael. *The invisible handcuffs:* how market tyranny stifles the economy by stunting workers. New York: Monthly Review Press, 2011.
(63) *Idem.*

Esse raciocínio fica evidenciado na célebre declaração de Margareth Thatcher: *"Economics are the method. The object is to change the soul"* [64]. Nessa frase, a dama de ferro do neoliberalismo expressa o exato raciocínio de uma economia forjada a partir da subjugação do ser humano, por meio de sua coerção a condutas que atendam aos comandos do mercado independentemente de suas necessidades e do seu bem-estar, individual e coletivo. O endurecimento das políticas para o trabalho e o desamparo social seriam os métodos para "educar" os trabalhadores e conformá-los às exigências do capital.

A consequência desse modo de ser econômico é o incremento das condições de alienação, de insegurança e o desempoderamento dos trabalhadores.

A negação de classes e o mito da mobilidade social, que serviram de amparo para a construção de um pensamento individualista, calcado em identidades subjetivas (apartadas da noção de classe), tem massivamente contribuído para a incompreensão das coletividades que compõe a sociedade e de suas contradições[65].

Esse "procustonismo econômico", entretanto, precisa omitir que o trabalho é uma relação social e que mesmo a absoluta mecanização não será capaz de eliminar a importância do trabalho humano. É que, ao contrário do que pregam os liberais e neoliberais, os altos níveis de desemprego resultam mais da demanda do próprio capital por um exército de reserva que desestabilize e atemorize os trabalhadores empregados e da superexploração daqueles que se encontram empregados como forma de redução de postos de trabalho, do que da real desnecessidade do trabalho humano em tempos de desenvolvimento tecnológico[66].

Daí por que os efeitos psicológicos deletérios do desemprego (e mesmo da mera ameaça do desemprego) são considerados fatores essenciais ao funcionamento da máquina procusteana neoliberal[67].

Assim se dá a construção ideológica de altos níveis de tolerância com condições de trabalho francamente degradantes e com o desnível entre a atribuição de responsabilidades aos empregadores e aos trabalhadores, seja no senso comum social, seja no próprio discurso estatal.

Perelman indica, por exemplo, o modo de operar da agenda neoliberal em relação ao desenvolvimento de políticas públicas para os desempregados. A resposta estatal

---

(64) Idem.
(65) Idem.
(66) Idem.
(67) Ricardo Antunes é incisivo ao refutar tal compreensão: o processo de fragmentação, complexificação e heterogeneização da classe trabalhadora (fenômeno que responde às mudanças pelas quais o capitalismo tem passado) não representa o fim do trabalho, nem mesmo a perda da sua centralidade. O recuo do "trabalho vivo" em favor do "trabalho morto" vem acompanhado pela intensificação da exploração do "trabalho vivo", de modo a explicar que, em verdade, os trabalhadores não são cada vez menos necessários: do contrário, assiste-se a uma intensificação e sofisticação da exploração do trabalho daqueles que continuam empregados como forma de seguir aumentando a produtividade na mesma proporção em que cresce o desemprego estrutural (ANTUNES, Ricardo. *Adeus ao trabalho? Ensaio sobre as metamorfoses e a centralidade no mundo do trabalho*. São Paulo: Cortez, 2010).

quanto a esse problema consiste, basicamente, na imposição de mais disciplina: o sistema penitenciário cresce para reprimir a insatisfação dos excluídos, ao revés de proporcionar políticas públicas que os incluam.

Wacquant já havia demonstrado tal fenômeno, diante do crescimento da população carcerária norte-americana e do Estado policial de forma proporcional à redução do Estado Social: reduz-se a rede de amparo social aos trabalhadores para que, quando as consequências dessa marginalização surjam, os próprios trabalhadores sejam penalizados por meio do encarceramento, construindo-se assim as "prisões da miséria"[68].

Giovanni Alves também indica que os destinos típicos de uma força de trabalho não adequada à ordem do capital tendem a ser as instituições carcerárias e os hospitais psiquiátricos (já que a relação entre loucura e marginalidade social tem sido marca das sociedades humanas), ilustrando com a filmografia "Tempos Modernos" os inevitáveis caminhos da Fábrica, do Hospício e do Presídio a que o capital impele os trabalhadores[69].

Os efeitos dessa demanda ideológica sobre a regulamentação dos contratos de trabalho é desastroso, atingindo o Direito do Trabalho em suas premissas centrais, mormente no seu caráter expansivo[70].

Bourdieu destaca a ofensiva do discurso neoliberal sobre os contratos de trabalho:

> Essa violência também pesa sobre o que se chama contrato de trabalho (habilmente racionalizado e desrealizado pela 'teoria dos contratos'). O discurso empresarial nunca falou tanto de confiança, de cooperação, de lealdade e de cultura de empresa como nessa época em que se obtém a adesão de cada instante fazendo desaparecer todas as garantias temporais (três quartos das contratações são de duração determinada; a parcela dos empregos temporários não para de crescer, a demissão individual tende a não estar mais submetida a nenhuma restrição). Aliás, tal adesão só pode ser incerta e ambígua, porque a precariedade, o medo da demissão e o 'enxugamento' podem, como o desemprego, gerar a angústia, a desmoralização ou o conformismo (taras que a literatura empresarial constata e depois deplora). Nesse mundo sem inércia, sem princípio iminente de continuidade, os dominados estão na posição de criaturas num universo cartesiano: estão paralisados pela decisão arbitrária

---

(68) WACQUANT, Loïc. *As prisões da miséria*. Rio de Janeiro: Jorge Zahar, 2001.

(69) ALVES, Giovanni. *Trabalho e cinema:* o mundo do trabalho através do cinema. Londrina: Praxis: 2006. p. 68.

(70) Por expansionismo do Direito do Trabalho, na lição de Mauricio Godinho Delgado, compreende-se a tendência de generalização do espectro de proteção desse ramo do direito a todas as relações de trabalho. Para o autor, os caminhos para a retomada desse expansionismo, na atual realidade econômica de precarização do trabalho, seriam: a crescente busca pela efetividade do Direito do Trabalho; a ampliação do conceito de relação de emprego, de modo a abarcar novas facetas de prestação de trabalho por pessoas físicas no país; e a extensão do Direito do trabalho às relações de trabalho em geral, transcendendo o critério da relação de emprego, na linha também defendida por Gabriela Neves Delgado. Consultar: DELGADO, Mauricio Godinho. Relação de emprego e relações de trabalho: a retomada expansionista do direito trabalhista. *In:* SENA, Adriana Goulart de; DELGADO, Gabriela Neves; NUNES, Raquel Portugal (coord.). *Dignidade humana e inclusão social:* para a efetividade do direito do trabalho no Brasil. São Paulo: LTr, 2010. p. 25.

de um poder responsável pela 'criação continuada' de sua existência — como prova e lembra a ameaça do fechamento da fábrica, do desinvestimento e do deslocamento[71].

A proposta de retirada da supostamente excessiva tutela trabalhista em prol da ampliação de outras formas de contratação desprotegidas ecoa no cenário econômico mundial. Baylos também relata o fenômeno:

> Considerando esta contraposição entre o trabalho autônomo e o trabalho assalariado, pode-se afirmar que nos anos 80 ocorreu uma inversão da tendência a expandir as fronteiras do trabalho submetido à tutela do direito laboral, na medida em que o Direito foi sendo interpretado de modo cada vez mais restritivo, de maneira a não flexibilizar seus limites, e, em consequência, expulsando da tutela jurídico laboral a significativa e crescente parcela dos serviços prestados em regime autônomo. [...] Quanto ao regime jurídico do trabalho autônomo, as tendências econômicas e sociais que o estimulam contribuíram para revalorizar a autonomia individual, que possibilita então a criação de uma rede de relações independentes traduzida em vários atos contratuais de diferentes espécies. Assim, ganha particular relevância o que foi diagnosticado como "o discreto retorno" do arrendamento de serviços[72], isto é, o uso gradual desta figura em casos de descentralização produtiva e contratação externa de serviços profissionais, que alcança também a prestação de determinados trabalhos atípicos[73].

A minimização do Estado, o enfraquecimento de suas políticas regulatórias e a desorganização instalada no mundo do trabalho, que se torna fragmentado, heterogêneo e cada vez mais complexo[74], entretanto, não correspondem ao eficiente modo de funcionamento do capital: Harvey observa que é "*através* da dispersão, da mobilidade geográfica e das respostas flexíveis nos mercados de trabalho, nos processo de trabalho e nos mercados de consumo" que o capitalismo se torna cada vez mais organizado[75]. Por consequência, mais empoderado quanto ao estabelecimento de agendas político-econômicas e de disciplina rígida para o trabalho.

Como resultado desse novo panorama socioeconômico complexo, tem-se a **precarização social do trabalho**, fenômeno que, nas palavras de Graça Druck, pode ser definido como um processo "em que se instala — econômica, social e politicamente — uma institucionalização da flexibilização e da precarização moderna do trabalho, que renova e reconfigura a precarização histórica e estrutural do trabalho". Para a autora, o conteúdo da precarização seria a condição de instabilidade, insegurança, de adaptabilidade e de

---

(71) BOURDIEU, Pierre. *Contrafogos*. Rio de Janeiro: Zahar, 1998. p. 140-141.
(72) Figura contratual adotada para regular o trabalho autônomo.
(73) BAYLOS, Antonio. *Direito do trabalho:* modelo para armar. São Paulo: LTr, 1999. p. 106-107.
(74) A expressão é de Ricardo Antunes (ANTUNES, Ricardo. *Adeus ao trabalho?* Ensaio sobre as metamorfoses e a centralidade no mundo do trabalho. São Paulo: Cortez, 2010)
(75) HARVEY, David. *A condição pós-moderna*. São Paulo: Loyola, 2003. p. 150 (grifos do autor).

fragmentação dos coletivos de trabalhadores e da destituição do conteúdo social do trabalho. O fenômeno, portanto, residiria para além da fragilidade das novas formas de contratação e inserção, espraiando seus efeitos por toda a relação social de trabalho e pela vida dos trabalhadores[76].

Assim, cabe distinguir que, enquanto a precariedade se apresenta como situação adversa à condição salarial estável, como descrita por Castel[77], a precarização consistiria em um processo de mudança de uma dada situação dos trabalhadores para outra condição menos favorável, como mais vulnerável, penosa, perigosa, instável, insegura etc., observando-se um determinado período de análise[78].

1.2. Trabalho e subjetividade na era pós-fordista

O novo modelo toyotista de produção se prestou a atuar sobre a subjetividade dos trabalhadores, na medida em que representou a transferência do controle da produtividade e da qualidade do trabalho para os próprios obreiros, em constante competição entre si.

A larga utilização do trabalho em equipe, envolvida com valores motivacionais, revelou a horizontalização do controle da produção. A instalação da remuneração por produção, viabilizada por meio do estabelecimento de metas, difundiu o controle da produtividade entre os próprios obreiros.

De outro lado, a ideia de desenvolvimento de trabalhadores polivalentes, aptos a exercer diversas funções (controlando várias e não mais apenas uma máquina/procedimento, como ocorria no fordismo/taylorismo) revelou a intensificação do ritmo de trabalho, visto que, dentro da mesma jornada antes praticada ou até em jornadas mais reduzidas, o trabalhador se ativava em diversas funções.

A organização toyotista se vale, para tanto, da tomada de compromisso de cada um dos trabalhadores — a qual, em regra, é forjada pelo medo de perder o emprego — e da extração de todas as suas potencialidades e habilidades para o trabalho em favor da reprodução capitalista[79].

O discurso da motivação em favor da empresa, que se transforma numa nova ética para o trabalho, é acompanhado de um discurso para a vida dos trabalhadores: a exacerbação

---

(76) DRUCK, Graça. Trabalho, precarização e resistências: novos e velhos desafios? *Cadernos CRH*, Salvador, vol. 24, n. spe 01, p. 37-57, 2011.

(77) CASTEL, Robert. *As metamorfoses da questão social*. Rio de Janeiro: Vozes, 1998.

(78) FILGUEIRAS, Vitor. *Estado e direito do trabalho no Brasil:* regulação do emprego entre 1988 e 2008. (Tese de Doutorado). Faculdade de Filosofia e Ciências Humanas da UFBA. Orientadora: Graça Druck. 2012. p. 143.

(79) Ilustrativas desse cenário são as filmografias "Vertigem Coletiva" e "O Sucesso a qualquer preço", que demonstram vividamente o apelo que a ameaça do desemprego exerce na vida dos trabalhadores (*Vertigem coletiva*. Roteiro, produção e direção geral: Silvino Castro, Marta Oliveira, Clarissa Menicucci, Frederico Vaccari, Graciela Gonzalez, Reginaldo Barcelos e Wladia Ferraz. Belo Horizonte: Fundação João Pinheiro Centro de Estudos Históricos e Culturais. 1 fita de vídeo (15 min. e 15 seg.), HI-FI, VHS; *O sucesso a qualquer preço*. Direção: James Foley. Roteiro: David Mamet. Produção: Jerry Tokofski. 1990. Manaus: Spectra Nova Produções. 1 DVD (100 min)). Sobre o último, consultar, ainda, a resenha de Giovanni Alves: ALVES, Giovanni. *Trabalho e cinema:* o mundo do trabalho através do cinema. Volume II. Londrina: Praxis; Bauru: Canal 6, 2008. p. 137-170.

do individualismo faz com que cada um se torne responsável pelo seu sucesso ou seu fracasso, que será mera consequência dos esforços empreendidos. Assim, a remuneração por produção, o envolvimento e a disposição absoluta para o capital como condição para promoções e para garantia do emprego revelam que cada um (e não a voracidade do sistema capitalista) passa a ser responsável por sua graça e por sua desgraça.

Vencedores e perdedores se separam, inclusive na (im)possibilidade de desenvolvimento de vínculos de solidariedade, a partir das suas qualidades e empenhos individuais. Nessa lógica, a competitividade e o individualismo prevalecem.

Como resultado, o trabalhador deixa de ter a mente "livre" como ocorria no padrão fordista (em que a ausência de mobilização intelectual dos obreiros prevalecia). O padrão toyotista se ampara em premissas diversas: longe de mecanizar o trabalhador, ele deseja a participação ativa da sua inteligência e da sua habilidade, desde que apropriáveis pela dinâmica da reprodução capitalista.

Evidentemente, quando se contrasta a maior manipulação subjetiva instalada no novo padrão toyotista com a construção da consciência de classe que os trabalhadores fordistas/tayloristas experimentaram, não se desconsidera que também no modelo fordista havia um movimento de cooptação dos trabalhadores pelo discurso empresarial. Entretanto, o que se destaca é que, como decorrência do terreno fértil que a ausência de envolvimento intelectual dos operários-massa fordistas com os processos de trabalho representava, as possibilidades de associação coletiva eram maiores sob a égide da organização fordista.

As possibilidades de elaboração do inconformismo sob a gestão toyotista, entretanto, são diferenciadas. Isso porque, para o novo modelo, não basta mais colher o tempo do trabalhador por jornadas extenuantes, exigindo do seu corpo até o limite da exaustão. O novo modelo produtivo quer, além dessa dimensão do trabalho, o comprometimento psicológico dos obreiros, que devem "vestir a camisa da empresa", trabalhar durante toda a jornada sem "tempos mortos", num ritmo intenso, comprometer-se com os resultados, fiscalizar a si e aos demais colegas.

Nesse processo, a afirmação da identidade coletiva dos obreiros é minada de modo decisivo, na medida em que a coletivização da produção e o estabelecimento de vínculos de solidariedade são substituídos pelo individualismo e pela competição, que transforma trabalhadores alocados lado a lado na empresa em adversários, seja porque são divididos em categorias (centrais e precários), cujos empregos são reciprocamente ameaçados uns pela existência dos outros, seja porque precisam esforçar-se individualmente, independentemente das eventuais dificuldades dos demais, para alcançar resultados pré-definidos.

A subjetividade individual sofre uma apropriação tão intensa pelo capital, que subverte os limites mesmo do trabalho alienado, a ponto de gerar o adoecimento psíquico da classe obreira.

É que a atribuição de sentido à vida a partir do trabalho fica prejudicada pelo intenso compromisso que a mente dos trabalhadores possui em relação à atividade empresarial, que alcança os tempos de repouso e ocupa a existência psíquica dos trabalhadores como um todo. Trata-se da construção de uma "subjetividade inautêntica", como preconizado por Nicolas Tertulian[80].

Giovanni Alves comunga dessa avaliação: "A intensa densidade manipulatória do capitalismo global, seja na instância do consumo, seja na instância da produção propriamente dita, atinge a subjetividade do trabalho vivo, impedindo que se possa despertar no homem necessidades reais do desenvolvimento da personalidade"[81].

O tempo livre cada vez mais é demandado para o desenvolvimento, por conta dos trabalhadores, de atividades de aperfeiçoamento profissional (resultado do discurso difundido de que o sucesso de cada um, no trabalho, só depende dos esforços envidados) ou para o consumo vazio.

Essa construção identitária deturpada tem dado azo às chamadas doenças da alma (presentes na medida em que se afirma o "vazio ontológico"[82]), que tem crescido em larga escala, ocasionando picos de *stress*, focos de depressão, alcoolismo, síndrome do pânico, síndrome de *burnout*, e, em mais casos do que os noticiários permitem conhecer[83], suicídios[84].

1.2.1. A nova ofensiva do capital: o avanço sobre a subjetividade dos trabalhadores

Como visto, a reestruturação produtiva pós-fordista se caracterizou pela flexibilização das relações de trabalho, com larga utilização de mão de obra terceirizada e manutenção de apenas um mínimo de trabalhadores com vínculos sólidos, permeados por uma massa de temporários e precários, cujos empregos podem oscilar ao sabor dos mercados.

Essa divisão dos trabalhadores atinge não apenas os precários, mas também os "centrais"[85], que ficam reféns do medo de se tornarem também precários, seguindo o caminho (sem volta) da precarização ou do desemprego. Trata-se de conformação nociva,

---

(80) TERTULIAN, Nicolas. *Le concept d'Aliénation chez Heidegger et Lukács*. Archives de Philosophie — Reserches et Documentation, n. 56, jul./set., Paris, 1993, p. 443 *apud* ANTUNES, Ricardo. *Os sentidos do trabalho:* ensaio sobre a afirmação e a negação do trabalho. São Paulo: Boitempo, 1999. p. 128.

(81) ALVES, Giovanni. *Trabalho e subjetividade*. São Paulo: Boitempo, 2011. p. 120.

(82) BENDASSOLLI, Pedro Fernando. *Trabalho e identidade em tempos sombrios:* insegurança ontológica na experiência atual com o trabalho. São Paulo: Ideias & Letras, 2007.

(83) Sobre a postura da mídia em relação aos casos de suicídio, ver RAMOS, Giovane Saionara. *Pela (re)apropriação do sentido de existência*. Disponível em: <http://www.estudosdotrabalho.org/anais6seminariodotrabalho/giovanisaionararamos.pdf>. Acesso em: 25 out. 2013, 22h49.

(84) As ocorrências de suicídio de operários dentro do local de trabalho, como forma de reação à exploração capitalista, é uma realidade que já se aproxima das fábricas brasileiras e que já é enfrentada, em outros países, conforme revelam os estudos de Dejours: DEJOURS, Christophe. *A banalização da injustiça social*. Rio de Janeiro: Fundação Getúlio Vargas, 2006. Ainda sobre o suicídio no trabalho, consultar: VENCO, Selma; BARRETO, Margarida. O sentido social do suicídio no trabalho. *Revista Espaço Acadêmico*, n. 108, maio 2010.

(85) Adota-se, aqui, o conceito de trabalhadores centrais e trabalhadores periféricos proposto por David Harvey. Consultar: HARVEY, David. *A condição pós-moderna*. São Paulo: Loyola, 2003.

cujos efeitos vão muito além da natureza jurídica precária dos contratos firmados com a maior parte dos trabalhadores ou do sentimento de insegurança que assola os poucos trabalhadores centrais.

Isso porque, concomitantemente ao afrouxamento dos vínculos de trabalho, seja por meio da descartabilidade precária dos periféricos, seja pela ameaça constante aos "centrais" (temor do desemprego estrutural, que empurra os trabalhadores para programas de demissão incentivada, substituição da mão de obra de gerações anteriores pelos jovens, etc.), esses dois grupos indistintamente são alvo de uma subordinação nunca antes vista no capitalismo, pela sua intensidade e pela predisposição ao domínio das habilidades, da inteligência e da sensibilidade dos trabalhadores.

Ao "desespecializar" os operadores e constituir novas equipes de trabalho, o toyotismo racionaliza o trabalho por meio de uma nova forma de subsunção do trabalho ao capital, que, segundo Giovanni Alves, não seria mais a subordinação formal-material (em sentido próprio), mas a subordinação formal-intelectual (ou espiritual) do trabalho ao capital[86]. O autor explica que "para fazer funcionar os novos dispositivos técnico-organizacionais da empresa toyotizada, o trabalho vivo é obrigado não apenas a 'vestir a camisa' da empresa, mas a 'dar a alma' (corpo e mente) ao capital"[87].

Na análise de Giovanni Alves, a rede informacional oriunda do que se denominou "Quarta Revolução Tecnológica"[88] é uma rede controlativa, que atua na captura da subjetividade dos trabalhadores. O autor se reporta a um controle sociometabólico pelo capital, que não se restringe mais ao espaço da relação de emprego, mas invade o lazer e a casa dos trabalhadores. O novo nexo psicofísico com o trabalho teria duas faces diversas: a captura da subjetividade no trabalho e a extensão de valores da produção para a vida, acarretando uma eticidade do econômico[89].

Alves identifica três mecanismos do processo de captura da subjetividade dos trabalhadores pelo capital: as novas formas de pagamento, as equipes de trabalho e o engajamento estimulado[90].

Com relação às **formas de remuneração**, a sistemática de pagamento por produtividade, de bônus produtividade e de participação nos lucros e resultados têm contribuído para a relação de compromisso subjetivo dos trabalhadores com os resultados da produção, a fim de se beneficiarem individualmente com isso.

A contraface da moeda é o fato de que, desse modo, se transfere aos trabalhadores o controle do ritmo e da duração do trabalho, pois esses elementos determinarão a remuneração auferida. A ânsia por uma remuneração maior e mesmo a necessidade de

---

(86) ALVES, Giovanni. *Trabalho e subjetividade*. São Paulo: Boitempo, 2011. p. 57.
(87) *Ibidem*, p. 153.
(88) A Quarta Revolução Tecnológica ou "Quarta Idade da Máquina" é definida por Giovanni Alves como a "revolução das redes informacionais", desdobramento da Terceira Revolução Tecnológica, que consistiria na "revolução informática" (ALVES, Giovanni. *Trabalho e subjetividade*. São Paulo: Boitempo, 2011. p. 70-71).
(89) ALVES, Giovanni. *Trabalho e subjetividade*. São Paulo: Boitempo, 2011.
(90) *Ibidem*, p. 120.

alcançá-la conduz os obreiros a um nível de produtividade excessivo que compromete a saúde e desvirtua limites máximos de jornada de trabalho já conquistados.

Marx já anunciara: "o salário por peça é a forma de salário mais adequada ao modo capitalista de produção" porque "a quantidade e a intensidade do trabalho são controlados pela forma de salário, tornando em grande parte desnecessário o trabalho de inspeção"[91].

Contudo, a forma de remuneração mais adequada ao capitalismo não se revela a mais adequada aos trabalhadores, que, pressionados pela necessidade, traduzem-se em péssimos algozes de si mesmos, se forçando a ir até o limite das suas forças para produzir. Além disso, destaca-se a corrupção identitária que a necessidade de provar seus limites, diariamente, em favor de um trabalho alienado (leia-se, apropriável por outrem) pode acarretar.

Com relação às **equipes de trabalho**, o que se tem é a difusão do controle do empregador por vários olhos, o que Giovanni Alves denominou "novo panóptico do capital"[92].

A instituição de diversas equipes com líderes que, constantemente pressionados pelo alcance de metas, distribuem pressão para que os trabalhadores produzam e cobrem produção de seus pares, representa a apropriação da ideia de construção coletiva pela lógica do sistema capitalista, para que cada operário torne-se patrão de si mesmo e dos outros.

Essa difusão da cobrança por resultados e a apropriação de experiências bem-sucedidas em um cerco de competitividade instalado entre os trabalhadores, que é foco da gestão toyotista, muito mais que o fomento da cooperação entre os trabalhadores envolvidos nas equipes, rende ensejo ao que Vincent de Gaulejac denominou "moral do assédio". Para o autor, é justamente essa dimensão da nova organização produtiva a responsável pelas ocorrências cada vez mais frequentes de assédio moral e do profundo sofrimento que ele ocasiona para os trabalhadores[93].

Gaulejac pondera, todavia, que o conceito clássico de assédio moral, e mesmo a sua tipificação jurídica, tende a isolar a questão em comportamentos singulares, individualizados e supostamente revestidos de algum nível de perversidade. Ao fazê-lo, entretanto, a visão clássica do assédio moral ocultaria as causas profundas dessa forma de violência: a pressão generalizada que se desenvolve no mundo do trabalho hoje[94].

Segundo Gaulejac "a noção de cerco moral tende a focalizar o problema sobre o comportamento das pessoas, mais do que sobre os processos que o geram". Para o autor, assédio, estresse, depressão e o sofrimento recorrente são sintomas de que a gestão empresarial deve ser questionada. Não seria possível, nesse raciocínio, localizar a raiz do assédio em um indivíduo particular: os empregados submetidos a pressão intensa, diante

---

(91) MARX, Karl. *O Capital* (Capítulo XIX) *apud* ALVES, Giovanni. *Trabalho e subjetividade.* São Paulo: Boitempo, 2011. p. 123.
(92) ALVES, Giovanni. *Trabalho e subjetividade.* São Paulo: Boitempo, 2011. p. 120.
(93) GAULEJAC, Vincent de. *A gestão como doença social.* Aparecida-SP: Ideia & Letras, 2007. p. 223-225.
(94) *Idem.*

da sua incapacidade de intervir na organização do trabalho e em suas falhas, tendem a se agredir mutuamente, num comportamento defensivo que gera uma cadeia de agressões, distribuídas, evidentemente, de forma assimétrica, conforme hierarquia e poder dos seus protagonistas[95][96].

Para o autor, a tentativa de revestir o assédio de características comportamentais decorre do efeito tranquilizador de indicar um problema que pode ser resolvido ou controlado, mas que perde de vista a causa central: a submissão de trabalhadores e gerentes a uma tensão profunda[97]. E esse nada mais é que um dos pilares nos quais se assenta o modelo de trabalho japonês.

O terceiro elemento caracterizador da nova dimensão assediadora do capital, também atrelado ao desenvolvimento de níveis de pressão psicológica exagerados, é o **engajamento estimulado**. Ele consiste na apropriação dos valores subjetivos dos trabalhadores em prol da reprodução capitalista. Exigem-se do trabalhador habilidades afetivo-comunicacionais, e, ao exigi-las, o capitalismo o faz a título de valorização das potencialidades obreiras[98], que, contudo, são imediatamente apropriadas. Mais uma vez, Alves explica:

> Agora, são os valores dos colaboradores, suas crenças, sua interioridade, sua personalidade que são cobiçadas. (...) Sob o toyotismo, o homem produtivo é instigado a pensar demais, mas de acordo com a racionalidade instrumental do capital. O cérebro dos operários e dos empregados não está mais livre como no taylorismo/fordismo, Deve-se combater nos locais de trabalho e nas instâncias da reprodução social o pensamento crítico ou aquilo que Gramsci tratou como 'um curso de pensamentos pouco conformistas'. Incentivam-se habilidades cognitivo-comportamentais proativas e propositivas no sentido adaptativo aos constrangimentos sistêmicos. No plano linguístico-locucional deve-se trocar a sintaxe da luta de classes para a sintaxe da concertação social[99].

Por outro lado, a extensão de valores da produção para a vida, acarretando o que se denominou "eticidade do econômico", faz com que os valores cobiçados em um trabalhador ideal do modelo de produção toyotista sejam lançados como ideal para a vida. O discurso da competência e do empreendendorismo revela-se como inovação sociometabólica do capital que manipula os trabalhadores dentro e fora do trabalho. O tempo de trabalho agora também é o "tempo de não trabalho"[100] e o discurso das empresas torna-se um discurso para a vida:

---

(95) *Idem.*
(96) Adriane Reis de Araújo também aponta a existência de um contexto de assédio moral organizacional, que conceitua como o "conjunto de condutas abusivas, de qualquer natureza, exercido de forma sistemática durante certo tempo, em decorrência de uma relação de trabalho, e que resulte no vexame, humilhação ou constrangimento de uma ou mais vítimas com a finalidade de se obter o engajamento subjetivo de todo o grupo às políticas e metas da administração, por meio da ofensa a seus direitos fundamentais, podendo resultar em danos morais, físicos e psíquicos" (ARAÚJO, Adriane Reis de. *O assédio moral organizacional*. São Paulo: LTr, 2012. p. 76).
(97) GAULEJAC, Vincent de. *A gestão como doença social*. Aparecida-SP: Ideia & Letras, 2007. p. 223-225.
(98) ALVES, Giovanni. *Trabalho e subjetividade*. São Paulo: Boitempo, 2011. p. 53.
(99) *Ibidem*, p. 65.
(100) *Ibidem*, p. 93.

Critérios de produtividade e desempenho saem do universo da empresa e se disseminam pela sociedade, tomando de assalto inclusive as relações afetivo--existenciais, medidas sob os parâmetros linguístico-comunicativos dos valores de desempenho e produtividade. (...) No plano do processo de subjetivação, existe uma afinidade nada eletiva entre as inovações sociometabólicas, que disseminam valores-fetiche, expectativas e utopias de mercado e o sociometabolismo da barbárie[101][102].

A impossibilidade de desconexão do trabalho e dos valores que o permeiam, promovida pela cultura do envolvimento com o trabalho e da busca incondicional do sucesso, acontece ao mesmo tempo em que há uma intensificação adoecedora do ritmo de trabalho.

O capitalismo, sob o modelo toyotista de produção, passa a se concentrar na extração da mais-valia relativa em detrimento da mais-valia absoluta: ou seja, as jornadas podem ser as limitadas pela lei, desde que dentro de tais jornadas haja uma intensificação do ritmo da produção que compense a ausência do sobrelabor[103].

O consentimento dos trabalhadores em relação a esses mecanismos é forjado com respaldo não em um espírito de cooperação legítimo, mas, sobretudo, pelo medo de perder o emprego[104] e da desfiliação[105] que isso representa.

Trata-se da função sociorreprodutiva do desemprego, que atua numa perspectiva psicológica simbólica na sociedade do capital[106]. É sob o prisma do "afeto regressivo do medo"[107] que se dá a manipulação da subjetividade dos trabalhadores, condutora de uma afirmação identitária inautêntica pelos sujeitos envolvidos. Tendo sua mente tomada pela lógica produtiva de forma invasiva, esses trabalhadores não conseguem afirmar sua personalidade de modo autônomo, sem a corrupção de suas potencialidades e projetos pessoais pelos objetivos empresariais e valores econômicos difundidos.

---

(101) Ibidem, p. 94-95.

(102) A colonização do espaço da vida pelo gerencialismo fica evidenciada, por exemplo, com a reflexão que uma curiosa notícia de jornal permite levantar: Em 22 de novembro de 2012, o sítio virtual do Yahoo! Notícias noticiou que uma fábrica na China estaria oferecendo bônus salarial aos empregados que iniciassem namoros dentro da companhia. A medida, evidentemente, visava colher uma motivação para o trabalho, desde que apropriável pelo empreendimento capitalista, gerando, em contrapartida, uma potencial influência de fatores remuneratórios nas escolhas afetivas dos trabalhadores. Essa reflexão foi colhida do blog "Passa palavra", que comentou a notícia sob o título "Amor e mais-valia" (Disponível em: <http://passapalavra.info/2012/12/69851>. Acesso em: 25 out. 2013, 21h45). A notícia original foi publicada no site Yahoo! Notícias: "Fábrica na China dá bônus ao funcionário que namorar colega de trabalho". Disponível em: <http://br.noticias.yahoo.com/f%C3%A1brica-china-d%C3%A1--b%C3%B4nus-ao-funcion%C3%A1rio-namorar-colega-trabalho-165020958.html>. Acesso em: 25 out. 2013, 21h45.

(103) ALVES, Giovanni. Trabalho e subjetividade. São Paulo: Boitempo, 2011. p. 118.

(104) A respeito, consultar a filmografia: Vertigem Coletiva. Roteiro, produção e direção geral: Silvino Castro, Marta Oliveira, Clarissa Menicucci, Frederico Vaccari, Graciela Gonzalez, Reginaldo Barcelos e Wladia Ferraz. Belo Horizonte: Fundação João Pinheiro Centro de Estudos Históricos e Culturais. 1 fita de vídeo (15 min. e 15 seg.), HI-FI, VHS.

(105) CASTEL, Robert. As metamorfoses da questão social. Rio de Janeiro: Vozes, 1998.

(106) Ibidem, p. 126 e 141.

(107) ALVES, Giovanni. Trabalho e subjetividade. São Paulo: Boitempo, 2011. p. 140-141.

Dejours, analisando de que maneira a subjetividade dos trabalhadores é solicitada na empresa japonesa (nascente do modelo de gestão que se hegemonizou), explica que a possibilidade de utilização do saber e a inteligência prática no trabalho efetivamente pode gerar realização para os sujeitos. O autor entende que a possibilidade de utilização efetiva das suas próprias habilidades (astúcia, ardil, engenhosidade, subversão dos procedimentos técnicos impostos a partir da experiência, do *savoir-faire*) possibilita a afirmação da identidade dos trabalhadores, na medida em que revela um espaço para a contribuição singular do trabalhador, a partir do qual pode colher reconhecimento e pertencimento, seja por meio de juízos de beleza, seja por meio de juízos de utilidade[108].

O autor observa que "a subutilização desse potencial de criatividade é uma das principais fontes de sofrimento, de desestabilização da economia psicossomática, e mesmo de descompensação e doença"[109].

Nesse sentido, o incremento de produtividade promovido pelo toyotismo seria justificável, na compreensão de Dejours, tendo em vista que, num primeiro momento, a nova forma de organização do trabalho poderia devolver ao trabalhador esse sentido de controle e realização pelo trabalho, na medida em que emprega seus conhecimentos específicos[110].

O próprio Dejours, entretanto, ressalva que a promoção de identidade por meio do mecanismo toyotista fica condicionada a determinados elementos: primeiro, é preciso que haja uma organização do trabalho prescrita, o que denomina "regras do jogo", porquanto observa que o valor da obediência, em si, não é desprezado pelos trabalhadores; segundo, deve haver transparência quanto à necessidade de subversão dessas mesmas regras, de modo que exista compartilhamento de responsabilidades por meio de uma solidariedade coletiva dos trabalhadores; e, por fim, necessariamente há de haver reconhecimento, reconhecimento este que não pode existir apenas do ponto de vista econômico, mas também do psicológico, do simbólico e do comunicacional, e que não se volte apenas para o produto do trabalho, mas para o mérito do próprio trabalhador[111].

O autor adverte: o modelo japonês exalta tais condições de tal forma que coloca o risco de que a transparência se desvie no sentido de uma vigilância generalizada e da desapropriação dessas inteligências práticas em favor da empresa, descambando para autonomia reduzida e controle hierarquizado mais perversos, porque indutores de sujeição elevada, que transcende os limites da fábrica para colonizar o espaço da vida. É aqui que obediência se transforma em submissão e o esgotamento dos trabalhadores levaria ao declínio da produção ao desencadeamento de doenças somáticas e psíquicas[112].

---

(108) Dejours dispara: "o aforismo taylorista da vadiagem operária é uma inverdade clínica que prevalece até hoje na interpretação que se faz do fator humano como fator fundamental de faltas e de deserção voluntária" p. 294-295 (DEJOURS, Christophe. Inteligência operária e organização do trabalho: a propósito do modelo japonês de produção. *In:* HIRATA, Helena (Org.). *Sobre o modelo japonês*. São Paulo: Edusp, 1993).

(109) DEJOURS, Christophe. Inteligência operária e organização do trabalho: a propósito do modelo japonês de produção. *In:* HIRATA, Helena (Org.). *Sobre o modelo japonês*. São Paulo: Edusp, 1993. p. 290.

(110) *Ibidem*, p. 290.

(111) *Ibidem*, p. 290.

(112) *Ibidem*, p. 290.

Esse panorama de avanço sobre a subjetividade dos trabalhadores, de modo colonizador e adoecedor convive, contraditoriamente, com o afrouxamento dos laços que atrelam os indivíduos à sua trajetória profissional. Em outras palavras, o capitalismo nunca exigiu tanto e também nunca ofereceu tão pouco em troca. Sob o regime toyotista os trabalhadores vivem à exaustão uma dinâmica de trabalho que não lhes permite se afirmar.

Meszáros denuncia a contradição: um dos traços mais paradoxais do novo complexo de reestruturação produtiva do capital seria ativar, por um lado, intensos dispositivos de envolvimento estimulado do trabalho vivo com a lógica da produção do capital e, por outro lado, transformar uma proporção cada vez maior de "trabalho vivo" em força de trabalho supérflua do ponto de vista do capital[113].

1.2.2. *A crise das identidades profissionais*

Existe uma relação direta entre o modelo de acumulação flexível e a dificuldade de afirmação, a longo prazo, das pessoas e de suas trajetórias profissionais no bojo de mercados cada vez mais velozes e voláteis. A capacidade humana de afirmar seus valores por meio de projetos sólidos e de longo prazo e de construir narrativas de vida reais, capacidade que Richard Sennett denomina "caráter", estaria sendo desvirtuada em razão da nova forma de organização do trabalho[114].

Partindo de histórias concretas de gerações de trabalhadores que vivenciaram a experiência do trabalho sobre os diferentes paradigmas de produção, Richard Sennett compreende que a nova faceta flexível do capital torna obsoletas as narrativas profissionais de longo prazo, antes apresentadas como diretivas para vida pessoal e familiar, fundamentais à construção de vínculos de confiança, de lealdade e de compromisso mútuo[115].

A condição de vida daqueles que não se inserem socialmente de forma segura, que não podem dizer sobre o amanhã, que não constroem projetos sólidos de vida seria uma condição de vida "à deriva", incompatível com o estabelecimento de laços firmes, que só se afirmam com o tempo: se uma organização opera como uma estrutura de rede flexível, frouxa, frouxos também serão os laços que ela engendra. A velocidade e a utilidade das relações sociais será modificada pela dificuldade de estabelecimento de compromissos que a nova faceta do capital promove[116].

Para o autor, a individualidade subjetiva está corroída "pelo fato de que a flexibilidade não permite a fixação em um emprego e, em decorrência, a identificação com uma carreira e projetos sólidos e estáveis, o que é indispensável para a identidade individual moderna"[117].

---

(113) MÉSZARÓS, István. *Para além do capital*. São Paulo: Boitempo, 2011.

(114) SENNETT, Richard. *A corrosão do caráter:* o desaparecimento das virtudes com o novo capitalismo. Rio de Janeiro: Bestbolso, 2012.

(115) *Idem.*

(116) *Idem.*

(117) SENNETT, Richard. *A corrosão do caráter*. Rio de Janeiro: Record, 2000. apud MACIEL, Fabrício. Todo trabalho é digno? Um ensaio sobre moralidade e reconhecimento na modernidade periférica. *In:* SOUZA, Jessé (Org.). *A invisibilidade das desigualdades brasileiras*. Belo Horizonte: Ed. UFMG, 2006. p. 300.

Sennett demonstra, por meio de trajetórias reais e palpáveis, a interferência da relação estabelecida pelos sujeitos com o trabalho na forma de vida social, afetiva, familiar e subjetiva por eles experimentada, deixando exposto o caráter fundante do trabalho na experiência do ser social e sua perturbação pelo novo modelo de produção. A impossibilidade de construção de uma narrativa para a própria vida corresponde à incapacidade de estabelecer uma conduta que contemple valores do caráter humano[118].

Impende, pois, compreender como o atual modelo produtivo repercute na afirmação da identidade dos sujeitos, de forma a desestruturá-la em comparação aos eixos de sustentação vivenciados pelas gerações anteriores.

Claude Dubar explica que as identidades sociais e profissionais não podem ser consideradas nem apenas expressões psicológicas de personalidades individuais nem exclusivamente produtos de estruturas ou políticas econômicas impostas: para o autor, as identidades profissionais consistem em construções sociais que implicam a interação entre "trajetórias individuais e sistemas de emprego, de trabalho e de formação". Seriam, portanto, formas sociais de construção de individualidades, a cada geração e em cada sociedade[119].

Dubar recusa a distinção entre identidade individual e coletiva e compreende as identidades como a articulação de duas transações: uma transação interna ao indivíduo (mediante contribuições das trajetórias individuais e familiares) e uma transação externa entre o indivíduo e as instituições com as quais ele interage, com interferência marcante de processos "culturais" e das estratégias de ordem econômica[120].

O processo identitário, desse modo, seria marcadamente relacional: menos um processo biográfico de construção de si que um investimento em relações duradouras que propiciam reconhecimento recíproco, a identidade se coloca como uma transação objetivamente constatável nas situações de trabalho e nos sistemas sociais empresariais[121].

Dentro dessa compreensão, o sociólogo francês, pautado na pesquisa empírica realizada entre sujeitos envolvidos em contextos diversos de afirmação identitária, pondera que a identidade profissional reconhecida por um empregador, no cenário das transformações tecnológicas, organizacionais e de gestão, tem cada vez mais chances de não ser definitiva, visto que sempre passíveis de ajustes e concessões sucessivas, em face da ausência de projeções de futuro. Portanto, seriam profundamente marcadas, nesse novo contexto, por incertezas.

A análise empírica de Dubar sistematiza quatro modelos de identidades profissionais na atual conformação do mundo do trabalho.

---

(118) SENNETT, Richard. *A corrosão do caráter:* o desaparecimento das virtudes com o novo capitalismo. Rio de Janeiro: Bestbolso, 2012. p. 31.

(119) DUBAR, Claude. *A socialização:* construção das identidades sociais e profissionais. São Paulo: Martins Fontes, 2005. p. 330.

(120) *Ibidem*, p. 133.

(121) *Ibidem*, p. 151.

O **primeiro** deles seria ostentado por trabalhadores que detêm saberes práticos em detrimento de formação escolar e que são colocados pelas novas exigências de mercado como **excluídos**, numa identidade social real que rompe com a identidade virtual, ostentada como herança das gerações que, no modelo anterior, conseguiram se afirmar identitariamente a partir do desempenho de funções análogas. A trajetória identitária da geração anterior, todavia, "já não atrai e nenhuma outra parece estar disponível"[122].

O **segundo** modelo identitário verificado consistiria na identidade **bloqueada** daqueles operários que, internamente, desenvolvem uma identidade de operários de um determinado ofício, em relação ao qual se afirmam e se reconhecem, e que, confrontados pela empresa com a exigência de um novo perfil profissional polivalente, não mais de operário, mas de "operador" ou "colaborador", tem sua identidade real "bloqueada":

> Assim, todos se dizem bloqueados em sua situação profissional e inquietos com seu futuro: suas perspectivas anteriores são questionadas pelas novas formas de organização do trabalho e de gestão do emprego e eles não veem nenhuma perspectiva de futuro nas formas de polivalência que lhes são propostas [123].

O apelo empresarial operaria como a imposição da renúncia de uma identidade singular em favor de se tornar um "membro substituível de uma equipe mobilizada para empresa, isto é, ao menos em um primeiro momento, um assalariado sem identidade singular, 'um homem sem qualidade', definido simplesmente por sua disponibilidade e seu espírito de equipe". Nessa altura, Dubar afirma ser perfeitamente compreensível a postura defensiva dos operários que se agarravam à sua identidade de ofício como saída menos angustiante à situação colocada[124]. Entretanto, a afirmação dessa identidade pressupõe também um reconhecimento, que já não pode ser assegurado pela empresa e que também não encontra eco nos espaços desmobilizados da atual organização sindical[125].

O **terceiro** modelo estudado por Dubar seria o da "identidade para o outro" ou da "**identidade de empresa**": aqui o trabalhador se renderia à nova pauta do capital e abraçaria uma identidade construída pela e na própria empresa, com base em mecanismo de reciprocidade dinâmica, por meio do qual o empregado oferecia o engajamento pessoal sem reserva em troca de uma segurança subjetiva promovida pela empresa e da provável progressão de sua carreira.

Nesse caso, o assalariado abandona seu trabalho, sua formação profissional e suas trajetórias anteriores como fonte de identidade para aderir ao projeto empresarial: "à incerteza de tal procedimento responde a integração protetora da instituição-empresa, legitimando, ela mesma, as identidades que produz"[126].

Dubar pondera, entretanto, acerca do caráter vulnerável dessa identidade aparentemente harmoniosa, que pode ser facilmente destruída, por exemplo, pela transferência

---

(122) *Ibidem*, p. 271.
(123) *Ibidem*, p. 274-275.
(124) *Ibidem*, p. 278.
(125) *Ibidem*, p. 283.
(126) *Ibidem*, p. 290.

do reconhecimento da empresa para trabalhadores mais jovens e mais qualificados[127]. A transação objetiva é abolida e dá lugar à frustração quando o futuro da empresa não coincide com o futuro do indivíduo. Essa identidade, portanto, é ilusória, e consistiria numa fuga do trabalhador para enfrentar o sentimento de vazio que permeia suas práticas relacionais: a confortável saída de permitir que o outro lhe diga quem você é não se sustenta como construção identitária sólida[128].

Por último, o **quarto** modelo, intitulado modelo afinitário, seria ostentado por trabalhadores que apresentam níveis de qualificação incompatíveis com a função desempenhada. Empurrados para empregos pouco reconhecidos, localizados na precariedade, esses trabalhadores, mais qualificados que sua própria demanda de trabalho, estariam constantemente recorrendo a uma identidade virtual individualista que se volta à sua formação original e não à concretude da sua prática: "está claro que não é essencialmente na empresa que querem construir ou consolidar sua identidade flutuante"[129].

A problemática aqui se desenvolve em torno da possibilidade de a negação do pertencimento formal a uma categoria constituir a identidade social desses trabalhadores. Esse processo de negação levaria os trabalhadores a enxergar tal pertencimento formal como uma falsa identidade, ao passo que atribuiriam sua verdadeira identidade às redes de relações que desenvolvem fora do âmbito empresarial[130]. Dubar pondera que esse jogo é perigoso porque prevalece uma ausência de espaços em que a identidade biográfica desses trabalhadores possa ser articulada com fontes institucionais de reconhecimento, a conduzi-los a uma identidade em crise permanente[131].

A conclusão de Dubar acerca desse panorama identitário é a de que todas as identidades decorrentes do antigo modelo foram desestabilizadas por crises de não reconhecimento, resultando como identidade válida no modelo atual apenas essa **identidade de rede**, marcada pela busca da autorrealização e pela capacidade extrema de enfrentar incertezas e resistir à precariedade, ao mesmo tempo que buscam atribuir-lhe sentido. Seria essa identidade a única fonte de reconhecimento, ainda que temporário. No entanto, a avalia como **uma identidade em crise permanente**[132].

A avaliação de Cristophe Dejours é de que "o trabalho continua sendo o único mediador da realização do ego no campo social, e não se vê atualmente nenhum candidato capaz de substitui-lo"[133]. No entanto, reconhece que a reformulação das relações sociais, com a atribuição de uma condição precária ao trabalho, o coloca como fonte de sofrimento, numa deturpação da afirmação identitária, da qual ele continua a ser principal mediador. Vale a transcrição:

---

(127) *Ibidem*, p. 294-295.
(128) *Ibidem*, p. 296.
(129) *Ibidem*, p. 303.
(130) *Ibidem*, p. 305.
(131) *Ibidem*, p. 309 e 314.
(132) DUBAR, Claude. *A crise das identidades:* a interpretação de uma mutação. São Paulo: Edusp, 2009. p. 152-153.
(133) DEJOURS, Christophe. *A banalização da injustiça social.* Rio de Janeiro: Fundação Getúlio Vargas, 2006. p. 43.

O reconhecimento esperado por quem mobiliza sua subjetividade no trabalho assume formas extremamente reguladas, já analisadas e elucidadas há alguns anos (juízo de utilidade e juízo de beleza), e implica a participação de atores, também estes rigorosamente situados em relação à função e ao trabalho de que espera o reconhecimento. (...) Quando a qualidade do meu trabalho é reconhecida, também meus esforços, minhas angústias, minhas dúvidas, minhas decepções, meus desânimos adquirem sentido. Todo esse sofrimento, portanto, não foi em vão; não somente prestou uma contribuição à organização do trabalho, mas também fez de mim, em compensação, um sujeito diferente do que eu era antes do reconhecimento. O reconhecimento do trabalho, ou mesmo da obra, pode ser reconduzido pelo sujeito ao plano da construção da sua identidade. E isso se traduz afetivamente por um sentimento de alívio, de prazer, às vezes de leveza d'alma ou até de elevação. O trabalho se inscreve então na dinâmica da realização do ego. A identidade constitui a armadura da saúde mental[134].

Pedro Bendassolli, analisando a questão sob o prisma da Psicologia Social, explica: "do ponto de vista social, a identidade emerge quando as pessoas começam a se descrever e a se perceber como indivíduos à parte dos grupos ou identidades onde antes eram tratados como seres indiferenciados de regras, valores e hábitos coletivos"[135].

O autor chega a afirmar que é a "desmontagem do trabalho", ocasionada na segunda metade do século XX, que enfraquece suas dimensões objetiva e subjetiva, dando-lhe caráter ambíguo. Para ele, embora continue a ser a fonte principal para alcançar renda e organizar sua vida pessoal e social, o trabalho não mais assegura a expressão da identidade como outrora figurara nos primórdios do capitalismo. Ele não mais se prestaria a figurar como a grande narrativa pública que liga o indivíduo à sua identidade, entregando o indivíduo a um grande vazio ontológico[136].

A condição subjetiva dos sujeitos que trabalham é indissociável das coletividades nas quais esses se inserem, seja pelo reconhecimento recíproco, pertencimento ou pela consciência de classe. A crise das identidades profissionais, portanto, está plenamente vinculada à dificuldade produzida pelo novo modelo produtivo de que se estabeleçam vínculos de solidariedade e identidades coletivas.

1.2.3. Reflexos na organização coletiva

Numa sociedade salarial, o papel integrador do trabalho se destaca entre os demais elementos fundantes de identidades coletivas, como, por exemplo, as formas de integração e de reconhecimento fundadas em proximidades geográficas, afinidades desportivas, religiosas, entre outras[137].

---

(134) Ibidem, p. 34-35.
(135) BENDASSOLLI, Pedro Fernando. *Trabalho e identidade em tempos sombrios:* insegurança ontológica na experiência atual com o trabalho. São Paulo: Ideias & Letras, 2007. p. 221.
(136) Idem.
(137) CASTEL, Robert. *As metamorfoses da questão social.* Rio de Janeiro: Vozes, 1998.

É por meio do lugar ocupado no mundo de trabalho que o indivíduo se inscreve e amplia redes de sociabilidade, alcançando patamares razoáveis de integração social[138].

Como decorrência dessa integração promovida pelo trabalho é possível compreender o que se denomina "identidade coletiva". Embora o estabelecimento de outras relações sociais de solidariedade (a exemplo da relação estabelecida entre os beneficiários de políticas assistenciais de inserção e o Estado) possa viabilizar alguma inserção social, dentro de uma sociedade salarial, a afirmação da identidade coletiva e a integração efetiva dos sujeitos, numa perspectiva qualitativa, ficam condicionadas ao pertencimento a coletivos estruturados. Esses coletivos seriam representados por estruturas portadoras de sentido, como o coletivo de trabalho, as associações de trabalhadores e os sindicatos[139]. Castel explica:

> Certamente, é possível identificar vários círculos de identidade coletiva fundada, primeiro, na profissão (o coletivo de trabalho) e que pode prolongar-se em comunidade de moradia (o bairro popular), em comunidade de modo de vida (o bar, as lanchonetes às margens do Marne, o subúrbio vermelho, o pertencimento sindical e político). [...] Na sociedade industrial, sobretudo para as classes populares, o trabalho funciona como o 'grande integrador', o que, como precisa Yves Barel, não implica num condicionamento pelo trabalho. 'Há a integração familiar. Há a integração escolar, a integração profissional, a integração social, política, cultural, etc.' Mas o trabalho é um indutor que atravessa esses campos, é 'um princípio, um paradigma, algo enfim que se encontra nas diversas integrações concernidas e que então torna possível a integração das integrações sem fazer desaparecerem as diferenças ou os conflitos'[140].

Portanto, é a partir da premissa da centralidade do trabalho para efeito de integração social do indivíduo e da construção de vínculos coletivos de solidariedade e de luta que se pode analisar a heterogeneização, fragmentação e complexificação da classe trabalhadora[141]. Como anteriormente exposto, a atual conjuntura de fragmentação da classe trabalhadora conduz a uma dificuldade de estabelecimento de laços de solidariedade, que se desfazem diante da prevalência dos valores da competitividade e do individualismo no ambiente de trabalho.

A dificuldade de afirmação de uma identidade comum pelos "trabalhadores periféricos" e pelos "trabalhadores centrais" [142] (os quais, juntos, formam a força de trabalho das empresas guiadas pela flexibilidade), mina o estabelecimento de identidades coletivas sólidas e agregadoras, dando margem à formação de subgrupos que não convergem em interesses, dificultando a configuração de uma organização de trabalhadores sólida.

---

(138) *Ibidem*, p. 24.
(139) *Ibidem*, p. 535-536.
(140) *Ibidem*, p. 531-532.
(141) ANTUNES, Ricardo. *Adeus ao trabalho?* Ensaio sobre as metamorfoses e a centralidade no mundo do trabalho. São Paulo: Cortez, 2010.
(142) HARVEY, David. *A condição pós-moderna*. São Paulo: Loyola, 2003.

Por outro lado, a investida do capital sobre a subjetividade dos trabalhadores, no sentido de difundir os mecanismos de controle por vieses psicológicos e de grupo, reafirma um sentimento de individualidade/competividade incompatível com o estabelecimento de laços de solidariedade, os quais constituem base de toda conformação coletiva e até mesmo da politização dos conflitos.

Quanto ao primeiro aspecto, a partir da reestruturação pós-fordista, observa-se que os trabalhadores, embora identicamente explorados, são categorizados de acordo com as necessidades de flexibilidade da reprodução capitalista e, ao serem assim enquadrados, passam a se agrupar e a se identificar de acordo com seu "tipo" (precário, formal, autônomo etc.), o qual não abarca a totalidade da classe envolvida na produção.

A divisão tem promovido uma compreensão por parte dos trabalhadores, e mesmo das entidades sindicais correspondentes, que passam a ver o outro grupo, forjado diversamente apenas em razão dos interesses empresariais, como responsável pela decadência ou instabilidade do seu. Desse modo, se enxergam como adversários.

Assim, os trabalhadores denominados "centrais", que se veem largamente substituídos pelos terceirizados, temem perder seus empregos e culpam os contratados precariamente pela instabilidade gerada. Por sua vez, os precários, alijados das pautas dos sindicatos, ainda adstritos aos trabalhadores "centrais", tendem a compreender esses trabalhadores privilegiados como superiores hierárquicos tão opressores como o próprio empregador.

Harvey trabalha essa "proximidade distante"[143] entre as duas categorias de trabalhadores instaurada pela nova conformação do mercado de trabalho e demonstra como essa cisão é aproveitada pelos empregadores: "em condições de acumulação flexível, parece que sistemas de trabalho alternativos podem existir lado a lado, no mesmo espaço, de uma maneira que permita que os empreendedores capitalistas escolham à vontade entre eles"[144].

A possibilidade de desenvolvimento de solidariedade entre esses trabalhadores, pois, é mínima. Seja pelos mecanismos manipulatórios da sistemática capitalista, que colocam os trabalhadores em condição de competição, seja por meio da dinâmica mercadológica que impõe o crescimento de um mercado precarizado à custa de cortes nos empregos nucleares, colocando esses trabalhadores, igualmente oprimidos, na condição de adversários na luta pela inserção no mercado de trabalho, o que se vê é a pressão dessa periferia precária no sentido de atuar como uma "desestabilização dos estáveis"[145].

A dinâmica empresarial fragmentária, que supervaloriza as capacidades individuais e subdivide os trabalhadores em grupos hierárquicos, tende a engendrar, como decorrência da busca individual pela sobrevivência no mercado, uma insensibilidade às diferentes capacidades e até mesmo aos riscos sociais.

---

(143) Idem.
(144) Ibidem, p. 175.
(145) CASTEL, Robert. As metamorfoses da questão social. Rio de Janeiro: Vozes, 1998. p. 526.

O problema do outro passa a ser atribuído à incapacidade de adaptação do outro e só a ela. Em vez de um vínculo de solidariedade, o que se estabelece é o conformismo com a eliminação dos "inadapatáveis". Ramalho relata o discurso corriqueiro dos vencedores e perdedores:

> Como desdobramento dos processos indicados, identificam-se também outros tipos de problema, de corte político-organizativo. Um dos mais sensíveis tem sido o crescimento do conflito de interesses e da competição entre os trabalhadores, ou seja, uma ruptura que separa os trabalhadores masculinos, nacionais, qualificados e de meia-idade (que tradicionalmente dominam a política dos sindicatos e da representação de interesses na empresa) e os grupos mais sujeitos aos riscos do mercado de trabalho (mulheres, jovens, idosos, deficientes). Com o desemprego estrutural, quase todas as reivindicações e negociações sindicais tendem a favorecer os primeiros em detrimento dos demais. A crise não só aumenta o poder do capital, mas também repercute na classe trabalhadora, instaurando um corte entre 'vencedores' e 'perdedores'.[146]

O processo de ruptura da identidade coletiva é incrementado por estratégias de controle do trabalho. Gabriela Neves Delgado pontua que, ao trabalhar valores subjetivos dos empregados, na tentativa de inseri-los na concepção de trabalho idealizada pela empresa, o modelo toyotista modifica a referência e percepção de identidade coletiva dos trabalhadores, na medida em que reduz a sua identificação com os sindicatos e aumenta-a com as empresas, tornando os laços de dependência mais sólidos que nunca. O resultado é a dissolução da força coletiva emanada dos sindicatos[147].

Além disso, a horizontalização do controle da produção e a divisão do trabalho em equipes têm sido responsáveis pela fragilização da identificação coletiva mesmo entre trabalhadores de uma mesma "categoria hierárquica".

Se, antes, o rigor no trabalho era responsabilidade do empregador e seus prepostos, cuja identificação como elemento opressor do processo produtivo facilitava o processo coletivo de resistência e unificação a partir dela, hoje, a difusão do controle de uns pelos outros, eis que a produtividade e a perfeição são elementos que definem o pagamento e a manutenção dos empregos, faz com que os trabalhadores sejam fiscais de si próprios e dos demais, num processo competitivo e singularizante que inibe mobilizações contra o modo de organização do trabalho.

E, diante dessa conjuntura, o convívio profissional, que antes era fonte propícia ao estabelecimento de vínculos de solidariedade[148], perde a aptidão de gerar reconhecimento.

---

(146) RAMALHO, José Ricardo; SANTANA, Marco Aurélio. Trabalhadores, sindicatos e a nova questão social. *In:* RAMALHO, José Ricardo; SANTANA, Marco Aurélio (Orgs.). *Além da fábrica:* trabalhadores, sindicados e a nova questão social. São Paulo: Boitempo, 2003. p. 25-26.

(147) DELGADO, Gabriela Neves. *Terceirização:* paradoxo do direito Contemporâneo. São Paulo: LTr, 2003. p. 98.

(148) A esse respeito, consultar: VIANA, Márcio Túlio; DELGADO, Gabriela Neves; AMORIM, Helder Santos. Terceirização — Aspectos gerais. A última decisão do STF e a Súmula n. 331 do TST. Novos enfoques. *Revista do TST,* Brasília, vol. 77, n. 1, jan./mar. 2011. p. 54-84. Vale a transcrição de trecho do artigo: "Sofrendo as mesmas dores,

Um aspecto que se destaca na fragilização dos seres coletivos trabalhistas é a terceirização de serviços. Especificamente no que concerne à terceirização, tem-se como consequência dessa nova organização do espaço e do tempo de trabalho uma profunda individualização dos processos de trabalho, com progressiva fragmentação e desconstrução dos coletivos de trabalho, essenciais à formação de uma identidade coletiva e ao florescer de um sentimento de pertencimento social.

Franco, Druck e Sellingmann-Silva avaliam que a fragilização política dos sindicatos é consequência da generalização do binômio terceirização/precarização e que ela conduz "tanto à discriminação dos terceirizados pela empresa contratante — com espaços demarcados e áreas proibidas — quanto à discriminação entre os próprios trabalhadores — no núcleo 'estável' e terceirizados".[149]

A dificuldade no compartilhamento da identidade social fica clara quando se analisa o perfil dos trabalhadores envolvidos: os terceirizados, via de regra, são menos qualificados (porquanto destinatários de menores investimentos das empresas-mãe em treinamento e qualificação para o trabalho[150]), apresentam-se como força de trabalho rotativa e estabelecem vínculos frágeis com a empresa-mãe, não comungando, consequentemente, de sua cultura organizacional. Isso porque sua precária inserção no trabalho e a inacessibilidade das condições e benefícios oferecidos por aquela empresa impedem que eles se identifiquem com os colegas a partir da imersão nessa cultura organizacional, diferentemente dos empregados centrais, que se identificam com os demais colegas justamente a partir dessa comunidade de condições de vida e participação no espaço empresarial.

Esse choque de culturas organizacionais dificulta a consolidação de um sentido de alteridade no trabalho, contribuindo para a formação de novas identidades sociais individualizadas, como explica Graça Druck:

> Esse processo tem sérias implicações sobre a relação dos trabalhadores entre si e com o trabalho, determinando novas identidades sociais. Em geral, extremamente frágeis, à medida que a referência deixa de ser coletiva ou sustentada em coletivos de trabalhadores e passa a ser individual, fragmentada e incentivada pela solidão do mercado.[...] Essa individualização leva à quebra do sentimento de pertencimento social, reforçado pela ausência de construção de identidades de interesses, forjadas na experiência coletiva, e que é fundamental para a construção de uma identidade de classe.[151]

No caso brasileiro, o panorama é complexo: a representação sindical em seu modelo clássico não se revela preparada para atender, como um todo, essa nova classe trabalhadora

---

e sonhando os mesmos sonhos, cada trabalhador se via no outro, como num espelho. E assim, pouco a pouco, os indivíduos antes atomizados criaram coalizões, e destas nasceram os sindicatos. Como notou Tocqueville, os laços profissionais se revelariam ainda mais fortes que os da família".

(149) DRUCK, Graça; FRANCO, Tania; SELLINGMANN-SILVA, Edith. As novas relações de trabalho, o desgaste mental do trabalhador e os transtornos mentais no trabalho precarizado. *Revista Brasileira de Saúde Ocupacional*, São Paulo, 35 (122): 228-248, 2010, p. 229-248.

(150) *Idem.*

(151) DRUCK, Maria da Graça. *Terceirização:* (des)fordizando a fábrica. São Paulo: Boitempo, 1999 p. 227-230.

fragmentada, uma vez que se restringe a representar os interesses da "elite" dos trabalhadores fordistas. Essa circunstância estrutural tem sido reforçada politicamente pelos próprios sindicatos, numa postura que Ricardo Antunes denominou "neocorporativista"[152].

Estruturalmente, tem-se que a Constituição, ao consagrar o princípio da unicidade sindical (art. 8º, II, da CF/88), adotou a noção de liberdade sindical de forma mitigada, e não de forma plena, como previsto na Convenção n. 87 da OIT. Assim, a nova ordem instituída a partir de 1988, embora marcada pela diminuição no intervencionismo estatal, em especial do Poder Executivo, na organização e estrutura das organizações sindicais, preservou alguns resquícios marcantes da antiga ordem. Destacam-se dentre eles a unicidade sindical, a representação sindical por categoria e a contribuição sindical obrigatória como principal fonte de arrecadação das organizações sindicais.

A unicidade sindical significa que apenas um sindicato é exclusivamente detentor de legalidade de representação de determinado grupo de trabalhadores em determinada base territorial, correspondendo "à previsão normativa obrigatória de existência de um único sindicato representativo dos correspondentes obreiros, seja por empresa, por profissão, por categoria profissional ou ramo empresarial de atividades". Assim, veda-se a existência de entidades sindicais concorrentes ou de outros tipos sindicais, consagrando-se o sistema de sindicato único[153].

E a exegese que vem sendo emprestada pelo Poder Executivo, pelo Poder Judiciário e pelas próprias entidades sindicais ao postulado constitucional da unicidade tem se amparado na legislação infraconstitucional: as instituições têm se valido do disposto no art. 511, § 2º, da CLT, que estabelece que a categoria profissional é definida a partir da similaridade de condições de vida oriundas da profissão ou trabalho em comum, em situação de emprego na mesma atividade econômica ou em atividades econômicas similares ou conexas[154].

A consequência desse entendimento é que trabalhadores envolvidos numa mesma dinâmica produtiva, mas contratados a diferentes títulos ou vinculados a diferentes empresas, não são, de acordo com essa interpretação restritiva, passíveis de serem enquadrados numa mesma categoria. Isso implica que os sindicatos das categorias clássicas fiquem responsáveis pela representação restrita de um número cada vez menor de "trabalhadores centrais", admitidos por meio de contratos de trabalho protegidos, ao passo que os demais trabalhadores da periferia precária se pulverizam em novas e frágeis categorias que não se articulam, em seus processos reivindicatórios, com as categorias centrais.

A questão da ausência de identidade coletiva entre o "grupo dos trabalhadores centrais" e os terceirizados, portanto, decorre do modelo produtivo, mas tem sido fomentada pela afirmação interpretativa de um quadro jurídico que não propicia mecanismos para que haja uma unidade sindical efetiva.

---

(152) ANTUNES, Ricardo. *Adeus ao trabalho?* Ensaio sobre as metamorfoses e a centralidade no mundo do trabalho. São Paulo: Cortez, 2010.

(153) DELGADO, Mauricio Godinho. *Direito coletivo do trabalho.* 4. ed. São Paulo: LTr, 2011. p. 78-79.

(154) Criticável a interpretação cada vez mais restritiva do conceito de categoria, que tem contribuído para a criação de inúmeros sindicatos e para o enfraquecimento do sindicalismo no país, como observa Delgado (*Ibidem*, p. 89).

A lógica de equiparação de forças que sempre regeu o Direito Coletivo do Trabalho impõe que, se, de um lado, é reconhecida a existência de redes de empreendedores organizando-se em cadeias por meio do recurso à terceirização, de outro, também deveria ser possibilitada a representação de todos os trabalhadores envolvidos nessa teia produtiva por um único sindicato, que seja capaz de enxergar o mercado em sua amplitude e que tenha condições de fazer frente a esse coletivo empresarial que se coloca em um dos polos do conflito capital x trabalho[155]. No entanto, a interpretação jurídica que prevalece hoje não acomoda essa nova realidade.

Portanto, a conjuntura fragmentária dos sindicatos de trabalhadores "centrais" e terceirizados, que a atual interpretação jurídica prevalecente tem fomentado, também é responsável pelo distanciamento das pautas desses dois grupos de trabalhadores, que, assim procedendo, obstam a própria conformação da ideia de classe trabalhadora na vigência do novo modelo de acumulação flexível. A representação sindical dual tende a representar um antagonismo entre esses dois sindicatos, que defendem interesses opostos entre si, numa perspectiva de enfraquecimento da classe trabalhadora.

A questão da terceirização é constantemente colocada perante os sindicatos dos trabalhadores centrais, não por uma relação de solidariedade às difíceis condições enfrentadas por esses trabalhadores, mas porque ela é fator de redução de postos de trabalho formais, preocupação que tem predominado nas pautas sindicais desde os anos 1990[156].

A situação dos terceirizados, por outro lado, é crítica. Discriminados pelo processo produtivo e pelos próprios colegas em razão da posição de inferioridade jurídica que a eles é imposta pelo tomador, não conseguem forjar uma identidade coletiva sólida, uma vez que compartilham condições de trabalho análogas às dos trabalhadores centrais, no

---

(155) Defende-se, aqui, que uma interpretação jurídica adequada a fazer frente à nova morfologia do trabalho, de modo a garantir o reequilíbrio das relações de trabalho ante o fenômeno da terceirização, passaria pela releitura dos institutos de Direito Coletivo do Trabalho, a partir da Constituição Federal e em sua conformidade. A partir da interpretação e da busca por soluções dos conflitos coletivos fundadas nos princípios da autonomia e liberdade sindical, é possível compreender que a ideia de unicidade sindical vigente no sistema jurídico vincula-se tão somente à ideia de categoria, cujo conceito é infraconstitucional (previsão contida na CLT) e que deve ser relido à luz da nova realidade social. Essa ampliação do conceito de categoria para abarcar um número maior de demandas sociais e alargar a representatividade e legitimidade, deve, necessariamente, ocorrer à luz da Constituição Federal. Os conceitos de categoria e de representação sindical, na perspectiva constitucional, podem ser interpretados de forma diferida no tempo, abrangendo as novas relações de trabalho, em contextos diversos daquele concebido em 1943 quando da edição da CLT. Medidas legislativas e até mesmo esforços interpretativos no intuito de alargar o conceito de categoria podem favorecer o processo de integração dos terceirizados aos coletivos dos trabalhadores centrais, harmonizando-se ademais com os princípios da liberdade e da autonomia sindicais, consagrados no âmbito da OIT e defendidos, ainda que mediante avanços e recuos, no panorama constitucional brasileiro. Trata-se de dar densidade ao conceito de categoria pela perspectiva dos princípios constitucionais, e não a partir do texto da CLT, que em si, já mostra um esgotamento em suas possibilidades de responder aos objetivos essenciais do Direito do Trabalho diante da nova morfologia do trabalho. Consultar: DUTRA, Renata Queiroz; RAMOS, Gabriel Oliveira. Tendências desmobilizadoras oriundas da terceirização e da precarização trabalhistas: reflexos na atuação sindical. In: DELGADO, Gabriela Neves; PEREIRA, Ricardo Macedo de Brito (Orgs.). *Trabalho, Constituição e cidadania* (no prelo).

(156) Vide estudo: OLIVEIRA, Marco Antonio de. Tendências recentes das negociações coletivas no Brasil. In: RAMALHO, José Ricardo; SANTANA, Marco Aurélio (Orgs.). *Além da fábrica:* trabalhadores, sindicados e a nova questão social. São Paulo: Boitempo, 2003. p. 271-298.

que se refere aos serviços prestados, mas não se identificam com estes quanto às condições de retribuição, eis que a eles é relegada a precariedade[157]. Graça Druck bem enuncia: "unidos pelo trabalho, mas separados pelas identidades e pelas condições salariais e de trabalho"[158].

Para eles, a problemática de construção de uma identidade coletiva própria reside na dificuldade de construir uma identidade a partir da negação. Ou seja, os trabalhadores terceirizados se definem, primordialmente, a partir daquilo que não são: não são empregados do tomador de serviços, não detêm posição de segurança, não são estáveis economicamente, não são representados pelo sindicato dos demais trabalhadores da empresa. Castel aborda a dificuldade de construir identidade a partir da negação ao tratar dos óbices à organização sindical dos desempregados[159].

Acrescente-se a esse panorama os reflexos na representação sindical dos terceirizados que a pulverização da prestação terceirizada de serviços pelas diversas empresas tomadoras de serviços existentes no país proporciona[160].

Ricardo Antunes pontua sobre a dificuldade de o sindicato forjado a partir do modelo fordista responder às demandas da classe trabalhadora típica de modelos pós-fordistas:

> Com o aumento desse abismo social no interior da própria classe trabalhadora, reduz-se fortemente o poder sindical, historicamente vinculado aos trabalhadores 'estáveis' e, até agora, incapaz de aglutinar os trabalhadores parciais, temporários, precários, de economia informal, etc. Com isso, começa a desmoronar o sindicalismo vertical, herança do fordismo e mais vinculado à categoria profissional, mais corporativo. Este tem se mostrado impossibilitado de atuar como um sindicalismo mais horizontalizado, dotado de uma abrangência maior e que privilegie as esferas intercategoriais, interprofissionais, por um certo tipo de sindicalismo mais capacitado para aglutinar o conjunto dos trabalhadores, desde os 'estáveis' até os precários, vinculados à economia informal etc.[161]

O panorama complexo de obsolência das estruturas sindicais em relação à nova forma de organização do capital e a dificuldade de estabelecimento de vínculos subjetivos e de solidariedade entre os trabalhadores se apresentam como causa profunda da ausência de um projeto político coletivo de confrontação desse modelo.

---

(157) Como observam Paixão e Lourenço, "o trabalhador terceirizado é um indivíduo sem referência de tempo e espaço — que são as dimensões constitutivas da experiência humana no mundo exterior". Consultar: PAIXÃO, Cristiano; LOURENÇO FILHO, Ricardo Machado. Entre a indisponibilidade e a negociação: as normas coletivas como fontes do direito do trabalho. *Caderno Jurídico*, Escola Judicial do TRT da 10ª Região. Brasília, ano 3, volume 3, n. 4, jul./ago. 2009.

(158) DRUCK, Maria da Graça. *Terceirização:* (des)fordizando a fábrica. São Paulo: Boitempo, 1999. p. 229.

(159) CASTEL, Robert. *As metamorfoses da questão social.* Rio de Janeiro: Vozes, 1998.

(160) DELGADO, Gabriela Neves. *Terceirização:* Paradoxo do Direito do Trabalho contemporâneo. São Paulo: LTr, 2003. p. 173.

(161) ANTUNES, Ricardo. *Adeus ao trabalho?* Ensaio sobre as metamorfoses e a centralidade no mundo do trabalho. São Paulo: Cortez, 2010. p. 65-66.

Para além da questão da resistência dos trabalhadores, que é dramática, a ruptura dos vínculos coletivos, curiosamente, também repercute na construção de um ambiente de trabalho nocivo à saúde dos trabalhadores.

Sznelwar, Uchida e Lancman ponderam que a constituição de uma profissão depende da possibilidade de fazer parte de um determinado coletivo formado e disciplinado por regras relativamente estáveis. Os autores verificam que a medida de contribuição de cada sujeito para o enriquecimento da profissão reforça a sua identidade e é fundamental na busca da saúde[162].

E, para os autores, a cooperação revela-se fundamental na constituição de um ambiente de trabalho de confiança e identificam no atual modelo produtivo mecanismos muito mais sutis e eficientes para a "destruição de coletivos" que aqueles verificados no período da industrialização massiva. Nesse sentido, afirmam que a ausência de democratização da gestão e a imposição de métodos de organização do trabalho que incitam a desagregação e a competição são a raiz do sofrimento patogênico, desdobrado em graves problemas de saúde mental, como síndromes do pânico e depressões[163].

1.3. As consequências do novo modelo pós-fordista para a saúde dos trabalhadores

Por saúde, toma-se o conceito de Dejours, que a compreende não como contraposição à doença, mas como um estado de bem-estar relacionado, "de um lado, com uma dinâmica de vida pautada pelo que as pessoas fazem e podem fazer dentro de determinadas condições organizacionais e, de outro, com seus aspectos genéticos e fenotípicos"[164].

As diversas problemáticas apontadas com relação ao modelo pós-fordista para o trabalho têm ocasionado diferentes níveis de sofrimento e de adoecimento na classe trabalhadora.

A dimensão de um trabalho provisório, flexível, "à deriva"[165], que não permite a afirmação identitária dos sujeitos, a dimensão de um trabalho subjetivamente assediado e demandado emocionalmente de forma excessiva, e, ainda, a desconstrução dos coletivos de trabalho propiciadores de reconhecimento e identificação coletiva traduzem-se em fontes de perturbação efetiva da saúde.

Diferentemente da contundente extração da força física do ser humano vislumbrada sob os modelos taylorista e fordista, por meio das repetições reiteradas de movimentos, o regime pós-fordista se destaca pelas chamadas "doenças da alma".

---

(162) SZNELWAR, Laerte Idal; UCHIDA, Seiji; LANCMAN, Selma. A subjetividade no trabalho em questão. *Revista Tempo social*. [on-line]. 2011, vol. 23, n.1, p. 11-30. ISSN 0103-2070.

(163) *Ibidem*, p. 14.

(164) SZNELWAR, Laerte Idal; UCHIDA, Seiji; LANCMAN, Selma. A subjetividade no trabalho em questão. *Revista Tempo social*. [on-line]. 2011, vol. 23, n.1, p. 11-30. ISSN 0103-2070. p. 15.

(165) SENNETT, Richard. *A corrosão do caráter*: o desaparecimento das virtudes com o novo capitalismo. Rio de Janeiro: Bestbolso, 2012.

Com isso não se compreenda que a corporalidade física dos trabalhadores está resguardada: a perversidade do modelo reside exatamente na capacidade de somar ambas as formas de exploração, combinando o sofrimento psíquico com a dimensão da exploração física, ainda pautada no controle do tempo e de movimentos.

Seligmann-Silva é taxativa ao diagnosticar, no novo modelo, um quadro de precarização da saúde. A autora reporta ao trabalho intelectual intensificado, à exaustão emocional e a destruição das relações interpessoais nos grupos de trabalho (antes pautados no desempenho conjunto) como fatores desse viés da precariedade e associa diretamente desregulamentação e flexibilização do trabalho ao adoecimento[166].

Constata a autora que o desgaste humano no trabalho, em sentido amplo, tende a ser mais grave nas situações de maior vulnerabilidade social, figurando de forma inversamente proporcional às condições de vida, à fruição de direitos fundamentais e à cidadania[167].

Franco, Druck e Seligmann-Silva identificam um processo de "fragilização — orgânica, existencial e identitária — dos indivíduos pela organização do trabalho com intensificação da multiexposição". Esse processo perpassaria desde a diferenciação entre os padrões de treinamento oferecidos aos trabalhadores de diferentes categorias (centrais e terceirizados), a preferência de medidas de proteção individual em detrimento de métodos de proteção coletiva, até a imposição de "tempos sociais do trabalho" que se encontram em contradição com os biorritmos dos indivíduos[168].

O quadro identificado pelas pesquisadoras é de crescimento destacado de dois tipos de patologias, as LER/DORT e os transtornos mentais, o que confirma que a corporalidade física dos trabalhadores não deixa de ser explorada de forma intensa e repetitiva no novo modelo, mas apenas que essa exploração ainda é sobrecarregada pela dimensão do desgaste mental[169].

Também não se perca de vista que a saúde não é divisível[170] e, portanto, bem-estar físico e psíquico não podem ser dissociados de forma estanque. O desgaste físico intenso pode reverberar em adoecimento psíquico, pela corrupção da autoestima e pelos impactos que a perda da força, o trauma ou a inatividade podem ocasionar[171]. Da mesma forma, o

---

(166) SILVA, Edith Selingmann. *Trabalho e desgaste mental:* o direito de ser dono de si mesmo. São Paulo: Cortez, 2011. p. 472-473.

(167) *Ibidem*, p. 136-137.

(168) DRUCK, Graça; FRANCO, Tania; SELLINGMANN-SILVA, Edith. As novas relações de trabalho, o desgaste mental do trabalhador e os transtornos mentais no trabalho precarizado. *Revista Brasileira de Saúde Ocupacional*, São Paulo, 35 (122): 228-248, 2010, p. 232.

(169) *Idem*.

(170) SILVA, Edith Selingmann. *Trabalho e desgaste mental:* o direito de ser dono de si mesmo. São Paulo: Cortez, 2011. p. 471.

(171) Nesse sentido, as trajetórias dos trabalhadores entrevistados no Documentário "Carne e osso", em que o desgaste do corpo e a perda dos movimentos dos membros superiores geraram quadros depressivos agudos entre trabalhadores em frigoríficos, pautados na sensação de incapacidade e no sentimento de que não "venceram" obstáculos que outros foram capazes de contornar (*Carne e Osso*. Ficha Técnica. Duração: 65 min. Direção: Caio Cavechini e Carlos Juliano Barros. Roteiro e Edição: Caio Cavechini. Fotografia: Lucas Barreto. Pesquisa: André Campos e Carlos Juliano Barros. Produção Executiva: Maurício Hashizume. Realização: Repórter Brasil, 2011).

acometimento de doenças psíquicas também torna o corpo vulnerável a somatizações de natureza física, que podem se traduzir em lesões limitadoras da capacidade do trabalho.

O adoecimento mental, contudo, merece especial atenção. Isso porque ele se apresenta como uma dimensão da precariedade peculiar ao novo modelo ("altera-se o paradigma epidemiológico do adoecer laboral"[172]), que, entretanto, tem sido ocultada por empregadores, pelos próprios trabalhadores e seus sindicatos, e também na esfera do Estado. A negação social do sofrimento e do próprio adoecimento psíquico é profunda.

Dejours explica que, na medida em que resistir ao sofrimento e às opressões impostas pelo sistema produtivo passa a ser a virtude dos "vencedores", que conseguem manter os seus empregos dentro da competição individualista e solitária do mercado, ativam-se mecanismos de neutralização da mobilização coletiva contra o sofrimento, que consistem num movimento de "silêncio, cegueira e surdez"[173] com relação ao problema.

A adoção desses mecanismos resulta do constrangimento de reconhecer que se sofre em relação ao trabalho. Para negar o próprio sofrimento, contudo, é preciso negar o sofrimento do outro e, nesse passo, desconstituir vínculos de solidariedade. O discurso implícito é o de que os corajosos vencem o sofrimento e os fracos não, sendo que cada um apenas arcará com as consequências de sua própria conduta. O processo se retroalimenta: quanto mais é negada a dor dos colegas, maior o nível de resistência que se exige em relação à sua própria dor[174].

Dejours aponta, como causa da insensibilidade à dor do outro, a postura protagonizada pelas chefias e, em algumas situações, pelos próprios trabalhadores. Ele explica que, se comprometendo e incorporando a lógica capitalista, as chefias impõem sofrimento e insensibilizam-se ao sofrimento imposto a fim de concretizar o alcance de metas. Já os trabalhadores, para resistir ao sofrimento que suportam, precisam negar também o de seus pares, praticando a mesma sorte de prática opressora. Tais atitudes são vistas como a demonstração da coragem dos "vencedores", tão caras à ideologia individualista do sucesso pelo empenho[175].

Nesse sentido, o novo fenômeno do "presenteísmo", que consiste na frequência ao serviço por trabalhadores adoecidos, que ocultam os sintomas das doenças que carregam e deixam de buscar seus direitos perante o sistema de Previdência Social, por medo da censura social e da perda do emprego[176].

A respeito do documentário, a excelente análise de Noemia Porto: Sofrimento banalizado em "carne e osso": o direito a qual proteção fundamental? *Revista do Tribunal Superior do Trabalho*, v. 78, p. 220-239, 2012.

(172) ALVES, Giovanni. *Dimensões da precarização do trabalho:* ensaios de sociologia do trabalho. Bauru: Canal 6, 2013. p. 139.

(173) DEJOURS, Christophe. *A banalização da injustiça social.* Rio de Janeiro: Fundação Getúlio Vargas, 2006. p. 51.

(174) *Idem.*

(175) *Ibidem*, p. 130 e 141.

(176) DRUCK, Graça; FRANCO, Tania; SELLINGMANN-SILVA, Edith. As novas relações de trabalho, o desgaste mental do trabalhador e os transtornos mentais no trabalho precarizado. *Revista Brasileira de Saúde Ocupacional*, São Paulo, 35 (122): 228-248, 2010, p. 243.

A dificuldade de admitir o sofrimento remete à dificuldade de admitir a própria doença mental, que é a consequência do agravamento patogênico do primeiro. A transferência da responsabilidade pela doença para as vítimas da organização do trabalho, como visto, tem sido um dos pilares de sustentação ideológica do modelo produtivo. A dissimulação da doença como produto de um caso clínico singularizado e não como produto social de um sistema de produção adoecedor consiste em estratégia para ocultar o adoecimento e depois, quando ele é inegável, imputar sua culpa às vítimas e suas condições de vida singulares[177].

Giovanni Alves observa que a negação social do adoecimento mental conduz à subnotificação dessas patologias, na medida em que o seu reconhecimento depende diretamente da postura dos profissionais de saúde vinculados às instituições estatais de amparo. "Levar a sério" o sofrimento e o desgaste mental não parece ser o padrão de conduta majoritário entre os profissionais da saúde e agentes estatais responsáveis pela regulação hoje, também eles envolvidos pela ideologia de negação do adoecimento:

> Os mecanismos da ideologia das doenças do trabalho são múltiplos. Um deles é a subnotificação ou notificações insuficientes. Depois, a dissimulação do nexo causal não apenas com respeito ao trabalho propriamente dito, mas com respeito às relações sociais onde estão inseridos os homens e mulheres proletários assalariados[178].

Por conta de processo amplo de negação e da subnotificação que ele acarreta pode-se dizer que o gravame que a atual organização produtiva tem causado à saúde mental dos trabalhadores, embora já se destaque flagrantemente quando comparado aos modelos anteriores, ainda não foi estimado com fidelidade.

Giovanni Alves explica que as estatísticas sociais das ditas doenças do trabalho tendem a manifestar apenas o adoecimento do corpo e não os adoecimentos (e transtornos) da mente. Nesse sentido, a nova dinâmica patogênica do capital demonstra que o sistema de aferição epidemiológico está ultrapassado no sentido técnico-categorial. Sobre a ocultação e a gravidade do que se oculta, o autor é preciso:

> O silêncio (e preconceito) sobre os adoecimentos mentais no mundo do trabalho é deveras sintomático. É a fetichização do adoecimento em sua forma magistral. Primeiro, torna-se difícil conceber o nexo causal entre doença mental e trabalho, pois a mente — mais que o corpo — é reduto oculto da fenomenologia laboral. Mas, ao alugar a força de trabalho, o capital implica na sua relação social estranhada não apenas a capacidade física do homem que trabalha, mas também — e hoje, principalmente, a sua capacidade psíquica (...) O adoecimento mental diferentemente do mero acidente de trabalho que lesiona o corpo do operário ou empregado mantém vínculos inelimináveis

---

(177) ALVES, Giovanni. *Dimensões da precarização do trabalho:* ensaios de sociologia do trabalho. Bauru: Canal 6, 2013. p. 129.

(178) *Ibidem*, p. 129.

com a singularidade do homem singular que trabalha. Ela está na própria raiz da identidade humano-genérica[179].

Portanto, a despeito da subnotificação, tomar a saúde mental como uma das dimensões latentes da precariedade imposta aos trabalhadores pela nova organização do trabalho é imprescindível.

1.3.1. Sofrimento e adoecimento psíquico

O sofrimento patogênico no trabalho consiste, segundo Dejours, na impossibilidade de transformar sofrimento em prazer por meio das realizações do sujeito, reconhecidas pelo outro como úteis e belas. Isso porque haveria, para a psicodinâmica do trabalho, alguma medida de sofrimento em todo ofício. Todavia, o denominado "sofrimento criativo" se convolaria, a partir do reconhecimento dos resultados do trabalho, em prazer e experiência estruturante. Já o sofrimento patogênico seria uma dimensão de doença, que se afirma quando as defesas do sujeito em face da organização não cumprem mais o seu papel[180].

É partindo do papel central que o trabalho desempenha na construção da narrativa da vida dos indivíduos que se entende que o bom funcionamento psíquico depende de prática saudável no âmbito do trabalho. Dejours, contextualizando o sofrimento pelo trabalho, esclarece:

> O trabalho se inscreve então na dinâmica da realização do ego. A identidade constitui a armadura da saúde mental. Não há crise psicopatológica que não esteja centrada numa crise de identidade. Eis o que confere à relação para com o trabalho sua dimensão propriamente dramática. Não podendo gozar os benefícios do reconhecimento de seu trabalho nem alcançar assim o sentido de sua relação para com o trabalho, o sujeito se vê reconduzido ao seu sofrimento e somente a ele. Sofrimento absurdo, que não gera senão sofrimento, num círculo vicioso e dentro em breve desestruturante, capaz de desestabilizar a identidade e a personalidade e de levar à doença mental. Portanto, não há neutralidade do trabalho diante da saúde mental. Mas essa dimensão 'pática' do trabalho é amplamente subestimada nas análises sociológicas e políticas[181].

Bendassolli também retrata as consequências danosas que a impossibilidade de afirmação da identidade pelo trabalho acarreta. Para o autor, quando não é possível ao sujeito harmonizar uma determinada descrição que seja coerente para si e para os outros significativos que o cercam e o reconhecem (o que seria a identidade socialmente afirmada), o indivíduo experimenta o complexo sentimento de insegurança ontológica. Esclarece Bendassolli:

> Nesse caso, o sujeito fica provisória ou extensamente privado de recorrer a uma descrição coerente de si mesmo e de suas ações. As consequências psíquicas,

---

(179) Ibidem, p. 131.
(180) SZNELWAR, Laerte Idal; UCHIDA, Seiji; LANCMAN, Selma. A subjetividade no trabalho em questão. Revista Tempo social. [on-line]. 2011, vol. 23, n.1, p. 11-30. ISSN 0103-2070. p.15.
(181) DEJOURS, Christophe. A banalização da injustiça social. Rio de Janeiro: Fundação Getúlio Vargas, 2006. p. 34-35.

afetivas e cognitivas resultantes da insegurança na relação com o trabalho incluem a dificuldade de o indivíduo encontrar um senso de continuidade biográfica em seu contato com o trabalho, a preocupação excessiva com riscos à sua própria existência como profissional (e como pessoa inclusive, dependendo de quanto a sua identidade depende do trabalho) e a falta da confiança e segurança na sua capacidade de autointegridade pessoal. Em uma palavra, insegurança ontológica é uma situação em que o indivíduo não consegue justificar suas ações; não sabe por que as faz, e, mesmo quando sabe, não consegue reconhecer nisso um sentido, uma coerência[182].

A impossibilidade de afirmação da identidade pelo trabalho, além da sua intensificação e do avanço subjetivo do capital em relação aos trabalhadores, inequivocamente afirmam o fenômeno do sofrimento pelo trabalho no modelo pós-fordista.

Há significativo incremento do nível de estresse e aumento do número de ocorrências de síndrome do pânico, síndrome de *burnout*, alcoolismo, depressão e até mesmo suicídios.

É o que se denomina adoecimento psíquico da classe trabalhadora por ocasião da administração por estresse toyotista[183].

O "vazio ontológico"[184] que acomete a parte periférica dos trabalhadores, a qual não alcança o reconhecimento por meio do trabalho e se depara com a ausência de sentido para sua existência, tem afetado a saúde mental desse segmento da classe obreira.

Também o desvalor atribuído aos trabalhadores precários em decorrência da fragilidade das contratações e de sua vulnerável inserção no meio social do trabalho, operadas ainda por uma noção de invisibilidade[185] e de descartabilidade[186], é somado ao contexto de sofrimento no trabalho, agravando ainda mais as repercussões sobre a saúde mental desses trabalhadores.

Por outro lado, a investida do capital sobre a mente dos trabalhadores, em ritmos de trabalho intensos e por meio dos quais a subjetividade dos obreiros é totalmente tomada pelas finalidades empresariais, bem como a usurpação de seus horários de lazer, envolvidos na lógica da reprodução capitalista (seja pelo vazio do consumo, seja pela produção dos sujeitos *para o capital*) tem acarretado o surgimento de sujeitos estressados ao extremo pelo trabalho, envolvidos em metas de competitividade e esvaziados por uma profunda solidão. É o que aborda Giovanni Alves:

---

(182) BENDASSOLLI, Pedro Fernando. *Trabalho e identidade em tempos sombrios:* insegurança ontológica na experiência atual com o trabalho. São Paulo: Ideias & Letras, 2007. p. 265.

(183) ALVES, Giovanni. *Trabalho e subjetividade.* São Paulo: Boitempo, 2011.

(184) BENDASSOLLI, Pedro Fernando. *Trabalho e identidade em tempos sombrios:* insegurança ontológica na experiência atual com o trabalho. São Paulo: Ideias & Letras, 2007. p. 265.

(185) A respeito, consultar a sensível pesquisa de Fernando Costa: *Os invisíveis.* São Paulo: Editora Globo, 2004.

(186) DRUCK, Graça; FRANCO, Tania; SELLINGMANN-SILVA, Edith. As novas relações de trabalho, o desgaste mental do trabalhador e os transtornos mentais no trabalho precarizado. *Revista Brasileira de Saúde Ocupacional*, São Paulo, 35 (122): 228-248, 2010, p. 229-248.

É por mobilizar, com intensidade e profundidade, a alma humana que o novo capitalismo, com sua nova cultura de fluidez e precarização do trabalho e da vida social, contribui para a epidemia de novas doenças psicossomáticas. As doenças do novo capitalismo atingem mais o homem integral, sua mente e corpo, com o estresse e a depressão sendo sintomas da colonização intensa da vida social pelos requisitos empresariais[187] (...) O processo de captura da subjetividade do trabalho como inovação sociometabólica tende a dilacerar (e estressar) não apenas a dimensão física da corporalidade viva da força de trabalho, mas sua dimensão psíquica e espiritual (que se manifesta por sintomas psicossomáticos). O toyotismo é a administração *by stress*, pois busca realizar o impossível: a unidade orgânica entre o 'núcleo humano', matriz da inteligência, da fantasia, da iniciativa do trabalho como atividade significativa, e a "relação--capital" que preserva a dimensão do trabalho estranhado e os mecanismos de controle do trabalho vivo[188].

Vincent de Gaulejac, analisando as modernas técnicas de gestão empresarial, conclui que é nessa transferência de responsabilidades ao trabalhador, por meio do engajamento estimulado (uma "submissão livremente consentida"), da preconização do individualismo e da atribuição de resultados exclusivamente aos esforços individuais envidados, que residem o sucesso e a falha da empresa gerencial, porquanto os conflitos se colocam cada vez menos no nível da organização empresarial, por meio de lutas reivindicatórias ou de respeito pela gerência, mas transferem-se para o nível psicológico da insegurança, do sofrimento psíquico, do esgotamento profissional, das perturbações psicossomáticas, das depressões nervosas.[189] Explica:

> Um contexto violento e paradoxal no qual as regras do jogo são incertas, o quadro instável, as formas de sanção ou reconhecimento são incertas, as promessas não são mantidas, pode suscitar comportamentos sadomasoquistas, sentimento de onipotência para uns, submissão incondicional para outros, e muitas outras formas de perversões. Sabemos que a prática da dupla linguagem pode produzir loucura. Quando o conjunto do sistema de organização se torna paradoxal, quando ele não se apresenta como perfeitamente racional, os empregados "enlouquecem" [190].

O autor conclui que "o sofrimento psíquico e os problemas relacionais são consequências do modo de gerenciamento" e vê tanto nessa evolução do apelo à subjetividade como na ameaça constante de perda do emprego a raiz de uma série de novas patologias do trabalho, como as a seguir enumeradas:

• Perturbações psíquicas: crises de angústia, fobias, estados de pânico, insônias;

• Perturbações digestivas: úlceras gástricas, cãibras epigástricas, rectocolites úlcero--hemorrágicas;

---

(187) ALVES, Giovanni. *Trabalho e subjetividade*. São Paulo: Boitempo, 2011. p. 98.
(188) *Ibidem*, p. 114.
(189) GAULEJAC, Vincent de. *A gestão como doença social*. Aparecida-SP: Ideia & Letras, 2007. p. 122-123.
(190) *Ibidem*, p. 225.

• Perturbações dermatológicas: psoríase, eczemas, crises de urticária;

• Perturbações cardiovasculares: infartos do miocárdio;

• Perturbações comportamentais: enxaquecas, tabagismo, violências físicas, alcoolismo, suicídios etc.[191].

Para Giovanni Alves, o sofrimento e a debilidade mental dos trabalhadores submetidos aos imperativos do modelo toyotista consistem na última fronteira da alienação humana, que seria a incapacidade de responder à própria miséria social na qual os sujeitos se inserem, dilacerando "a própria capacidade efetiva do homem de dar resposta efetiva à sua condição existencial"[192].

Druck, Franco e Seligmann-Silva falam de um momento crítico no modelo produtivo, em suas diversas esferas (de produção, de consumo, de relação com o meio ambiente) que conduziria a um tipo de "despertencimento" novo e aprofundado: o desenraizamento do ser humano em relação à natureza, por meio de um desligamento profundo de si próprio, que leva até à dificuldade de reconhecer-se como espécie[193].

O aprofundamento das condições de alienação/estranhamento no trabalho no novo modelo produtivo e as condições de adoecimento psíquico estão, portanto, imbricados.

Como firmou Marx, o trabalho consiste em categoria ontológica chave, que se afirma como ação e atividade mesmo dentro da relação de propriedade privada. Ao mesmo tempo em que figura como fonte de subjugação (relação objetivada), o trabalho opera no sentido da criação (relação subjetiva, criativa, política e comunicativa)[194]. Em outras palavras, do mesmo modo pelo qual produz mais-valia por meio do seu labor, atendendo, portanto, ao viés objetificado do trabalho, que se reifica, o trabalhador também se produziria a partir do trabalho, construindo-se enquanto sujeito: "Quando o homem age sobre a natureza, dominando suas forças, ele está, ao mesmo tempo, agindo e modificando a si mesmo"[195]. Entretanto, sob o marco da propriedade privada o trabalhador produziria e se produziria enquanto mercadoria, para o capital.

O trabalho sob a égide do capitalismo é considerado um trabalho estranhado em quatro dimensões: estranhado pelo trabalhador em relação ao produto do seu trabalho, estranhado pelo trabalhador em relação ao "ato de produção no interior do trabalho"[196] — que Marx identifica como sendo o processo por meio do qual a atividade figuraria

---

(191) *Ibidem*, p. 199-200.
(192) ALVES, Giovanni. *Dimensões da precarização do trabalho:* ensaios de sociologia do trabalho. Bauru: Canal 6, 2013. p. 131.
(193) DRUCK, Graça; FRANCO, Tania; SELLINGMANN-SILVA, Edith. As novas relações de trabalho, o desgaste mental do trabalhador e os transtornos mentais no trabalho precarizado. *Revista Brasileira de Saúde Ocupacional*, São Paulo, 35 (122): 228-248, 2010, p. 229-248.
(194) MARX, Karl. *Manuscritos econômico-filosóficos*. São Paulo: Boitempo, 2010.
(195) *Ibidem*, p. 198.
(196) *Ibidem*, p. 83.

como miséria, a força como impotência e a procriação como castração; estranhado em relação ao outro homem e o estranhado com relação a si mesmo[197].

Jesus Ranieri diferencia alienação e estranhamento na obra de Marx, identificando que o **estranhamento** se traduziria no ato por meio do qual o homem, enquanto ser social, se torna alheio aos resultados ou produtos de sua própria atividade, assim como à atividade mesma, e também à natureza a partir da qual produz e dentro da qual convive com os demais seres humanos. Por outro lado, **a alienação** residiria na "não oportunidade do homem de ter acesso aos produtos de sua atividade; ao fato de estes produtos submeterem o próprio ser humano ao seu controle e à impossibilidade de, em função desses obstáculos, os homens se reconhecem mutuamente como produtores da história"[198].

A combinação entre alienação e estranhamento, portanto, é o resultado lógico do aprofundamento do panorama de colonização do espaço da vida e do espaço do trabalho pela lógica de mercado.

Se é certo que sob o pressuposto da propriedade privada não se pode cogitar de um trabalho genuinamente livre, nos termos propostos por Marx, também é certo que o delineamento das condições de estranhamento, em suas quatro facetas, e, dentro de cada uma delas, por meio de diversos níveis de intensidade, pode ser diferenciado.

O próprio Marx observou que o processo de exteriorização ou de alienação como atividade humana se dá por meio das diversas formas de organização do trabalho, entre as quais inclui o próprio sistema de divisão do trabalho.

Daí por que observar os modos de organização produtiva que têm predominado no contexto produtivo neoliberal e que têm sido fomentados por um pensamento econômico que não vislumbra dentre seus objetivos a produção de sujeitos realizados e emancipados não afasta a identificação, neles, de condições de estranhamento e de autonegação humanos mais profundos que os de outrora.

Cumpre observar que mesmo a linguagem utilizada por Marx em relação ao reconhecimento de juízos de beleza para além de juízos de utilidade tem sido esposada por aqueles que estudam a saúde psíquica dos trabalhadores, como é o caso de Dejours, a demonstrar a relação entre condições de trabalho — nos termos de Marx, "ato de produção no interior do trabalho" — estranhadas e saúde mental da classe trabalhadora[199].

Por outro lado, a possibilidade de realização pelo trabalho, como alerta ainda Dejours, é decorrente da capacidade de os sujeitos de exercerem suas atividades com autonomia, num ambiente de cooperação e reconhecimento[200] — leia-se num processo produtivo democratizado, não hierarquizado e "não procusteano" — que se associa diretamente com a noção de bem-estar.

---

(197) RANIEIRI, Jesus José. *A câmara escura:* alienação e estranhamento em Marx. São Paulo: Boitempo editorial, 2001. p. 38

(198) *Ibidem*, p. 8 e p 10.

(199) DEJOURS, Christophe. Inteligência operária e organização do trabalho: a propósito do modelo japonês de produção. *In:* HIRATA, Helena (Org.). *Sobre o modelo japonês.* São Paulo: Edusp, 1993.

(200) *Idem.*

Capítulo II
O Trabalho em *Call Center* no Setor de Telecomunicações

> *O telemarketing é uma ocupação cuja constituição é precária. Essa atividade não tem apenas um efeito localizado nestas pessoas, restrito ao trabalho em si, mas contribui também para a piora da vida como um todo. Assim, veremos que ele ajuda a reproduzir uma condição precária que impede a construção do sentimento de segurança social.*
>
> (SOUZA, Jessé. Os batalhadores brasileiros: nova classe média ou nova classe trabalhadora? 2. ed. rev. e ampl. Belo Horizonte: Editora UFMG, 2012. p. 62).

2.1. Histórico do crescimento e remodelamento do setor de telecomunicações no Brasil

2.1.1. A privatização do sistema Telebras

Ao final da década de 1980, como resultado de um período de grande dependência tecnológica do Brasil em relação aos países de capitalismo central, o país vivenciava um contexto de superdesvalorização da moeda, que acarretou um processo de endividamento das empresas estatais, além de significativa obsolência da sua infraestrutura de telecomunicações.

A insuficiência do Estado brasileiro para lidar com as demandas relativas à telecomunicação e, principalmente, para responder às pressões do capital transnacional pela abertura desse novo e profícuo mercado no território fez com que, ao final da década de 1990, o país seguisse o mesmo trajeto já percorrido por outros Estados latino-americanos e abrisse mão do monopólio do setor de telecomunicações em favor da captação de investimentos estrangeiros.

A privatização do setor de telecomunicações se insere num contexto geral de desestatizações que marcou a reforma do Estado na segunda metade da década de 1990, com a redução de sua participação como agente econômico e a reorganização de dimensões importantes dos serviços públicos. Setores sob monopólio público, como energia, transportes e telecomunicações, foram privatizados e, além disso, foram observadas reformas no sistema de ciência e tecnologia[201].

Com relação ao sistema de telecomunicações, Scholze observa que "a reformulação do sistema Telebras no Brasil pode ser resumida em duas proposições basilares: as empresas

---

(201) SCHOLZE, Simone Henriqueta Cossetin. A retomada dos esforços de P&D nas telecomunicações brasileiras: uma perspectiva das teorias regulatórias. *Revista de Direito, Estado e Telecomunicações*, v. 5, n. 1, p. 107-134 (2013).

estatais de prestação de serviços seriam transferidas para a iniciativa privada; e não mais haveria monopólio em sua prestação, sendo necessário instaurar a competição entre empresas"[202].

Sávio Cavalcante registra, todavia, que desde a década de 1970 já se observava um processo de "privatização pelas beiradas", em que começaram a ser terceirizados setores e funções das operadoras públicas a empresas contratadas. No final dessa década já era significativo o número de trabalhadores contratados por empresa interposta, o que levou à redução a praticamente zero do número de contratações via concurso público no setor na década de 1980. A infiltração da iniciativa privada no setor foi paulatina e já se dava, desde antes das privatizações, por meio de contratos de "empreitada" para execução de obras e serviços, que incluíam obras civis e de engenharia, inclusive de telecomunicações; construção de redes, comercialização de equipamentos (inclusive *modens* e CPCTs — centrais privadas de comunicação telefônica); manutenção de rede externa, de rede condominial e de rede interna de imóveis; conserto e manutenção de aparelhos de telex, telefonia e outros, independentemente do seu porte; e da cobrança bancária dos serviços prestados, entre diversos outros serviços[203].

A modificação da arquitetura produtiva do setor se deu num processo crescente, que se inicia com as citadas investidas de remodelamento produtivo ainda na década de 1970, e caminha efetivamente com a quebra do monopólio em 1995 (o fim do monopólio foi consagrado com a edição da Emenda Constitucional n. 8 de 1995), com a edição da Lei Mínima em 1996, com a edição da Lei Geral de Telecomunicações em 1997 (Lei n. 9.472/97). Por fim, se concretiza com a fragmentação e venda do Sistema Telebras em 1998[204].

O processo de privatização, moldado em ampla resistência do movimento sindical[205], foi levado a cabo pelo Governo FHC com apoio do empresariado nacional e internacional, que se utilizaram do aparato midiático para converter as demandas dos trabalhadores – que temiam (como de fato se mostrou concretamente) que a quebra do monopólio e a privatização representassem a perda de direitos trabalhistas clássicos da categoria – numa defesa egoística de "privilégios"[206].

A pauta sindical, que guardava semelhança com a alternativa social democrata de junção do Estado, trabalhadores e capital nacional para enfrentamento do mercado mundial e para atendimento das demandas da população, "simplesmente não encontrou

---

(202) SCHOLZE, Simone Henriqueta Cossetin. A retomada dos esforços de P&D nas telecomunicações brasileiras: uma perspectiva das teorias regulatórias. *Revista de Direito, Estado e Telecomunicações*, v. 5, n. 1, p. 107-134 (2013).

(203) CAVALCANTE, Sávio. *Sindicalismo e privatização das telecomunicações no Brasil*. São Paulo: Expressão Popular, 2009. p. 101.

(204) *Ibidem*, p. 115.

(205) A exceção aqui fica por conta da Força Sindical, que apoiou o processo de privatização, numa atuação que Ricardo Antunes enquadrou como típica do sindicalismo de envolvimento e cooptação, próprio do modelo toyotista, "que pensa e age exclusivamente para o capital" (CAVALCANTE, Sávio. *Sindicalismo e privatização das telecomunicações no Brasil*. São Paulo: Expressão Popular, 2009. p. 118).

(206) CAVALCANTE, Sávio. *Sindicalismo e privatização das telecomunicações no Brasil*. São Paulo: Expressão Popular, 2009. p. 127.

retorno num país em que boa parte do grande capital nacional já se encontrava vinculado com os interesses do capital internacional" e no qual incidia, de forma bem-sucedida, enorme pressão dos organismos internacionais e dos blocos econômicos regionais em favor da liberalização e desestatização do setor produtivo[207].

Por meio desse processo de privatização, houve significativo influxo de capitais no setor, acompanhado do remodelamento de toda a infraestrutura necessária à prestação dos serviços de telefonia fixa e móvel, com base em moderna tecnologia digital, além da própria oferta de serviços excedentes, o que, ao cabo, representou um significativo incremento do número de linhas telefônicas fixas e móveis no país, além de sua maior difusão entre as classes baixa e média.

Um dos principais focos do processo foi a ampliação da oferta de serviços e do mercado consumidor das telecomunicações. Os terminais de telefonia fixa duplicaram, o crescimento da telefonia celular foi significativo e boa parte da população que antes era excluída dos serviços passou a ter acesso a algum mecanismo de comunicação social[208].

Todavia, não se pode descurar que a prometida universalização do acesso às telecomunicações no país foi marcada pela persistência das desigualdades no cenário de criação do acesso. A disparidade entre o número de celulares pré-pagos e pós-pagos (dos 152 milhões de assinantes, 81,6% são portadores de pré-pagos), tendo em vista a dificuldade da população de arcar com o custo de uma das telefonias mais caras do mundo (que consome 7,5% da renda média *per capita* do país e coloca o país na 60ª posição do índice de desenvolvimento em Tecnologia de Informação e Comunicação do mundo)[209], foi gritante. Reportagem veiculada pela *Folha de S. Paulo* em 7.10.2013 noticia que, de acordo com a União Internacional de Telecomunicações da ONU, em pesquisa envolvendo 161 países, o custo da chamada de celular no Brasil é o mais caro do mundo: o minuto de ligação, em horários de pico, pode custar até US$ 0,71, em contraposição à tarifa de US$ 0,01 cobrada em Hong Kong[210].

Por isso mesmo, essa difusão dos serviços não pode ser louvada sem um crivo crítico. Sávio Cavalcante desnuda a conformação de classe desse processo, rejeitando a exaltação da condição de consumidor que é característica da observação elogiosa dos resultados da privatização. Para o autor, o desenvolvimento de novas tecnologias não se efetiva em meio a um vazio social: se é verdade que modifica as relações entre os homens e engendra novas possibilidades, esse desenvolvimento é determinado por relações sociais de produção específicas, que o bitolam de acordo com as regras da acumulação capitalista vigente[211]. Por isso, conclui que a construção dessa identidade de consumo

---

(207) *Ibidem*, p. 133 e 136.
(208) *Ibidem*, p. 163.
(209) *Ibidem*, p. 188.
(210) A reportagem atribui esse alto custo a três fatores: "baixo investimento em infraestrutura, alta demanda e alta incidência tributária" Disponível em: <http://www1.folha.uol.com.br/mercado/2013/10/1352956-minuto-do-celular--no-brasil-e-o-mais-caro-do-mundo.shtml>. Acesso em: 15 out. 2013, 8h39.
(211) CAVALCANTE, Sávio. *Sindicalismo e privatização das telecomunicações no Brasil*. São Paulo: Expressão Popular, 2009. p. 166.

apartada da conformação de classe decorre de um discurso que reafirma a ideologia de negação do trabalho:

> Não deve ser menosprezada a inserção de grande número de pessoas aos serviços prestados. Mas também não se pode afirmar que essa seria a melhor alternativa, ou mesmo que não houvesse outras. Como também não se pode ignorar a forma pela qual essa inclusão é feita e, nesse sentido, o "mito do consumidor" tem íntima relação com as limitações presentes na sociedade capitalista contemporânea. O discurso que trouxe à tona o poder de consumo dizia respeito a expressões fenomênicas das novas tendências da produção capitalista hodierna. O efeito simbólico debatido por vários autores, foi o de deslocar a constituição social das identidades, da figura de classes, para a posição que cada indivíduo obtinha em relação ao consumo, ou seja, que a formação das identidades deriva muitos mais do grau de inserção no consumo do que da posição que se ocupa no momento de produção. Não foi difícil tirar dessa aparência — a qual, é certo, como integrante do todo, também faz parte do real — a perda da relevância do trabalho e, consequentemente, da luta organizada em volta deste[212].

E as transformações promovidas pelas empresas transnacionais responsáveis pela modernização da infraestrutura nacional de telecomunicações foram protagonistas de um movimento de reformulação e flexibilização do mundo do trabalho que interferiu diretamente nos papéis de classe de trabalhadores desse e de outros setores, influenciados pela lógica empresarial e pelas novas demandas e possibilidades que a tecnologia informacional trouxe à dinâmica capitalista.

2.1.2. O remodelamento da estrutura produtiva

Como consequência do processo de privatizações, um crescimento vertiginoso do setor de serviços foi indicado pelo Instituto Brasileiro de Geografia e Estatística — IBGE, que identificou, no período compreendido entre 1997 e 2001, ao lado do retrocesso de 23,32% dos postos de trabalho na indústria, crescimento de 11,05% no setor de serviços.

Já influenciadas pela lógica toyotista, as empresas transnacionais que aqui aportaram trouxeram consigo a ideia de empresa enxuta, de articulação e gestão do trabalho por meio de redes e uma forte demanda por flexibilidade em suas relações produtivas, além de, naturalmente, um objetivo claro de lucrar com esse modelo de mercado em ascensão.

Assistiu-se, portanto, ao remodelamento da arquitetura produtiva do setor, assim como a reorganização dos métodos de gestão do trabalho, marcadamente afetados pela larga utilização da tecnologia e pelo consequente controle do "trabalho vivo" pelo "trabalho morto"[213], o que se fez, sobretudo, por meio de *holdings* empresariais cujas empresas articuladas desenvolviam parcelas das atividades que compunham o todo empresarial.

---

(212) *Ibidem*, p. 166-167.

(213) WOLFF, Simone; CAVALCANTE, Sávio. O mundo virtual e reificado das telecomunicações. *In:* ANTUNES, Ricardo (Org.). *Riqueza e miséria do trabalho no Brasil*. São Paulo: Boitempo, 2006.

O mapa do trabalho no setor foi profundamente alterado. Algumas atividades, com a incorporação de novas tecnologias, se tornaram desnecessárias, e outras foram sendo pulverizadas entre empresas subcontratadas das grandes empresas de telecomunicações, acarretando significativos processos de demissão incentivada. Por outro lado, outras atividades surgiram ou sofreram um incremento significativo.

Nesse sentido as conclusões do estudo de Sônia Guimarães, que observou que a nova configuração do emprego nas telecomunicações caracteriza-se pela polarização de dois grupos: um grupo reduzido de empregados qualificados desempenhando funções consideradas nobres na empresa (mercado de negócios, tecnologia da informação, desenvolvimento de produtos, *marketing* e vendas) e uma força de trabalho muito mais extensa desempenhando funções de menor qualificação, em empresas subcontratadas, embora tenha crescido também o número de profissionais qualificados subcontratados[214]. A autora observa que

> a subcontratação consolida-se à medida em que as empresas tentam ajustar-se a mercados cambiantes, conduzindo-se por princípios que guiam a produção no presente, ou seja, competitividade, preço qualidade e variedade. A estratégia da subcontratação, nesse sentido, não se restringira à busca pura e simples da redução de custos. Ao subcontratar parte de suas atividades, a empresa tem melhores condições de obter preço, prazo e qualidade do que teria internamente. Tais vantagens resultavam da forma de gestão da força de trabalho nas empresas subcontratadas que, sem desfrutar dos benefícios sociais característicos da grande empresa, careceria, muitas vezes, da proteção sindical para reivindicar melhores condições de trabalho e remuneração[215].

Simone Wolff, analisando o contexto específico da privatização da empresa Sercomtel, em Londrina, relata a ocorrência de enxugamento dos quadros empresariais: a antiga tradição de estabilidade dos empregados da empresa foi substituída por uma redução de quadros (o número de 1100 funcionários foi reduzido a 474) levada a cabo por meio de planos de aposentadoria e de demissão incentivada. Também observou que as mudanças revelaram uma verdadeira reestruturação produtiva, na medida em que se desencadeou um verdadeiro "aculturamento"[216] do pessoal que permaneceu na empresa, para que aderissem às transformações e se comprometessem com as novas estratégias engendradas para o enfrentamento da realidade econômica em desenvolvimento. Esse processo foi marcado pela implementação de programas de qualidade total aliados a investimento

---

(214) GUIMARÃES, Sônia. As telecomunicações no Brasil após a privatização. *In:* PICCININI, Valmiria Carolina [*et all*] (Org.). *O mosaico do trabalho na sociedade contemporânea.* Porto Alegre: Editora da UFRGS, 2006. p. 157.

(215) *Ibidem*, p. 164.

(216) A conversão do corpo técnico e operacional da empresa em vendedores em potencial é sintetizada pela autora na seguinte declaração do Presidente da empresa, veiculada no jornal do empreendimento: "Cada um de nós deve vestir a camisa da Sercomtel e reforçar o time de vendedores, buscando mais clientes para a nossa empresa" (WOLFF, Simone. *O espectro da reificação em uma empresa de telecomunicações:* o processo de trabalho sob os novos parâmetros gerenciais e tecnológicos (Tese de Doutorado). Departamento de Sociologia do Instituto de Filosofia e Ciências Humanas da UNICAMP. Orientador: Ricardo Antunes, 2004).

em *marketing* e em tecnologia da informação[217]. A autora também registra, no caso Sercomtel, o papel destacado que a atividade de *telemarketing*, exercida pelos operadores de *call center*, passa a ter no cenário empresarial, a despeito da contratação terceirizada destes trabalhadores[218].

A tendência de criação de empregos no setor de telecomunicações, tão propagandeada pelo discurso oficial de defesa da privatização, evidentemente, decorre da entrada de novas companhias no mercado e da oferta de novos serviços. O inegável crescimento do setor produtivo tem por consequência lógica a criação de empregos. Todavia, a qualidade dos postos de trabalho criados, marcados pela administração preocupada com flexibilidade e pela perda das condições de estabilidade no emprego, revelam o caráter precário das condições de trabalho propiciadas pela reestruturação produtiva no ramo das telecomunicações[219].

O enxugamento das empresas foi compensado pela formação de redes de subcontratação e terceirização de atividades. O fenômeno, imprescindível ao atual modelo de acumulação flexível, longe de representar redução pura e simples do trabalho, representa a transferência do trabalho para empresas periféricas, enquanto a empresa-mãe se concentra em poucas funções de gerência e pesquisa, ocupadas por pessoal mais qualificado[220]. Vale a demonstração estatística envolvendo a Companhia Telefônica do Brasil Central (CTBC), ilustrada por Sávio Cavalcante:

> Os números do CTBC mostram que o aumento de produtividade e ganhos com novos serviços são inversamente proporcionais à criação de empregos diretos na operadora. Entre 1988 e 1998, a capacidade de instalação da telefonia fixa aumentou 89,9% e, na telefonia móvel, de 1993 a 1998, em 4.639,9%, repercutindo em crescentes lucros líquidos e operacionais. Por outro lado, nesse mesmo período, [...] a força de trabalho na companhia foi reduzida em torno de 75%[221].

A consequência lógica desse dado é a necessidade de compensar o trabalho "dispensado", seja por meio de subcontratações, seja por meio da intensificação do labor daqueles que seguem trabalhando. E a pesquisa empírica corrobora o argumento: no caso da CBTC, "93% dos trabalhadores entrevistados disseram que a quantidade de trabalho havia sido aumentada, 87% afirmaram que o ritmo de trabalho ficou mais intenso e 57% admitiram levar, constantemente, trabalho para fazer em casa"[222].

---

(217) WOLFF, Simone. *O espectro da reificação em uma empresa de telecomunicações*: o processo de trabalho sob os novos parâmetros gerenciais e tecnológicos (Tese de Doutorado). Departamento de Sociologia do Instituto de Filosofia e Ciências Humanas da UNICAMP. Orientador: Ricardo Antunes, 2004.
(218) *Idem*.
(219) CAVALCANTE, Sávio. *Sindicalismo e privatização das telecomunicações no Brasil*. São Paulo: Expressão Popular, 2009. p. 190.
(220) *Ibidem*, p. 192.
(221) *Ibidem*, p. 209.
(222) *Ibidem*, p. 209.

Diante do crescimento constatado no setor, efetivamente poderia ter sido colhida, como resultado desse processo de privatização, a criação de postos de trabalho seguros e dignos. No entanto, não foi isso que aconteceu: o deslocamento da mão de obra necessária ao funcionamento do setor para a zona periférica de subcontratações e terceirizações, com redução de custos para o capital, foi o caminho escolhido.

O desafio posto à ação sindical, como consequência do modo de emprego da força de trabalho no setor, foi significativo: a diversificação das funções e o largo emprego de terceirização representaram baixas na base de sustentação dos sindicatos, que se depararam com uma categoria fragmentada e inserida num cenário de disputas por representatividade, extremamente propício à fragilização da luta dos trabalhadores[223].

Os trabalhadores ocupantes de novas atividades, como o caso do *call center*, que assumem as novas funções já nesse contexto fragmentário e numa estrutura produtiva adversa à organização coletiva, consistem numa classe que já se conforma, na sua origem, com deficiência na formulação de demandas coletivas[224].

2.1.3. O crescimento da atividade de call center

De acordo com a Associação Brasileira de Telesserviços, *telemarketing* "é toda e qualquer atividade desenvolvida através de sistemas de telemática e múltiplas mídias, objetivando ações padronizadas e contínuas de *marketing*". Ainda segundo a ABT, o principal setor contratante de *call center* é o de serviços financeiros, seguido pelos de varejo, de **telecomunicações**, de seguros, de saúde e de editoras/gráficas[225].

O pioneirismo da atividade bancária em relação à utilização do serviço de teleatendimento, inclusive com substituição das atividades dos próprios bancários pela atuação desses trabalhadores, é retratado na pesquisa realizada por Selma Venco, que identificou como estratégia de recuperação da lucratividade desse setor na década de 1990 uma profunda reestruturação produtiva baseada na redução de pessoal e na intensificação do uso da tecnologia[226].

A ABT também informa que mais da metade dos *call centers* (76%) foram implantados após o processo de privatização do setor de telecomunicações[227]. Efetivamente, foi com respaldo na perspectiva consumerista instalada com a onda de privatizações que

---

(223) *Ibidem*, p. 193 e 242.

(224) Essa dificuldade estrutural quanto a uma ação coletiva organizada, evidentemente, não anula as perspectivas de resistência e de construção de solidariedade no seio da categoria, ainda que de modo pontual e incipiente. Essas são bem retratadas por Venco em: VENCO, Selma Borghi. *As engrenagens do* telemarketing: vida e trabalho na contemporaneidade. Campinas: Arte Escrita, 2009. p. 172-177.

(225) Dados da Associação Brasileira de Telesserviços. Disponível em: <http://www.abt.org.br/pesquisa.asp?banner=ABT>. Acesso em: 25 nov. 2013, 20h28.

(226) VENCO, Selma Borghi. Telemarketing *nos bancos*: o emprego que desemprega. Campinas: Editora da Unicamp, 2003. p. 27.

(227) Dados da Associação Brasileira de Telesserviços. Disponível em: <http://www.abt.org.br/pesquisa.asp?banner=ABT>. Acesso em: 25 nov. 2013, 20h28.

a atuação de empresas que prestavam o teleatendimento ao público se destacou. A exigência da ANATEL no sentido de que houvesse atendimento ao cliente dos serviços de telecomunicações, o advento do Código de Defesa do Consumidor (Lei n. 8.078/1990), a aprovação do Decreto n. 6.523/2008, que disciplinou o Serviço de Atendimento ao Cliente, além das demandas próprias da dinâmica capitalista com relação a *marketing*, captação de clientes e oferta de serviços acessórios ao consumidor, fizeram com que a atividade sofresse crescimento significativo.

O setor de *telemarketing*, dominado por empresas prestadoras de serviços terceirizados, abarcava, em 31 de dezembro de 2008, consoante dados da RAIS — Relação Anual de Informações Sociais do Ministério do Trabalho e Emprego, um total de 314.393 trabalhadores. Ainda de acordo com a RAIS, esse número sobe, respectivamente, para 337, 388 e 414 mil trabalhadores em 2009, 2010 e 2011[228]. Entretanto, há fontes que afirmam que esse *quantum* supera um milhão de empregados, possivelmente em face do cômputo total de trabalhadores nessas funções atuando em empresas de ramos diversos[229].

A ampliação dos postos de trabalho no setor de *call centers* efetivamente se destaca no quadro de trabalho observado no Brasil nas duas últimas décadas. Ruy Braga, amparado em dados do Ministério do Trabalho e Emprego, demonstra que entre 1998 e 2000 a taxa de ocupação no setor cresceu a um percentual anual de 15%, sendo que ao longo do Governo Lula essa taxa acresceu para 20%, resultando num crescimento acumulado de 182,3% no período compreendido entre 2003 e 2009[230].

Entretanto, o crescimento do setor se dá no contexto de precariedade das condições de trabalho. O trabalho dos operadores de teleatendimento, teleoperadores ou operadores de *telemarketing* reúne condições fulcrais da nova morfologia do trabalho, uma vez que para ele convergem a terceirização de serviços, a privatização neoliberal e a lógica da financeirização do trabalho[231].

Todavia, a geração de empregos no setor, decorrente do notável crescimento do ramo e também do crescimento da própria economia do país, não representou o aproveitamento desse incremento econômico em favor dos trabalhadores envolvidos. Do contrário, como visto na apresentação do padrão geral para o setor de telecomunicações, a criação

---

(228) Disponível em: <http://portal.mte.gov.br/rais/>. Consultar também: MOCELIN, Daniel Gustavo. Emprego e condições laborais em empresas de teleatendimento no Brasil, 2003-2008. *Revista ABET*, vol. IX, n. 2, 2010, p. 71-97.

(229) Por exemplo, a informação divulgada pelo *Portal G1*, a partir de pesquisa promovida pelo Sindicato Paulista das Empresas de *Telemarketing, Marketing* Direto e Conexos (Sintelmark), de acordo com a qual o setor teria, em 2012, 1,4 milhões de trabalhadores no Brasil, tendo alcançado um crescimento de 11% no ano de 2012, que confirmaria a média dos últimos 12 anos. Ainda segundo a reportagem, cerca de 45% dos teleoperadores atuariam em serviço de atendimento ao cliente (SAC), enquanto 22% trabalhariam em televendas, 23% em recuperação de crédito e 10% em outras atividade (Cf. Telemarketing emprega 1,4 milhões no país. *Portal G1*. Disponível em: <http://g1.globo.com/concursos-e-emprego/noticia/2012/10/telemarketing-emprega-14-milhao-no-pais-veja-como-e-o-trabalho-no--setor.html>. Acesso em: 25 nov. 2013, 20h28).

(230) BRAGA, Ruy. *A política do precariado:* do populismo à hegemonia lulista. São Paulo: Boitempo: USP, Programa de Pós-Graduação em Sociologia, 2012 (Coleção Mundo do Trabalho), p. 188.

(231) *Idem.*

de novos empregos foi deslocada do âmbito das empresas tomadoras de serviços para empresas terceirizadas que praticam salários e condições gerais de trabalho inferiores àquelas observadas nas grandes empresas de telecomunicação.

O apelo da flexibilidade no *telemarketing*, como observa Jessé de Souza, não chegou associado à possibilidade de um trabalhador altamente qualificado estabelecer seus próprios horários e condições de trabalho, mas se apresenta como a "radicalização da exploração da força de trabalho precariamente qualificada"[232].

De acordo com dados da RAIS – Relação Anual de Informações Sociais do Ministério do Trabalho e Emprego relativos ao ano de 2011[233], a categoria de trabalhadores que se ativa nesse setor é composta, em sua maioria, por mulheres (74% da força de trabalho), jovens (71% dos trabalhadores tem entre 18 e 29 anos), de classes média e baixa, com nível de escolaridade correspondente ao ensino médio completo (82,9%), que estão ingressando no mercado de trabalho[234], sub-remuneradas (81,3% percebem até dois salários mínimos) e inseridas em categorias sindicais frágeis[235]. A mão de obra empregada no serviço de *call center* também é uma das mais rotativas do país[236].

A precariedade identificada nesse trabalho perpassa desde a forma de contratação, na qual predomina a terceirização dos serviços, até as condições de ergonomia dos postos de trabalho e a inobservância de ritmo adequado e de pausas na jornada. A excessiva pressão psicológica exercida sobre os trabalhadores, seja pelos processos de trabalho pautados em *scripts* que não correspondem à melhor forma de abordagem, atendimento ou solução da demanda do consumidor, seja pela experiência de práticas assediadoras por parte das chefias na cobrança de metas das equipes de trabalho, compõe esse cenário, que culmina em índices elevados de estresse.

O tempo de duração dos contratos de trabalho desses jovens é de, em média, dois a três anos e a qualificação exigida para o trabalho é o segundo grau completo, com habilidade na área de informática[237].

---

(232) SOUZA, Jessé. *Os batalhadores brasileiros:* nova classe média ou nova classe trabalhadora? 2. ed. rev. e ampl. Belo Horizonte: Editora UFMG, 2012. p. 62.

(233) Dados disponíveis em: <http://portal.mte.gov.br/rais/>. Acesso em: 24 fev. 2014, 23h04min.

(234) OLIVEIRA, Sirlei Marcia de. Os trabalhadores das centrais de teleatividades no Brasil: da ilusão à exploração. *In:* ANTUNES, Ricardo; BRAGA, Ruy (Orgs.). *Infoproletários.* São Paulo: Boitempo, 2009. p. 190; NOGUEIRA, Cláudia Mazzei. As trabalhadoras do *telemarketing*: uma nova divisão sexual do trabalho? *In:* ANTUNES, Ricardo; BRAGA, Ruy (Orgs.). *Infoproletários.* São Paulo: Boitempo, 2009. p. 125.

(235) BRAGA, Ruy. *A política do precariado:* do populismo à hegemonia lulista. São Paulo: Boitempo: USP, Programa de Pós-Graduação em Sociologia, 2012 (Coleção Mundo do Trabalho), p. 183.

(236) De acordo com dados do DIEESE, a categoria de teleatendimento observou, em 2011, uma taxa de rotatividade bruta de 63,6% e uma taxa de rotatividade descontada (desconsiderados desligamentos a pedido, transferências de localidade, aposentadorias e falecimentos) da ordem de 41% (DIEESE, *Rotatividade e flexibilidade no mercado de trabalho*. São Paulo: DIEESE, 2011. 128 p.).

(237) OLIVEIRA, Sirlei Marcia de. Os trabalhadores das centrais de teleatividades no Brasil: da ilusão à exploração. *In:* ANTUNES, Ricardo; BRAGA, Ruy (Orgs.). *Infoproletários.* São Paulo: Boitempo, 2009. p. 125, 128-129.

Ainda que haja uma significativa presença de universitários no setor[238], esse dado é acidental, como decorrência da possibilidade de conciliação dos estudos com o trabalho, tendo em vista que os jovens ouvidos em diversas pesquisas não demonstraram interesse em continuar no setor após a graduação e nem o requisito do nível superior é apresentado pelas empresas em sua seleção.

A pretensa qualificação de parcela da força de trabalho empregada do setor não se reverte em uma condição diferenciada de negociação da sua força de trabalho. A democratização escolar, oriunda da ampliação do acesso ao ensino superior no país, por meio do estímulo governamental à instalação de instituições de ensino privadas e tanto contaminadas pela lógica mercantil quanto não fiscalizadas pelo Estado na qualidade dos serviços prestados, gera um incremento do número de diplomados. Todavia, essa ampliação quantitativa não propiciou a valorização relativa dos detentores desses diplomas no mundo do trabalho[239].

Venco, em pesquisa de campo envolvendo operadores de *call center* do setor bancário, vislumbrou que há uma série de exigências e justificativas em relação à qualificação dos trabalhadores do setor, mas também concluiu que essa escolarização não corresponde ao conteúdo do trabalho, que, muitas vezes, se restringe a uma leitura de *scripts*[240].

A autora ainda observa que os níveis de escolarização não podem ser avaliados de forma apartada da estrutura de classes, porquanto as perspectivas criadas para jovens que frequentam escolas públicas são diferentes da escolarização dos filhos das elites, contexto que é agravado com a "finalização" da educação profissional que determinados setores empresariais se arvoram a promover, a qual se vincula intimamente ao atendimento de demandas capitalistas, inclusive no sentido de amoldar o perfil dos trabalhadores aos padrões da empresa[241].

Portanto, ao absorver um grande contingente de jovens em busca do primeiro emprego, o setor não cuidou de oferecer para esses trabalhadores uma oportunidade de ingresso e permanência no mercado de trabalho: entregou-os a um mercado com elevada rotatividade de mão de obra[242] e em que são realizados parcos investimentos na qualificação dos trabalhadores, sem assegurar-lhes oportunidades de crescimento, que

---

(238) A pesquisa de Ruy Braga, que envolveu uma das maiores empresas do setor, por exemplo, informa um percentual de 29% de operadores que declararam cursar ensino superior e 6% que responderam possuir nível superior completo (BRAGA, Ruy. A vingança de Braverman: o infortaylorismo como contratempo. *In:* ANTUNES, Ricardo; BRAGA, Ruy (Orgs.). *Infoproletários.* São Paulo: Boitempo, 2009. p. 75).

(239) SOUZA, Jessé. *Os batalhadores brasileiros:* nova classe média ou nova classe trabalhadora? 2. ed. rev. e ampl. Belo Horizonte: Editora UFMG, 2012. p. 62.

(240) VENCO, Selma Borghi. Telemarketing *nos bancos*: o emprego que desemprega. Campinas: Editora da Unicamp, 2003. p. 90.

(241) VENCO, Selma Borghi. *As engrenagens do* telemarketing: vida e trabalho na contemporaneidade. Campinas: Arte Escrita, 2009. p. 73-74.

(242) Venco observa que, na lógica da "sociedade do descarte", "no caso das centrais de teleatendimento o produto descartável é o trabalhador" (VENCO, Selma Borghi. Telemarketing *nos bancos*: o emprego que desemprega. Campinas: Editora da Unicamp, 2003. p. 20).

certamente seriam vislumbradas caso integrassem os quadros de um corpo empresarial que pode oferecer ao trabalhador mais proteção social, como a empresa tomadora de serviços.

2.2. Processos de trabalho no *telemarketing* e a instalação da precariedade

A dinâmica das centrais de teleatendimento (CTAs) e a forma como se organiza o processo de trabalho em seu interior são peculiares, merecendo destaque a sofisticação dos mecanismos de controle dos resultados e finalidades desse trabalho.

Além de gerar a inserção precária dos trabalhadores no mundo do trabalho, a característica contratação terceirizada dos trabalhadores que se ativam no setor não se traduz num distanciamento em relação ao controle da empresa tomadora de serviços, mas na duplicação do controle e da subordinação, que são exercidos por ambas as empresas envolvidas na contratação terceirizada.

A marca do trabalho pautado na troca de informações também não se reverte numa qualificação ou valorização das habilidades dos trabalhadores envolvidos. Jessé de Souza observa que o aparato tecnológico que sustenta o *telemarketing* serve mais à criação de uma imagem intelectualizada do trabalho do que na melhoria das suas condições, ocultando a dimensão braçal do trabalho do teleoperador[243].

Embora necessárias ao andamento do serviço, as habilidades afetivo-comunicacionais exigidas dos teleoperadores atuam mais na conformação de sua submissão e consentimento ao processo de trabalho do que no emprego da sua força produtiva em si.

O processo de trabalho nos *call centers* é pautado na intensificação dos níveis de estramento, na medida em que o uso da informação e o manejo da comunicação é extremamente disciplinado e controlado pelas gerências, a ponto de anular a autonomia e a vontade do trabalhador nos processos de atendimento. O recrutamento de mão de obra barata, inexperiente e desqualificada se compensa com a instrumentalização desses trabalhadores para a consecução dos fins da empresa de forma mecânica e submissa.

Para a concretização desse processo é imprescindível a existência de um controle intenso do trabalho, que reverbera não apenas no controle do conteúdo informacional dos atendimentos (controle qualitativo) como também no acirrado controle dos tempos de atendimento, que devem ser reduzidos a qualquer custo, e dos tempos mortos dos trabalhadores.

Para isso, a tecnologia opera como fator de disciplina do trabalho: Venco observa que os cartões magnéticos, o *software*, o espaço físico[244] e a telemática compõem um conjunto de mecanismos responsáveis por uma verdadeira "arquitetura do controle"[245].

---

(243) SOUZA, Jessé. *Os batalhadores brasileiros:* nova classe média ou nova classe trabalhadora? 2. ed. rev. e ampl. Belo Horizonte: Editora UFMG, 2012. p. 65.

(244) Para a autora a disposição física das centrais de teleatendimento, que se subdividem em pequenos compartimentos, denominados "baias", ao mesmo tempo em que propicia o isolamento e a não comunicação entre os trabalhadores, "permite uma visibilidade geral do local de trabalho, denotando as posições hierárquicas" (VENCO, Selma Borghi. Telemarketing *nos bancos:* o emprego que desemprega. Campinas: Editora da Unicamp, 2003. p. 58).

(245) *Ibidem*, p. 55.

As centrais de teleatendimento subdividem-se em *ativas*, nas quais o operador se comunica com um cliente real ou potencial para pesquisa de opinião sobre o serviço prestado, fazer *marketing* ou oferecer algum produto, e centrais *receptivas*, que se caracterizam por receber ligações dos clientes com problemas na fruição dos serviços e que não foram solucionadas no atendimento eletrônico[246].

A transferência do consumidor do atendimento eletrônico para o atendimento humano é realizada por um aparelho de distribuição automática de ligações (DAC), que faz uma seleção dos funcionários que estão há mais tempo ociosos, colocando-os sistematicamente em ação. O equipamento permite, "além do aumento da produtividade, impedir que haja escolha, por parte do cliente, de um determinado funcionário", afastando a pessoalidade da relação e distanciando o cliente do operador[247].

Oliveira explica que as centrais de atendimento podem pertencer à própria empresa ou podem ser terceirizadas, mas identifica o predomínio da prestação terceirizada dos serviços[248]. A pertinência dos serviços da *call center* aos fins centrais das empresas tomadoras e a sua ingerência, mesmo quando a contratação se dá sob a forma jurídica da terceirização, é evidenciada pela autora:

> O planejamento de uma CTA leva em consideração desde a especificação da infraestrutura tecnológica, sistemas de telecomunicações, até o dimensionamento do tráfego e dos "talentos" humanos necessários ao atendimento. Para as empresas do ramo, os recursos humanos são a "alma" das Centrais de Teleatividade, portanto, dependendo da necessidade da empresa contratante — Serviço de Atendimento ao Cliente (SAC), vendas (ativas/receptivas), atualização de cadastros, marketing político, cobrança etc. — define-se o perfil dos atendentes/ operadores e realiza-se a seleção e o treinamento sempre de acordo com os objetivos de quem contrata o serviço[249].

Portanto, mesmo quando existente uma empresa intermediária, o controle sobre as atividades dos teleoperadores é intenso e exercido conjuntamente pela empresa prestadora e pela empresa tomadora de serviços, seja por meio dos relatórios de produtividade, seja pela possibilidade de escutar em tempo real os atendimentos[250].

A forma de controle de trabalho dos teleatendentes, como observa Venco, pode ser comparada a um panóptico eletrônico público, contínuo e adaptável, que se aproxima

---

(246) OLIVEIRA, Sirlei Marcia de. Os trabalhadores das centrais de teleatividades no Brasil: da ilusão à exploração. *In:* ANTUNES, Ricardo; BRAGA, Ruy (Orgs.). *Infoproletários*. São Paulo: Boitempo, 2009. p. 115. Selma Venco também aponta a possibilidade de atuação dos trabalhadores em atendimento híbrido, que reuniria, alternadamente, as atividades de ativo e passivo, exigindo, por consequência, mais destreza e experiência do operador. Consultar: VENCO, Selma Borghi. *As engrenagens do* telemarketing: vida e trabalho na contemporaneidade. Campinas: Arte Escrita, 2009. p. 27.

(247) OLIVEIRA, Sirlei Marcia de. Os trabalhadores das centrais de teleatividades no Brasil: da ilusão à exploração. *In:* ANTUNES, Ricardo; BRAGA, Ruy (Orgs.). *Infoproletários*. São Paulo: Boitempo, 2009. p. 115.

(248) *Idem.*

(249) *Idem.*

(250) VENCO, Selma. Centrais de teleatividades: o surgimento dos colarinhos furta-cores? *In:* ANTUNES, Ricardo; BRAGA, Ruy (Orgs.). *Infoproletários*. São Paulo: Boitempo, 2009. p. 156-157.

da ideia "orwelliana", posto que o teleoperador é um ser permanentemente observado e ocasionalmente corrigido ou reorientado, remodelado *jus in time* não apenas pelas chefias imediatas mas também pelas empresas contratantes[251]. A respeito do controle da atividade dos operadores de *call center*, a autora ilustra:

> No caso das companhias pesquisadas, por serem caracterizadamente terceirizadoras de serviços, observa-se também a presença da contratante no controle dos trabalhadores. Em uma delas há um espaço especial destinado às contratantes, aparelhados com fones de monitoração, que possibilitam interferir nos atendimentos, a par da interferência dos supervisores, exigindo do teleoperador atenção redobrada e realização de multitarefas, a saber, digitação de dados, atendimento ao supervisor, escuta, resposta e argumentação ao cliente e, ainda, atenção à empresa contratante. Na outra companhia analisada, há disponibilidade de todos os relatórios de produtividade para os clientes pela internet, o que lhes faculta consultas aos índices de vendas do seu produto a qualquer hora do dia, de qualquer lugar. Todavia, há também uma inovação de maior impacto e fator de destaque para a competitividade da empresa: a monitoração *on-line*, o que permite ao cliente externo (empresa contratante) ouvir de qualquer parte do mundo os últimos cinquenta contatos realizados por tipo de operação, segmentados por *status* — ligações que efetuaram vendas, ligações em que os clientes declararam já possuir o produto oferecido, por exemplo, outro cartão de crédito, e, também, aquelas em que eles se recusaram a conversar. De acordo com a empresa, essa tecnologia não está disponível em países desenvolvidos, caracteriza-se, assim, o Brasil como pioneiro em procedimentos técnicos para *call center*. Há, portanto, uma verdadeira "ilha de monitoração", que é, segundo um dos gerentes de produção entrevistados a "menina dos olhos" da empresa. Por meio dela capta-se o funcionamento de todas as áreas, fazendo-se diagnósticos acerca dos aspectos positivos e negativos de cada campanha, indicando-se as necessidades de desenvolvimento da operação e subsidiando-se as ações voltadas ao treinamento de pessoal[252].

Ruy Braga identifica como características gerais do trabalho nas chamadas centrais de teleatendimento (CTAs) o fato de estas atuarem 24 horas por dia, 7 dias por semana, exigindo, portanto, uma grande disponibilidade dos trabalhadores. Essa exigência associada às difíceis condições de trabalho implicam o imperativo da intermitência das jornadas, que, limitadas a seis horas por dia, se distribuem em turnos de revezamento que cobrem as 24 horas. O autor também observa que "o trabalho submete-se agudamente ao fluxo informacional: ao final de uma chamada, sucede a seguinte, seja automaticamente (em intervalos de 0 a 20 segundos, dependendo do tipo de operação), seja manualmente, após um máximo de dois ou três sonidos"[253].

---

(251) Idem.
(252) Idem.
(253) BRAGA, Ruy. A vingança de Braverman: o infotaylorismo como contratempo. *In:* ANTUNES, Ricardo; BRAGA, Ruy (Orgs.). *Infoproletários*. São Paulo: Boitempo, 2009. p. 70.

Diante dessa descrição, o autor também compreende que o uso da tecnologia e a caracterização do trabalho como uma atividade informacional não contempla a utopia de uma sociedade da informação,[254] justamente porque o trabalho informacional prestado no campo de relações capitalistas conserva a marca da submissão do trabalho ao capital: na verdade, o fluxo informacional, pautado na velocidade do capital, submete os trabalhadores, que não tem autonomia para produzir e administrar as informações. Em verdade, eles se mecanizam para operá-las na forma e na velocidade de *scripts* (roteiros) preordenados[255], numa atividade hipercontrolada, que retira do trabalhador toda a autonomia. Braga conceitua a atividade de *call center* como "uma comunicação instrumental sob a coerção do fluxo informacional e prisioneira do *script*, tendente a transformar o teleoperador numa espécie de autômato inquieto"[256].

Simone Wolff identifica o trabalho em *call centers* no setor de telecomunicações como um "mundo virtual e reificado". A preocupação com a padronização dos atendimentos impõe um padrão de vigilância excessivo ("constante e duplo monitoramento") que instaura padrões de avaliação e seleção dos operadores mais interessantes à reprodução do capital, de forma arbitrária e despótica por parte das empresas[257].

Ao avaliar o caso da terceirização do *call center* da privatizada Sercomtel para a empresa ASK!, Wolff registrou o fato de que a gerência dos empregados era efetivamente exercida pela tomadora de serviços. Ao observar os impactos da informatização sobre a subjetividade operária, eis que o esvaziamento da feição humana do trabalho em favor de sua robotização por meio de *scripts* e fraseologias impostas pelas empresas, e rigidamente seguidas, anula as manifestações da autonomia do trabalho vivo, a autora revela que esse processo é mais intenso com relação aos empregados terceirizados, visto que a dupla monitoração acirra a submissão a esse modelo de trabalho[258].

A aniquilação da criatividade reverbera no sentimento de profunda indiferença por parte dos teleoperadores em relação ao seu trabalho, "em geral manifestada por uma perspectiva provisória com relação à sua estada na empresa"[259]. A provisoriedade que decorre da impossibilidade de se apegar socialmente a um emprego que se mostra "fisicamente insuportável a longo prazo" e que "não oferece sentimento de segurança social"[260] é alimentada pela política empresarial de descartar trabalhadores na medida

---

(254) Consultar: CASTELLS, Manuel. *A sociedade em rede* (A era da informação: economia sociedade e cultura. Volume 1). São Paulo: Paz e Terra, 1999.

(255) A origem dos famosos gerundismos dos operadores de *telemarketing,* portanto, adviria de uma tradução infeliz dos *scripts* oriundos das matrizes estrangeiras das empresas de *call centers.* Muito diferente do que se atribui, não existe não cultura difundida entre os teleoperadores quanto ao uso de tal forma de expressão, senão a adstrição destes obreiros a *scripts* que impunham tal linguajar.

(256) BRAGA, Ruy. A vingança de Braverman: o infortaylorismo como contratempo. *In:* ANTUNES, Ricardo; BRAGA, Ruy (Orgs.). *Infoproletários*. São Paulo: Boitempo, 2009. p. 69-71.

(257) WOLFF, Simone; CAVALCANTE, Sávio. O mundo virtual e reificado das telecomunicações. *In:* ANTUNES, Ricardo (Org.). *Riqueza e Miséria do trabalho no Brasil*. São Paulo: Boitempo, 2006.

(258) *Ibidem*, p. 264-265.

(259) *Ibidem*, p. 266.

(260) *Idem*.

em que alcançados pelo desestímulo ou pelo adoecimento[261], ao mesmo tempo que se vale da função psicossocial do desemprego e da rotatividade da mão de obra no setor para coagir os empregados a se submeterem a práticas empresariais hostis.

A condução meticulosa do trabalho, que se executa por meio da total restrição aos *scripts* e da constante vigilância dos supervisores, é combinada com um ritmo intenso e contínuo de trabalho. Para atender às exigências da ANATEL quanto ao tempo de espera dos clientes para o atendimento e também para maximizar a reprodução capitalista pautada nas vendas realizadas pelo telefone, o processo de trabalho no *telemarketing* tem por objeto extrair o máximo possível da força de trabalho dos operadores no período destinado à jornada. Isso implica o controle intenso do tempo gasto em cada ligação e também a tentativa de eliminação dos tempos mortos do trabalho.

O direcionamento das ligações independentemente da requisição do trabalhador, mas por meio de uma distribuição eletrônica que localiza os trabalhadores que não estão em atendimento e, de imediato, direciona para eles as novas chamadas, já elimina, em grande medida, a possibilidade de os empregados realizarem pequenas pausas entre os atendimentos e de terem controle mínimo sobre seu ritmo de trabalho.

Pesquisa empreendida por Braga em uma grande empresa do setor, no ano de 2004, informa que "nada menos que 62% dos trabalhadores entrevistados apontaram o comprometimento da saúde, a dificuldade de dormir (15%) associada ao estresse decorrente da intensidade do ritmo de trabalho (26%) ou a dificuldade de adaptação ao ritmo (21%)". O autor também registrou, em sua pesquisa, percepções valorativas negativas de uma proporção de 56% dos trabalhadores em relação ao seu ofício: 39% o reconheceram como estressante e controlado; 17% como monótono e cansativo.[262]

Por outro lado, há controle do tempo despendido pelos trabalhadores em cada uma das ligações: o TMO — Tempo Médio Operacional ou TMA — Tempo Médio de Atendimento é alvo constante das advertências e das metas empresariais. Os empregados têm as informações, em seus monitores, a respeito do tempo médio de seus atendimentos e do tempo médio da equipe de trabalho na qual estão envolvidos, de modo que são constantemente confrontados com os números da equipe, o que instala intensa competitividade por desempenho, e, ao mesmo tempo, os torna responsáveis pelos resultados alcançados pelo grupo, o que dilui as cobranças entre os próprios colegas.

Airton Silva registra, a partir do estudo empreendido em empresas do estado de Minas Gerais, que as pressões para controle do tempo são explícitas: indicou que as telas dos computadores apresentavam sistema de aferição, em tempo real, codificado por cores, para os tempos de atendimento. O autor ilustra que um dos setores estudados adotava a seguinte forma: "Azul: menos de 20 segundos; Amarelo: de 20-25 segundos; Vermelho: acima de 25 segundos".[263]

---

(261) À frente se tratará do famoso "ciclo do teleoperador".

(262) BRAGA, Ruy. A vingança de Braverman: o infortaylorismo como contratempo. *In:* ANTUNES, Ricardo; BRAGA, Ruy (Orgs.). *Infoproletários.* São Paulo: Boitempo, 2009. p. 75.

(263) SILVA, Airton Marinho da. *A regulamentação das condições de trabalho no setor de teleatendimento no Brasil:* necessidades e desafios (Dissertação de Mestrado). Programa de Pós-Graduação em Saúde Pública da Faculdade

O que a empresa persegue enquanto TMO adequado, todavia, não corresponde à percepção dos empregados. Mais uma vez a pesquisa de Braga ilustra a insatisfação:

> 24% dos teleoperadores consideram esse tempo "mais do que suficiente para garantir o atendimento ao cliente com a qualidade necessária"; 27% indicaram que, apesar dos problemas considerados costumeiros, "em geral, o tempo é suficiente para atender aos clientes com qualidade"; 22% assinalaram que o tempo é suficiente apenas para "garantir o atendimento básico ao cliente" 24% informaram o que o tempo é "insuficiente para atender aos clientes com alguma qualidade, mesmo que básica" e 3% não responderam[264].

Sirlei Oliveira observa que a forma das empresas de lidar com o controle do tempo médio operacional, buscando permanentemente sua redução (se o tempo médio é menor que o estimado isso significa que há margem para reduzir ainda mais o patamar exigido dos trabalhadores; se ele é maior que o previsto, isso enseja processos de revisão dos procedimentos de trabalho e retreinamento da equipe, dentre outras medidas) revela que o trato dos trabalhadores implica tomá-los como uma das engrenagens do processo produtivo, que pode ser movida ao bel-prazer dos supervisores. A autora também demonstra a paradoxal transferência de responsabilidade pela qualidade do atendimento ao teleatendente, ao mesmo tempo em que tem o dever de realizar o atendimento em uma média de trinta segundos[265].

O absoluto controle dos tempos mortos implica que, dentro da jornada de seis horas regulamentada pelo Ministério do Trabalho e Emprego para o setor[266], o intervalo de 20 minutos (assegurado pela legislação trabalhista no art. 71 da CLT e ampliado, para o setor, pelo Anexo 2 da NR-17 do MTE) para uma pausa ou lanche seja seguido à risca. Ocorre que, como o atendimento dos *call centers* tende a ser ininterrupto, as jornadas de seis horas se distribuem ao longo das 24 horas do dia, de modo que, recorrentemente, esse intervalo coincide com o momento de refeições principais por parte dos trabalhadores, como almoço e jantar, sem que tal circunstância enseje uma dilatação do intervalo a que o trabalhador faz *jus*.

A pesquisa sociológica informa queixas reiteradas quanto ao exíguo intervalo para as refeições, assim como para o valor do vale-refeição (apelidado por alguns trabalhadores de "vale-coxinha", dado seu valor irrisório, fixado em normas coletivas) bem como quanto

---

de Medicina da UFMG, 2004. p. 22. Selma Venco também se reporta ao acionamento de sinais luminosos quando excedido o tempo preestabelecido para o atendimento. Consultar: VENCO, Selma Borghi. Telemarketing *nos bancos*: o emprego que desemprega. Campinas: Editora da Unicamp, 2003. p. 71.

(264) SILVA, Airton Marinho da. *A regulamentação das condições de trabalho no setor de teleatendimento no Brasil*: necessidades e desafios (Dissertação de Mestrado). Programa de Pós-Graduação em Saúde Pública da Faculdade de Medicina da UFMG, 2004. p. 79-80.

(265) OLIVEIRA, Sirlei Marcia de. Os trabalhadores das centrais de teleatividades no Brasil: da ilusão à exploração. *In*: ANTUNES, Ricardo; BRAGA, Ruy (Orgs.). *Infoproletários*. São Paulo: Boitempo, 2009. p. 123.

(266) BRASIL, Ministério do Trabalho e Emprego. Norma regulamentadora n. 17, Anexo II. Disponível em: <http://portal.mte.gov.br/data/files/FF8080812BE914E6012BEFBAD7064803/nr_17.pdf>. Acesso em: 19 out. 2013, 11h17.

à qualidade dos lanches disponíveis para compra pelos trabalhadores na empresa (em regra, frituras e alimentos de baixo teor nutritivo)[267].

No que toca ao intervalo, a insatisfação dos teleoperadores se manifesta de forma sólida: Braga registra 88% dos entrevistados declarando que o intervalo era inadequado (desses, 38% afirmaram que o repouso era "completamente insuficiente"). O autor observa, com relação ao intervalo, ponto crítico de confluência entre a pressão do fluxo informacional e a falta de autonomia do trabalhador, que revela espaço de construção de crítica à empresa e resistência do trabalhador coletivo[268].

A lógica empresarial controladora e maximizadora da extração do trabalho pretende que seja essa a única pausa dos operadores durante sua jornada de seis horas. Por essa razão, compreende a própria possibilidade de os trabalhadores interromperem suas atividades para utilizar o banheiro durante a jornada como uma perturbação indesejada do processo produtivo. E, em regra, leem a própria iniciativa de satisfazer necessidades fisiológicas como uma forma de resistência dos trabalhadores, por meio de burla ao sistema de trabalho (a ida ao banheiro, no *telemarketing*, parece ser tachada como "fazer cera").

Por conta dessa obsessão pelo controle do tempo e como forma de minar a resistência dos operadores, a possibilidade de pausa dos trabalhadores para ir ao sanitário tem sido disciplinada pela administração do trabalho predominante no setor por meio da oferta de **uma** pausa pessoal de **5 minutos** durante a jornada. Para fruí-la, entretanto, os empregados precisam de autorização dos supervisores, que devem avaliar o momento mais conveniente, dentro do contexto de controle da "fila de espera de atendimentos" e do tempo médio operacional das ligações, para os trabalhadores poderem ir ao sanitário. Para a realização de mais de uma pausa pessoal durante a jornada (ou seja, duas idas ao sanitário, por exemplo) já passa a ser exigida uma justificativa do trabalhador, quanto à existência de alguma indisposição física, por exemplo, ao passo que ele já se torna alvo da preterição das autorizações em favor daqueles obreiros que ainda não foram nenhuma vez ao sanitário.

O procedimento de controle pelos gerentes do uso do banheiro corriqueiramente se aproxima de práticas de assédio moral[269], mormente quando as autorizações imprescindem de explicações a respeito das necessidades íntimas do trabalhador. Há relatos de situações extremas em que a demora na concessão da autorização levou trabalhadores ao constrangimento de não poder conter a necessidade, acabando por urinar no posto de trabalho[270]. Como será visto adiante, os casos de infecções urinárias

---

(267) OLIVEIRA, Sirlei Marcia de. Os trabalhadores das centrais de teleatividades no Brasil: da ilusão à exploração. *In:* ANTUNES, Ricardo; BRAGA, Ruy (Orgs.). *Infoproletários*. São Paulo: Boitempo, 2009.

(268) BRAGA, Ruy. A vingança de Braverman: o infortaylorismo como contratempo. *In:* ANTUNES, Ricardo; BRAGA, Ruy (Orgs.). *Infoproletários*. São Paulo: Boitempo, 2009. p. 83.

(269) Como será demonstrado adiante, a posição do Poder Judiciário é dúbia quanto a considerar tal forma de controle, *per se*, como uma prática assediadora ofensiva à dignidade dos trabalhadores.

(270) Vale citar trecho de entrevista colhida por Cinara Rosenfield em sua pesquisa de campo: "Teve um dia que ela tava atendendo, ela tava precisando muito ir ao banheiro e ela pediu pra usar a pausa, só que tem que ligar e pedir: 'posso fazer a minha pausa?' E é constrangedor, tu quer ir ao banheiro e pede 'posso fazer particular?' 'Mas tem

e problemas renais pelo excessivo controle da necessidade de urinar já existem entre os teleoperadores[271].

Ainda que esses excessos não fossem vislumbrados, caberia ponderar acerca da alienação da autonomia sobre o próprio corpo que tal forma de controle representa. A possibilidade de decidir quanto ao uso do sanitário, como uma das primeiras conquistas de autonomia que a criança alcança, é retirada do trabalhador pelos seus supervisores, numa imposição de infantilização e de extensão dos poder empregatício para além da força de trabalho obreira, alcançando o poder de decidir sobre seu corpo e sobre a satisfação de suas necessidades elementares, numa prática pouco amoldável à dinâmica de um contrato de trabalho entre sujeitos livres.

O monitoramento acirrado do tempo do trabalho, por meio do qual se alcança a intensificação da exploração do labor e o quase absoluto controle sobre essa força de trabalho, além de altos índices de produtividade, têm sido responsável pelo adoecimento físico e psíquico, em larga escala, dos trabalhadores envolvidos, assim como pela deturpação desse controle em assédio moral em muitas ocasiões.

É de se ressaltar que o comportamento condicionado e hipercontrolado acaba por se transpor do espaço do trabalho para o espaço da vida dos teleoperadores. São relatados casos de alterações no comportamento pessoal dos trabalhadores, num processo de internalização da lógica de compressão do tempo que a dinâmica de trabalho impõe, assim como uma tendência à dedicação do tempo livre para a qualificação para o trabalho ou mesmo para a ascensão profissional, ainda que fora do *telemarketing*[272], como flagrante sintoma de absorção dos valores do individualismo e do empreendedorismo incentivados no processo de trabalho.

O engajamento dos obreiros nesse processo de trabalho peculiar e hipercontrolado também opera por meio do estabelecimento de metas, da distribuição do trabalho em equipes e de práticas gerenciais de cobrança que, via de regra, exorbitam os limites do poder diretivo e instauram sentimentos incompatíveis com o bem-estar no ambiente de trabalho: a alta rotatividade dos trabalhadores do setor costuma ser lançada como ameaça contra aqueles que não cumprem os padrões excessivos que são estabelecidos e a hostilização por parte dos supervisores é corriqueira.

Sobre a percepção dos trabalhadores em relação à cobrança de metas, Braga registrou os seguintes resultados: a) 52% responderam que "desde que todos cooperem, as metas são sempre muito razoáveis"; b) 15% afirmaram que geralmente as metas são razoáveis,

---

fila, pra que que tu quer?' 'Quero ir ao banheiro'. E ela não tava aguentando, há horas que ela tava pedindo e eles não tavam liberando; e ela urinou na roupa, no trabalho, lavou o chão a cadeira, a roupa" (ROSENFIELD, Cinara Lerrer. A identidade no trabalho em *call centers*: a identidade provisória. In: ANTUNES, Ricardo; BRAGA, Ruy (Orgs.). *Infoproletários*. São Paulo: Boitempo, 2009. p. 182).

(271) Consultar Capítulo II, Item 2.3.2.

(272) VENCO, Selma Borghi. *As engrenagens do telemarketing*: vida e trabalho na contemporaneidade. Campinas: Arte Escrita, 2009. p. 90.

apesar de obrigarem a um esforço enorme; c) 18% responderam que "raramente as metas definidas são razoáveis e, normalmente, as dificuldades são enormes"[273].

Braga, no levantamento sociológico realizado, identifica a pressão por resultados e a cobrança de supervisores com gritos e insultos, além de mencionar práticas de assédio institucional dissimuladas sob a forma de jogos ou brincadeiras para constranger os trabalhadores que não alcançam as metas de produtividade desejadas[274].

A sofisticação do processo de individualização do trabalho em *telemarketing*, em contrapartida, merece ponderação. À exceção das metas estabelecidas por grupos, que nada mais são que a forma de diluir as cobranças individualizadas entre os próprios trabalhadores (para Dejours, tais equipes de trabalho revestem-se de fortes "tintas de eufemismo"), no teleatendimento se verifica uma individualização perigosa para a saúde mental. Sznelwar, Uchida e Lancman ponderam que o estabelecimento de um processo de trabalho que isola o indivíduo e inviabiliza a possibilidade de formação de coletivos, na medida em que todos os processos de avaliação, recompensa e punição se concentram no indivíduo, assim como a responsabilidade pelos erros, inviabilizam as formas de organização coletiva dos trabalhadores[275][276].

Venco observa que os prêmios e sorteios oferecidos exclusivamente àqueles que cumprem as metas tendem a causar nos "perdedores" efeito inverso do desejado pela empresa: a exclusão que o procedimento gera acentua o sentimento de incapacidade e inferioridade, relacionando-se diretamente com a queda da produtividade, o absenteísmo e o adoecimento psíquico destes trabalhadores[277].

A hostilização também faz parte do trabalho em *call centers*. Isso porque o condicionamento dos obreiros a *scripts* fechados e o seu encargo de representar a política empresarial, muitas vezes ofensiva ao consumidor, perante aqueles que são atendidos pelo telefone, leva os operadores de *call center* a receberem diretamente a descarga de insatisfação dos clientes com o serviço prestado ou com sua "incompetência" para a solução de problemas simples — incompetência que, em verdade, pode ser atribuída menos às deficiências dos próprios atendentes, do que aos *scripts* que devem ser cegamente seguidos, sob pena de repreensões dos diversos supervisores que monitoram as ligações. A pesquisa de Cinara Rosenfield colhe o seguinte depoimento, ilustrativo desse cenário:

---

(273) BRAGA, Ruy. A vingança de Braverman: o infotaylorismo como contratempo. *In:* ANTUNES, Ricardo; BRAGA, Ruy (Orgs.). *Infoproletários.* São Paulo: Boitempo, 2009. p. 75.

(274) *Ibidem*, p. 84.

(275) SZNELWAR, Laerte Idal; UCHIDA, Seiji; LANCMAN, Selma. A subjetividade no trabalho em questão. *Revista Tempo social.* [*on-line*]. 2011, vol. 23, n.1, p. 11-30. ISSN 0103-2070.

(276) Porque tocada a questão coletiva, cumpre esclarecer que foge aos objetivos dessa pesquisa estudar as organizações coletivas dos trabalhadores de *call center* do setor de telecomunicações, em face do recorte temático realizado. Não se olvida, entretanto, os impactos que a organização do trabalho, mormente a contratação terceirizada e a individuação dos processos de trabalho, acarretam para o processo de associação e sindicalização desses trabalhadores. O prejuízo que daí advém para os patamares jurídicos de proteção ao trabalho firmados para a categoria e a consequente fragilização da regulação do trabalho são inegáveis.

(277) VENCO, Selma Borghi. *As engrenagens do* telemarketing: vida e trabalho na contemporaneidade. Campinas: Arte Escrita, 2009. p. 142.

"Chega um cliente: 'Eu quero fazer essa assinatura de 14,90 reais'. Aí tu começas a cadastrar, e tu saber que tu és obrigada a oferecer tal serviço. Tu vais falar, já te cortam na hora. Geralmente são dois serviços a mais que a gente era obrigado a oferecer. Tu dá um tempinho, acalma, vai pro segundo: 'eu já te falei que eu não quero!' Dá vontade de dizer: 'eu sei que tu não quer, mas eu sou obrigada a falar! Se eu não falar vão me descontar nota'".[278]

Simone Wolff observa que "na medida em que o comportamento do cliente não é passível de sofrer o mesmo tipo de padronização porque passa o trabalho operacional, muitas vezes sucede de os operadores receberem respostas que não se ajustam às prescrições fixadas nos *scripts*"[279].

Todavia, a autora observa que, quando têm que resolver a situação criada pelo cliente, saindo do *script*, os operários adentram uma zona de insegurança profunda, temendo a repreensão que sua espontaneidade, em regra, engendra. A alternativa colocada pela empresa, de seguir o script *apesar* da reação do cliente redobra a tensão do teleoperador, que passa a suportar também a óbvia irritação do consumidor com a ausência de resposta dialógica na comunicação[280].

No entanto, a frustração decorrente do incremento dos níveis de alienação não é a única pela qual passam os teleoperadores. Cinara Rosenfield observou em sua pesquisa que a situação de pressão a que são submetidos os teleoperadores quanto ao alcance de resultados e a dificuldade de fazê-lo, diante da ausência de autonomia ou da efetiva impossibilidade de solucionar os problemas dos clientes, induz ao desenvolvimento de mecanismos de defesa e resistência por parte dos empregados, que, muitas vezes se dissociam da dimensão moral e valorativa que se espera que o trabalho ostente para uma genuína construção da identidade profissional[281].

Assim, a autora observa os seguintes mecanismos, registrando de outra mão, que a empresa, ou induz, ou ao menos é conivente com tais práticas:

> para aliviar a pressão alguns operadores fazem atividades paralelas desvinculadas da tarefa (ler a página do provedor, lixar as unhas); descobrem mecanismos que possibilitem voltar ao fim da fila dos atendentes que aguardam chamadas dos clientes; omitem informações ao cliente que possam comprometer a venda; desligam (dito "derrubar") para diminuir o tempo médio da chamada ou para abandonar um cliente complicado ou um serviço que não reverte em comissão; fazem pausa para procurar informação sem fazê-lo realmente. (...) Ou simulam vendas para auferir comissões[282].

---

(278) ROSENFIELD, Cinara Lerrer. A identidade no trabalho em *call centers*: a identidade provisória. *In:* ANTUNES, Ricardo; BRAGA, Ruy (Orgs.). *Infoproletários*. São Paulo: Boitempo, 2009. p. 181.
(279) WOLFF, Simone; CAVALCANTE, Sávio. O mundo virtual e reificado das telecomunicações. *In:* ANTUNES, Ricardo (Org.). *Riqueza e Miséria do trabalho no Brasil*. São Paulo: Boitempo, 2006.
(280) *Idem.*
(281) ROSENFIELD, Cinara Lerrer. A identidade no trabalho em *call centers*: a identidade provisória. *In:* ANTUNES, Ricardo; BRAGA, Ruy (Orgs.). *Infoproletários*. São Paulo: Boitempo, 2009. p. 180-181.
(282) *Idem.*

A banalização do uso da mentira no processo de trabalho do *telemarketing*, assim como em atividades bancário-financeiras, é problematizada por Sznelwar, Uchida e Lancman. Os autores identificam, em alguma medida, a própria prescrição da mentira, a partir do momento em que os superiores dizem ao trabalhador que "ele pode responder qualquer coisa, ou ainda quando as metas devem ser cumpridas a qualquer custo, mesmo diante da venda de determinado produto para alguém que claramente não pode usufruir dele". A contradição entre o papel de atender o cliente e a banalização dessas atitudes eticamente questionáveis resvala num sentimento de desconsideração da importância do trabalho realizado e também em sofrimento[283].

A maioria dessas práticas é construída pelos trabalhadores como forma de resistência, ao longo da experiência de trabalho, por meio da vivência cotidiana dos atendimentos. O investimento em qualificação diferenciada não existe e o treinamento oferecido aos teleoperadores, além de curto, mais se presta ao adestramento dos obreiros que à sua efetiva prestação para os desafios que o dia a dia das centrais de tele atendimento apresenta.

O treinamento desses trabalhadores ocorre em tempo cada vez mais reduzido[284], e o objetivo das empresas, com o incremento tecnológico, é o absoluto controle dos procedimentos pela máquina, com a total redução da autonomia do "trabalho vivo", como se depreende da maximização dos diálogos pautados em *scripts*[285]. A qualificação do trabalhador para a atividade consiste no condicionamento.

A qualificação e a especialização dessa mão de obra são, pois, altamente questionáveis, não se prestando a justificar a ideia de que o serviço de teleatendimento consiste em serviço altamente especializado, cuja execução demanda *know how* e tecnologia estranhos à área de concentração das empresas tomadoras de serviços.

O treinamento dos atendentes de *call center* inclui a preparação quanto ao modo de falar (o "sorriso na voz", pouco recomendado por fonoaudiólogos[286], é a orientação maior nesse aspecto), quanto à fraseologia a ser usada (os gerundismos, tão criticados, advêm da própria orientação empresarial), o adestramento para seguir o *scripts* "apesar do cliente", e o controle das reações emocionais diante das ofensas e insultos porventura desferidos.

---

(283) SZNELWAR, Laerte Idal; UCHIDA, Seiji; LANCMAN, Selma. A subjetividade no trabalho em questão. *Revista Tempo social*. [*on-line*]. 2011, vol. 23, n.1, p. 11-30. ISSN 0103-2070.

(284) De acordo com pesquisa empreendida por Sirlei Oliveira no Estado de São Paulo entre 1993 e 2003, tinha-se que o treinamento médio oferecido era de 45 dias (OLIVEIRA, Sirlei Marcia de. Os trabalhadores das centrais de teleatividades no Brasil: da ilusão à exploração. *In:* ANTUNES, Ricardo; BRAGA, Ruy (Orgs.). *Infoproletários*. São Paulo: Boitempo, 2009. p. 125, 128-129). Já a pesquisa de Selma Venco informa que no final década de 1990 o período médio de treinamento era de 30 dias, sendo que, em 2006, a pesquisadora detectou que o treinamento fora reduzido para um "estágio" de cerca de duas horas ao lado de um teleoperador já iniciado (VENCO, Selma Borghi. *As engrenagens do telemarketing*: vida e trabalho na contemporaneidade. Campinas: Arte Escrita, 2009). O investimento na formação desses trabalhadores é, portanto, marcadamente decrescente.

(285) OLIVEIRA, Sirlei Marcia de. Os trabalhadores das centrais de teleatividades no Brasil: da ilusão à exploração. *In:* ANTUNES, Ricardo; BRAGA, Ruy (Orgs.). *Infoproletários*. São Paulo: Boitempo, 2009. p. 125, 128-129.

(286) "Bom dia, meu nome é Sheila". *Revista Piauí*, Edição n. 1, Outubro de 2006. Disponível em: <http://revistapiaui.estadao.com.br/edicao-1/mundo-do-trabalho/bom-dia-meu-nome-e-sheila>. Acesso em: 13 out. 2013, às 9h35.

Esses cursos também orientam os trabalhadores a respeito de formas de evitar o desgaste das funções corporais da audição e da fala, transferindo para os obreiros, individualmente, o ônus de evitar adoecimento, na mesma medida em que lhe são sonegadas pausas e adequação de ritmo que, por excelência, combateriam o desgaste corpóreo[287].

Aliás, o treinamento pelo qual os potenciais teleoperadores passam consiste exatamente em condicionar-se à robotização, adequando-se a um padrão de linguagem, de comportamento e de obediência aos protocolos empresariais que os convertem em verdadeiros autômatos[288].

Por fim, não se pode deixar de dizer da repercussão dessa dinâmica de trabalho na conformação coletiva dessa categoria em ascensão, cujos anseios e posições de classe específicos já alimentam mais perspectivas individuais de progresso social que de reunião em torno de um projeto coletivo. Braga registra como a heterogeneidade das condições de vida desses trabalhadores está atrelada à lógica da individualização, do salário, das metas, dos prêmios e outras, comprometendo a construção de uma identidade coletiva no trabalho[289].

2.2.1. O trabalho em call center e a marca do pós-fordismo

A relativa incerteza que paira entre os estudiosos do trabalho a respeito do enquadramento do trabalho em *call centers* em relação a um modelo produtivo, primeiramente, leva a ponderar quanto à impossibilidade de se afirmar enquadramentos estanques entre os processos de trabalho e os padrões produtivos socialmente observados.

Imperiosa a compreensão de que taylorismo, fordismo, toyotismo e outros modelos vislumbrados no capitalismo contemporâneo não são implantados ou superados de forma absoluta. O que se observa é a constituição híbrida desses processos produtivos na prática, destacadamente na realidade do Brasil e de outros países periféricos ao importarem modelos desenvolvidos em países de capitalismo central[290].

---

(287) Na reportagem da revista *Piauí* vale a ironia: "Se Estefânia de Andrade tivesse passado pelo curso de *telemarketing*, teria aprendido que, para evitar problemas com a voz, basta comer muitas fibras e mastigar maçã, fruta com 'poder impermeabilizante na garganta'. Se tivesse lido o livro da fonoaudióloga Eudosia Quinteiro, teria ficado alerta contra a ingestão de chocolate, inimigo poderoso da mucosa orofaríngea. O vilão, segundo a autora, é o excesso de parafina usado na confecção da guloseima, que derrete e gruda na mucosa, comprometendo a ressonância natural da fala. Outros grandes inimigos da voz são as balas à base de menta: 'Seus vapores gelados conseguem anestesiar as cordas vocais', explica Eudosia (...) Também aprendera os fundamentos e macetes da profissão, como trocar o *headset* de hora em hora. 'Desse jeito, em vez de ficar surdo de um ouvido só, você fica dos dois', explica". A matéria se refere a uma trabalhadora que sofreu problema de disfonia, que resultou, além de dois meses afônicos, na alteração irreversível do timbre da sua voz. Foi afastada pelo INSS e, quando do retorno, foi dispensada pela empresa ("Bom dia, meu nome é Sheila". *Revista Piauí*, Edição n. 1, Outubro de 2006. Disponível em: <http://revistapiaui.estadao.com.br/edicao-1/mundo-do-trabalho/bom-dia-meu-nome-e-sheila>. Acesso em: 13 out. 2013, às 9h35).

(288) BRAGA, Ruy. A vingança de Braverman: o infotaylorismo como contratempo. *In:* ANTUNES, Ricardo; BRAGA, Ruy (Orgs.). *Infoproletários*. São Paulo: Boitempo, 2009.

(289) *Ibidem*, p. 85-86.

(290) Ver: SANTANA, Marco Aurélio; RAMALHO, José Ricardo. *Sociologia do trabalho no mundo contemporâneo*. Rio de Janeiro: Jorge Zahar, 2004. p. 19; PORTO, Noemia. Sofrimento banalizado em "carne e osso": o direito a qual proteção fundamental? *Revista do Tribunal Superior do Trabalho*, v. 78, p. 220-239, 2012.

Tomando, pois, como premissa que os diversos tipos de padrões de produção convivem criando novas combinações e formas de exploração, cumpre levantar os aspectos predominantes observados pelos diversos estudiosos em relação ao trabalho em *call centers*.

Ruy Braga considera a atividade do teleoperador como um exemplo de taylorização do trabalho informacional, no qual se dá o aprisionamento da força espiritual do trabalho e de seus conhecimentos práticos em uma rotina produtiva que, apesar de envolvida pelas tecnologias informacionais, não reúne as promessas do pós-fordismo. Do contrário, a base tecnológica promoveria uma regulação do trabalho para impor-lhe uma mobilização permanente e um ritmo extenuante, com aumento considerável do controle pelas gerências[291]. A degradação que prenunciara Braverman viria demonstrada pela simplificação e desqualificação do trabalho dos teleoperadores[292].

Também segundo Jessé de Souza, o trabalho no âmbito desse setor, a despeito de "festejado" como trabalho informacional, já completamente dominado pela nova lógica pós-fordista, carrega em si traços marcantes da organização produtiva taylorista e de um trabalho braçal e mecânico: o controle rígido do tempo, a repetição dos movimentos, o uso ainda intenso da força física em proveito da reprodução capitalista[293]. O autor corrobora do diagnóstico de Braga: o "infotaylorismo" se contrapõe ao toyotismo na medida em que não implica o desenvolvimento de potencialidades múltiplas e nem demanda uma qualificação diferenciada por parte do trabalhador. Entende que não é possível enquadrar como intelectual e pautada nesses novos paradigmas toyotistas uma organização do trabalho que produz flagelo sobre o corpo e no qual predominam as queixas de adoecimento físico em sobreposição ao psíquico[294].

Evidentemente não é negada a dimensão do sofrimento nem a dor psíquica ocasionada pelo trabalho, mas elas são lidas por Souza como subproduto do esforço intelectual repetitivo e não necessariamente das novas demandas pós-fordistas[295].

Selma Venco, igualmente, conclui pela adoção, nas centrais de atendimento, de práticas tayloristas apoiadas na telemática, resguardadas as devidas diferenças entre a produção industrial e a de serviços. A autora se pauta na divisão entre planejamento e execução do trabalho, no controle do tempo e dos movimentos e na seleção "científica" do trabalhador na busca de mais produtividade[296]. A restrição dos atendimentos ao

---

(291) BRAGA, Ruy. A vingança de Braverman: o infortaylorismo como contratempo. *In:* ANTUNES, Ricardo; BRAGA, Ruy (Orgs.). *Infoproletários.* São Paulo: Boitempo, 2009. p. 71-72.

(292) *Ibidem*, p. 87.

(293) SOUZA, Jessé. *Os batalhadores brasileiros:* nova classe média ou nova classe trabalhadora? 2. ed. rev. e ampl. Belo Horizonte: Editora UFMG, 2012. p. 79-84.

(294) *Ibidem*, p. 79-84.

(295) *Idem.*

(296) VENCO, Selma Borghi. *Telemarketing nos bancos:* o emprego que desemprega. Campinas: Editora da Unicamp, 2003. p. 62. Essa avaliação também é corroborada pela autora em VENCO, Selma. Centrais de teleatividades: o surgimento dos colarinhos furta-cores? *In:* ANTUNES, Ricardo; BRAGA, Ruy (Orgs.). *Infoproletários.* São Paulo: Boitempo, 2009. p. 161.

conteúdo dos *scripts*, com aprisionamento do "saber-fazer" obreiro também seria indicativa dessa marca taylorista[297].

No entanto, também compreendendo a impossibilidade de generalização da organização do trabalho em certas atividades, Venco se reporta aos contrapontos dos sociólogos que não identificam nessa forma de organização do trabalho apenas atendimentos massificados, mas também o empenho dos saberes tácitos dos trabalhadores na impressão de uma linguagem diferente a cada procedimento padronizado, assim como a importância atribuída ao engajamento da subjetividade dos trabalhadores, que são recorrentemente instados a se amoldar aos valores organizacionais das empresas tomadoras de serviços e a se adaptar à operação com produtos e empresas diversos, que são trocados constantemente[298].

Cinara Rosenfield também tem uma leitura peculiar: para a autora, o trabalho informacional altamente controlado que os *call centers* revelam os colocaria entre as esperanças do pós-taylorismo e os temores do "neotaylorismo"[299]. O primeiro estaria representado pelo engajamento dos trabalhadores na garantia de qualidade e satisfação do cliente, com emprego das habilidades de gentileza, educação, bom humor e capacidade de fazer o cliente crer que o negócio realizado é um bom negócio mesmo quando isso não se verifica na prática. O *script* mínimo e rígido, para Rosenfield, é associado a uma margem de autonomia real empregada na interação com o cliente em cada caso concreto: "a subjetividade e as emoções do operador desempenham um papel importante na interação, tanto que, quando destratados pelo cliente, os operadores se sentem pessoalmente atingidos e isso torna-se fonte de *stress*. A interação é a face humana do trabalho mas o trabalhador é a empresa para o cliente e não um sujeito"[300].

Já o "neotaylorismo" ficaria evidenciado pela submissão ao tempo e à estrutura dos *softwares*, pelo controle racional do tempo e do trabalho por meio da informática; pelo ideal da produtividade máxima em prejuízo do bem-estar físico e mental dos trabalhadores, a apresentação de uma ocupação "sem refúgio", pelo alto grau de prescrição do trabalho real e controlado[301].

A possibilidade de convivência desses dois caracteres sem uma necessária predominância de um ou outro é admitida por Rosenfield:

> Se em algumas dimensões de análise é possível distinguir claramente elementos de neotaylorismo ou do pós-fordismo, em outras, os elementos se confundem e sua classificação deixa de ser simples e unívoca: a) existe somente um parcelamento relativo das tarefas, ou seja, a situação de trabalho é completa

---

(297) VENCO, Selma Borghi. Telemarketing *nos bancos*: o emprego que desemprega. Campinas: Editora da Unicamp, 2003. p. 84.
(298) VENCO, Selma Borghi. *As engrenagens do* telemarketing: vida e trabalho na contemporaneidade. Campinas: Arte Escrita, 2009. p. 114-126.
(299) ROSENFIELD, Cinara Lerrer. A identidade no trabalho em call centers: a identidade provisória. *In:* ANTUNES, Ricardo; BRAGA, Ruy (Orgs.). *Infoproletários*. São Paulo: Boitempo, 2009. p. 176-177.
(300) *Idem.*
(301) *Idem.*

— o produto é finalizado —, embora ela possa ser recortada e sequenciada; b) há setores com um trabalho repetitivo (registros diversos, informações), onde os trabalhadores são facilmente substituíveis; mas há setores com um trabalho mais autônomo e interativo com o cliente (venda, retenção), nos quais as competências são mais valorizadas e os empregados menos facilmente substituíveis; c) é possível verificar uma supervisão rígida pela hierarquia, mas combinada com uma tripla relação: assalariado, hierarquia e cliente (ou usuário), isto é, de um lado vemos a tradicional relação entre chefe e subordinado e, de outro, essa relação ganha um outro polo que pode mesmo se sobrepor à relação entre chefe e subordinado.[302]

Sem deixar de perceber que a mecanização, a programação, a repetição e o alto nível de controle aproximam o trabalho em *call center* de um "taylorismo da atividade mental", também o caráter provisório da identidade dos operadores de *call center* leva a autora a questionar sobre o suposto neotaylorismo[303].

O fato é que os caracteres do pós-fordismo presentes na conjuntura que envolve o trabalho em *call centers* simplesmente não podem ser desconsiderados: contratação terceirizada de serviços e horizontalização da reprodução informacional, controle de metas e cobrança de metas pelo engajamento estimulado, distribuição dos trabalhadores em equipes de trabalho que se controlam mutuamente, exigência de habilidades afetivo--comunicacionais[304] que se ativam tanto em favor da empresa capitalista (entre colegas e no envolvimento com os objetivos empresariais) quanto nas atividades de comunicação com clientes, além da noção de identidade provisória que permeia as conclusões de Rosenfield, tão peculiar ao novo modo de ser do capitalismo flexível.

Exemplos disso podem ser extraídos dos relatos do próprio Braga, que explica que "a seleção dos trabalhadores exige qualidades comportamentais tais como disponibilidade, flexibilidade, prontidão para aceitar novas regras" e, ainda, adverte que "não devemos nos esquecer, também, que os teleoperadores frequentemente são recrutados para missões provisórias e de curta duração, renovadas em função de seu comportamento no trabalho, quando devem demonstrar disponibilidade e lealdade para com a empresa" [305].

Também podem ser encontradas manifestações típicas de manipulação da subjetividade obreira, características de uma organização da produção pós-fordista quando, em seu relato de campo, Jessé Souza observa os impactos do "novo espírito empresarial, afinado ao modo de dominação financeiro" que impõe práticas individualizantes e que implica cada trabalhador em sua própria produtividade, "como se tudo dependesse da 'competência', do desempenho 'individual' ou mesmo da 'atitude'" dos trabalhadores[306].

---

(302) *Ibidem*, p. 177.
(303) *Ibidem*, p. 185.
(304) Venco, por exemplo, cuida de qualificações tácitas, como ser polido de paciente, além da utilização de técnicas neurolinguísticas que superariam o a leitura do texto (VENCO, Selma Borghi. Telemarketing *nos bancos*: o emprego que desemprega. Campinas: Editora da Unicamp, 2003. p. 77).
(305) BRAGA, Ruy. A vingança de Braverman: o infortaylorismo como contratempo. *In:* ANTUNES, Ricardo; BRAGA, Ruy (Orgs.). *Infoproletários*. São Paulo: Boitempo, 2009. p. 79.
(306) SOUZA, Jessé. *Os batalhadores brasileiros:* nova classe média ou nova classe trabalhadora? 2. ed. rev. e ampl. Belo Horizonte: Editora UFMG, 2012. p. 66.

Não se trata de negar a dimensão marcadamente taylorista da condução ritmada e hipercontrolada do trabalho em *call center* e da execução mecânica e "braçal" das atividades de teleatendimento. De fato, pelos dados estatísticos, essa atividade tem produzidos mais lesionados físicos que psíquicos (embora também não se possa salvaguardar os aspecto de subnotificação que é inerente ao adoecimento mental, que, como dimensão do sofrimento, é objeto de relutância e negação por parte das próprias vítimas e da sociedade[307]). O ponto é não subdimensionar a violenta convivência que esse modelo produtivo tem estabelecido com as novas turbações subjetivas e identitárias típicas de organizações produtivas em que predominam modelos pós-fordistas.

Essa, aliás, a leitura de Antunes, que aponta como aspecto inerente ao padrão de acumulação flexível a "articulação de elementos de continuidade e descontinuidade que acabam por conformar algo *relativamente* distinto do padrão taylorista/fordista de acumulação"[308]. Embora reconheça o caráter falacioso da "qualificação do trabalho", elemento ideológico invocado para justificar o modelo pós-fordista, mais que uma necessidade do novo processo de produção, o sociólogo não descura que a qualificação e a competência exigidas pelo capital muitas vezes objetivam mais a confiabilidade que as empresas pretendem obter dos trabalhadores, "que devem entregar sua subjetividade à disposição do capital"[309].

É esse o ponto mais perverso que hoje se constata no trabalho envolvido no setor: ele consegue acomodar a nova ética do toyotismo, com toda a perturbação subjetiva e sofrimento que ela engendra para os trabalhadores, com o antigo adestramento fordista do corpo, produzindo, quanto aos trabalhadores, um verdadeiro acúmulo de resultados: lesões físicas por esforço repetitivo associadas a quadros preocupantes no que concerne à saúde mental.

E é a partir da compreensão dessa realidade complexa que a análise da regulação judicial dos casos de adoecimento no setor de *call center* será conduzida.

2.3. Consequências do modelo pós-fordista e a formação da nova parcela do precariado: quem são os operadores de *telemarketing*?

2.3.1. O perfil de gênero dos trabalhadores em call centers: uma nota necessária

Para compreender o trabalho no setor de *telemarketing* no Brasil hoje é imprescindível situá-lo no contexto da divisão sexual do trabalho e não se desprender da premissa de que ele guarda em si uma marca essencial e conformadora: trata-se de uma categoria composta majoritariamente por mulheres. Mulheres jovens, sub-remuneradas, que não contaram com investimentos suficientes em sua formação escolar e profissional, muitas deles vivenciando a experiência do primeiro emprego.

---

(307) Consultar: DEJOURS, Christophe. *A banalização da injustiça social.* Rio de Janeiro: Fundação Getúlio Vargas, 2006.
(308) ANTUNES, Ricardo. *Os sentidos do trabalho:* ensaio sobre a afirmação e a negação do trabalho. São Paulo: Boitempo, 1999. p. 54.
(309) *Idem.*

Os dados mais atuais do mapa do trabalho no setor estimam que a mão de obra que se ativa no setor de *telemarketing* é composta por aproximadamente 74% de mulheres[310]. E a marca da precariedade que conforma essa categoria não se dissocia do aspecto de gênero que ela revela.

Por relações de gênero e seus impactos nas relações sociais de produção compreendem-se construções sociais e não 'destinos biológicos', uma vez que "as relações sociais de sexo estabelecem nexos com as relações sociais, à medida que ambas são permeadas por contradições, desafios e antagonismos"[311].

Kergoat explica que "a sociedade instaura patamares de poder e dominação, legando o espaço produtivo aos homens e o reprodutivo às mulheres"[312]. A partir daí são estabelecidas segregações e valorações que acabam por avaliar diferenciadamente o trabalho feminino e o masculino, não só quanto à remuneração, mas, sobretudo, quanto ao reconhecimento social do trabalho[313].

O contexto de reestruturação produtiva pós-fordista teve por consequência, além da transformação da morfologia do trabalho no que toca às formas de contratação, à heterogenização da classe trabalhadora e a sua adequação ao novo modelo de acumulação flexível, o ingresso significativo das mulheres no mercado de trabalho.

De forma inédita na história do capitalismo, a abertura ao trabalho da mulher se coloca com uma estatística crescente não em uma situação de demanda real por força de trabalho, como ocorrera na Revolução Industrial e durante a Primeira Guerra Mundial, quando o trabalho feminino fora recrutado para suprir uma demanda que o trabalho masculino não supria ou não podia suprir: a inserção da mulher no mundo do trabalho, que se observa como resposta ao processo de reformulação do capitalismo deflagrado em 1970, e que pode ser ilustrado com taxas de crescimento da participação feminina no mundo do trabalho significativas até a década de 1990, se deu num contexto de desemprego[314].

Esse dado, entretanto, pode ser explicado pela nova morfologia do trabalho que caracteriza a organização pós-fordista: o mundo do trabalho passou a ser composto de uma minoria de trabalhadores "centrais", alocados em postos estratégicos, com empregos protegidos e relativamente bem remunerados, cercados por uma maioria precária, composta de subcontratados em geral (terceirizados, estagiários, temporários, contratados por tempo parcial, pejotizados, autônomos)[315]. É nesse contexto que a situação de

---

(310) Dados disponíveis em: <http://portal.mte.gov.br/rais/>. Acesso em: 24 fev. 2014, 23h04min.

(311) KERGOAT, Daniele. *Le rapport social de sexe:* de la production des rappors sociaux à leur subversion. Actuel Marx, Paris, PUF, n. 30, 2001 *apud* VENCO, Selma Borghi. *As engrenagens do* telemarketing: vida e trabalho na contemporaneidade. Campinas: Arte Escrita, 2009. p. 54.

(312) *Idem.*

(313) *Idem.*

(314) NOGUEIRA, Cláudia Mazzei. A feminização do mundo do trabalho: entre a emancipação e a precarização. *In:* ANTUNES, Ricardo; SILVA, Maria A. Moraes (Orgs.). *O avesso do trabalho.* São Paulo: Expressão Popular, 2010. p. 210.

(315) HARVEY, David. *A condição pós-moderna.* São Paulo: Loyola, 2003.

desemprego que se configura pela redução de postos formais de trabalho (os denominados "postos centrais") convive com a ampliação do trabalho precário que o cerca (e o "desestabiliza"[316]).

A marca da inserção da mulher no mercado de trabalho no período indicado é a marca da precariedade. A absorção da força de trabalho feminina, como observa Ricardo Antunes, se deu pela instrumentalização da desigualdade de gênero pelo sistema capitalista, utilizando-se do desvalor socialmente atribuído ao trabalho feminino para tomá-lo de forma precária e a um baixo custo[317].

Cláudia Mazzei Nogueira observa o caráter contraditório do aumento da participação feminina no mundo do trabalho: se o ingresso da mulher no mercado de trabalho é conquista, porque a emancipa parcialmente da dependência econômica do homem no ambiente doméstico e a retira da exclusividade do universo privado, ela representa também a intensificação da exploração capitalista, que passa a se valer do trabalho feminino tomado em condição inferiores e também remunerado de modo inferior ao masculino, além de seguir se valendo do trabalho reprodutivo doméstico, imputado exclusivamente à mulher de modo não remunerado, e que é imprescindível ao processo de reprodução do capital. O que leva a dizer de uma falsa dicotomia entre gênero e classe, já que a emancipação da mulher em relação ao homem passa necessariamente pela emancipação em relação ao capital[318].

O discurso ideológico que legitima a exploração acentuada do trabalho feminino, ao mesmo tempo em que louva sua inserção no mercado de trabalho, é patriarcal: a contratação precária da mulher, por meio de contratos de trabalho a tempo parcial, se justifica pelo fato de que esse tipo de trabalho é conveniente à conciliação das atividades domésticas e profissionais pela trabalhadora. Por outro lado, a renda da mulher que trabalha fora de casa segue sendo vista como complemento da renda do marido.

A interlocução entre o trabalho doméstico não remunerado, prestado pelas mulheres às suas próprias famílias, e os contratos de trabalho precários por meio dos quais elas tem se inserido no mercado de trabalho é necessária. Com essa "dupla", o sistema capitalista se alimenta, concomitantemente, da extração do trabalho feminino de forma barata e da garantia do trabalho reprodutivo doméstico sem inserção de seus custos na economia do capital:

> essa situação de desigualdade existente entre trabalhadores e trabalhadoras atende aos interesses do capital. Isso se verifica, por exemplo, ao constatarmos que a tendência do trabalho em tempo parcial está reservada mais para a mulher trabalhadora. E isso ocorre porque o capital, além de reduzir ao limite o trabalho

---

(316) CASTEL, Robert. *As metamorfoses da questão social.* Rio de Janeiro: Vozes, 1998.

(317) ANTUNES, Ricardo. *Adeus ao trabalho?* Ensaio sobre as metamorfoses e a centralidade no mundo do trabalho. São Paulo: Cortez, 2010.

(318) NOGUEIRA, Cláudia Mazzei. A feminização do mundo do trabalho: entre a emancipação e a precarização. *In:* ANTUNES, Ricardo; SILVA, Maria A. Moraes (Orgs.). *O avesso do trabalho.* São Paulo: Expressão Popular, 2010. p. 203 e 227.

feminino, também necessita do corpo das mulheres na esfera reprodutiva, o que é imprescindível para o seu processo de valorização, uma vez que seria impossível para o capital realizar o seu ciclo produtivo sem o trabalho feminino realizado na esfera produtiva[319].

Nesse contexto, Hirata observa a intensificação da precarização do trabalho da mulher: elas são colocadas em postos de trabalho menos protegidos pela legislação trabalhista e, em regra, também são pouco tuteladas pelas organizações sindicais. A autora ainda acrescenta um dado perverso do processo de inserção feminina no mercado de trabalho: a mulher exerce um papel "experimental" na precarização. A reformulação da organização do trabalho para recrudescer as condições de trabalho e reduzir custos, com burla à legislação trabalhista, geralmente tem sido "testada" entre mulheres, para, em caso de "sucesso", ser estendida ao trabalho masculino[320].

Nesse sentido, Cláudia Mazzei conclui que a ampliação da participação do trabalho da mulher costuma coincidir com trabalhos remunerados com baixos ou baixíssimos salários e com jornadas semanais menos extensas, que são "compensadas" com ritmos de trabalho mais intensos. **Ou seja, "a precariedade no mundo do trabalho tem gênero"**[321].

O trabalho feminino no *call center* é uma caricatura da conjuntura acima descrita. Como já descrito, a jornada de trabalho nos *call centers*, em regra, é de seis horas e, apesar das áridas condições de trabalho e da remuneração reduzida, ele é indicado por muitas das trabalhadoras como uma escolha justamente pela possibilidade de conciliar trabalho doméstico e o ganho complementar da renda da família.

A formação de uma parcela subproletarizada da classe trabalhadora, celebrada pelo discurso midiático hegemônico pela "fantástica" criação de empregos e pela "ascensão social" de empregadas domésticas e outros trabalhadores informais que ingressam no trabalho em *call centers*, na verdade, tem traços preocupantes: as trabalhadoras inseridas economicamente pelo *telemarketing* são precarizadas, sub-remuneradas e inseridas em categorias sindicais frágeis[322].

A condição de mulher tem sido usada como elemento não apenas para viabilizar, como também para justificar as condições de trabalho precárias já descritas.

A composição feminina dos *call centers* parece decorrer tanto de uma intervenção direta dos empregadores no momento das entrevistas de admissão[323] quanto da divisão

---

(319) *Ibidem*, p. 225.
(320) HIRATA, Helena. Globalização e divisão sexual do trabalho. *Cadernos Pagu* (17/18). Núcleo de estudos de gênero, Unicamp, São Paulo, 2001/2002 *apud* NOGUEIRA, Cláudia Mazzei. A feminização do mundo do trabalho: entre a emancipação e a precarização. *In:* ANTUNES, Ricardo; SILVA, Maria A. Moraes (Orgs.). *O avesso do trabalho*. São Paulo: Expressão Popular, 2010. p. 208.
(321) NOGUEIRA, Cláudia Mazzei. A feminização do mundo do trabalho: entre a emancipação e a precarização. *In:* ANTUNES, Ricardo; SILVA, Maria A. Moraes (Orgs.). *O avesso do trabalho*. São Paulo: Expressão Popular, 2010.
(322) BRAGA, Ruy. *A política do precariado:* do populismo à hegemonia lulista. São Paulo: Boitempo, 2012. p. 182-183.
(323) Selma Venco pontua: "as mulheres, por sua vez, são privilegiadas na seleção em detrimento dos homens por possuírem, segundo as gerências entrevistadas e pesquisas internas realizadas, voz mais audível ao telefone"

sexual do trabalho instalada na sociedade e da identificação da população feminina pauperizada com o perfil pouco qualificado para o trabalho, além da inclinação socialmente construída da mulher para trabalhos que permitam a conciliação com as tarefas domésticas.

As supostas qualidades femininas da paciência, capacidade de escuta e delicadeza no trato, associada à alegação de que "todos, homens e mulheres, preferem falar ao telefone com uma mulher", tem sido indicadas pelas empresas como potenciais ao exercício do trabalho em *call centers*. Como observa Venco, justificativas como essas, que restringem a qualificação profissional das mulheres a atributos tácitos de sua condição de gênero, revelam desvalorização do seu trabalho concretizado[324].

A autora ainda respalda-se teoricamente em Kergoat, Hirata e Fortino para concluir que os homens não são educados em suas famílias e na própria sociedade para se submeter ou para obedecer, aspectos essenciais ao trabalho no setor de serviços regido predominantemente por uma organização do trabalho que reputa predominantemente taylorista. Assim, o "ser-mulher" incorpora alguns elementos da subjetividade e da afetividade das trabalhadoras do sexo feminino ao trabalho em *call centers*, pautado numa organização produtiva que mobiliza exatamente esses atributos tácitos para a consecução dos objetivos do capital[325].

Outro elemento que Venco não perde de vista é a aptidão do *telemarketing* para acomodar a "invisibilidade dos não aceitos socialmente". A autora detectou em sua pesquisa de campo uma presença significativa de homossexuais, de pessoas com alguma deficiência física e de obesos trabalhando no setor. Tais sujeitos, por não se adequarem aos padrões sociais e estéticos impostos, em regra, encontram dificuldades para se inserir no mundo do trabalho. A possibilidade de se "esconder por trás" do telefone que os *call centers* oferecem permitiria a absorção dessa mão de obra, desde que apta a mobilizar seus atributos de docilidade — aliás, reportados em semelhança aos atributos de gênero femininos — na lida diária com os clientes[326].

Longe de revelar um caráter democrático do trabalho no setor, visto que os relatos são de reforço dos estigmas no trato diário com colegas e chefia, a absorção dessa mão de obra discriminada e, portanto, vulnerável socialmente, é mais uma vez a forma por excelência de instrumentalização da desigualdade, uma vez que, em troca de inserção, esses trabalhadores suportam o peso da precariedade.

O requisito objetivo para a admissão no emprego segue sendo a possibilidade de suportar: suportar o assédio das gerências e dos clientes[327]. Ruy Braga observou em sua

---

(VENCO, Selma Borghi. *Telemarketing nos bancos*: o emprego que desemprega. Campinas: Editora da Unicamp, 2003. p. 68).

(324) VENCO, Selma Borghi. *As engrenagens do telemarketing*: vida e trabalho na contemporaneidade. Campinas: Arte Escrita, 2009. p. 56. Consultar, ainda, VENCO, Selma Borghi. Telemarketing *nos bancos*: o emprego que desemprega. Campinas: Editora da Unicamp, 2003. p. 88.

(325) VENCO, Selma Borghi. *As engrenagens do telemarketing*: vida e trabalho na contemporaneidade. Campinas: Arte Escrita, 2009. p. 56.

(326) *Idem*. p. 58-63.

(327) Nesse sentido, Venco relata que já existe uma avaliação hoje, por parte das gerências no setor de *telemarketing*, da inadequação de contratar candidatos "de família muito boa", porque, diante do primeiro assédio, agressão ou

pesquisa que, em se tratando de mulheres que são mães solteiras, a condição de "arrimo de família" produz um efeito disciplinador bastante acentuado, que tem levado as empresas a sutilmente preferir trabalhadoras que se enquadrem nesse perfil[328].

No que se refere à admissão de supervisores, por outro lado, embora as empresas não declarem um perfil de gênero, a predominância masculina é facilmente observada. A organização do trabalho é tão marcadamente desigual no aspecto de gênero que o reduzido percentual de aproximadamente 30% de homens que se ativam no setor costuma ser alocado justamente nas posições de gerência e supervisão do trabalho. Assim, dentro de uma categoria marcadamente feminina, as posições hierárquicas superiores persistem sendo ocupadas por homens. Venco observa:

> As observações feitas durante as visitas às empresas indicam a presença de mulheres em cargos de supervisão e gerência, mas em menor número em relação aos homens — demonstrando suas probabilidades de ascensão na carreira. A constatação dos operadores em geral é que esses postos são preferencialmente destinados ao sexo masculino, pela própria cultura de que cargos de mando devem ser ocupados por homens[329].

Por outro lado, a distribuição dos trabalhadores nos postos de trabalho também observa o critério de gênero. Hoje são identificadas algumas funções relativamente hierarquizadas dentro dos *call centers*. Como observou Sirlei de Oliveira, em estudo empírico envolvendo uma das maiores empresas de *telemarketing* do país, primeiro, como porta de entrada para o trabalho no setor, se tem a atuação da atendente nos *call centers* receptivos, que são formados por trabalhadores com menor experiência e escolaridade, remunerados com o piso da categoria, e que seguem *scripts* simples e que envolvem pouca interação com o cliente. Normalmente são trabalhadores descartáveis, observando-se alta rotatividade nesses postos de trabalho e, por consequência, pouco investimento em seu treinamento e qualificação[330].

Em seguida, têm-se os atendentes do tipo "ativo", que atuam em outras áreas como "atendimento a reclamações ou vendas". Esses já possuem uma experiência mais elevada e são remunerados pela segunda faixa salarial, superior à dos primeiros. Para atuar nessa função o atendente precisa de um treinamento específico de cerca de 14 dias[331].

Já na terceira função seriam alocados os empregados mais qualificados, com treinamento mais complexo e destinados a atuar no serviço de vendas, assistência técnica,

---

humilhação, abandonariam o serviço. Aqui fica clara, portanto, a conjunção dos critérios de gênero e classe para a conformação do trabalho no setor (*Ibidem*, p. 70).

(328) BRAGA, Ruy. A vingança de Braverman: o infortaylorismo como contratempo. *In:* ANTUNES, Ricardo; BRAGA, Ruy (Orgs.). *Infoproletários*. São Paulo: Boitempo, 2009. p. 76.

(329) VENCO, Selma. Centrais de teleatividades: o surgimento dos colarinhos furta-cores? *In:* ANTUNES, Ricardo; BRAGA, Ruy. *Infoproletários,* São Paulo, Boitempo, 2009. p. 160

(330) OLIVEIRA, Sirlei Marcia de. Os trabalhadores das centrais de teleatividades no Brasil: da ilusão à exploração. *In:* ANTUNES, Ricardo; BRAGA, Ruy (Orgs.). *Infoproletários*. São Paulo: Boitempo, 2009. p. 127.

(331) *Idem*.

venda de mídias e contas telefônicas. O salário desses trabalhadores pode ser incrementado com percentuais sobre as vendas e bonificações pelo alcance de metas[332].

O aspecto interessante observado pela pesquisadora é que justamente nesse último setor de vendas, em que existe possibilidade de incremento da remuneração, predominam trabalhadores do sexo masculino[333].

Cumpre observar também que é o *call center* receptivo, esse predominantemente feminino, o mais exposto ao assédio[334]. Numa conformação que decorre da organização capitalista do trabalho, as empresas colocam no atendimento aos clientes enfurecidos com a prestação defeituosa de um serviço, trabalhadoras sem qualificação e/ou sem autorização para efetivamente resolver os problemas reclamados, com a limitação de um tempo máximo de atendimento extremamente reduzido (muitas vezes, menos de 30 segundos), que deve ser observado pela empregada sob pena de advertência dos supervisores.

Assim, a exposição de uma mulher exaurida por um trabalho intenso e sistemático à ira de outro sujeito hipossuficiente (o consumidor eventualmente lesado em algum serviço ou estressado pela espera para atendimento) apresenta-se como uma formulação perversa do capital para se eximir de responsabilidades usando a "facilidade" da agressão à mulher como válvula de escape para reclamações mais efetivas por parte dos consumidores. Os relatos dos xingamentos, geralmente num vocabulário caricato das agressões de gênero, são frequentes entre as operadoras de *telemarketing*.

E a alocação das mulheres nos setores de trabalho em que há menos investimento em treinamento e qualificação corrobora o processo de construção do trabalho feminino como um trabalho desqualificado. Ramalho observa que a nova organização produtiva pós-fordista, com a defesa do valor da polivalência, repercute diversamente em homens e mulheres. Enquanto para o homem a reestruturação produtiva implicará retreinamento e reprofissionalização, com algum proveito para o trabalhador, para a mulher a polivalência vem aliada à precarização e desprovida de qualquer investimento em sua formação profissional. A formação profissional direcionada para o homem, para Ramalho, é o lugar da construção da "incompetência técnica" das mulheres, com a consequente reprodução das desigualdades[335].

E nessa lógica orquestrada o sistema vai reiteradamente colocando a mulher nos postos de menor qualificação. Assim, imputa a ela a culpa da precariedade, ao mesmo tempo em que forja sua "incompetência".

O dado da distribuição hierárquica de funções por gênero também deve ser considerado na apreciação do contexto de assédio moral por parte dos superiores hierárquicos,

---

(332) *Idem.*
(333) *Idem.*
(334) Venco também corrobora, a partir de entrevistas, a situação de maior suscetibilidade das mulheres às situações de constrangimento, sobretudo por parte das chefias: VENCO, Selma Borghi. *As engrenagens do telemarketing:* vida e trabalho na contemporaneidade. Campinas: Arte Escrita, 2009. p. 169.
(335) SANTANA, Marco Aurélio; RAMALHO, José Ricardo. *Sociologia do Trabalho.* Rio de Janeiro: Jorge Zahar, 2004, p. 28.

que é reiteradamente denunciado no setor de *telemarketing*. A disposição dentro de um ambiente de trabalho de mulheres pouco qualificadas para aquele trabalho, exercendo tarefas repetitivas e altamente controladas, submetidas a níveis altíssimos de cobranças, que, aliás, se distribuem em cadeia (das gerências mais altas às subgerências e supervisões até a base da pirâmide), é acentuada quando se colocam homens no topo das cobranças e mulheres na base da pirâmide de vulnerabilidade dentro da empresa, dando azo a formas sofisticadas de assédio moral. O próprio abuso do poder empregatício por mulheres gerentes em relação às outras mulheres parece ser mais tolerado socialmente e mais facilitado do que o exercício abusivo do poder pelas mesmas mulheres gerentes sobre as outras. Um ambiente feminino, inflamado pela competitividade que é inerente ao modelo produtivo, acentuado ademais pela instalação da competitividade entre mulheres que a dominação patriarcal alimenta, reforça esse modelo de produção pautado no assédio e no sofrimento.

A "coincidência" entre uma organização do trabalho que mescla os padrões gerenciais tayloristas/fordistas com a nova captura da subjetividade que é característica do pós-fordismo e um trabalho eminentemente feminino, em si, é fator de adoecimento físico e psíquico das trabalhadoras. Ao acrescer ao ônus suportado pelas trabalhadoras em razão dessa forma de organização do trabalho a cumulação do trabalho doméstico, as empregadas do setor têm suportado um encargo físico e psíquico preocupantes.

Venco já observara que "o trabalho fragmentado e sem reconhecimento social, sobretudo o que se desenvolve sob forte pressão e controle do tempo, se configura como um espaço feminino"[336].

O dado que preocupa é que, se a precariedade tem gerado adoecimento, até mesmo o adoecimento observa uma seletividade de gênero: isso porque as estatísticas de 70% de mulheres para 30% de homens trabalhando no setor não se reproduzem de forma proporcional quando se observa o total de trabalhadores lesionados pelo trabalho em *call centers*[337]. Do contrário, o dado relativo de mulheres que adoecem também desponta em relação aos homens que adoecem. Esse aspecto será objeto de análise no tópico seguinte.

2.3.2. O adoecimento identificado no setor

A maneira peculiar como a atividade de teleatendimento vem sendo gerida tem construído uma especial vulnerabilidade dessa categoria de trabalhadores. A mão de obra empregada hoje no setor possui um dos maiores índices de rotatividade no emprego setoriais e desponta nos índices de adoecimento físico e psíquico (atribuído ao estresse ocasionado pelo contato com os clientes, ao ritmo de trabalho intenso, com pausas mínimas demarcadas até para uso dos sanitários, ao alto grau de vigilância dos supervisores, às reiteradas notícias de assédio moral, dentre outros fatores).

---

(336) VENCO, Selma. Centrais de teleatividades: o surgimento dos colarinhos furta-cores? *In:* ANTUNES, Ricardo; BRAGA, Ruy. *Infoproletários,* São Paulo, Boitempo, 2009. p. 170.

(337) Por exemplo, na amostra colhida nessa pesquisa, embora o grupo geral de acórdãos tenha oferecido um percentual aproximado de 85% de mulheres e 15% de homens, nos 23 acórdãos sobre adoecimento analisados apenas um envolvia trabalhador do sexo masculino, contra 22 mulheres.

É a essa caracterização da organização do trabalho no setor de *call center* que Ruy Braga atribui o que denominou o "ciclo do teleoperador", período envolvendo entre 20 e 24 meses que abrange desde a contratação do teleoperador até o seu "descarte" pela empresa[338].

Segundo Braga, de início, os trabalhadores seriam contratados, ainda em condição de inexperiência em relação aos produtos e forma de trabalho, eis que é característica desse setor a contratação de mão de obra de baixa qualificação, sem exigência de atributos especiais. Com dois ou três meses de empenho, nos quais o trabalhador se depara com uma exigência excessiva, ele se tornaria proficiente no produto. Após esse período, o teleatendente se encontraria apto a alcançar as metas impostas pela gerência: no período de um ano que se segue, o alcance das metas e a consequente remuneração diferenciada é objeto de satisfação pelo trabalhador e é nesse período que ele apresenta o seu melhor desempenho. No entanto, como observa Braga, "o endurecimento das metas, a rotinização do trabalho, o despotismo dos coordenadores de operação, os baixos salários e a negligência por parte das empresas em relação à ergonomia e à temperatura do ambiente provocam o adoecimento e alimentam desinteresse pelo trabalho"[339].

É nesse momento, com a queda dos resultados, que o trabalhador deixa de ser interessante para a empresa. Então, porque pouco produtivo ou porque já acometido de alguma espécie de adoecimento, ele é descartado pela empresa, dando lugar a outro trabalhador inexperiente que reiniciará o ciclo.

Cinara Rosenfield corrobora desse diagnóstico:

> Há, no começo, um forte investimento pessoal, movido por um sentimento de autossuperação. Com o passar do tempo, a fadiga, o esgotamento físico e psicológico, a perda da paciência e o aumento constante das metas (o que significa redução do rendimento e um esgotamento da autossuperação) se traduzem em queda da produtividade. Para a empresa, significa que o "prazo de validade" do operador se esgotou e ele precisa ser substituído[340].

Estudos de Sadi Dal Rosso, realizados em vinte setores econômicos do Distrito Federal, demonstram que o setor de telecomunicações se destaca dos demais setores produtivos no que se refere aos quesitos doenças ocupacionais (14,9% de média para os demais setores e 42,9% para o setor de telefonia), absenteísmo por razões médicas (18,9% dos empregados dos demais setores declararam fazer uso de atestado médico contra 73,5% dos empregados do setor de telefonia) e percepção dos trabalhadores acerca do aumento do ritmo e intensidade do trabalho (57,5% para a média dos outros setores e 93% para o setor de telefonia)[341].

---

(338) BRAGA, Ruy. *A política do precariado:* do populismo à hegemonia lulista. São Paulo: Boitempo, 2012.
(339) *Idem.*
(340) ROSENFIELD, Cinara Lerrer. A identidade no trabalho em *call centers*: a identidade provisória. *In:* ANTUNES, Ricardo; BRAGA, Ruy (Orgs.). *Infoproletários*. São Paulo: Boitempo, 2009. p. 178.
(341) DAL ROSSO, Sadi. *Mais trabalho!* A intensificação do labor na sociedade contemporânea. São Paulo: Boitempo, 2008. p. 141-165.

A realidade encontrada por Ruy Braga, na vasta pesquisa empírica realizada no Estado de São Paulo, é de lesões por esforço repetitivo, tendinites, doenças de *menière* (crises de vertigem repentinas associadas a zumbidos nos ouvidos e surdez progressiva), quadros depressivos agudos, infecções urinárias, obesidade, descontrole hipertensivo e calos vocais[342].

Esse ciclo perverso também é identificado por Cinara Rosenfield, que o aponta como o responsável pela construção de uma identidade provisória pelos operadores de *telemarketing*. A autora, em sua pesquisa empírica, dá notícia de casos frequentes de LER e depressão, reportando-se ainda a um relato de suicídio no local de trabalho[343].

Cláudia Mazzei, por sua vez, atestou a ocorrência de lesões musculares (LER/Dort), problemas auditivos, problemas relacionados à voz e transtornos mentais de diferentes naturezas (alcoolismo, depressão, estresse, neurastenia, fadiga, neurose profissional etc.)[344].

Fábio Pimentel Maria da Silva também informa sobre casos de LER, problemas auditivos, problemas na fala e na coluna, distúrbios do sono, depressão e ansiedade e, ainda, infecções urinárias, potencialmente decorrentes do controle excessivo do uso do sanitário[345].

Mônica Duarte Cavaignac igualmente foi a campo e extraiu em pesquisa realizada em uma grande empresa de teleatendimento na capital do Ceará o dado de que 57% dos trabalhadores da empresa declaram ter adquirido pelo menos um problema de saúde no trabalho, sendo que, nesse grupo, observou-se 45,94% dos trabalhadores ostentando lesões por esforço repetitivo (LERs) ou distúrbios osteomusculares relacionados ao trabalho (DORTs); 23,39% apresentando quadros de estresse, alterações no sistema nervoso e síndrome do pânico; 10,81% com problemas relacionados à audição; 7,43% com problemas relacionados à voz; 3,36% com problemas alusivos à visão; e, por fim 2,03% com gastrite, inclusive nervosa[346].

Também há consenso epidemiológico quanto ao surgimento das seguintes doenças, de acordo com Pena, Cardim e Araújo: LER; patologias da voz (laringopatias em geral), em particular disfonias com lesões de cordas vocais; distúrbios psíquicos e manifestações neuróticas diversas, como alterações psicorgânicas relacionadas ao estresse; alterações gastrintestinais

---

(342) BRAGA, Ruy. *A política do precariado:* do populismo à hegemonia lulista. São Paulo: Boitempo, 2012. p. 190.

(343) ROSENFIELD, Cinara Lerrer. A identidade no trabalho em call centers: a identidade provisória. *In:* ANTUNES, Ricardo; BRAGA, Ruy (Orgs.). *Infoproletários*. São Paulo: Boitempo, 2009. p. 179. A propósito do suicídio em centrais de teleatendimento, Venco relata o caso francês da contratação do sociólogo Philipe Zarifian para realização de pesquisa empírica na Francetelecom após quatro ocorrências de suicídio em centrais de teleatendimento. Consultar: VENCO, Selma Borghi. *As engrenagens do telemarketing*: vida e trabalho na contemporaneidade. Campinas: Arte Escrita, 2009. p.176.

(344) NOGUEIRA, Cláudia Mazzei. As trabalhadoras do *telemarketing*: uma nova divisão sexual do trabalho? *In:* ANTUNES, Ricardo; BRAGA, Ruy (Orgs.). *Infoproletários*. São Paulo: Boitempo, 2009. p. 191-192.

(345) SILVA, Fábio Pimentel Maria da. *Trabalho e emprego no setor de* telemarketing (Dissertação de mestrado). Faculdade de Filosofia, Letras e Ciências Humanas da USP. Orientador: Ruy Braga. 2010 (183 p.)

(346) CAVAIGNAC, Mônica Duarte. Precarização do trabalho e operadores de *telemarketing*. *Revista Perspectivas,* São Paulo, v. 39, p. 47-74, jan./jun. 2011.

diversas, distúrbios miccionais e vesiculares; fadiga psíquica, alterações psicoendócrinas de ciclos menstruais; ergoftalmia; mudança de hábitos alimentares e outros[347].

Airton Silva ainda observa a persistência do quadro de trabalho diagnosticado por Le Guillant em relação à "neurose das telefonistas". As conclusões do estudioso francês, em 1956, foram no sentido de relacionar os processos tecnológicos e as questões de controle de tempo na área de telefonia ao adoecimento dos trabalhadores. Silva observou que a utilização da tensão nervosa gerada pelo processo de trabalho como fator de rendimento e aceleração das tarefas ainda é compatível com as queixas colhidas hoje entre os teleoperadores[348].

Além disso, indicadores fornecidos pelo Ministério da Previdência e Assistência Social, por meio do Anuário Estatístico da Previdência Social — AEPS, revelam uma significativa quantidade de acidentes de trabalho no setor.

Observando-se o número de registros de doenças ocupacionais com CAT registrada e de acidentes de trabalho sem CAT registrada (em regra representativos de doenças ocupacionais reconhecidas pelo INSS a partir do nexo epidemiológico, quando a empresa não emite CAT específica) verificadas em relação às empresas enquadradas no CNAE — Classificação Nacional de Atividades Econômicas n. 82.20-2-00 (referente a atividades de teleatendimento), tem-se o seguinte quadro:

CNAE 82.20-0-00 — Atividades de teleatendimento											
Doenças ocupacionais com emissão de CAT						Acidentes de Trabalho sem emissão de CAT					
2006	2007	2008	2009	2010	2011	2006	2007	2008	2009	2010	2011
581	418	314	310	199	129	—	1269	1656	1732	1396	1183

(Transcrição parcial da tabela do anuário 2011 do MPAS).

A título comparativo, trazem-se à colação os números registrados para outras atividades catalogadas sob o CNAE de divisão "82", que se relaciona a "Serviços de escritório, de apoio administrativo e outros serviços prestados às empresas", atividade categorizada no mesmo grupo das operações de teleatendimento. Os números a seguir denotam que as ocorrências de doenças ocupacionais nas atividades correlatas são significativamente inferiores àquelas verificadas entre os operadores de teleatendimento:

CNAE	DOENÇAS OCUPACIONAIS COM CAT EMITIDO			ACIDENTES DE TRABALHO SEM EMISSÃO DE CAT		
	2009	2010	2011	2009	2010	2011
8211	20	27	26	310	249	251
8219	4	16	7	86	102	88

---

(347) PENA, Paulo Gilvane Lopes; CARDIM, Adryanna; ARAUJO, Maria da Purificação N. Taylorismo cibernético e Lesões por Esforços Repetitivos em operadores de *telemarketing* em Salvador-Bahia. *Cadernos CRH* [*on-line*]. 2011, vol. 24, n. spe 1, p. 133-153.

(348) SILVA, Airton Marinho da. *A regulamentação das condições de trabalho no setor de teleatendimento no Brasil: necessidades e desafios* (Dissertação de Mestrado). Programa de Pós-Graduação em Saúde Pública da Faculdade de Medicina da UFMG, 2004. p. 24.

CNAE	DOENÇAS OCUPACIONAIS COM CAT EMITIDO			ACIDENTES DE TRABALHO SEM EMISSÃO DE CAT		
8220	310	199	129	1.732	1.396	1.183
8230	3	4	6	52	72	70
8291	25	19	18	134	151	136
8292	8	8	8	49	45	49
8299	105	98	62	1.265	1.023	946

(Transcrição parcial da tabela do anuário 2011 do MPAS).

O fato de a grande maioria dos acidentes não ser reconhecida pelas empresas, que não emitem a CAT, indica a resistência patronal em admitir o problema. É provável que o próprio encaminhamento do trabalhador ao INSS seja evitado pelas empresas como forma de afastar as consequências desses afastamentos no contrato de trabalho (estabilidade provisória, suspensão contratual, entre outros), resultando bastante plausível que o número de doenças ocupacionais acima indicado, que já é bastante elevado, seja maior na realidade.

Com efeito, o exame desses dados do INSS não pode se dar sem considerações a respeito da subnotificação de doenças por parte das empresas. As políticas empresariais de descarte de empregados não saudáveis, dispensando-os quando doentes, são completadas com o procedimento de "invisibilização epidemiológica"[349], por parte dos setores médicos da empresa, que atuam de forma ideológica ao negar a ocorrência de doenças do trabalho e implementam estratégias de deturpação da causalidade da enfermidade no intuito de descaracterizar doenças no âmbito da empresa[350]. Também há relatos de controle, por parte das empresas de *telemarketing*, dos diagnósticos produzidos pelas empresas médicas conveniadas por meio do descredenciamento de clínicas de assistência médica supletiva que emitiram laudos positivos para doenças do trabalho.

Ana Soraya Bonfim, em estudo sobre o adoecimento dos teleoperadores em Salvador, também indica a não correspondência entre o número de benefícios acidentários concedidos pelo INSS e os dados efetivos sobre adoecimento no setor. A autora demonstra que a disparidade entre o número de benefícios B-31 (auxílio-doença previdenciário) e o número de benefícios B-91 (auxílio-doença acidentário), para doenças de mesma natureza revela que as diferentes condutas dos profissionais responsáveis pelo atendimento dos trabalhadores no órgão previdenciário acarreta resultados diferentes quanto ao reconhecimento

---

(349) PENA, Paulo Gilvane Lopes; CARDIM, Adryanna; ARAUJO, Maria da Purificação N. Taylorismo cibernético e Lesões por Esforços Repetitivos em operadores de *telemarketing* em Salvador-Bahia. *Cadernos CRH* [*on-line*]. 2011, vol. 24, n. spe 1, p. 133-153.

(350) Vale referir aos depoimentos colhidos na pesquisa de Pena, Cardim e Araújo: empresa utilizava estratégias com o objetivo de dificultar ou impedir a emissão da CAT: *"Depois foi que ele chegou [o médico da empresa] me disse que se ele me desse a CAT, ele estava contraindo dois problemas pra ele: um com o INSS e outro com a empresa"* An.). (...), *"LER não existe"*, *"LER é invenção do sindicato"* e *"LER é lerdeza do trabalhador"* (PENA, Paulo Gilvane Lopes; CARDIM, Adryanna; ARAUJO, Maria da Purificação N. Taylorismo cibernético e Lesões por Esforços Repetitivos em operadores de *telemarketing* em Salvador-Bahia. *Cadernos CRH* [*on-line*]. 2011, vol. 24, n. spe 1, p. 133-153).

do nexo de causalidade entre doenças e trabalho, daí decorrendo potencial falseamento do dado oficial[351].

Outro dado significativo não apenas a respeito da subnotificação como do próprio tratamento dispensado pelas empresas aos trabalhadores que adoecem é trazido por Filgueiras em sua pesquisa:

> Uma grande empresa de telemarketing parece driblar seguidamente o MPT por meio dos TACs e, por conseguinte, repetidamente desrespeita o direito do trabalho. Após denúncias e provas de várias práticas ilegais, especialmente sobre saúde ocupacional e assédio moral sobre os empregados, a empresa firmou um TAC em 2007. Como parece ser costume, a empresa descumpriu amplamente o acordo. Em 2009, como punição, foi convidada pelo MPT a assinar um novo TAC, sem despender qualquer quantia em decorrência da reincidência. Não surpreendentemente, em 2010, foi aberto novo inquérito civil, e, em 2011, outro diferente, ambos com objetivo de apurar novas denúncias de assédio moral, o primeiro especificamente no tratamento de saúde dos trabalhadores. O segundo TAC tem abrangência nacional, e uma das cláusulas é referente à obrigatoriedade da aceitação de atestados médicos. No entanto, em pelo menos dois estados (RS e PE), foram instalados, em 2011, procedimentos do MPT baseados em denúncias de que a empresa continuava a desrespeitar o acordo[352].

O caso ao qual o autor se reporta consiste na prática de uma das maiores empresas de *call center* do país (ressalte-se que foi reconhecida abrangência nacional ao TAC — Termo de ajustamento de conduta, firmado com o Ministério Público do Trabalho no Estado da Bahia) de manter os empregados que voltavam ao trabalho com alguma lesão, após o afastamento previdenciário, em inatividade remunerada dentro da empresa ou no exercício de funções totalmente diversas daquelas para as quais foram contratados, sem preocupação com sua readaptação a funções compatíveis com a nova condição física e profissional, e estritamente para cumprir o prazo da estabilidade acidentária, durante o qual os trabalhadores não podem ser dispensados, por força de lei, sob pena de reintegração.

Destacam-se no termo aditivo ao termo de ajustamento de conduta firmado pela Procuradoria Regional do Trabalho da 5ª Região a adequação dos empregadores nas seguintes condutas, o que, de logo, implica o reconhecimento, pela empresa, da prática de conduta diversa:

CLÁUSULA TERCEIRA — RETORNADOS DO BENEFÍCIO PREVIDENCIÁRIO

3.1. Relativamente aos trabalhadores retornados do benefício previdenciário após julho de 2007, ainda ativos no quadro nacional de empregados da CONTAX, cuja causa de afastamento tenha

---

(351) BONFIM, Ana Soraya Vilasbôas. *Entre a voz e o ouvido:* o trabalho emocional e os impactos para a saúde dos trabalhadores do teleatendimento/telemarketing em Salvador (Dissertação de mestrado). Faculdade de Filosofia e Ciências Humanas da UFBA. Orientadora: Graça Druck, 2009. p. 121.

(352) FILGUEIRAS, Vitor. *Estado e direito do trabalho no Brasil:* regulação do emprego entre 1988 e 2008 (Tese de Doutorado). Faculdade de Filosofia e Ciências Humanas da UFBA. Orientadora: Graça Druck, 2012. p. 318.

sido reconhecida por instituição oficial como relacionada ao trabalho, a empresa aplicará um programa de reabilitação com vistas à realocação, preferencialmente na mesma posição, ou em outra função compatível com suas qualificações.

3.2. Independentemente da aplicação do programa referido acima, havendo restrição determinada pelo Órgão Previdenciário para o exercício da função anterior e não havendo outra função que o empregado possa desempenhar, este será colocado em licença remunerada, ficando proibido o desempenho por ele de outro trabalho remunerado, com ou sem registro em carteira, sob pena de caracterização de falta grave. A presente disposição tem aplicação nas unidades da empresa em todo território nacional; (...)

CLÁUSULA QUINTA — ASSÉDIO MORAL

No que se refere ao disposto na Cláusula 35ª, devem ser acrescidas as seguintes alíneas:

d) deixar de atribuir tarefas ao empregado em retorno de afastamento previdenciário, mantendo-o em contínuo estado de ociosidade;

e) atribuir tarefas vexatórias e que atentem contra a dignidade do trabalhador;[353]

Relevante, ainda, ponderar, a par das considerações já tecidas a respeito da localização do trabalho em *call center* como uma atividade que reúne as características dos modos de exploração do trabalho taylorista/fordista e também do modelo pós-fordista, que o padrão de adoecimento no setor também observa essa mescla. A evidência de um percentual altíssimo de afastamento por lesões por esforço repetitivo e outros distúrbios relacionados ao trabalho pautado em *scripts* alheios à manifestação da inteligência obreira não afasta o largo adoecimento psíquico que tem assolado os trabalhadores do setor em decorrência da pressão por metas, do engajamento estimulado, do sentimento de descartabilidade e da insegurança ontológica que o trabalho precário, rotativo e assediado ocasiona.

Por fim, cumpre observar que o adoecimento identificado no setor também sofre segmentação de gênero, com maior vitimização das mulheres por doenças ocupacionais. Mazzei observou essa disparidade em seu estudo de caso:

> Na unidade da ATENTO, em 2005, de um contingente de 1863 trabalhadores (as), onde 396 eram homens e 1467 mulheres, encontram-se afastados de ofício por doença ou acidente de trabalho cerca de 136 funcionários (as), ou seja, aproximadamente 7,5% do total, sendo ainda que destes, somente 6 (1,5%) eram do sexo masculino. Evidencia-se que toda essa realidade de alguma forma precipitou efeitos psicológicos, entre eles, o esgotamento, o estresse, o cansaço, etc., especialmente no trabalho feminino[354].

Perceba-se que a proporção 21% de homens do total caiu para 1,5% em relação ao total de doentes, mostrando que existe uma seletividade feminina nas situações de adoecimento. É possível atrelar essa estatística não apenas à vulnerabilidade da mão de obra

---

(353) Documento público disponível em: <http://mpt.gov.br/portaltransparencia/downloadtac.php?IDDOCUMENTO=588753>. Acesso em: 6 nov. 2013, 17h56.

(354) NOGUEIRA, Cláudia Mazzei. As trabalhadoras do *telemarketing*: uma nova divisão sexual do trabalho? *In:* ANTUNES, Ricardo; BRAGA, Ruy (Orgs.). *Infoproletários*. São Paulo: Boitempo, 2009. p. 206.

feminina no que toca a cobranças e assédio subjetivo, mas também ao potencial de desgaste que o já extenuante trabalho em *call centers* pode acarretar para aquelas que o cumulam com uma jornada de trabalho doméstico não remunerado.

A pesquisa realizada por Cláudia Mazzei junto a operadoras de *call center* deu conta, curiosamente, de que a percepção das trabalhadoras, quanto ao desgaste pelo trabalho, era mais intensa em relação ao trabalho doméstico que em relação ao trabalho no *call center*. Ainda que o discurso das trabalhadoras ouvidas se mostrasse impregnado pela ideologia patricarcal (percebeu-se nos depoimentos a naturalização da atribuição do trabalho doméstico à mulher e suas filhas, restando os maridos e filhos isentados dessa tarefa, que, quando por eles realizada, vinha caracterizada com um ato gracioso de "ajuda" e "colaboração" para com as efetivas encarregadas do serviço[355]), a percepção da energia consumida nas tarefas domésticas era latente por parte das trabalhadoras, que relatavam como sendo a pior parte do trabalho em *call center*, justamente a conveniência da sua jornada parcial: chegar em casa e ter de enfrentar os afazeres domésticos[356].

Assim é que a situação já acentuadamente precária do trabalho no *telemarketing* parece ser agravada pela sua cumulação com as atribuições domésticas, influenciando o dado do adoecimento dos trabalhadores do setor.

---

(355) Simone de Beauvoir já observara que nenhuma forma de opressão poderia ser tão sofisticada quanto a opressão da mulher pelo homem, uma vez que a circunstância de amar o opressor mina resistências e complexifica a análise dessa relação de poder: "o laço que as unem a seus opressores não é comparável a nenhum outro" (BEAUVOIR, Simone. *O segundo sexo*. Rio de Janeiro: Nova Fronteira, 1980. p. 13).

(356) NOGUEIRA, Cláudia Mazzei. As trabalhadoras do *telemarketing*: uma nova divisão sexual do trabalho? In: ANTUNES, Ricardo; BRAGA, Ruy (Orgs.). *Infoproletários*. São Paulo: Boitempo, 2009. p. 207-211.

Capítulo III
A Regulação Jurídica do Trabalho em *Call Centers* pelo Tribunal Superior do Trabalho

> *"A práxis intencional do indivíduo se funde com a de outros em uma práxis não intencional — que nem uns nem outros buscaram nem quiseram — para produzir resultados tampouco buscados nem desejados. Daí decorre que os indivíduos, enquanto seres sociais, dotados de consciência de vontade, produzem resultados que não respondem aos fins que guiavam seus atos individuais, nem a um propósito ou projeto comum. E, no entanto, esses resultados não podem ser mais do que fruto da sua atividade".*
> (Vázquez, Adolfo Sanchez. *Filosofia da Práxis*. São Paulo: Expressão Popular, 2011.)

3.1. O quadro jurídico que rege o trabalho em *call centers* no setor de telecomunicações

Nesse Capítulo se buscará delimitar o quadro jurídico, composto não apenas pelas normas jurídicas vigentes, mas, sobretudo, pela leitura e concretude regulatória que lhe emprestam os agentes estatais responsáveis pela sua aplicação, com relação a dois pontos considerados cruciais no trabalho em *call centers* do setor de telecomunicações: primeiro, a forma de contratação, apontada pela pesquisa sociológica como porta de entrada da precariedade e causa essencial das condições de vida e trabalho deficitárias dos trabalhadores do setor; segundo, a forma de regulação da saúde no trabalho em *call centers*, por meio das respostas ao descumprimento das normas de saúde, segurança e higiene e da distribuição de responsabilidades pelo adoecimento, quando esse se concretiza, sobretudo em casos de terceirização.

3.1.1. *A forma de contratação dos operadores de* call center

3.1.1.1. Parâmetros gerais de regulação da terceirização no Brasil

A terceirização apresenta-se como fenômeno mundial, sobretudo a partir de 1970, chegando ao Brasil de forma decisiva por volta da década de 1980[357]. A regulamentação das contratações terceirizadas se deu no país, primeiramente, a partir da própria Administração Pública, que tomou a contratação triangular como medida de modernização do Estado.

O primeiro marco legislativo da contratação terceirizada de serviços na Administração Pública veio com o art. 10, § 7º, do Decreto-lei n. 200/67, por meio do qual foi autorizada

---
(357) PORTO, Noemia Aparecida Garcia. *O trabalho como categoria constitucional de inclusão*. São Paulo: LTr, 2013.

a transferência de atividades meramente executivas para a iniciativa privada[358], com o declarado propósito de promover o enxugamento da máquina administrativa.

Como o foco da regulamentação era a perspectiva administrativista, não houve cuidado em delimitar quais seriam os limites do conceito de "tarefas executivas"[359], tampouco quais seriam as consequências dessa autorização para os direitos dos trabalhadores envolvidos.

Essa omissão veio a ser suprida com a promulgação da Lei n. 5.645/70, a partir da qual ficou delimitado que apenas atividades de transporte, conservação, custódia, operação de elevadores, limpeza, entre outras de mesma natureza poderiam ser objeto de contratação indireta, como firmado no art. 3º, parágrafo único, deste diploma legal[360]. Daí se extrai que houve autorização para a Administração Pública terceirizar apenas atividades-meio, e não suas atividades finalísticas[361].

A relativa disciplina que a matéria recebeu na esfera pública, contudo, não foi estendida ao setor privado. Com relação à contratação indireta de trabalhadores por empresas privadas, em que pese o apelo dos novos modelos de gestão pela contratação terceirizada, a disciplina legal foi lenta e encontra-se, ainda hoje, inconclusa.

O ordenamento jurídico já contava com a previsão de contratação triangular em situações restritas, como era o caso do contrato de empreitada previsto no art. 455 da CLT, em sua redação original[362]. Mas a conformação da estrutura jurídica ao fenômeno da terceirização propriamente dito, nos moldes estabelecidos pela nova ordem econômica mundial a partir da década de 1970, pode ser vislumbrada, pela primeira vez no setor privado, com a regulamentação do trabalho temporário, pela Lei n. 6.019/74.

Rompendo com a estrutura clássica do contrato de trabalho bilateral, essa norma legitimou a intermediação de mão de obra em situações específicas ("para atender à necessidade transitória de substituição de seu pessoal regular e permanente ou a acréscimo extraordinário de serviços", como dispõe seu art. 2º), conformando a prestação de serviços por um trabalhador a uma relação trilateral em que se celebravam simultaneamente dois contratos: um contrato entre as duas empresas envolvidas (a "fornecedora" e a "cliente") e um contrato entre o trabalhador e sua empregadora[363].

Alice Monteiro de Barros entende que quando o Decreto-lei n. 229/67 coibiu o uso abusivo dos contratos por prazo determinado, limitando a autorização para a contratação

---

(358) VIANA, Márcio Túlio; DELGADO, Gabriela Neves; AMORIM, Helder Santos. Terceirização — Aspectos gerais. A última decisão do STF e a Súmula 331 do TST. Novos enfoques. *Revista do TST*, Brasília, vol. 77, n. 1, jan./mar. 2011. p. 54-84.
(359) *Idem.*
(360) DELGADO, Gabriela Neves. *Terceirização:* paradoxo do Direito do Trabalho contemporâneo. São Paulo: LTr, 2003. p. 128-129.
(361) VIANA, Márcio Túlio; DELGADO, Gabriela Neves; AMORIM, Helder Santos. Terceirização — Aspectos gerais. A última decisão do STF e a Súmula 331 do TST. Novos enfoques. *Revista do TST*, Brasília, vol. 77, n. 1, jan./mar. 2011. p. 54-84.
(362) *Idem.*
(363) *Idem.*

determinada às hipóteses em que o objeto do contrato estivesse efetivamente delimitado no tempo, a consequência socioeconômica colhida foi a multiplicação do número de empresas criadas com o objetivo de fornecer mão de obra para outras empresas em atividade permanente ou transitória, por meio de contratos de prestação de serviços ou de empreitada. Essa pressão criada pelo incremento do número de empresas de locação de mão de obra viria a ser atendida em 1974 com a regulamentação do trabalho temporário, contrato nitidamente precário, por caminhar contra o princípio da continuidade da relação de emprego, basilar do Direito do Trabalho[364].

No entanto, a contratação de mão de obra temporária, por meio de empresa interposta, teve suas possibilidades limitadas pela legislação, seja quanto à exigência de credenciamento das empresas de trabalho temporário perante o Ministério do Trabalho e Emprego (art. 5º), seja quanto à limitação do prazo do contrato (três meses, nos termos do art. 10), além das finalidades vinculadas descritas no art. 2º. Destaca-se, principalmente, a previsão de equiparação de direitos entre os trabalhadores temporários e os empregados da empresa tomadora de serviços que o art. 12 da Lei n. 6.019/74 preconizou, na tentativa de inibir estratégias empresariais no sentido de utilizar o trabalho temporário em detrimento da contratação direta e protegida que a CLT assegura apenas para reduzir custos trabalhistas.

Dado esse quadro restrito da Lei n. 6.019/74, a organização produtiva nacional, tendo em vista a adesão ao modelo produtivo difundido mundialmente, ainda clamava por flexibilidade nas contratações e enxugamento dos seus quadros de pessoal, problema para o qual, do ponto de vista empresarial, a terceirização, admitida de forma geral, seria a resposta.

O passo seguinte nesse processo histórico foi a promulgação da Lei n. 7.102/83, que veio a regular o trabalho de vigilância patrimonial e transporte de valores em instituições bancárias, admitindo a terceirização desses serviços. Essa possibilidade de uso permanente da mão de obra de vigilância terceirizada só foi ampliada para além da esfera bancária por meio da Lei n. 8.863/94[365].

Portanto, durante a década de 1980, para a generalidade dos setores produtivos e fora das hipóteses restritas da Lei do Trabalho Temporário, a demanda do mercado por flexibilidade não encontrava resposta no ordenamento jurídico.

Assim, tem-se que o fato socioeconômico da terceirização precedeu qualquer normatização e acabou chegando às esferas jurisdicionais antes mesmo que medidas legislativas pertinentes fossem editadas. No âmbito do Poder Judiciário, como relata Noemia Aparecida Porto, o processo de abertura do ordenamento jurídico para a terceirização, por meio da atuação jurisprudencial, foi lento e moldado em resistências e concessões[366].

---

(364) BARROS, Alice Monteiro de. *Curso de Direito do Trabalho*. 5. ed. São Paulo: LTr, 2009. p. 444.
(365) DELGADO, Gabriela Neves. *Terceirização:* paradoxo do Direito do Trabalho contemporâneo. São Paulo: LTr, 2003. p. 128-129.
(366) PORTO, Noemia Aparecida Garcia. *O trabalho como categoria constitucional de inclusão*. São Paulo: LTr, 2013.

Num primeiro momento, ao deparar-se com a avalanche terceirizante, subvertendo a lógica da relação empregatícia dos arts. 2º e 3º da CLT, a resposta do Tribunal Superior do Trabalho, coerentemente com os institutos jurídicos vigentes até então, foi a edição da Súmula n. 256, em 30.9.1986, vedando a terceirização fora das hipóteses de trabalho temporário e de serviços de vigilância. Dispunha o enunciado: "Salvo os casos de trabalho temporário e de serviços de vigilância, previstos nas Leis n. 6.019, de 3.1.1974, e n. 7.102, de 20.6.1983, é ilegal a contratação de trabalhadores por empresa interposta, formando-se o vínculo empregatício diretamente com o tomador de serviços".

Até aqui foi irrelevante a distinção entre atividades meio e fim, que se quedaram igualmente inadmitidas, como observa Alice Monteiro de Barros[367].

Entretanto, a pressão dos empregadores e a ampla difusão da terceirização fora dos setores apontados pela Súmula n. 256 levou a jurisprudência, paulatinamente, a ceder quanto à proibição e a formular novas exceções, relativizando a "rigidez" do enunciado editado em 1986[368].

Interessante notar como o discurso jurídico se amoldou aos novos modos de agir econômicos, revelando a tensão entre a imperatividade de regular o trabalho, impedindo sua exploração desmedida, e a tendência de viabilizar e legitimar a reprodução capitalista, de acordo com os ditames da sua agenda[369].

Esse processo de acomodação jurisprudencial da terceirização veio a calhar em 1993, com a edição da Súmula n. 331 pelo TST, por meio da qual aquela Corte Superior ampliou a possibilidade de terceirização para além dos serviços de vigilância e de trabalho temporário, passando a admitir também a terceirização de serviços de conservação e limpeza "bem como a outros serviços especializados ligados à atividade-meio do empregador, desde que inexistente a pessoalidade e subordinação direta". A possibilidade de contratação permanente de trabalhadores terceirizados representou uma abertura significativa do quadro jurídico.

Com a reformulação do entendimento sumulado do TST, passou a haver previsão expressa, para a Administração Pública, quanto à ausência de reconhecimento de vínculo nos casos de terceirização ilícita (dada a vedação constitucional do acesso a cargo público sem aprovação prévia em concurso público, nos termos do art. 37, II, da CF/88).

Com a disciplina da Súmula n. 331, não apenas se estabeleceram limites claros para o que seria ou não uma terceirização lícita, como também se disciplinaram as consequências

---

(367) BARROS, Alice Monteiro de. *Curso de Direito do Trabalho*. 5. ed. São Paulo: LTr, 2009. p. 444.

(368) DELGADO, Gabriela Neves. *Terceirização:* paradoxo do Direito do Trabalho contemporâneo. São Paulo: LTr, 2003. p. 128-129.

(369) Biavaschi pondera que o processo de construção dos entendimentos sumulados pelo TST não está deslocado da dinâmica social e econômica que envolveu o país, de modo que o processo de disputa que envolve a construção das normas jurídicas, no âmbito dos Poderes Executivo, Legislativo e Judiciário, "não pode ser compreendido apartado das lutas que se dão em uma determinada sociedade, no momento histórico em que são produzidas". Consultar: BIAVASCHI, Magda Barros. Justiça do Trabalho e terceirização. *In:* GOMES, Angela de Castro; e SILVA, Fernando Teixeira da. *A justiça do trabalho e sua história:* os direitos dos trabalhadores no Brasil. Campinas: Editora da Unicamp, 2013. p. 461.

jurídicas da ilicitude da terceirização (reconhecimento do vínculo empregatício diretamente com o tomador dos serviços) e a responsabilidade empresarial nas hipóteses de licitude da terceirização (responsabilidade subsidiária do tomador de serviços).

Vale dizer, ainda, que o Tribunal Superior do Trabalho demonstrou não se afastar dos parâmetros clássicos de reconhecimento do vínculo empregatício estabelecidos na CLT, uma vez que ressalvou que, caso configurada a pessoalidade e a subordinação jurídica direta entre trabalhador e tomador de serviços, a relação de emprego direta seria declarada (Súmula n. 331, item III).

Em 2000, o TST reformulou a Súmula n. 331, no item IV, para reconhecer expressamente a responsabilidade subsidiária da Administração Pública em caso de terceirização de serviços, por meio de uma interpretação sistemática do art. 71, § 1º, da Lei n. 8.666/93 (Resolução n. 96 de 11.9.2000).

Com relação à Administração Pública, Viana, Delgado e Amorim complementam ainda a evolução do quadro jurídico com a edição do Decreto n. 2.271/97, que, em substituição à Lei n. 5.645/70 (que fora revogada), definiu as atividades de execução que poderiam ser objeto de contratação indireta e refutou expressamente a possibilidade de intermediação de mão de obra no seio da Administração Pública. Tal entendimento veio a ser reforçado com a decisão n. 25/00 do Tribunal de Contas da União, que vedou a contratação terceirizada de "categorias funcionais abrangidas pelo plano de cargos do órgão ou da entidade"[370].

A relativa estabilidade da regulação social promovida pela Súmula n. 331, no entanto, veio a sofrer duas grandes investidas.

A primeira delas, ainda na década de 1990 (que coincide com o auge do desenvolvimento do setor de telecomunicações e também da atividade de *call center*), aparece por meio da tentativa de legitimar a terceirização de toda e qualquer atividade por parte das empresas engajadas nas concessões de serviços públicos, o que se fez por meio de uma interpretação literal do art. 25, § 1º, da Lei 8.987/95. A mesma interpretação decorreria, pouco depois, do art. 94, II, da Lei n. 9.472/97 (Lei Geral de Telecomunicações – LGT), que adquire especial relevância para esta pesquisa em razão do objeto escolhido.

A praxe da terceirização indiscriminada por parte de empresas concessionárias de serviços de energia elétrica e de serviços de telecomunicação, em especial, foi defendida perante o Poder Judiciário sob o argumento de que, especificamente para tais concessionárias, haveria uma previsão legal específica, suprindo a lacuna normativa presente com relação à terceirização em geral no país, a afastar a incidência da Súmula n. 331 do TST.

A segunda investida, já no ano de 2011, restringiu-se à Administração Pública direta e indireta e decorreu do julgamento da Ação Declaratória de Constitucionalidade n. 16-DF, pelo Supremo Tribunal Federal, no qual se reconheceu a constitucionalidade do

---

(370) VIANA, Márcio Túlio; DELGADO, Gabriela Neves; AMORIM, Helder Santos. Terceirização — Aspectos gerais. A última decisão do STF e a Súmula n. 331 do TST. Novos enfoques. *Revista do TST*, Brasília, vol. 77, n. 1, jan./mar. 2011. p. 54-84.

art. 71, § 1º, da Lei n. 8.666/93 (Lei de Licitações e Contratos Administrativos) e, por consequência, sua aptidão para afastar a responsabilidade subsidiária dos entes públicos pelo inadimplemento das obrigações trabalhistas por parte das empresas prestadoras de serviços, salvo hipóteses de comprovada culpa in vigilando e in eligendo[371].

Vale ressaltar que, com relação aos demais setores da economia, os ataques à Súmula n. 331 do TST nunca deixaram de acontecer e, aliados à preocupação dos julgadores com o avanço do fenômeno, conduziram à realização de Audiência Pública sobre terceirização no TST[372]. Nesse evento, se assistiu a uma acirrada polarização entre as posições de estudiosos do mundo do trabalho e representantes dos trabalhadores, que se colocaram favoravelmente ao endurecimento da regulação judicial a respeito do tema, contra um incisivo discurso dos representantes empresariais, também acompanhados de intelectuais comprometidos com suas pautas, em favor da flexibilização do conteúdo da Súmula, especialmente no que concerne à proibição da terceirização em atividade-fim[373].

Esse movimento de disputa em torno dos limites da terceirização também fica retratado pelos diversos projetos de lei com propostas de regulamentação para a matéria, contendo conteúdos bastante diversos, a depender de sua autoria política[374].

No entanto, como pontuado, efetivamente se destacaram dois grandes conflitos em relação à terceirização e esses se materializaram na suposta abertura interpretativa promovida pelos arts. 94, II, da LGT e 25, § 1º, da Lei n. 8.987/95 e na exclusão da responsabilidade da Administração Pública pelo art. 71, § 1º, da Lei n. 8.666/93.

Com relação a essa segunda investida, a interpretação superior do STF em favor do interesse secundário da Administração Pública levou o TST a rever sua Súmula n. 331, em maio de 2011 (Res. n. 174/2011, DEJT divulgado em 27, 30 e 31.5.2011), alterando o item IV e inserindo os itens V e VI na referida Súmula, que passaram a discriminar um regime de responsabilização diferenciado para os entes públicos, em conformidade com os parâmetros estabelecidos pelo Supremo.

Entretanto, com relação à primeira investida, que interessa especialmente a essa pesquisa, vale observar que esta instaurou um verdadeiro quadro de disputa entre as diversas instâncias do Poder Judiciário, que, desde o início, ficou dividido entre a interpretação literal permissiva dos arts. 94, II, da LGT e 25, § 1º, da Lei n. 8.987/95 e uma interpretação sistemática que compreendesse a previsão legal específica contida nesses

---

(371) A respeito do julgamento do STF ver ponderações deduzidas no artigo: MELLO FILHO, Luiz Philippe Vieira de; DUTRA, Renata Queiroz. Centralidade da pessoa humana na constituição versus centralidade do cidadão trabalhador: o desafio de reler o trabalho a partir da Constituição Federal de 1988. In: SARLET, Ingo Wolfgang; FRAZÃO, Ana de Oliveira; MELLO FILHO, Luiz Philippe Vieira de (Orgs.). Diálogos entre o direito do trabalho e o direito constitucional. São Paulo: Saraiva, 2013 (no prelo).

(372) O evento aconteceu nos dias 4 e 5 de outubro de 2011.

(373) O evento foi registrado em vídeo e as mídias encontram-se disponíveis em: <http://www.youtube.com/watch?v=FNlm3eJmqzg>. Acesso em: 19 out. 2013, 14h56.

(374) Por exemplo, consultar PL n. 4.330/2004, de relatoria de Sandro Mabel, que se se encontra em avançado estágio do procedimento deliberativo do Congresso Nacional, dentre outras iniciativas.

diplomas dentro do quadro jurídico estabelecido pela CLT e por leis trabalhistas esparsas, bem como à luz dos princípios constitucionais de proteção ao trabalho.

Importante ponderar que, em razão da ausência de um marco legal disciplinador da matéria, o movimento de abertura e resistência do ordenamento jurídico à terceirização residiu exatamente na via interpretativa. Por isso mesmo, o papel destacado que os agentes de regulação e que a própria Constituição tiveram nessas construções hermenêuticas. Promulgada em 1988 (portanto, no epicentro do contexto da reestruturação produtiva), a Constituição Federal, com a carga principiológica e com o valor da centralidade da pessoa humana e do cidadão trabalhador que ela trouxe à ordem jurídica, implicou um novo vetor interpretativo a ser considerado nesse processo de tensão entre a missão de regular o trabalho e os imperativos da nova ordem econômica.

3.1.1.2. A regulação da terceirização de *call center* no setor de telecomunicações: a Lei n. 9.472/97 e suas interpretações

Como visto no tópico anterior, o quadro jurídico que rege a terceirização de serviços no país, apesar de objeto de constantes disputas de interesses, encontra-se definido a partir de três patamares normativos.

Primeiro, a Constituição Federal, que se fundamenta na dignidade da pessoa humana (art. 1º, III), nos valores sociais do trabalho e da livre iniciativa (art. 1º, IV), e que se propõe a regular uma ordem econômica e financeira fundada na valorização do trabalho humano e na livre iniciativa (art. 170) e uma ordem social voltada ao bem-estar e à justiça social (art. 193). Outrossim, se assenta num largo rol de direitos fundamentais dos trabalhadores (art. 7º), o qual, de pronto, se anuncia prospectivo: a Constituição arrola direitos para os trabalhadores, "além de outros que visem à melhoria da sua condição social". O que se extrai daí, como também de outros diplomas nacionais e internacionais de proteção, é a vedação do retrocesso social, com o imperativo de que a ordem jurídica promova sempre um avanço do patrimônio jurídico dos trabalhadores[375].

Em segundo lugar, as relações de trabalho seguem sendo submetidas ao crivo da CLT e aos elementos fático-jurídicos da relação de emprego inseridos nos seus arts. 2º e 3º, razão porque a existência de trabalho prestado por pessoa física, com onerosidade, não eventualidade, pessoalidade e subordinação direta, como reforçou o TST no inciso III da Súmula n. 331, acoberta as relações de trabalho sob o manto protetivo da relação de emprego, ainda que outra tenha sido a forma de celebração do contrato pelas partes (o contrato de trabalho, como cediço, é contrato-realidade, que se perfaz a partir da existência de seus requisitos, ainda que diversa seja a envoltura formal a ele emprestada pelos envolvidos).

Por último, diante do avanço do fenômeno da terceirização, e da esparsa disciplina legal a seu respeito, a matéria deve ser analisada à luz dos parâmetros que o TST, interpretando sistematicamente o ordenamento jurídico, colocou na sua Súmula n. 331.

---

(375) Consultar: MURADAS, Daniela. *O princípio da vedação ao retrocesso no direito do trabalho*. São Paulo: LTr, 2010.

Também serão consideradas as leis especiais que porventura possam reger a contratação triangular (por exemplo, as Leis n. 6.019/74 e n. 8.863/94).

A terceirização de serviços no setor de telecomunicações, contudo, se pretendeu regular de forma diversa, a partir da interpretação do disposto nos arts. 60 e 94, II, da Lei Geral de Telecomunicações.

Curiosamente, o papel dessa lei, que disciplina a prestação de serviços de telecomunicações pelas empresas privadas concessionárias do serviço público, não foi outro que não conformar uma atuação regulatória do Estado brasileiro em relação ao novo mercado criado com as privatizações. A perspectiva regulatória central ali estabelecida refere-se à garantia da livre concorrência e ao resguardo dos direitos do consumidor, perfil regulatório que, todavia, desconsidera solenemente a regulação do trabalho no setor. Entretanto, foi nessa mesma legislação que se buscaram fundamentos para a terceirização, inclusive de atividades-fim, no ramo de telecomunicações.

A Lei n. 9.472/97, como observou Simone Scholze, representou o esforço de, completando o processo de desestatização das telecomunicações no Brasil, construir uma nova institucionalidade regulatória e uma base jurídica inovadora, "fundada na prevalência do interesse público, nas considerações do mercado e na atenção às orientações da política setorial"[376]. O modelo implementado pela LGT visava estabelecer um sistema concorrencial no setor e, em contrapartida, assegurar direitos para os consumidores. A criação da Agência Nacional de Telecomunicações — ANATEL como órgão regulador autônomo também se destaca nesse processo.

A legislação de 1997, com intuito de reorganizar economicamente o setor e regulamentar a prestação de serviços de telecomunicações à população, vem marcada pelo apelo da flexibilidade, que buscaria "permitir a absorção das transformações do setor, sem constante revisão do modelo"[377]. A necessidade de incorporar as inovações tecnológicas constantes e de atender à evolução do mercado seria imperativa quanto a uma regulação de caráter aberto. Scholze chega a afirmar que a LGT conferiu caráter de especificidade às telecomunicações, desvinculando-se dos modelos de direito administrativo econômico, passando a submetê-las a disciplina própria[378].

Ocorre que a lógica de flexibilidade que rege a regulação estatal de um setor econômico intimamente relacionado ao desenvolvimento tecnológico foi indevidamente incorporada ao discurso jurídico para a regulação do trabalho, como se os modelos regulatórios aplicáveis à preservação da livre concorrência, à prestação de serviços de telecomunicações aos consumidores e à renovação tecnológica do setor fossem imediatamente extensíveis às relações de trabalho desenvolvidas no seio das telecomunicações, ignorando-se o edifício jurídico do Direito do Trabalho do país, que regula a generalidade

---

(376) SCHOLZE, Simone Henriqueta Cossetin. A retomada dos esforços de P&D nas telecomunicações brasileiras: uma perspectiva das teorias regulatórias. *Revista de Direito, Estado e Telecomunicações*, v. 5, n. 1, p. 107-134 (2013).
(377) *Idem.*
(378) *Idem.*

das atividades econômicas, sem distinções, bem como a nova ordem constitucional de proteção ao trabalho instituída pela Constituição de 1988.

A legislação em comento voltou-se à disciplina da concessão do serviço de telecomunicações, pretendendo estabelecer limites, responsabilidades e obrigações para as empresas privadas que passavam a assumir, no lugar do Estado, o desempenho desse serviço, bem como a preservação de um sistema concorrencial no setor[379]. Nesse sentido, a própria criação e distribuição de competências da ANATEL, que não se propõe[380] a regular o trabalho no setor, mas apenas a organização produtiva, as demandas de consumo e a preservação das práticas concorrenciais:

> Os textos da ANATEL para controle da atividade de telefonia no Brasil, tanto para os ramos de telefonia fixa quanto para a telefonia móvel, não fazem qualquer referência à saúde dos trabalhadores envolvidos, tanto nas concessionárias quanto nos prestadores de serviços (BRASIL — ANATEL, 1998). São regras focadas nos aspectos econômicos do setor, sendo o conceito de qualidade de atendimento vinculado basicamente aos tempos de espera do consumidor. Paradoxalmente então, as exigências de "qualidade", traduzidas em redução de tempos do serviço telefônico prestado acabam por justificar a definição pelas empresas de rígidos tempos médios de atendimento ("TMA")[381].

Entretanto, de forma destoante em relação ao horizonte de propósitos de tal legislação, a expectativa que se criou entre o empresariado foi de extrair dessa Lei uma dimensão trabalhista que autorizasse a terceirização de todas as atividades, incluindo atividades meio e fim, no setor. O art. 94 da referida lei, referente ao contrato de concessão de serviços de telecomunicações prestados em regime público, dispõe:

> Art. 94. No cumprimento de seus deveres, a concessionária poderá, observadas as condições e limites estabelecidos pela Agência:
>
> I – empregar, na execução dos serviços, equipamentos e infraestrutura que não lhe pertençam;
>
> II – *contratar com terceiros o desenvolvimento de atividades inerentes, acessórias ou complementares ao serviço, bem como a implementação de projetos associados.*
>
> § 1º Em qualquer caso, a concessionária continuará sempre responsável perante a Agência e os usuários.

---

(379) Consta da ementa do diploma legislativo: "Dispõe sobre a organização dos serviços de telecomunicações, a criação e funcionamento de um órgão regulador e outros aspectos institucionais, nos termos da Emenda Constitucional n. 8, de 1995".

(380) Airton Marinho da Silva, ao examinar a regulação do trabalho em *call centers*, em dissertação de mestrado defendida em 2004, relata a indiferença dos responsáveis pela Agência quanto às questões relativas ao trabalho no setor, sob o argumento de que estas não seriam da competência da autarquia, e critica a omissão da ANATEL quanto às repercussões, nas condições de trabalho dos operadores de *call center*, das metas de qualidade no atendimento ao cliente, impostas pela agência. Para o autor, a agência recusa a função de regulação do trabalho e não estuda os impactos trabalhistas da sua normatização para a atividade econômica. Consultar: SILVA, Airton Marinho da. *A regulamentação das condições de trabalho no setor de teleatendimento no Brasil:* necessidades e desafios. (Dissertação de Mestrado). Programa de Pós-Graduação em Saúde Pública da Faculdade de Medicina da UFMG, 2004. p. 61.

(381) *Ibidem*, p. 19.

§ 2º Serão regidas pelo direito comum as relações da concessionária com os terceiros, que não terão direitos frente à Agência, observado o disposto no art. 117 desta Lei.

O dispositivo legal, até pela sua localização topográfica dentro da LGT[382], vela pela observância, pelas concessionárias, dos limites do contrato de concessão, estabelecendo que a possibilidade de subcontratar com terceiros (outras empresas não envolvidas no contrato de concessão) deve se dar nos limites e condições estabelecidos pela ANATEL.

Exatamente por ter sido promulgada dentro de um diploma legal geral, que não se propõe a reger matéria trabalhista e que não dialoga expressamente com a normatização do trabalho vigente, não poderia conter em si a autorização legislativa para excepcionar o regramento da CLT e destacar, do modelo geral de regulação do trabalho, os trabalhadores do setor de telecomunicações.

Também é de se observar que a questão da forma de contratação do trabalho repercute diretamente nos direitos trabalhistas decorrentes dessa contratação e na forma de amparo social e inserção digna do trabalhador envolvido, o que não é sequer mencionado pela referida legislação.

Ademais, tal consectário, de plano, retira a matéria do âmbito exclusivamente infraconstitucional. Isso porque ainda que as formas de contratação, em suas peculiaridades, sejam delineadas especificamente na CLT e em leis esparsas, o sentido social que a forma de pactuação da força de trabalho ostenta se ampara diretamente nos fundamentos constitucionais de proteção ao trabalho, que não podem se excluídos da construção interpretativa.

O fenômeno paradoxal da terceirização, conforme denuncia Gabriela Neves Delgado, guarda incompatibilidade com os princípios que regem o Direito do Trabalho — destacadamente os princípios da proteção, da continuidade, da primazia da realidade sobre a forma e da indisponibilidade dos direitos trabalhistas — e mesmo de princípios de Direito Constitucional[383]. Ao promover a vinculação do tomador de serviços apenas em relação

---

(382) A Lei n. 9.472/1997 se desenvolve, inclusive de forma didática (uma vez que instaura uma nova semântica para as relações estabelecidas no setor), nos seguintes Livros: Livro I – Princípios Fundamentais; Livro II – Do órgão regulador e das políticas setoriais; Livro III – Da organização dos serviços; Livro IV – Da reestruturação e da desestatização das empresas federais de telecomunicações; e, por fim, as Disposições Finais e Transitórias. No Livro III, que cuida da organização dos serviços, subdivide-se em seis títulos: Título I – Disposições gerais; Título II – Dos serviços prestados em regime público; Título III – Dos serviços prestados em regime privado; Título IV – Das redes de Telecomunicações; Título V – Do espectro e da órbita; e Título VI – Das sanções. Dentro do Título II do Livro III estão contidos os seguintes capítulos, subdivididos nas seguintes seções: Capítulo I – Das Obrigações de Universalização e de Continuidade; Capítulo II – Da Concessão (Seção I – Da outorga; Seção II – Do contrato; Seção III – Dos bens; Seção IV – Das tarifas; Seção V – Da intervenção; Seção VI – Da extinção); e Capítulo III – Da Permissão. Essa exaustiva demonstração da organização topográfica da legislação se justifica pela constatação imediata que ela confere de que a Lei n. 9.472/97 não se prestou a disciplinar as relações de trabalho no setor diferenciadamente, destacando seu regramento da regulação trabalhista geral. Exsurge claro, inclusive da análise topológica dos livros, títulos, capítulos e seções da referida norma que o seu objetivo é regrar a desestatização do setor, a atuação da iniciativa privada, a prestação dos serviços à população e sua regulação pelo Estado, discurso no qual se pauta, ademais, a própria atuação da ANATEL, sem adentrar à seara de regulação do trabalho, nem diferenciar a regência dos trabalhadores do setor em relação aos demais trabalhadores do país.

(383) DELGADO, Gabriela Neves. *Terceirização:* Paradoxo do Direito do Trabalho contemporâneo. São Paulo: LTr, 2003. p. 173-176.

ao trabalho prestado pelo obreiro, e não ao sujeito trabalhador, que, num artifício interessante, fica vinculado à empresa prestadora, o que a terceirização promove é o retorno no percurso histórico por meio do qual forjou o Direito do Trabalho até o ponto em que trabalhador e trabalho são "elementos" contratuais distintos.

Por isso, a interpretação de um dispositivo legal que supostamente amplia as possibilidades de terceirização de forma generalizada não poderia se dar sem o cotejo dos princípios do Direito do Trabalho e dos parâmetros constitucionais de proteção à pessoa humana, como, de fato, o prestígio à literalidade da norma conduziu alguns intérpretes.

A especificidade da matéria trabalhista, que se propõe a reger um dos mais relevantes elementos do processo produtivo, que é a força de trabalho humana (a qual não pode ser compreendida como uma mercadoria) também não pode ser considerada contemplada por uma legislação que dispõe, de forma geral, sobre a organização de um setor produtivo. Ao pretender disciplinar genericamente as bases materiais e infraestruturais de produção, a LGT não pode ser lida também como legislação do trabalho, sob pena de não se distinguir o trabalho humano dos demais fatores materiais de produção, o que representaria, no mínimo, uma involução em relação às já conquistadas noções de centralidade da pessoa humana e de singularidade do trabalho humano.

No entanto, num esforço hermenêutico considerável, as grandes empresas concessionárias dos serviços de telecomunicações concluíram que estaria definida no art. 94, II, da LGT a permissão para que realizassem não apenas delegações de parte das atividades concedidas a outras empresas, mas para que terceirizassem suas atividades fins[384] sem arcar com responsabilidades trabalhistas diretas, diferenciando-se dos outros setores produtivos, que são proibidos de praticar tais condutas pela CLT e pela Súmula n. 331 do TST.

A consequência dessa exegese seria o afastamento da regulação supletiva da Súmula n. 331 do TST das terceirizações levadas a cabo no setor de telecomunicações. Nessa toada, seriam afastadas, como consequência, a construção legal (arts. 2º e 3º da CLT) e doutrinária basilar do Direito do Trabalho, que define a relação de emprego direta entre aquelas pessoas físicas que prestam serviços de natureza não eventual, juridicamente subordinada e onerosa a um tomador de serviços.

O resultado dessa interpretação jurídica, especialmente para a atividade de *call center* dessas empresas, que se insere na atividade-fim das concessionárias de telecomunicações (na medida em que representa a forma de atendimento dos clientes usuários dos serviços de telefonia e correlatos para informações, aperfeiçoamento dos serviços, cobrança e outras atividades essencialmente finalísticas), seria a licitude da terceirização, e, por consequência, a não formação do vínculo empregatício dos atendentes de *call center* com os tomadores de serviços, apesar da presença dos elementos fático-jurídicos da relação de

---

(384) A definição das atividades passíveis de terceirização era extraída do art. 60, § 1º, da LGT, que enquadra como atividades de telecomunicação "a transmissão, emissão ou recepção, por fio, radioeletricidade, meios ópticos ou qualquer outro processo eletromagnético, de símbolos, caracteres, sinais, escritos, imagens, sons ou informações de qualquer natureza".

emprego. Assim, as empresas concessionárias dos serviços de telecomunicações estariam exoneradas de responsabilidades trabalhistas diretas pelos operadores de *call center*, sendo alcançadas apenas subsidiariamente.

Interessante observar que, a afirmação dessa interpretação se faz necessariamente à margem dos fundamentos constitucionais de proteção ao trabalho, que não são agregados, em nenhuma medida, à interpretação literal e assistemática suscitada.

Essa exegese foi defendida judicialmente pelas empresas concessionárias de telecomunicações e acolhida por diversos julgadores no âmbito da Justiça do Trabalho. Como será demonstrado adiante, o quadro de disputa que se instalou entre os que entendiam que esse dispositivo legal justificaria um tratamento excepcional da terceirização no setor e aqueles que entendiam que a norma administrativista não poderia, de forma implícita, revogar a legislação do trabalho foi intenso e reverberou num largo momento de indefinição do Tribunal Superior do Trabalho, instância responsável pela uniformização da jurisprudência trabalhista, quanto ao tema.

Tal indefinição, de um lado, afetou os processos judiciais dos trabalhadores de *call centers* do setor de telecomunicações que, como regra, quando já extintos seus contratos de trabalho[385], postulavam em juízo o reconhecimento do vínculo empregatício com a tomadora de serviços e o consequente pagamento retroativo do patamar de direitos trabalhistas reconhecidamente superior concedido aos empregados diretos da empresa tomadora de serviços. Ao proferir decisões contraditórias nessas demandas individuais, o Poder Judiciário Trabalhista engendrou disparidade na distribuição da justiça entre trabalhadores que se encontravam em condições idênticas.

Por outro lado, essa indefinição da Corte Superior revela hesitação incompatível com o efeito regulador que as decisões do TST, instância máxima e responsável pela uniformização da jurisprudência do país em matéria de Direito do Trabalho, pretendem ter sobre o mercado de trabalho.

As decisões contraditórias entre Turmas do TST desde a edição da LGT e a ausência de uniformização do tema, inclusive, fizeram com que esse fosse um dos grandes debates da Audiência Pública do TST sobre terceirização[386].

A existência de previsão legal específica na LGT, para o empresariado, elidia o vácuo legislativo a respeito da terceirização, pelo menos quanto ao setor, e, assim, desautorizaria o TST a manter os parâmetros da Súmula n. 331 em relação às empresas concessionárias de telecomunicações. Os representantes das empresas denunciavam uma suposta intransigência da Justiça do Trabalho com o desenvolvimento de um setor da economia em franco crescimento. Foram realizadas leituras ameaçadoras no sentido de que o Brasil

---

(385) Essa, aliás, a característica principal dos processos judiciais que tramitam na Justiça do Trabalho: o fato de versarem sobre o pagamento de verbas alusivas a contratos de trabalho extintos. A desnecessidade de motivação das dispensas (decorrência da ausência de um sistema de garantia do emprego no país, que ratificou e posteriormente denunciou a Convenção n. 158 da OIT) inibe o recurso ao Judiciário no curso da relação de emprego, convertendo a Justiça do Trabalho brasileira numa "Justiça dos desempregados".

(386) 4 e 5 de outubro de 2011.

corria o risco de que essa oferta de empregos fosse deslocada para outros países nos quais não havia barreiras trabalhistas tão rígidas, como já ocorrera em relação a outras nações, que tiveram seus *call centers* deslocados para a Índia[387].

Em contrapartida, representantes dos trabalhadores e estudiosos do trabalho foram incisivos ao associar a deficiência de regulação no setor à precariedade das contratações e aos números indicativos da depreciação do trabalho no setor de *call center* (desde as baixas remunerações até ausência de benefícios sociais e segurança no trabalho), assim como ao adoecimento dos operadores de *telemarketing*.

Esse quadro jurídico de disputa supostamente foi estabilizado em 28/6/2011, com o julgamento do processo n. TST-E-RR-134640-23.2008.5.03.0010, pela SBDI-1 do TST, seção interna do TST responsável pela uniformização da jurisprudência das oito Turmas do Tribunal em matéria de Direito Individual do Trabalho, que entendeu: 1) que *call centers* se inseriam na atividade-fim das empresas concessionárias de telecomunicações; 2) que **a Lei Geral de Telecomunicações não poderia ser lida como autorização para terceirização de atividade-fim** por parte das empresas do setor; 3) por consequência, que a terceirização dos serviços dos atendentes de *telemarketing* com as empresas concessionárias de telecomunicações é ilícita, formando-se vínculo empregatício diretamente com as tomadoras de serviços, que devem estender a tais trabalhadores todos os direitos legais e normativos reconhecidos aos seus empregados diretos[388].

O julgado afirma a primazia do Direito do Trabalho e instaura, implicitamente, a noção de que a terceirização não pode ser utilizada como forma de redução de custos e precarização do trabalho, conforme se extrai do voto da Ministra Relatora[389].

O entendimento jurisprudencial exarado veio a ser confirmado em 8.11.2012, no julgamento do Processo n. TST-E-ED-RR-2938-13.2010.5.12.0016 (DEJT de 26.3.2013) pela SBDI-1 do TST, agora em sua composição plena[390].

Essa afirmação, ainda que não tenha estancado em definitivo o quadro de disputa em torno do tema[391], recentemente deu azo a condenações exemplares em relação a

---

(387) Conferir registros da Audiência Pública do TST sobre terceirização, em especial a fala da Jornalista Sônia Bridi, que falou na condição de representante da Associação Brasileira das Relações Empresa Cliente — ABRAREC: <http://www.youtube.com/watch?v=nTiNWDuDpwk>. Acesso em: 19 out. 2013, 14h56. Sobre o fenômeno do deslocamento de *call centers* de países desenvolvidos para países subdesenvolvidos e suas características neocolonialistas, consultar: VENCO, Selma Borghi. *As engrenagens do* telemarketing: vida e trabalho na contemporaneidade. Campinas: Arte Escrita, 2009. p. 36-42.

(388) BRASIL. TRIBUNAL SUPERIOR DO TRABALHO. Processo n. TST-E-RR-134640-23.2008.5.03.0010, Data do Julgamento: 28.6.2011, SBDI-1, relª Minª Maria de Assis Calsing; Subseção I Especializada em Dissídios Individuais. Data de Publicação: DEJT 10.8.2012.

(389) *Idem*.

(390) BRASIL. TRIBUNAL SUPERIOR DO TRABALHO. Processo n. TST-E-ED-RR-2938-13.2010.5.12.0016. Data de Julgamento: 8.11.2012. Redator Ministro: José Roberto Freire Pimenta. Subseção I Especializada em Dissídios Individuais. Data de Publicação: DEJT 26.3.2013.

(391) Os julgamentos do TST sinalizam para uma uniformização, mas não tem efeito vinculante, o que deixa a cargo de cada órgão jurisdicional a escolha quanto a seguir ou não o entendimento uniformizado, com respaldo no seu livre convencimento motivado. Especificamente quanto ao tema em exame, a amostra de acórdãos do TST colhida

empresas do setor que persistiram na prática de contratações terceirizadas e que foram alvo de ações civis públicas propostas pelo Ministério Público do Trabalho, com pedido de condenação por dano moral coletivo.

Um exemplo pode ser extraído do julgamento do processo n. TST-RR-110200-86.2006.5.03.0024[392], em que o TST confirmou decisão do Tribunal Regional do Trabalho da 3ª Região (MG), que considerou que a terceirização ilícita de serviços ligados à atividade-fim da empresa resultou em dano moral coletivo, uma vez que prejudicou os direitos trabalhistas dos empregados terceirizados, mantendo a sentença que determinou à empresa TIM contratar diretamente todos os empregados das empresas interpostas que lhe prestavam serviços terceirizados. Ratificou também o valor da indenização, no montante de **seis milhões de reais** "diante da dimensão dos fatos e o número de envolvidos, da substancial capacidade econômica da empresa e do caráter pedagógico/preventivo que reveste a condenação".

Outro exemplo pode ser extraído do julgamento do processo n. TST-RR-2175200-64.2001.5.09.0005[393], em que o TST, reformando as decisões de improcedência manifestadas pelas duas instâncias ordinárias, deu provimento ao recurso de revista do MPT para condenar a Brasil Telecom ao pagamento de indenização por dano moral coletivo no valor de **R$ 300.000,00**, com determinação de obrigação de fazer no sentido de regularizar o vínculo empregatício dos operadores de *call center* que lhe prestavam serviços por meio de empresa interposta, sob pena de multa diária no valor de R$ 300,00, por cada trabalhador[394].

Entretanto, a definição do quadro jurídico, para efeito de uma regulação ampla das demandas individuais propostas, sobretudo em casos de adoecimento, não parece ser tão incisiva quanto a resposta judicial apresentada nesses dois casos e, em especial, no primeiro, cuja indenização arbitrada efetivamente apresenta potencialidade regulatória em face do poderio econômico da empresa condenada.

No tópico 3.2 ("Os julgados do TST e a (ausência de) interlocução entre o adoecimento no trabalho e a precariedade social"), essa questão será enfrentada com mais pertinência.

---

revela que o entendimento firmado pela SBDI-1 não foi adotado unanimemente pelos julgadores, com se relatará no item 3.2., preservando-se uma minoria de decisões contrárias.

(392) BRASIL. TRIBUNAL SUPERIOR DO TRABALHO. Processo n. TST-RR-110200-86.2006.5.03.0024, Data de Julgamento: 5.6.2013, relator Ministro: Fernando Eizo Ono, 4ª Turma, Data de Publicação: DEJT 22.11.2013.

(393) BRASIL, TRIBUNAL SUPERIOR DO TRABALHO. TST-RR-2175200-64.2001.5.09.0005 Data de Julgamento: 25.9.2013, relator Ministro: José Roberto Freire Pimenta, 2ª Turma, Data de Publicação: DEJT 4.10.2013.

(394) Constou do dispositivo do acórdão: "julgar procedente a ação civil pública para condenar a Brasil Telecom S.A.: a) a abster-se de contratar mão de obra para prestação de serviços inseridos em sua atividade-fim, inclusive, aqueles do setor de *call center* (teleatendimento), por meio de empresa interposta, exceto nas hipóteses admitidas na Súmula n. 331 do TST; b) a reparar os danos perpetrados à toda coletividade (indeterminável) de trabalhadores, diante desta lesão ao ordenamento jurídico, no importe de R$ 300.000,00 (trezentos mil reais), quantia a ser depositada no Fundo de Amparo ao Trabalhador a título de reparação do dano moral coletivo, na forma do art. 13 da Lei n. 7.347/85; c) ao pagamento da multa diária de R$ 300,00 (trezentos reais) por dia e por trabalhador irregularmente contratado como terceirizado, reversível ao Fundo de Amparo ao Trabalhador".

3.1.2. A tutela da saúde no trabalho em call centers: a proteção constitucional e a NR-17 do MTE[395]

Embora a tutela da integridade física e psíquica do trabalhador se encontre detalhadamente disciplinada na CLT como obrigação imposta ao empregador no âmbito das relações empregatícias, o assento primeiro de proteção ao direito fundamental à saúde é a Constituição Federal de 1988.

Primeiramente, o art. 7º da Constituição Federal, cujo *caput* se reporta a "direitos dos trabalhadores urbanos e rurais", sem a limitação da extensão desses direitos a uma relação jurídica tipificada, prevê a redução dos riscos inerentes ao trabalho, por meio de normas de saúde, higiene e segurança (XXII) e o pagamento dos adicionais de penosidade, insalubridade e periculosidade, na forma da lei (XXIII). Também consta do dispositivo constitucional a prescrição dos limites para as jornadas diária, semanal e anual de trabalho (incisos XIII, XIV, XV, XVI e XXVII), numa clara tutela do direito fundamental à saúde dos trabalhadores.

Depreende-se, a partir da análise do Texto Constitucional, que os direitos ali enunciados, além de dever do Estado, revestem-se de eficácia horizontal, eis que sua observância é imposta para as relações de trabalho *lato sensu* estabelecidas entre particulares.

Essa leitura ganha mais fôlego a partir da tutela constitucional do meio ambiente, cuja responsabilidade por reparação de lesões, nos termos do art. 225, § 2º e § 3º da Constituição, pertence, de forma objetiva, àqueles que se beneficiam da sua exploração e causam danos. E, por força do art. 200, VIII, do Texto Constitucional, na tutela geral do meio ambiente inclui-se a tutela do meio ambiente do trabalho.

Ademais, é imposta constitucionalmente a tutela do meio ambiente como princípio que rege a ordem econômica, nos termos do art. 170, VI, da Constituição de 1988.

Não se pode descurar que o bem jurídico da saúde e, em especial da saúde no trabalho, não pode ser dado como assegurado apenas quando se constata uma situação de ausência de doença. A saúde, em verdade, se associa a estado de bem-estar[396] que pressupõe o gozo pleno, pelo indivíduo, dos direitos da personalidade. Ou seja, pressupõe uma condição de trabalho que assegure ao ser humano o valor da dignidade.

Sarlet conceitua dignidade da pessoa humana como

> a qualidade intrínseca e distintiva reconhecida em cada ser humano que o faz merecedor do mesmo respeito e consideração por parte do Estado e da comunidade, implicando, nesse sentido, um complexo de direitos e deveres fundamentais que assegurem a pessoa tanto contra todo e qualquer ato de

---

(395) A introdução desse tópico ampara-se nas considerações teóricas já publicadas em DELGADO, Gabriela Neves; DUTRA, Renata Queiroz. Obrigações constitucionais extrapatrimoniais das empresas prestadoras e tomadoras de serviços nas relações de trabalho terceirizadas. *Revista Síntese Trabalhista e Previdenciária*, São Paulo: IOB, v. 24, n. 293, (nov. 2013), p. 74-99, ISSN: 1809-757X.

(396) DEJOURS, Christophe. *A banalização da injustiça social*. Rio de Janeiro: Fundação Getúlio Vargas, 2006.

cunho degradante e desumano, como venham a lhe garantir as condições existenciais mínimas para uma vida saudável, além de propiciar e promover sua participação ativa e corresponsável nos destinos da própria existência e da vida em comunhão com os demais seres humanos, mediante o devido respeito aos demais seres que integram a rede da vida[397].

Peréz Luño, por sua vez, entende que "a dignidade da pessoa humana consiste não apenas a garantia negativa de que a pessoa não será objeto de ofensas ou humilhações, mas implica também, num sentido positivo, o plano desenvolvimento da personalidade de cada indivíduo"[398].

Para Gabriela Neves Delgado, a Constituição confere amplitude temática ao princípio da dignidade, conferindo à pessoa a possibilidade de afirmação como sujeito de direitos[399]. Assim, a plenitude do bem-estar e as possibilidades de desenvolvimento da personalidade do indivíduo evidentemente pressupõem sua inserção em um ambiente de trabalho sadio, que não lhe ocasione perturbações de ordem física ou psíquica.

As normas internacionais de proteção também se voltam para a tutela do meio ambiente, nele considerada a interação saudável entre os seres humanos e a natureza[400].

Ademais, a tutela jurídica da saúde no ambiente de trabalho, à luz dos mandamentos de proteção contidos na Constituição de 1988, se volta mais a uma atuação preventiva em relação aos danos que o trabalho pode causar aos sujeitos, que propriamente a uma perspectiva reparatória (que, entretanto, também é assegurada no Texto Constitucional nos arts. 5º, V e X, 7º, XXVIII, da CF/88). O prisma da monetização e da reparação do dano, todavia, já pode ser considerado superado em relação ao paradigma preventivo.

Por isso que o eixo de preocupação do ordenamento jurídico se desloca para o estabelecimento de limites diários e semanais para a jornada de trabalho, com pausas adequadas, nos termos da legislação específica, além do estabelecimento de férias e de prevenção e inibição de potenciais agentes hostis do ambiente de trabalho, o que dá azo a preocupações com ergonomia, com equipamentos de proteção individual e, ainda, para que não se despreze a situação de bem estar e saúde mental, com o desenvolvimento das relações de trabalho em um ambiente que contemple a dignidade do sujeito trabalhador.

Os mandamentos constitucionais, como vetor de afirmação de valores considerados superiores pela sociedade, certamente enfrentam desafios e disputas entre os fatores reais de poder para sua concretização.

O conflito entre a busca da efetividade máxima dos preceitos constitucionais protetivos e a pretensão de esvaziar seus conteúdos normativos tuitivos, como forma de aquisição de vantagens competitivas no mercado, se localiza na base de uma sociedade capitalista.

---

(397) SARLET, Ingo Wolfgang. *Dignidade da pessoa humana e direitos fundamentais na Constituição Federal de 1988*. Porto Alegre: Livraria do Advogado, 2010. p. 70.
(398) *Ibidem*, p. 126.
(399) DELGADO, Gabriela Neves. *Direito fundamental ao trabalho digno*. São Paulo: LTr, 2006. p. 79-80.
(400) Consultar: Declaração do Rio, produzida na Conferência das Nações Unidas sobre meio ambiente (ECO 92).

Esses conflitos se potencializam quando as atividades econômicas desenvolvidas demandam novas modalidades de trabalho e se organizam a partir de estruturas diferentes daquelas já conhecidas e disciplinadas pelo ordenamento jurídico. A inovação e o remodelamento produtivo são campo de fuga e desafio para a tutela jurídica, que precisa se reformular para, acomodando os conflitos de interesse subjacentes, responder às novas demandas.

Pode-se dizer que essa conjuntura se aplica aos trabalhadores de *call center* no setor de telecomunicações. Além de se tratar de categoria marcada pela contratação terceirizada, o que, em si, já a coloca no centro das incertezas jurídicas quanto às responsabilidades pelas obrigações trabalhistas e quanto ao enquadramento sindical dos trabalhadores terceirizados[401], esse cenário foi agravado pela existência de uma legislação novíssima, a LGT, que espraiou pretensões interpretativas díspares a serem acomodadas pelo Poder Judiciário.

O problema, entretanto, não se encerra no aspecto da contratação. Também quanto à disciplina dos processos de trabalho no setor, a criação de uma categoria de trabalhadores engajados em atividade informacional, altamente relacionada às inovações tecnológicas do ramo das telecomunicações, operando simultaneamente com atividade de telefonia e digitação, e submetida a uma mescla de controles produtivos taylorista e pós-fordista representa uma complexidade desafiadora para a normatização trabalhista.

De início foram realizadas tentativas de, por analogia, enquadrar os operadores de *call center* na jornada especial dos telefonistas (seis horas, conforme art. 227 da CLT) e torná-los beneficiários dos intervalos remunerados de 10 minutos, a cada 90 minutos de trabalho, que é assegurado aos digitadores (art. 72 da CLT). A respeito da ergonomia, a Norma Regulamentadora n. 17 do Ministério do Trabalho e Emprego (1978), inicialmente foi suscitada, por analogia, na parte em que se destinava à regulamentação do pessoal que trabalha em escritórios.

A lacuna normativa quanto às condições específicas dos operadores de *telemarketing* efetivamente representava entrave à atuação dos fiscais do trabalho e do próprio Ministério Público do Trabalho, como concluiu Silva em sua pesquisa, sobretudo no que concerne ao adoecimento dos trabalhadores[402].

A ausência de previsões pertinentes para coibir os novos e sofisticados mecanismos de controle do ritmo de trabalho e redução dos tempos mortos, assim como para minorar o sofrimento dos trabalhadores pela restrição a *scripts* fechados e pelo assédio das gerências e dos clientes, entregava a esse setor capitalista a autorização tácita para uma reprodução predatória.

---

(401) A questão da sindicalização e da proteção do Direito Coletivo do Trabalho em relação aos operadores de *call center* terceirizados do setor de telecomunicações, em que pese sua inquestionável relevância na composição do quadro de precariedade instalado no setor, não foi objeto das considerações dessa pesquisa, em razão do recorte temático realizado.

(402) SILVA, Airton Marinho da. *A regulamentação das condições de trabalho no setor de teleatendimento no Brasil:* necessidades e desafios (Dissertação de Mestrado). Programa de Pós-Graduação em Saúde Pública da Faculdade de Medicina da UFMG, 2004.

Somente em março de 2007 a atuação do Poder Executivo supriu essa lacuna com a inclusão do Anexo II na NR-17, para tratar especificamente da situação dos trabalhadores em "teleatendimento/*telemarketing*".

A demora na normatização, contudo, parece ter sido útil para que ela fosse uma resposta efetiva às práticas prejudiciais verificadas no ambiente de trabalho do *telemarketing*. As disposições normativas contidas na NR respondem, de forma direta, a boa parte dos problemas relatados nas pesquisas sociológicas aqui revisitadas e de forma mais abrangente, em muitos aspectos, que a própria legislação do trabalho.

A pretensão de interferir, de forma consistente, nos processos de trabalho do *telemarketing* para afastar práticas ofensivas à saúde física e mental dos trabalhadores, sobretudo reduzindo ritmo e intensidade do trabalho, assim como o respaldo técnico em estudos das áreas de saúde no trabalho, são evidentes no texto final aprovado. **A norma, cuja coercibilidade se ampara no art. 200 da CLT, também abre caminho para o estabelecimento de nexo causal entre determinados tipos de lesões à saúde e as atividades realizadas sem obediência aos seus mandamentos.**

A NR disciplina desde as condições do mobiliário dos postos de trabalho, dos equipamentos utilizados pelos obreiros (*head-sets* e computadores) e as condições ambientais das instalações prediais, até a organização do trabalho, a capacitação dos teleatendentes e condições sanitárias e de conforto. O texto também veicula orientações expressas quanto à elaboração do Programa de Controle Médico de Saúde Ocupacional — PCMSO e do Programa de Prevenção de Riscos Ambientais — PPRA.

A certificação do direito dos trabalhadores à jornada de seis horas (NR-17, Anexo II, item 5.3), a impossibilidade de trabalho aos domingos e feriados, salvo autorização expressa da DRT (NR-17, Anexo II, item 5.1), e o estabelecimento de um intervalo para repouso e alimentação de 20 minutos (e não de quinze, como previsto originalmente no art. 71, § 1º, da CLT para jornadas com duração de até 6 horas) aliado a duas outras pausas de 10 minutos a serem distribuídas durante a jornada (NR-17, Anexo II, item 5.4) se destacam na normatização[403].

A norma ainda revela preocupação especial com a saúde mental e com o bem-estar dos trabalhadores, na medida em que assegura pausas no trabalho imediatamente após atendimentos em que tenham ocorrido "ameaças, abuso verbal, agressões ou que tenha sido especialmente desgastante", de modo a permitir ao trabalhador "recuperar-se e socializar conflitos e dificuldades com colegas, supervisores ou profissionais de saúde ocupacional especialmente capacitados para tal acolhimento" (NR-17, Anexo II, item 5.4.5).

A disciplina rígida quanto ao uso do sanitário também foi objeto da consideração da NR, que, em seu item 5.7, coíbe qualquer restrição dos teleoperadores ao uso do banheiro: "Com o fim de permitir a satisfação das necessidades fisiológicas, as empresas devem permitir que os operadores saiam de seus postos de trabalho **a qualquer momento da jornada, sem repercussões sobre suas avaliações e remunerações**".

---

(403) O item 5.4.3 firma que, caso a jornada seja de até 4 horas, o trabalhador terá direito a apenas uma pausa de 10 minutos.

Também foi demonstrada preocupação com o controle da velocidade do trabalho. Se buscou minorar os impactos do controle do tempo na rotina do trabalhador, a fim de reduzir o estresse do ambiente de trabalho. Nesse sentido, a norma determina que os mecanismos de controle da produtividade (mensagens nos monitores de vídeo, sinais luminosos, cromáticos, sonoros, indicações do tempo utilizado nas ligações ou de filas de clientes em espera) não poderão ser utilizados como instrumento de aceleração do trabalho. De acordo com a NR, caso existam tais mecanismos, eles não devem ter visualização imediata, devendo ficar apenas disponíveis para consulta pelo operador, a seu critério (NR-17, Anexo II, item 5.9).

A norma também busca disciplinar o estabelecimento de metas razoáveis e os métodos para a cobrança de produtividade, orientando que os programas preventivos considerem a possibilidade de criação de desconforto pelos picos de atividade, pelos sistemas de avaliação e pelo monitoramento excessivo.

Por outro lado, veda expressamente ao empregador exigir a observância estrita do *script* ou roteiro de atendimento e imputar ao operador os períodos de tempo ou interrupções no trabalho não dependentes de sua conduta (NR-17, Anexo II, item 5.11), procedimentos nos quais se assenta, como visto, todo o modelo produtivo dos *call centers*, impondo verdadeira (e necessária) reformulação do processo de trabalho no setor.

As atividades jocosas e constrangedoras para cobrança de metas e de produtividade, assim como a instalação de clima de competição entre os trabalhadores também são coibidas pela normatização ministerial.

Por fim, há determinações criteriosas quanto ao treinamento dos trabalhadores, sobretudo com relação ao conhecimento dos riscos, das medidas preventivas e de posturas de trabalho que evitem as diversas modalidades de adoecimento a que estão expostos (NR-17, Anexo II, item 6.1.2).

Destaque-se que as disposições do Anexo II da NR-17 permitem perceber que o Poder Executivo exerceu seu poder regulamentar em matéria de saúde e segurança do trabalho se voltando não apenas para a proteção da integridade física do trabalhador, mas também para a tutela de sua integridade mental e, em última análise, de sua própria dignidade, num resgate valioso dos parâmetros constitucionais.

A dificuldade criada por uma norma tão avançada e sensível às debilidades causadas aos trabalhadores pela atividade de tealendimento reside justamente na sua efetivação. A existência de uma normatividade severa está aliada ao aparato de regulação estatal que é responsável pela sua aplicação, bem como à sua estratégia de efetivação da política pública de saúde implícita na regulação do trabalho.

É o que se passa a analisar, a partir da resposta conferida pelo TST às demandas relativas a operadores de *call center* do setor de telecomunicações, desde a censura à instalação da precariedade promovida pela contratação terceirizada até o enfrentamento das situações de doenças e a sua vinculação causal com as condições de trabalho, para efeito de responsabilização das empresas envolvidas.

3.2. Os julgados do TST e a (ausência de) interlocução entre o adoecimento no trabalho e a precariedade social

3.2.1. Metodologia

A pesquisa jurisprudencial que ampara este estudo científico procurou observar, dentro do recorte dos trabalhadores em *call centers* do setor de telecomunicações, a relação existente entre as temáticas da precariedade e do adoecimento, a partir do olhar do Poder Judiciário para o problema. A precariedade foi percebida, em sua expressão mais latente, a partir da contratação terceirizada dos trabalhadores e, de forma mais pontual, pela intensidade do trabalho e pelas condições de trabalho subjetivamente hostis a que são submetidos, que redundam, muitas vezes, no adoecimento.

Nesse sentido, a proposta foi observar, tanto nos fundamentos quanto nas conclusões das decisões judiciais, a articulação realizada pelo Poder Judiciário entre esses dois fenômenos (precariedade e adoecimento) e identificar, a partir da relação estabelecida entre eles, com a consequente distribuição de responsabilidades, a assertividade ou debilidade da regulação do trabalho no setor pela instituição máxima da Justiça do Trabalho.

A articulação (ou não) dos fundamentos constitucionais de proteção ao trabalho nos acórdãos quando do enfrentamento das situações judicializadas de adoecimento também foi objeto de análise. Considerou-se que a agregação de fundamentos dessa natureza tende a atribuir relevância e densidade à matéria julgada, além de redimensionar a discussão a respeito da dignidade dos indivíduos no trabalho, redundando na afirmação do próprio Estado Democrático de Direito.

Tendo em vista os limites da dissertação de mestrado, a pesquisa se concentrou no exame dos acórdãos proferidos pelo Tribunal Superior do Trabalho, em sede de recursos de revista, no período compreendido entre 5/1/2005 e 6/1/2013, devido à representatividade inequívoca desse órgão no que toca aos entendimentos do Poder Judiciário Trabalhista, por se tratar de Corte de Uniformização da interpretação da legislação do trabalho no país.

Essa escolha, além de representar um crivo considerável (e objetivo) em relação ao número de decisões analisadas (tendo em vista que nem todas as reclamações trabalhistas ajuizadas no país chegam, em algum momento, à última instância da Justiça do Trabalho, sobretudo com admissibilidade do recurso de revista), também implicou o confronto com algumas restrições cognitivas que são típicas de uma instância recursal extraordinária, como se qualifica o TST no julgamento de recursos de revista.

É o caso, por exemplo, da devolutividade estrita das matérias constantes do recurso, da impossibilidade de julgamento em prejuízo da parte recorrente, da impossibilidade de revolvimento de fatos e provas, com restrição cognitiva da Corte ao enquadramento jurídico dos fatos já fixados pelos Tribunais Regionais (Súmula n. 126 do TST[404]), da exigência do prequestionamento das matérias analisadas (Súmula n. 297 do TST[405]).

---

(404) Dispõe a Súmula n. 126 do TST: RECURSO. CABIMENTO (mantida) — Res. n. 121/2003, DJ 19, 20 e 21.11.2003. Incabível o recurso de revista ou de embargos (arts. 896 e 894, *"b"*, da CLT) para reexame de fatos e provas.

(405) Dispõe a Súmula n. 297 do TST: PREQUESTIONAMENTO. OPORTUNIDADE. CONFIGURAÇÃO (nova redação) — Res. n. 121/2003, DJ 9, 20 e 21.11.2003. I. Diz-se prequestionada a matéria ou questão quando na decisão impugnada

Também existe um filtro técnico quanto ao conhecimento dos recursos: nessa fase processual, não basta às partes ter razão quanto à pretensão deduzida, é preciso que os argumentos jurídicos contidos nas razões recursais estejam enquadrados em alguma das hipóteses de cabimento típicas previstas em lei (art. 896 da CLT), com as exigências adicionais impostas pela interpretação consolidada do TST (Súmulas processuais diversas: 221, 296, 337, entre outras), a fim de que os julgadores superem o exame da admissibilidade do apelo e se destinem a julgar o pedido que é efetivamente objeto da discussão.

No entanto, longe de representar um desvio em relação à análise pretendida, o enfrentamento de decisões judiciais que resolvem os recursos em razão de algum desses filtros anteriores ao julgamento consistem na expressão mesma da política judiciária do órgão responsável por uniformizar a jurisprudência trabalhista do país e constituem parte estrutural da compreensão da regulação que a instituição pretende exercer.

Se, ao executar a uniformização que se propõe a exercer e a que está constitucionalmente afeta, a Corte Superior do Trabalho confirma reiteradamente decisões regionais contraditórias, porque deixa de conhecer, em razão de algum óbice técnico, a pretensão ajuizada pelos trabalhadores lesionados pelos *call centers*[406], isso é elemento constitutivo de uma política judiciária seletiva, que se pauta em critérios supostamente processuais/procedimentais para regular o mercado de trabalho. Portanto, a seleção de acórdãos do TST para composição do *corpus* dessa pesquisa não prejudica a construção de conclusões a respeito da regulação promovida pela Justiça do Trabalho quanto ao setor, mas a reforça.

Quanto ao marco temporal estabelecido, foram selecionados dois conjuntos de acórdãos distribuídos em dois lapsos temporais distintos: o primeiro conjunto refere-se aos acórdãos publicados entre 5.1.2005 e 5.1.2012 e o segundo conjunto refere-se ao período que vai de 6.1.2012 a 6.1.2013.

A separação entre dois conjuntos se justifica pelo já reportado divisor de águas existente na jurisprudência do TST com relação à ilicitude da terceirização de *call centers* no setor de telecomunicações.

Como se pretendia vislumbrar a relação entre precariedade e adoecimento, e como a terceirização desponta como marca mais flagrante da precarização no setor, pareceu relevante considerar como um marco em relação à leitura jurisdicional da precariedade dos operadores de *telemarketing* o julgamento pela SBDI-1 do TST, em 28.6.2011, do processo n. TST-E-RR-134640-23.2008.5.03.0010, no qual, pela primeira vez, foi reconhecida pela seção uniformizadora a ilicitude da terceirização dos serviços de *call center* no setor de telecomunicações, com fundamento na impossibilidade de se interpretar o

---

haja sido adotada, explicitamente, tese a respeito. II. Incumbe à parte interessada, desde que a matéria haja sido invocada no recurso principal, opor embargos declaratórios objetivando o pronunciamento sobre o tema, sob pena de preclusão. III. Considera-se prequestionada a questão jurídica invocada no recurso principal sobre a qual se omite o Tribunal de pronunciar tese, não obstante opostos embargos de declaração.

(406) A cognição, aqui, pode ser tomada tanto em sentido amplo, da atividade jurisdicional cognitiva, e também no estrito, do conhecimento técnico dos recursos de revista nos termos do art. 896 da CLT.

art. 94, II, da Lei n. 9794/97 como autorização para que as empresas concessionárias dos serviços de telefonia terceirizem suas atividades-fim[407].

Assim, considerando um lapso de seis meses na "acomodação" dessa jurisprudência (lapso necessário, na medida em havia divergência entre as Turmas do TST quanto ao tema) e até porque esse julgamento foi proferido por maioria, sendo, pois, razoável que decorresse algum tempo até sua reiteração, com a revisão da postura dos Ministros vencidos para que se curvassem ao entendimento prevalecente, entendeu-se pela fixação do marco divisor em 6.1.2012. Considerou-se ainda que a publicação do referido acórdão (elemento essencial na sinalização da jurisprudência) só ocorreu em 10.8.2012.

Ademais, a questão da ilicitude da terceirização dos serviços de *call center* no âmbito das empresas concessionárias dos serviços públicos de telecomunicações foi objeto de deliberação pela Subseção I Especializada em Dissídios Individuais (SBDI-1), em sua **composição plena**, apenas em 8.11.2012, no julgamento do processo n. TST-E-ED--RR-2938-13.2010.5.12.0016 (acórdão publicado no DEJT de 26.3.2013), a qual, por sua maioria (oito votos contra seis) reafirmou e consolidou o entendimento quanto à ilicitude dessa modalidade de terceirização. Esse marco também é considerado relevante, tendo em vista que, em se tratando de questões polêmicas, o julgamento em composição plena reforça o posicionamento do colegiado e define a estabilidade do entendimento da SBDI-1 quanto ao tema.

Diante desse quadro, o primeiro período estudado foi delimitado a partir de 5.1.2005 — de modo a contemplar o marco da edição da Emenda Constitucional n. 45/2004 (DJ de 30.12.2004), que trouxe para a Justiça do Trabalho a certeza quanto à competência para julgamento de pretensões de danos morais e materiais decorrentes de acidentes de trabalho, doenças ocupacionais e das condições de trabalho em geral (novo art. 114, VI, da Constituição Federal) — até 5.1.2012, data fixada como termo final, por contemplar o momento de solução formal da celeuma jurisprudencial a respeito da ilicitude terceirização de *call centers* no setor de telecomunicações.

O lapso estudado engloba período que abrange não apenas momento posterior à inserção do Brasil no contexto da reformulação da organização produtiva, com ingresso do modelo pós-fordista, como também momento em que já se dera o crescimento vertiginoso do setor de serviços no país e, especificamente, do setor de telecomunicações em decorrência das privatizações.

Também é importante observar que a fixação do marco da pesquisa a partir da Emenda Constitucional n. 45/2004 visa contemplar, em alguma medida, a nova composição do Tribunal Superior do Trabalho. Isso porque a referida reforma constitucional implicou a ampliação do número de Ministros da Corte Superior Trabalhista, de dezessete para vinte

---

(407) BRASIL. TRIBUNAL SUPERIOR DO TRABALHO. Processo n. TST-E-RR-134640-23.2008.5.03.0010, Data do Julgamento: 28.6.2011, SBDI-1, relª Minª Maria de Assis Calsing; Subseção I Especializada em Dissídios Individuais. Data de Publicação: DEJT 10.8.2012.

e sete, o que redundou na nomeação recente de, pelo menos[408], dez novos Ministros e, por consequência, em significativa oxigenação da jurisprudência do Tribunal[409].

Com relação ao segundo período estudado, ele se inicia imediatamente após o termo final do primeiro período (6.1.2012) e se encerra em 6.1.2013, data de início da elaboração da pesquisa.

Em que pese a aparente desproporcionalidade entre a extensão temporal dos dois lapsos destacados, ela não se reflete em relação ao número de processos julgados nos dois períodos: do contrário, a desproporção se inverte. Nos sete anos que compõem o primeiro período foram julgados 682 recursos de revista pelo TST envolvendo trabalhadores terceirizados de *call centers* do setor de telecomunicações. Já no segundo período estudado, embora tenha perdurado por apenas um ano, esse número subiu para 1081 recursos de revista julgados.

Essa disparidade pode ser explicada por duas razões: além do crescimento progressivo do número de trabalhadores no setor[410], que repercute no número de demandas ajuizadas, a indefinição da jurisprudência da SBDI-1 do TST sobre a questão da terceirização levou algumas Turmas a suspenderem o julgamento da matéria até que a seção uniformizadora estabelecesse o entendimento prevalecente[411]. Assim, entende-se que esse volume de 1.081 processos julgados em um ano não decorre apenas da distribuição ordinária de processos havida no período, mas do julgamento de processos que se encontravam "represados", aguardando a definição do entendimento da SBDI-1.

Estabelecidos os períodos da pesquisa, subdivididos para efeito de comparação, passou-se à seleção dos acórdãos. A opção metodológica foi por uma nova subdivisão em grupos.

Dentro de ambos os períodos foram realizadas duas filtragens, que estabeleceram, dentro de cada um deles, dois novos grupos: um grupo geral, em que foram selecionados os julgamentos atinentes a reclamações ajuizadas por trabalhadores terceirizados de *call center* do setor de telecomunicações; e um segundo grupo voltado especificamente para a observação do adoecimento, em que se selecionaram acórdãos relativos a reclamações ajuizadas por trabalhadores de *call center* no setor de telecomunicações nos quais houve queixa de doença ocupacional.

---

(408) O período contemplou mais de dez nomeações, porque, além das vagas criadas pela EC n. 45/2004, também houve investiduras decorrentes das aposentadorias dos Ministros mais antigos.

(409) Mauricio Godinho Delgado e Gabriela Neves Delgado observam que, por essa razão, a partir da EC n. 45/2004 houve um acréscimo qualitativo na fundamentação das decisões do TST, sobretudo quanto à articulação dos fundamentos constitucionais de proteção ao trabalho. Consultar: DELGADO, Mauricio Godinho; DELGADO, Gabriela Neves. *Tratado jurisprudencial de direito constitucional do trabalho.* Volume I. São Paulo: Revista dos Tribunais, 2013.

(410) O dado da taxa de crescimento dos trabalhadores em *telemarketing* se elevando a cada ano é expressado por Nogueira, que afirma que entre 1997 e 2001 o crescimento foi de 198,01% (NOGUEIRA, Cláudia Mazzei. As trabalhadoras do telemarketing: uma nova divisão sexual do trabalho? *In:* ANTUNES, Ricardo; BRAGA, Ruy (Orgs.). *Infoproletários.* São Paulo: Boitempo, 2009. p. 198).

(411) O procedimento é comum no TST e visa evitar expor a parte ao dever de recorrer por meio de embargos à SBDI-1 na expectativa de uma mudança de entendimento, o que representa movimentação desnecessária e processualmente pouco econômica da máquina jurisdicional.

Foram tabulados os dados relativos aos dois grupos de cada período, de modo a observar, em ambos os grupos, tanto os fatores da doença, como o enfretamento da terceirização, a fim de concluir a respeito da frequência dos casos de doença em relação aos trabalhadores terceirizados em geral, assim como para observar-se a ocorrência de terceirização nos casos de queixa de adoecimento em *call centers*.

Para tanto, primeiro, a seleção do grupo geral de cada período foi feita utilizando-se como argumentos de pesquisa as expressões *"call center"*, "terceirização" e "telecomunicações", buscadas dentre os acórdãos proferidos pelo Tribunal Superior do Trabalho em sede de recursos de revista, publicados nos períodos declinados acima.

Tomou-se como filtro de pesquisa a restrição aos acórdãos proferidos em sede de recurso de revista, a fim de evitar que os números obtidos fossem falseados pela possibilidade de uma mesma demanda ser julgada pelo TST mais de uma vez, em diferentes graus de recurso, tendo em vista que a Corte possui competência para julgar agravos, agravos de instrumento, recursos de revista, embargos à SBDI-1 e embargos de declaração.

Uma amostragem de aproximadamente 10% (68 acórdãos para o primeiro período e 109 acórdãos para o segundo período) desses conjuntos foi selecionada, de forma distribuída entre os anos de julgamento que cada amostra da pesquisa abrangeu.

Nesses acórdãos foram observados os elementos de fato que envolveram a lide e os posicionamentos adotados em relação aos seguintes pontos: licitude ou ilicitude da terceirização e seus fundamentos; consequência jurídica atribuída ao reconhecimento da licitude ou ilicitude da terceirização; existência de discussão ou não sobre adoecimento; em caso afirmativo, tipo de moléstia reclamada pelo trabalhador; existência ou não de pedido de indenização por dano moral; reconhecimento ou não do dano moral e seus fundamentos; valor do dano moral; reconhecimento ou não do dano material e seus fundamentos; e valor eventualmente atribuído ao dano material.

Por meio desses elementos se pretendeu avaliar a relação entre a condição de precariedade da contratação e eventuais repercussões na saúde dos trabalhadores, bem como a disposição do Poder Judiciário para conectar e juridicizar o nexo entre esses dois elementos, sobretudo na definição das consequências jurídicas de um adoecimento detectado.

Como os pedidos clássicos em relação aos casos de adoecimento referem-se ao pagamento de indenização por danos morais e materiais[412] — como decorrência até do caráter reparatório que a Justiça do Trabalho apresenta, tendo em vista que a ausência de estabilidade no emprego e a facilidade das demissões intimida consideravelmente a propositura de reclamações trabalhistas no curso da relação de emprego —, esses dados foram coletados nos acórdãos pesquisados para adoção de conclusões a respeito das consequências jurídicas do adoecimento.

---

(412) Essa afirmação lastreou-se, a princípio, em uma observação intuitiva em relação aos processos em andamento na Justiça do Trabalho, mas também foi confirmada pelos dados colhidos nessa pesquisa: embora o filtro utilizado para pesquisar acórdãos sobre adoecimento tenha sido exclusivamente a palavra "doença", apenas um dos vinte e três acórdãos referia-se à discussão sobre estabilidade no emprego, enquanto todos os demais versavam sobre pedidos de indenização por danos morais e/ou materiais em razão do adoecimento.

Por outro lado, também foram coletadas informações a respeito de condenações por dano moral em casos diversos de situações de adoecimento, pela sensibilidade ao fato de que certas formas de assédio subjetivo que a atual gestão do trabalho promove, antes de produzirem consequências psíquicas profundas e consolidadas, apresentam-se como pequenos constrangimentos e humilhações que são relatados em processos judiciais por trabalhadores que, muitas vezes, ainda não foram diagnosticados ou efetivamente afetados em sua saúde mental.

Perpassando a aferição desses critérios, o olhar da pesquisa sempre se ateve à articulação (ou não) dos fundamentos constitucionais de proteção ao trabalho nos acórdãos, como forma de aferir, também, o lugar da nova ordem instaurada pela Constituição de 1988 em relação ao padrão regulatório afirmado pelo TST no período estudado.

Além dessa pesquisa geral, que conduz à proporção entre o total de demandas e o número de demandas em que há queixa de adoecimento, foi analisado, com relação a cada período, outro conjunto de acórdãos, dessa vez selecionados com o filtro específico do adoecimento, oportunidade em que se deixou de lado o critério da terceirização como argumento de pesquisa.

Assim, a pesquisa realizada com os argumentos "*call center*" e "telecomunicação" e "doença", no mesmo lapso temporal compreendido entre **5.1.2005 e 5.1.2012**, novamente com o filtro dos acórdãos proferidos no julgamento de recurso de revista, ofereceu um total de 23 acórdãos.

Desse conjunto, foram descartados 13 acórdãos, nos quais a palavra doença apareceu, por razões diversas, sem que o adoecimento do trabalhador envolvido na lide fosse objeto da demanda e sem que houvesse discussão jurisdicional a esse respeito. Diante da impertinência temática, foram descartados esses acórdãos, chegando-se a um conjunto de **10 decisões** de interesse para a pesquisa, as quais discutiam efetivamente o adoecimento.

Além desses, destacaram-se do conjunto outros 3 acórdãos em que, em que pese não haver discussão diretamente sobre o adoecimento, aportaram debates sobre assédio moral, sexual e reflexos de afastamentos previdenciários no contrato de trabalho, que também serão utilizados na construção das conclusões desse trabalho.

Com relação ao segundo período (**6.1.2012 a 6.1.2013**) a aplicação dos mesmos filtros ofereceu um conjunto de 30 acórdãos, sendo que 17 foram descartados, também em razão da impertinência temática, chegando-se a um conjunto de **13 decisões**.

Em face dessas decisões, os elementos aferidos foram: ocorrência de terceirização ou não; redefinição judicial do vínculo empregatício como decorrência da terceirização ou não; doença alegada (Classificação Internacional de Doenças — CID ou denominação médica); queixa formulada pelo trabalhador; reconhecimento ou não do nexo de causalidade pela perícia médica e fundamentos; reconhecimento ou não do nexo causal pelas instâncias ordinárias e fundamentos; existência ou não de responsabilização dos reclamados; em caso afirmativo, natureza jurídica (subjetiva ou objetiva) da responsabilidade atribuída; existência ou não de afastamento previdenciário; reconhecimento ou não de estabilidade acidentária; e, por fim, condenação ou não ao pagamento de indenização por dano material e/ou dano moral, com os respectivos valores.

Novamente a condição de contratação é levantada pela suposta conexão existente entre a precariedade e o adoecimento. A aferição do reconhecimento do nexo causal por peritos judiciais e magistrados das instâncias ordinárias também se fez necessária em razão do suposto caráter fático-probatório dessas matérias, que, por força do óbice da Súmula n. 126 do TST, apresentaram-se como matérias não revistas pelo TST em grau de recurso. Por isso mesmo, adquiriu relevância o posicionamento dos juízes de 1º e 2º grau e dos peritos judiciais, atomisticamente, sobre a existência de nexo causal, já que esse demonstrou ser o critério amplamente utilizado pela jurisprudência para o trato do adoecimento pelo trabalho.

A aferição da responsabilização dos reclamados e, sobretudo, a natureza da responsabilidade (se objetiva ou subjetiva) revelou-se essencial à compreensão do entendimento do TST a respeito da natureza da atividade de *call center* e da sua observação em relação ao grau de risco por ela causado.

O confronto com o dado previdenciário e as repercussões jurídicas do adoecimento também foram relevantes para observação do tema.

Mais uma vez, a articulação dos princípios constitucionais de proteção ao trabalho na solução das controvérsias foi objeto de avaliação.

Cumpre observar que, em razão do isolamento, dentro de um mesmo período, de dois grupos paralelos (um geral e outro específico para estudo do adoecimento), tem-se a repetição, em alguns momentos, de acórdãos já analisados no grupo geral quando da descrição do grupo específico de adoecimento. Essas ocorrências se justificam porque, como as decisões que compuseram cada um dos grupos foram aleatoriamente selecionadas dentro do período recortado, uma mesma decisão pôde vir a compor ambos os grupos amostrais. Quando isso aconteceu, foi devidamente sinalizado para o leitor.

Impende esclarecer também que os acórdãos analisados foram filtrados exclusivamente a partir desse critério objetivo (resultados da ferramenta de pesquisa disponível no sítio virtual do TST, a partir dos argumentos já expostos), procedimento que não contou com a intervenção da pesquisadora. Inclusive por isso, a amostra contempla decisões em que determinados Ministros relatores se repetem e não contempla decisões emanadas de todos os vinte e sete Ministros que compõem a Corte atualmente.

A ausência de uma seletividade dessa natureza, aliás, reafirma o viés impessoal que essa investigação assume no estudo da jurisprudência da Corte Superior Trabalhista: ao invés de identificar os entendimentos e condutas individuais de cada um dos relatores, os objetivos dessa pesquisa se concentram na identificação de um padrão jurisprudencial representativo do Tribunal Superior do Trabalho no momento histórico avaliado. Estritamente sobre esse padrão, que decorre dos entendimentos que prevaleceram no Tribunal no período estudado, se deita a análise crítica e propositiva dessa pesquisa, que certamente não pretende expor (positiva ou negativamente) posições individuais de seus integrantes.

As referências e eventuais transcrições dos acórdãos são fiéis aos originais, ressalvando-se apenas que os nomes das pessoas físicas (reclamantes, testemunhas e prepostos), assim como das pessoas jurídicas envolvidas nos processos judiciais analisados foram suprimidos ou indicados apenas por meio de suas iniciais, conforme usualmente adotado em obras congêneres.

Esses foram os critérios objetivos que orientaram a pesquisa, cujos resultados serão a seguir delineados.

3.2.1.1. Amostra do período compreendido entre 5.1.2005 e 5.1.2012

3.2.1.1.1. *Primeiro grupo: grupo geral de acórdãos proferidos em reclamações trabalhistas ajuizadas por trabalhadores terceirizados de* call center *do setor de telecomunicações*

Primeiramente, vale o registro de que a amostragem analisada, como se esperava, revela um período de instabilidade na jurisprudência da Corte Superior Trabalhista, perfazendo-se um total de 29,4% de casos em que o TST julgou lícita a terceirização no setor de *telemarketing* contra 70,6% de casos em que o TST reputou-a ilícita, determinando a formação do vínculo diretamente com a tomadora de serviços e reconhecendo, por consequência, o direito do trabalhador aos benefícios normativos conferidos aos empregados das tomadoras de serviços.

Também é de se observar que as empresas envolvidas nos processos analisados são basicamente as mesmas, o que corrobora o dado, já afirmado por Ruy Braga, de que o setor é dominado pela lógica monopolista: duas grandes empresas representam 70% da amostra das reclamações analisadas, com participação, em menor relevância, de outras duas empresas que também abocanham parcelas relevantes do mercado (5,7% e 8,6% das reclamações).

Quanto ao cerne da pesquisa, tem-se que, do total da amostra de 68 acórdãos pesquisados, quatro deles veiculavam pretensões relativas a indenização por dano moral não diretamente associadas ao adoecimento e somente **um caso** reportava-se à existência de doença em discussão paralela à circunstância da terceirização[413].

A inexpressividade dos acórdãos que julgam demandas propostas por operadores de *telemarketing* do setor de telecomunicações e que enfrentam queixas de adoecimento em relação ao total de acórdãos julgados revela um distanciamento entre as pautas verbalizadas pelos trabalhadores entrevistados por diversos pesquisadores a respeito das condições de trabalho e aquilo que é efetivamente discutido nos processos judiciais que são examinados pelo TST.

Ou seja, apesar do reconhecido número de afastamentos previdenciários por adoecimento no setor e da significativa quantidade de pesquisas produzidas a respeito do adoecimento

---

(413) Importante observar, entretanto, que o filtro adotado foi bem incisivo: foram analisados apenas os processos que sobem ao TST, em que o recurso de revista foi admitido e no qual as matérias dano moral/dano material/estabilidade em razão de doença eram objeto de recurso.

dessa parcela dos trabalhadores, nas demandas propostas por operadores de *telemarketing* do setor de telecomunicações perante a Justiça do Trabalho, as discussões que alcançaram a instância extraordinária do TST em grau de recurso, nesse lapso de sete anos, versaram, prioritariamente, sobre o reconhecimento do vínculo empregatício com a tomadora de serviços, sem tocar diretamente a questão do adoecimento.

Nesse contexto, a primeira conclusão adotada é de que, senão a propositura das reclamações trabalhistas com esse objeto específico, ao menos a seletividade que rege a interposição de recursos para a instância superior (por empregados e por empregadores) tem restringido a discussão dos operadores de *call center* do setor de telecomunicações, no âmbito judicial, aos limites e consequências jurídicas da terceirização. Ou seja, a discussão sobre a condição precária do vínculo terceirizado adquire relevância tamanha que ofusca outras pretensões igualmente relevantes (como, por exemplo, pedidos relativos a parcelas trabalhistas específicas, direitos assegurados em normas coletivas, reparações morais e materiais, entre outros).

Nesse dado, também é importante observar que dos 68 acórdãos pesquisados, 60 foram proferidos no julgamento de recursos interpostos pelas empresas, e não pelos reclamantes. O que leva a dizer da dificuldade dos trabalhadores de acessar a última instância recursal aliada a um certo estímulo à interposição de recursos pelas empresas: a instabilidade da jurisprudência do TST quanto ao tema pareceu tornar válido o investimento na medida recursal. Também se presume que à dificuldade de acesso dos trabalhadores às instâncias superiores se associa a precariedade de suas próprias pretensões, que, de tão desprovidos de direitos e de uma estrutura sindical sólida de apoio, possivelmente restringem seus pedidos a uma simplicidade mínima em face do tipo de violações a que são expostos.

E as observações acima aventadas certamente podem agir em conjunto para obstaculizar a cognição do Poder Judiciário sobre um dos mais importantes temas que envolvem hoje o trabalho no setor de *telemarketing,* que é o adoecimento massivo desses trabalhadores.

Vale acrescer ao quadro a censura social quanto à doença, que pode contribuir como fator de desencorajamento dos trabalhadores de deduzirem perante o Poder Judiciário pretensões reparatórias por adoecimento.

Como discutido no Capítulo I, a atitude de negação do sofrimento e até mesmo da dor ocasionadas pelo trabalho, segundo Dejours, é vista como a demonstração da coragem dos "vencedores", tão cara à ideologia individualista do sucesso pelo empenho, que é característica do novo modelo de organização produtiva[414]. Como aprofundamento dessa atitude, Dejours fala de mecanismos de neutralização da mobilização coletiva contra o sofrimento, que consistem num "silêncio, cegueira e surdez"[415] com relação ao problema, supostamente decorrentes do constrangimento de reconhecer que se sofre em razão do trabalho.

---

(414) DEJOURS, Christophe. *A banalização da injustiça social.* Rio de Janeiro: Fundação Getúlio Vargas, 2006. p. 130 e 141.
(415) *Ibidem,* p. 51.

O processo leva a um círculo vicioso que oculta o problema em relação aos espaços de discussão próprios das demandas relativas ao trabalho (sindicatos, comissões internas de prevenção a acidentes e convívio entre colegas), sendo que tal lógica em grande medida alcança as discussões travadas no âmbito do Poder Judiciário.

O panorama geral de elementos utilizados como indicadores na amostra de acórdãos ora analisada, apesar de ter oferecido apenas um caso de doença, trouxe quatro situações em que houve pedido de indenização por dano moral, nas quais as causas dos pedidos reportavam-se a situações que recorrentemente são indicadas nas pesquisas sociológicas como indicativas das condições de trabalho hostis do setor de *telemarketing*.

O único caso de doença identificado na amostra geral[416] referia-se a um pedido, formulado no recurso interposto pela trabalhadora, de majoração do valor da indenização por dano moral deferida na instância ordinária à operadora de teleatendimento que contraiu, em razão do trabalho, tendinopatia dos flexo-extensores no seu membro superior direito.

Nas instâncias ordinárias houve reconhecimento do nexo de causalidade entre a doença e o trabalho e, a título de reparação, a empregadora foi condenada ao pagamento de indenização por dano moral no valor de R$ 10.000,00 e foi fixado pensionamento no valor correspondente a 5% do salário da trabalhadora, por se tratar do percentual de incapacitação que adveio da doença. A instância ordinária havia reconhecido a licitude da terceirização de serviços no setor e indeferido o pedido da reclamante quanto à formação do vínculo diretamente com a tomadora de serviços. O reconhecimento do adoecimento foi, sob esse prisma, tratado como circunstância atípica, não relacionada à precariedade.

No caso, a decisão regional que deferiu a indenização por dano moral pautou-se no laudo pericial que, reconhecendo tratar-se de doença ocupacional, apontou que as atividades da trabalhadora "apresentaram diversos fatores ergonômicos significativos adversos atuando concomitantemente" e considerou serem esses os únicos agentes que poderiam ser responsabilizados pela gênese das patologias diagnosticadas. O Tribunal Regional concluiu por uma perda funcional de 5%, que significa redução da capacidade laborativa, e identificou a ocorrência de culpa da empresa em face da relação entre a ocorrência da doença e as condições ergonômicas desfavoráveis do ambiente de trabalho, motivo pelo qual atribuiu a ela responsabilidade subjetiva.

No julgamento do recurso de revista interposto pela reclamante, o TST confirmou o valor da condenação ao pagamento de indenização por dano moral em razão do adoecimento, apontando não haver viabilidade de conhecimento técnico do recurso nesse aspecto. O TST também confirmou o valor da pensão arbitrada, entendendo que a Corte Regional observou o disposto no art. 950 do Código Civil, e confirmou ainda a tese da licitude da terceirização.

Observa-se da fundamentação do acórdão proferido pelo TST que os elementos fáticos constantes dos dois temas do recurso não são articulados, de modo que a argumentação

---

(416) BRASIL. TRIBUNAL SUPERIOR DO TRABALHO. Processo n. TST-RR-42740-20.2007.5.24.0006. Data de Julgamento: 15.12.2010. Relatora Ministra: Dora Maria da Costa. 8ª Turma. Data de Publicação: DEJT 17.12.2010.

referente ao adoecimento, na qual ficou assentada a culpa da empresa e o nexo de causalidade entre o trabalho e a doença, além dos prejuízos incontestes à saúde da trabalhadora, não se conecta com a discussão sobre a precariedade da contratação. Note-se que o único critério historicamente adotado pelo TST para limitar o fenômeno da terceirização (distinção entre atividade-fim e atividade-meio) é afastado em face da interpretação literal do dispositivo contido na Lei Geral de Telecomunicações, à qual não foi agregado nenhum outro elemento normativo do ordenamento jurídico, notadamente a Constituição Federal.

Os outros **quatro casos** que se destacam no quadro geral produzido pelos indicadores dos acórdãos referem-se a pedidos de indenização por dano moral em decorrência de: 1) assédio moral, que foi alegado pela trabalhadora sob o argumento de que as metas exigidas pela gerência eram excessivas e que havia constrangimento dos trabalhadores na cobrança; 2) assédio moral praticado por um gerente que teria reiteradamente agredido verbalmente a trabalhadora; 3 e 4) dois casos de pedido de indenização em razão do controle do uso do banheiro.

A primeira alegação de **assédio moral**[417], suscitada pelo caráter excessivo das metas cobradas e do constrangimento na sua exigência, foi analisada pelo TST no bojo do recurso das empresas reclamadas.

Tratava-se de situação em que a indenização por dano moral já havia sido deferida na instância ordinária, embora não haja menção no acórdão ao valor arbitrado à condenação.

No acórdão regional constou que foi comprovado suficientemente o constrangimento sofrido pelo reclamante no seu ambiente de trabalho, em razão da conduta adotada pelos coordenadores da empresa terceirizada que, com a conivência da empresa tomadora de serviços, impunham aos operadores e supervisores de *telemarketing* o cumprimento de metas de maneira abusiva e desagradável, ofendendo sua honra e "extrapolando os limites da urbanidade". Ainda nesse caso, o Tribunal Regional havia reputado ilícita a terceirização e havia determinado a formação do vínculo empregatício com a tomadora de serviços.

O TST confirmou a decisão regional quanto aos dois temas, não conhecendo integralmente dos recursos empresariais. Destaque-se que, com relação ao pedido de indenização por dano moral, o TST entendeu que a conduta empresarial feria a **dignidade da pessoa humana**, dando azo ao pagamento de indenização.

No segundo caso de **assédio moral**[418], houve pedido de indenização por dano moral em face de agressões verbais proferidas pelos gerentes contra o trabalhador e, também no bojo de recurso empresarial, o TST se manifestou sobre a questão, confirmando a condenação imposta pelo TRT, com respaldo na Súmula n. 126 do TST. A indenização de R$ 3.000,00 foi reputada razoável e proporcional.

---

(417) BRASIL. TRIBUNAL SUPERIOR DO TRABALHO. Processo n. TST-RR-16100-43.2009.5.03.0022. Data de Julgamento: 29.6.2011. Relatora Ministra: Rosa Maria Weber. 3ª Turma. Data de Publicação: DEJT 19.8.2011.

(418) BRASIL. TRIBUNAL SUPERIOR DO TRABALHO. Processo n. TST-RR-208-93.2010.5.03.0011. Data de Julgamento: 28.6.2011. Relator Ministro: Carlos Alberto Reis de Paula. 8ª Turma. Data de Publicação: DEJT 15.8.2011.

No caso, constara do acórdão regional que "a testemunha ouvida a rogo do Reclamante, A.C.M.D., informou: '(...); que conhece a supervisora A., a quem o reclamante estava subordinado; que a depoente presenciou a supervisora A. chamando o reclamante de *idiota, retardado,* e que não acreditava que ele tinha feito isso; que todos os que estavam no setor puderam ouvir as palavras ditas pela supervisora; que soube através do reclamante que *a discussão aconteceu porque o reclamante tirou uma nota ruim na monitoria de qualidade*'".

No entanto, com relação ao vínculo empregatício, o TST reformou a decisão da Corte de origem para reputar lícita a terceirização e restabelecer o vínculo de emprego com a empresa prestadora de serviços, com respaldo na interpretação literal do art. 94, II, da LGT.

Sobre o **controle do uso do banheiro**, a primeira decisão do Tribunal Superior do Trabalho analisada foi proferida no recurso interposto pela trabalhadora[419] e, apesar de inequívoco nos autos que havia controle do uso do banheiro pelo empregador, a confirmação da absolvição da empregadora foi amparada na impossibilidade de revolvimento da matéria fática (Súmula n. 126 do TST).

Tendo em vista que o Tribunal Regional do Trabalho havia indeferido o pedido de indenização por dano moral formulado pela trabalhadora ao fundamento de que "a situação não configura nenhum absurdo" porque "não há nenhuma evidência de que o empregador impedisse os trabalhadores de irem ao banheiro quando, de fato, não houvesse mais possibilidade de se aguardar para a realização das necessidades fisiológicas", o TST confirmou a decisão de origem registrando que "tendo o Regional consignado que, em caso de necessidade, os empregados poderiam utilizar o sanitário fora do horário estipulado, a análise das alegações da reclamante esbarra no óbice da Súmula n. 126 desta Corte". Não houve menção no acórdão nem a preceitos constitucionais tampouco à coibição expressa do controle do uso do banheiro contida no item 5.7 do Anexo II da NR-17.

No mesmo acórdão, o entendimento do TST foi no sentido de reconhecer a ilicitude da terceirização de serviços e de determinar a formação do vínculo empregatício diretamente com a tomadora, porque o serviço de *call center* pertenceria à sua atividade-fim.

A segunda decisão a respeito do **controle do uso do banheiro**[420] foi proferida no recurso de revista interposto pelas reclamadas. Nesse julgado, o Tribunal Superior reformou a decisão das instâncias ordinárias, para reputar lícita a terceirização do serviço de *call center*, também com fundamentação na suposta autorização conferida pela Lei Geral de Telecomunicações. Nesse caso, o *call center* não foi entendido como atividade-fim das empresas de telecomunicação "na medida em que os serviços de *call center* não se ajustam ao núcleo da dinâmica empresarial da tomadora dos serviços, configurando mera

---

(419) BRASIL. TRIBUNAL SUPERIOR DO TRABALHO. Processo n. TST-RR-35840-96.2008.5.24.0002. Data de Julgamento: 14.12.2011. Relator Ministro: Augusto César Leite de Carvalho. 6ª Turma. Data de Publicação: DEJT 19.12.2011.

(420) BRASIL. TRIBUNAL SUPERIOR DO TRABALHO. Processo n. TST-RR-47400-63.2008.5.03.0020. Data de Julgamento: 11.5.2011. Relatora Ministra: Dora Maria da Costa. 8ª Turma. Data de Publicação: DEJT 20.5.2011.

atividade inerente". Assim, a situação foi enquadrada na regra geral da Súmula n. 331 quanto à possibilidade de terceirização de atividade-meio.

Ao mesmo tempo, o TST não conheceu do recurso de revista patronal na parte em que pretendia a exclusão da indenização por dano moral de R$ 3.000,00 imposta pelo Tribunal Regional em razão do controle do uso do banheiro.

A fundamentação exposta pelo Tribunal ordinário foi sensível à amplitude do problema, contextualizando a conduta reiterada das empresas gestoras de *call centers* quanto ao controle excessivo do uso de banheiros e extraindo da prova testemunhal, que, no caso concreto, a autora dispunha de um intervalo de cinco minutos para uso do banheiro e que a inobservância desse curto lapso, além de gerar advertência verbal dos superiores, ficava registrada em relatório divulgado entre todos os empregados.

Relatou a testemunha ouvida que a reincidência do empregado nesse relatório por três meses era considerada motivo de dispensa e também foi relatado pela testemunha que "se o tempo médio de atendimento tivesse sido ultrapassado não era possível que o atendimento fosse paralisado, nem mesmo para o empregado usufruir os 5 minutos regularmente concedidos para o uso do banheiro".

Por isso, o TRT entendeu ter havido extrapolação dos limites do poder disciplinar e configuração de ato ilícito, eis que ignoradas "as mais básicas necessidades do ser humano".

Diante dessa fundamentação, a decisão do TST orientou-se no sentido de não revolver conteúdo fático probatório, confirmando a condenação sem remissão aos fundamentos jurídicos remotos de proteção ao trabalho. O valor da indenização também foi considerado razoável pelo Tribunal Superior do Trabalho.

3.2.1.1.2. Segundo grupo: grupo específico de acórdãos sobre adoecimento de trabalhadores de *call center* do setor de telecomunicações

a) Considerações gerais

O quadro pesquisado especificamente a partir do filtro da doença, por sua vez, foi formado por **10 casos** relativos a doenças, das mais heterogêneas modalidades.

Em todos os casos de adoecimento analisados o trabalhador era terceirizado e, curiosamente, mesmo nas situações em que condenou a empresa a reparar o trabalhador pelo adoecimento, reconhecendo o nexo entre labor e doença, **o TST não conectou a discussão sobre a precariedade da forma de contratação com a exposição da saúde do trabalhador**.

Em 6 dos 10 acórdãos, o TST reputou lícita a terceirização e deixou de reconhecer o vínculo empregatício diretamente com o tomador de serviços. O número é expressivo, considerando que em um dos acórdãos pesquisados não houve discussão sobre o tema, o que resulta em 3 casos de declaração de ilicitude contra 6 de declaração de licitude. E em vários casos em que houve reconhecimento da licitude da terceirização, indiferentemente, houve reconhecimento do nexo de causalidade entre trabalho e adoecimento, inclusive com condenação empresarial nesse sentido.

Em nenhum deles, no entanto, a precariedade da contratação é considerada como fator constitutivo de adoecimento. Fica evidenciado, ainda, que o dado sobre o adoecimento massivo dessa categoria não é uma informação considerada pela Corte Superior em seus julgamentos, inexistindo entendimento consolidado a respeito da produção sistemática de trabalhadores doentes e inválidos pelo modelo de organização produtiva desse setor.

Como consequência, o que se observa é que fica sendo ônus do trabalhador provar, no bojo da ação judicial, que sua enfermidade tem relação com o trabalho, contabilizando--se situações em que prova pericial desfaz o nexo a partir de condições hereditárias ou pré-disposições do obreiro, sem referência à situação coletiva de adoecimento dos trabalhadores em *call centers*.

A pequena amostra de 10 acórdãos dá notícia de quadro heterogêneo de doenças, tal como já levantado em outras pesquisas realizadas diretamente com os trabalhadores: lesões por esforço repetitivo, perdas auditivas e problemas neurológicos aparecem como decorrências do trabalho.

Também se afigurou relevante que, quando houve discussão sobre adoecimento, a dedução da pretensão perante a instância extraordinária se deu por meio de recurso dos trabalhadores. Em sete dos dez casos em que houve discussão sobre doença, os acórdãos foram proferidos no julgamento dos recursos dos reclamantes. A metade (5 de 10) dos recursos examinados sobre doença referia-se a indenizações já alcançadas pelo trabalhador, com recurso do reclamante para o TST apenas para postular a majoração do valor da indenização. E em dois deles tratava-se de recurso de revista do reclamante para provocar o reconhecimento do nexo causal entre doença e trabalho, com a correspondente reparação. Apenas três reportavam a recursos da empresa para afastar a indenização e/ou reduzir seu valor.

Esses dados, primeiro, demonstraram um predomínio do reconhecimento do caráter ocupacional das doenças e de responsabilização das empresas pelo adoecimento no âmbito das instâncias ordinárias (sete dos dez casos), ainda que díspares os valores arbitrados às condenações.

Por outro lado, levam a crer que, para chegar à cúpula do judiciário trabalhista, a discussão sobre adoecimento depende mais da atuação do trabalhador e que muitos trabalhadores ou não postulam, ou se conformam com as indenizações alcançadas nas instâncias ordinárias, até porque, como será demonstrado, a regra é que no TST não haja intervenção quanto à quantificação das indenizações. E a ausência de intervenção do TST quanto ao estabelecimento do nexo causal e quanto ao valor das indenizações, por outro lado, parece inibir a interposição de recursos pelas empresas.

A pesquisa denota que, apesar da disparidade entre os **valores das indenizações** fixadas nos casos de adoecimento (de R$ 500,00 até 15.000,00), o TST não modificou os valores arbitrados, seja porque os considerou indistintamente razoáveis, seja porque entendeu que para modificá-los seria necessário revolver fatos e provas, procedimento obstado pela Súmula n. 126. O que emerge, portanto, é que **o TST, em sua cognição judicial, nos casos analisados, não adentrou à análise desse tipo de matéria**, apesar de essa revelar-se como importante forma de regulação do trabalho, já que atuaria no sentido de imputar custos aos empregadores que descuram das condições de saúde no trabalho, desestimulando a conduta pelo eficiente apelo econômico.

O recurso à Súmula n. 126 do TST no que concerne ao estabelecimento do nexo causal, a pretexto de obedecer à repartição constitucional de competência jurisdicional[421], funda-se na premissa de que a situação de adoecimento é particularizada e, por isso mesmo, aferida no caso concreto, com respaldo na prova singular produzida nos autos. **Esse entendimento informa uma preconcepção do TST de que a doença não é, em regra, fator decorrente de condições gerais de trabalho, que podem ser consideradas a partir de dados estatísticos e científicos.**

A contextualização de cada situação singularizada dentro de um quadro geral de risco da atividade de *telemarketing* refutaria a incidência do óbice da Súmula n. 126, já que se trata de condição geral, não restrita às partes processuais e viavelmente ponderada pelo magistrado em seu julgamento com base em regras da experiência.

No entanto, ao restringir-se ao contexto probatório que se encontra produzido naqueles autos para aquela situação individualizada, valendo-se da máxima de que "o que não está nos autos não está no mundo", o TST adota um posicionamento favorável aos empregadores, no sentido de que certas condições de trabalho e o adoecimento não se conectam à condição de risco criado nem engendram uma potencial assunção de responsabilidade pelo empregador.

Não se olvida aqui toda a restrição que a necessidade de observância do procedimento judicial amparado no devido processo legal e nas garantias do contraditório e da ampla defesa implica, sobretudo quando o problema chega ao Poder Judiciário por meio de demanda individual, e não coletiva.

No entanto, percebe-se que a logística individualista do Poder Judiciário vai de encontro ao procedimento que os órgãos previdenciários já vêm adotando para enquadrar as doenças como ocupacionais, o que é feito por meio do Nexo Técnico Epidemiológico Previdenciário (NTEP)[422] entre a lesão individual revelada pelo trabalhador e sua pertinência no quadro geral da atividade em que ele se ativa, como será abordado no item 3.3.

---

(421) De acordo com a Constituição Federal, art. 114, fica a cargo do TST a uniformização de jurisprudência do país e não a reapreciação da justiça da decisão (que é controlada pela segunda instância ordinária).

(422) A previdência define o critério do nexo epidemiológico como um importante mecanismo auxiliar para a caracterização de um acidente ou doença do trabalho. De acordo com informações disponíveis no sítio virtual do Ministério responsável, a partir do cruzamento das informações de código da Classificação Internacional de Doenças – CID-10 e de código da Classificação Nacional de Atividade Econômica – CNAE, o NTEP aponta a existência de uma relação entre a lesão ou agravo e a atividade desenvolvida pelo trabalhador. De acordo com os dados oficiais "A indicação de NTEP está embasada em estudos científicos alinhados com os fundamentos da estatística e epidemiologia. A partir dessa referência a medicina pericial do INSS ganha mais uma importante ferramenta-auxiliar em suas

A questão é compreender que a desconexão entre o caso individual de adoecimento e o quadro geral de lesões que uma determinada atividade vem potencialmente causando aos seus empregados contribui sobremaneira para a deficiência da regulação judicial do trabalho e para a isenção de responsabilidades.

Ademais, mesmo quando se tratou de confirmar as condenações impostas pelos Tribunais Regionais, a análise jurisdicional adstrita aos óbices processuais, na ampla maioria dos acórdãos analisados, revelou um distanciamento dos fundamentos constitucionais de proteção ao trabalho.

Se o acréscimo da competência da Justiça do Trabalho para o julgamento das questões relativas a acidentes de trabalho e doenças ocupacionais objetivava submeter tais matérias à sensibilidade jurídica diferenciada do Direito do Trabalho, o que se observou, nos casos analisados, foi uma adstrição da análise à responsabilidade civil do empregador, nos termos dos arts. 186 e 927, *caput*, do Código Civil, de forma afastada das diretrizes que a Constituição Federal estabelece para o trabalho e para a saúde do trabalhador (e até mesmo das premissas de constitucionalização do próprio Direito Civil, que é subsidiariamente aplicado). Quando utilizados, esses fundamentos apareceram como meros reforços argumentativos e não com força normativa imediata.

b) Os casos estudados

No **primeiro caso** estudado[423], dos 10 casos sobre o adoecimento identificados pelo filtro da pesquisa, em que pese não ter envolvido discussão sobre a licitude ou ilicitude terceirização, é possível depreender que se tratava de uma trabalhadora terceirizada, que interpôs recurso de revista para perseguir o aumento do valor da indenização por dano moral arbitrada na instância ordinária (R$ 3.000,00). Supõe-se, pois, que o pedido de reconhecimento da ilicitude da terceirização ou não foi formulado na inicial ou foi acolhido pelas instâncias ordinárias sem recurso por parte das reclamadas.

O caso era de trabalhadora sucessivamente afastada para gozo de benefícios previdenciários em razão de quadro agudo de dor no braço direito. A perícia realizada no Tribunal Regional reconheceu o nexo entre a doença ("epicondilite de cotovelo e bursite no ombro") e o trabalho e identificou a culpa da empregadora a partir dos seguintes elementos:

> Determinada, em Juízo, perícia médica (fl. 37), o laudo encontra-se às fls. 493 e seguintes e neles há destaque para os seguintes elementos, não infirmados por quaisquer outros (fl. 495):
>
> a) ausência de ginástica laboral regular na empresa;

---

análises para conclusão sobre a natureza da incapacidade ao trabalho apresentada, se de natureza previdenciária ou acidentária". O dado oficial também informa que o NTEP foi implementado nos sistemas informatizados do INSS, para concessão de benefícios, em abril de 2007 e de imediato provocou uma mudança radical no perfil da concessão de auxílios-doença de natureza acidentária: houve um incremento da ordem de 148%: "Este valor permite considerar a hipótese que havia um mascaramento na notificação de acidentes e doenças do trabalho". Disponível em: <http://www.mpas.gov.br/conteudoDinamico.php?id=463>. Acesso em: 21 jul. 2013, 14:58.

(423) BRASIL. TRIBUNAL SUPERIOR DO TRABALHO. Processo n. TST-RR-443200-93.2005.5.09.0663. Data de Julgamento: 3.8.2011, relatora Ministra: Rosa Maria Weber. 3ª Turma. Data de Publicação: DEJT 12.8.2011.

b) para as atividades de atendente de call center a pausa de 10min para cada 50min trabalhados é recomendada, conforme NR-17, item 17.6.3 (atividades com sobrecarga muscular estática ou dinâmica do pescoço, ombros, dorso e membros superiores e inferiores), o que não foi observado pela Reclamada;

c) que a empresa entregou um manual contendo orientações gerais sobre o trabalho, entretanto sem orientação efetiva sobre as questões ergonômicas;

d) a empresa não realizou laudo ergonômico (fl. 498);

e) a empresa não apresentou nos autos ou ao perito avaliação do médico do trabalho responsável na época que a Reclamante adoeceu, tampouco exame quando do retorno ao trabalho (fl. 500);

f) a empresa não encaminhou a Reclamante ao departamento de saúde ocupacional para investigar e/ou analisar se as queixas da mesma poderiam ou não estar relacionadas ao trabalho (fl. 500).

Com tais elementos e considerado o grau de risco da empresa (risco 2 – fl. 492), conforme Quadro I da NR-4 (que compromete inclusive a empresa contratante, no caso a Sercomtel, conforme item 4.5 da NR-4 e item 7.1.3 da NR-7), CONCLUO pela culpa patronal, ante as omissões acima elencadas e que afrontam a disposição do art. 157, I, II e III da CLT.

O interessante nesse caso, em que, quanto à doença, o TST foi instado a se manifestar apenas em relação ao valor da indenização, foi que, paralelamente ao julgamento do pedido de indenização por dano moral em decorrência da alegação de doença ocupacional, foi julgado o pedido da autora quanto ao pagamento da remuneração relativa ao intervalo do art. 72 da CLT. Nesse ponto, o TST julgou descabida a aplicação analógica do art. 72 da CLT porque a reclamante não era exclusivamente digitadora.

Observe-se que a não fruição de referido intervalo foi o segundo item destacado pelo perito para caracterizar a culpa da empresa, entendendo imprescindível à preservação da saúde da trabalhadora que o intervalo fosse fruído quando do exercício da atividade de atendente de *call center*, inclusive nos termos do Anexo II da NR-17 do MTE. No entanto, esse elemento foi desconsiderado pela Turma julgadora ao indeferir a pretensão da reclamante quanto à remuneração relativa ao intervalo.

Assim procedendo, o TST, embora confirme a condenação ao pagamento de indenização por dano moral nesse caso específico (sem, contudo, majorar o valor da indenização), sinalizou para a jurisprudência do país que as operadoras de *telemarketing* que não se ativam exclusivamente como digitadoras não precisam gozar do referido intervalo, o que, de acordo com o perito médico, propicia doenças do trabalho, como a que acometeu a obreira. A exegese foi construída em total omissão quanto ao disposto no Anexo II da NR-17. Também não houve cotejo da situação coletiva de exaustão que permeia o trabalho dos operadores de *telemarketing* e a situação de adoecimento cíclico que a pesquisa sociológica informa.

Salienta-se, ademais, que o pedido de majoração do valor da condenação formulado pela trabalhadora foi refutado pela Corte Regional porque, além da lesão não ter reduzido sua capacidade laborativa, ficou evidenciado que alguns elementos da vida pessoal da reclamante eram concausas da doença, daí por que o empregador não poderia ser exclusivamente responsabilizado:

Finalmente, que as provas evidenciam agravamento do quadro patológico por concausas para as quais não contribuiu a Reclamada, quais sejam: a) quadro de fibromialgia (fl. 28, segundo e quinto documentos e fl. 505, item 8); b) atividades como dona de casa e como estudante (fl. 501, resposta 10 ao quesito da Reclamada).

Portanto, salvaguardadas as devidas proporções, a condução do *modus vivendi* da Reclamante, também colaborou para a manutenção/agravamento do quadro patológico.

O recurso não foi conhecido pelo TST, no particular, ao fundamento de que a decisão amoldava-se aos postulados da proporcionalidade e da razoabilidade.

O **segundo acórdão**[424] estudado também foi proferido no julgamento do recurso da reclamante. De início, a decisão regional que excluiu o vínculo com o tomador de serviços reputando lícita a terceirização foi confirmada pelo TST, e, com relação à doença, o recurso da reclamante, que visava a majoração do valor da indenização por dano material (R$ 10.000,00) e moral (R$ 6.000,00), não foi conhecido em função de óbices processuais.

A reclamante, em razão de doença não informada no acórdão, teve sua capacidade funcional comprometida em 17,5%, com inviabilidade de desempenhar a profissão anteriormente exercida. O Tribunal Regional consignou o nexo de causalidade e a culpa empresarial. O TST confirmou essa decisão com amparo nas Súmulas ns. 126 e 296 e também indicando a observância da razoabilidade e da proporcionalidade.

Observe-se que não conhecer ou não mencionar a doença que era objeto do processo não obstou o julgamento, na medida em que o adoecimento e as circunstâncias nas quais ele se insere não são considerados passíveis de uniformização pelo TST, ao fundamento de que retratam matéria fático-probatória.

No **terceiro acórdão**[425], também em sede de recurso interposto pelo trabalhador, o TST deu provimento ao apelo para reconhecer a ilicitude da terceirização e o vínculo empregatício diretamente com o tomador de serviços. Mas negou os pedidos da reclamante quanto ao dano moral por doença ocupacional e por assédio moral (controle do uso de banheiro).

No caso, a reclamante, operadora de *telemarketing*, alegou ser "portadora de tendinite e bursite nos ombros, cotovelos, punhos e mãos", mas o perito médico opinou no sentido de que "embora a autora tenha tido quadro de tendinite, a enfermidade reverteu-se por completo antes de ser desligada da empresa e não há nexo causal entre o trabalho e as doenças que ela indicou na inicial", no que foi acompanhado pelas instâncias ordinárias e pelo TST. O Tribunal Regional ainda completou: "Ademais, mesmo que houvesse relação entre a doença e o trabalho, não seria possível, no caso, responsabilizar a reclamada porque também não há prova de culpa, elemento igualmente indispensável para gerar a

---

(424) BRASIL. TRIBUNAL SUPERIOR DO TRABALHO. Processo n. TST-RR-52800-55.2007.5.24.0005. Data de Julgamento: 29.6.2011. Relator Ministro: Pedro Paulo Manus. 7ª Turma. Data de Publicação: DEJT 12.8.2011.

(425) BRASIL. TRIBUNAL SUPERIOR DO TRABALHO. Processo n. TST-RR-142500-08.2008.5.24.0005. Data de Julgamento: 22.6.2011. Relator Ministro: Emmanoel Pereira. 5ª Turma. Data de Publicação: DEJT 5.8.2011.

obrigação de indenizar". O dado concernente à ocorrência reiterada dessa mesma espécie de lesão no setor de *telemarketing* não foi objeto de consideração no acórdão.

Já com relação ao pedido de indenização por danos morais em razão do controle do uso do banheiro, em que pese a constatação de que houve restrição do uso do sanitários, o Tribunal Superior não vislumbrou dano moral por ponderar que a restrição ao uso de banheiro não seria, em si, uma proibição ou um constrangimento ao trabalhador, mas apenas uma imperiosidade da gestão do trabalho, a fim de que os postos de atendimento não fossem esvaziados com a ida de todos os empregados ao banheiro ao mesmo tempo.

Firmou o TST, assim, que o controle do uso do banheiro, por si só, não é problemático, se ele não vem acompanhado de nenhuma situação constrangedora que agrave a exposição a que o trabalhador é submetido. A tensão causada pelo controle dos tempos mortos de trabalho não é confrontada com a alegação e o quadro sintomático de adoecimento pelo trabalho, que pode ser associada ao ritmo de trabalho e à ausência de pausas regulares. Também não é vislumbrado no acórdão o cotejo dessa interpretação com os valores constitucionais de proteção ao trabalho, tampouco com a previsão expressa do item 5.7 do Anexo II da NR-17, que vetou o controle do banheiro.

No **quarto acórdão**[426] foi provido o apelo patronal para reputar-se lícita a terceirização (sem manter a responsabilidade subsidiária, consequência supostamente imposta pela Súmula n. 331, já que a empresa formalmente figurou como tomadora de serviços numa terceirização lícita), mas, por outro lado, foi mantida a condenação por dano moral em decorrência do adoecimento.

A conclusão do Tribunal Regional, confirmada tecnicamente pelo TST, foi amparada no laudo pericial, que reconheceu não só o nexo de causalidade entre labor e a doença específica que acometeu a obreira, mas a potencial lesividade do trabalho do operador de *telemarketing*, mesmo a curto prazo. Vale a transcrição:

> *A atividade de atendente de telemarketing é uma atividade mista de digitação com telefonia, na qual, concomitantemente, o atendente de* telemarketing *conversa com o cliente, digitando de imediato as informações obtidas (entra com dados em sistema eletrônico interno). Como apurado em vistoria «in loco», o que denota o caráter repetitivo de movimentos das mãos e dos dedos, dentre eles o polegar; tanto que a Portaria n. 109 do MTEb alterou a NR-17 da Portaria n. 3.214/78 para acrescentar regras específicas de proteção ao trabalho de* telemarketing, *como ocorre com os digitadores em geral.*

> *Assim, temos uma atividade repetitiva de entrada de dados no sistema, mesmo que dentro dos limites estabelecidos nas regras acima, associado a alteração anatômica (Hipoplasia congênita do 1º dedo da mão direita— «polegar») que favorece alterações patológicas estruturais em situações específicas de atividades com movimentos repetitivos, o que se agrava com o fato de a Periciada ser destra; o que explica e justifica, tecnicamente, a gênese pré-patogênica alguns meses após o início da referida atividade (Atendente de* telemarketing). *Desta maneira, em função dos achados médicos-ocupacionais periciais temos a relação de causa efeito direta com o trabalho, nexo causal técnico direto, e se considerarmos as atividades anteriores da Periciada, a mesma funcionaria como concausa na qualidade causa indireta* (fl. 685).

---

(426) BRASIL. TRIBUNAL SUPERIOR DO TRABALHO. Processo n. TST-RR-91000-62.2008.5.03.0044. Data de Julgamento: 25.5.2011. Relator Ministro: Guilherme Augusto Caputo Bastos. 2ª Turma. Data de Publicação: DEJT 3.6.2011.

Nesse caso, a Corte Regional considerou que essas condições gerais de trabalho eram suficientes para reduzir a relevância de determinadas condições genéticas na definição de responsabilidades e agregou ao laudo pericial as conclusões extraídas da prova testemunhal, que revelou o caráter excessivo e estressante da cobrança pública de metas, com divulgação do desempenho de cada um e dos tempos de atendimento (tratava-se de *call center* receptivo) nos murais da empresa. Os depoimentos testemunhais e a prova pericial que embasam a decisão regional foram elucidativos ao afirmar um tempo médio de atendimento (TMA) de 3 minutos, controlado pela empresa por meio de gráficos públicos; um indicativo de 50 a 200 ligações por dia; o estabelecimento de metas, que associavam o maior número de atendimentos ao menor intervalo de tempo possível, também submetidas a cobrança pública dentro das equipes de trabalho; e a ausência de regularidade na realização da **ginástica laboral**, que tinha duração média de 10 minutos e que se realizava **sem interrupção do atendimento ao cliente**.

A culpa empresarial foi estabelecida na modalidade "negligência" porque, apesar dos sucessivos afastamentos da trabalhadora, nada foi feito para melhorar suas condições de trabalho. Para o dano moral, a Corte Regional manteve o valor fixado na sentença sem informar qual seria o montante. O dano material foi refutado porque a obreira não ficou com sequelas.

O TST, no caso, com respaldo em óbices técnicos e na impossibilidade de revolver fatos e provas, não adentrou em nenhum desses pontos, proferindo decisão que apenas confirmou as conclusões colocadas na decisão regional.

No **quinto acórdão**[427], o TST apenas se manifestou sobre a licitude da terceirização dando provimento ao recurso de revista das reclamadas para excluir o vínculo com a tomadora de serviços.

No caso, entretanto, havia recurso de revista das reclamadas e agravo de instrumento em recurso de revista da reclamante. Em relação a este último, o TST limitou-se a confirmar os fundamentos da decisão regional que negou seguimento ao recurso de revista, reproduzindo-os.

A trabalhadora recorrera do acórdão regional e também do despacho denegatório do recurso de revista postulando majoração de indenização por danos morais em razão de doença ocupacional.

É possível depreender da transcrição contida no acórdão que as doenças, que tiveram nexo de causalidade com o trabalho reconhecido, eram "tendinite do tendão extensor do polegar, epicondilite no cotovelo direito e bursite no ombro direito". Consignou-se ali que "embora haja prova oral a evidenciar prática de ginástica laboral (f. 784), há testemunha afirmando a irregularidade dessa prática (f. 789)" e que "o fato é que a enfermidade de que padeceu a autora mostra a insuficiência do programa de prevenção de riscos ambientais (MTE/NR n. 9), revelando-se aí a culpa da empresa". A indenização, entretanto, foi arbitrada pela Corte regional em **R$ 500,00**.

E o TST, no caso, confirmou a decisão regional nos seguintes termos: "Quanto ao tema 'acidente de trabalho — dano moral e/ou patrimonial — indenização', correta a

---

(427) BRASIL. TRIBUNAL SUPERIOR DO TRABALHO. Processo n. TST-RR-43600-24.2007.5.24.0005. Data de Julgamento: 13.4.2011. Relator Ministro: Carlos Alberto Reis de Paula. 8ª Turma. Data de Publicação: DEJT 29.4.2011.

aplicação das Súmulas ns. 221, II, 296, 337, I e 422 do TST; da OJ-SDI-1 n.111 do TST e art. 896, 'a', da CLT".

O **sexto acórdão**[428] foi analisado no quadro geral, correspondendo ao único caso de doença que apareceu na amostra geral dos 68 acórdãos (item 3.2.1.1.1, p. 138-139).

No **sétimo acórdão**[429], o TST confirmou a decisão regional quanto à ilicitude da terceirização e à declaração do vínculo empregatício diretamente com a tomadora de serviços. Trata-se de recurso interposto pela tomadora de serviços e, no caso, foi confirmada a decisão regional que determinou o pagamento de indenização pela dispensa no curso do período de estabilidade acidentária, assim como o pagamento de indenização por danos morais.

O quadro era de perda da capacidade auditiva mista bilateral em decorrência do exercício da função de atendente de *telemarketing*, verificada porque a reclamante foi considerada apta nesse quesito do exame admissional. A indenização foi fixada no valor de R$ 15.000,00, que o TST manteve considerando os elementos fáticos constantes do acórdão regional, com destaque para os prejuízos psicológicos advindos à obreira em decorrência do adoecimento.

No **oitavo acórdão**[430], também proferido no julgamento de recurso da reclamante, o TST decidiu que era ilícita a terceirização e determinou a formação do vínculo diretamente com a tomadora de serviços.

Ocorre que, quanto aos demais temas do agravo de instrumento já convertido em recurso de revista, dentre os quais se incluía o pedido do reclamante para majoração da indenização por danos morais e materiais em razão de doença, o TST confirmou o despacho de admissibilidade regional pelos seus próprios fundamentos.

Não há referência ao tipo de doença enfrentado pela trabalhadora, mas aqui o TST se ateve ao quadro fático desenhado pela Corte regional, que identificou que "a ausência de nexo causal entre a enfermidade e a atividade da autora na reclamada obsta, por si só, o deferimento das indenizações pretendidas". Ainda, complementou o julgado: "ademais, mesmo que houvesse relação entre a doença e o trabalho, não seria possível, no caso, responsabilizar a reclamada, pois também não há prova de culpa, elemento igualmente indispensável para gerar a obrigação de indenizar".

No **nono acórdão**[431], também proferido no julgamento do recurso do reclamante[432], foi confirmada a decisão regional que considerara lícita a terceirização e não foi conhecido

---

(428) BRASIL. TRIBUNAL SUPERIOR DO TRABALHO. Processo n. TST-RR-42740-20.2007.5.24.0006. Data de Julgamento: 15.12.2010. Relatora Ministra: Dora Maria da Costa. 8ª Turma. Data de Publicação: DEJT 17.12.2010.

(429) BRASIL. TRIBUNAL SUPERIOR DO TRABALHO. Processo n. TST-RR-144900-06.2005.5.12.0014. Data de Julgamento: 20.10.2010. Relatora Ministra: Maria de Assis Calsing. 4ª Turma. Data de Publicação: DEJT 28.10.2010.

(430) BRASIL. TRIBUNAL SUPERIOR DO TRABALHO. Processo n. TST-RR-328-87.2010.5.24.0000 Data de Julgamento: 15.9.2010, relator Ministro: Mauricio Godinho Delgado, 6ª Turma, Data de Publicação: DEJT 24.9.2010.

(431) BRASIL. TRIBUNAL SUPERIOR DO TRABALHO. Processo n. TST-RR-74000-18.2007.5.24.0006. Data de Julgamento: 30.6.2010. Relatora Ministra: Dora Maria da Costa. 8ª Turma. Data de Publicação: DEJT 30.7.2010.

(432) Destaca-se que este foi o único trabalhador do sexo masculino envolvido nas amostras sobre adoecimento, nas quais predominaram mulheres.

o recurso do autor quanto ao pedido de majoração da indenização por dano moral. Não houve recurso da empresa.

Tratava-se de "quadro constante e insidioso de epicondilite lateral e tendinopatia dos flexo-extensores do carpo, com caráter de cronicidade e com nexo técnico — relação entre as atividades e as patologias, bem como nexo causal, ocorrendo doença ocupacional". Foi diagnosticada redução de 25% da capacidade laboral estando o trabalhador "apto apenas para os trabalhos que não tenham exigências significativas nos segmentos afetados e com prejuízos em grau leve às atividades pessoais, havendo necessidade de desenvolver esforços complementares, compensatórios e adaptativos".

O perito verificou que:

> fatores de risco da atividade eram maximizados pelas condições ergonômicas de trabalho tipicamente adversas, dentre as quais: o atendimento contínuo (uma ligação imediatamente após a outra), a prática habitual de horas extras, o controle permanente e rígido de produtividade, a ginástica laboral eventual e a restrição no uso de sanitário. (...) Mesmo a existência nestes autos de prova quanto à prática de ginástica laboral e da apresentação pela reclamada do PCMSO e PPRA, pelo diagnóstico do autor e diante de tantas outras condições de trabalho adversas, aquelas medidas demonstram-se ineficientes na formação de um ambiente saudável.

A Corte regional fixou a indenização por dano moral em 10.000,00 e por dano material (lucros cessantes) em R$ 8.000,00, valor que o TST confirmou por razoável e por considerar que as alegações recursais do reclamante eram genéricas.

No décimo[433] acórdão, tratava-se de recurso das reclamadas e o apelo foi provido no TST para considerar-se lícita a terceirização. Sobre a doença, o TST não conheceu do recurso patronal, confirmando a responsabilidade da empresa pela reparação de dano e o valor arbitrado à condenação pela Corte Regional. O quadro da trabalhadora era de depressão e o perito judicial firmou que o trabalho no *telemarketing* era ao menos concausa da doença. Ao fixar indenização por dano moral no valor de R$ 5.000,00 (reduzindo a condenação da sentença que fixara em R$ 10.000,00), o Tribunal Regional registrou que

> o conjunto probatório dos autos demonstra que a empregadora contribuiu para o quadro depressivo da autora, vez que esta era submetida à situação vexatória ao ter que solicitar autorização ao supervisor para ir ao banheiro ou para beber água, assim como restou demonstrado, pelo laudo pericial, que as condições de trabalho (alto número de atendimento, poluição auditiva, rigor excessivo) a que a autora era exposta, contribuíram para o desenvolvimento da doença.

A fundamentação do TST para manter a condenação teve suporte nos seguintes fundamentos: o óbice da Súmula n. 126 e a razoabilidade e proporcionalidade na fixação da condenação.

Por fim, destacaram-se na análise do conjunto de acórdãos analisados a partir do filtro da doença, três decisões que, apesar de não discutirem diretamente o adoecimento, informam dados importantes sobre o tema.

---

(433) BRASIL. TRIBUNAL SUPERIOR DO TRABALHO. Processo n. TST-RR-150000-44.2006.5.09.0513. Data de Julgamento: 30.6.2010. Relatora Ministra: Maria Cristina Irigoyen Peduzzi. 8ª Turma. Data de Publicação: DEJT 30.7.2010.

No primeiro acórdão[434], proferido no julgamento de recurso das reclamadas, a princípio, se estaria diante de um caso de descartar a decisão encontrada, porque a palavra doença aparece articulada na fundamentação da decisão por razão diversa, sem que se trate de alegação de adoecimento no caso concreto. Mas a vinculação de um pedido de dano moral a uma alegação de assédio sexual associado a assédio moral salta aos olhos.

A Corte Regional deferiu uma indenização por dano moral de R$ 10.000,00 em razão do assédio moral caracterizado pela cobrança de metas por meio de xingamentos e agressões verbais direcionadas à trabalhadora e a toda a equipe; e uma indenização por danos morais em razão de assédio sexual, no importe de R$ 30.000,00, porque esse mesmo gerente beijava diariamente as trabalhadoras mais novas contra a vontade delas (consta do julgado que, mesmo denunciada tal conduta, a empresa absteve-se de coibi-la).

Não houve discussão sobre licitude da terceirização, mas o TST confirmou a condenação imposta pelo Tribunal Regional amparando-se nos direitos fundamentais dos trabalhadores e na responsabilidade do empregador pela conservação de um ambiente de trabalho sem hostilidades de qualquer natureza, numa **decisão que se destaca do grupo pela não aplicação do óbice da Súmula n. 126 do TST associada à articulação direta de fundamentos constitucionais de proteção ao trabalho**.

No segundo acórdão[435], fronteiriço quanto à sua adequação ao *corpus* da pesquisa, foi declarada a licitude da terceirização e afastado o vínculo com a tomadora de serviços, mas não houve discussão sobre doença. No entanto, a questão alusiva aos recolhimentos de FGTS do período de suspensão contratual por afastamento previdenciário denota a ocorrência de doença no caso concreto, embora sem fornecer elementos para análise.

No terceiro e último acórdão dessa sequência[436] tratava-se de recurso das reclamadas. O apelo foi provido no TST para declarar lícita a terceirização. Apesar de não haver referência à doença, nesse caso houve condenação ao pagamento de indenização por dano moral em decorrência do controle do uso do banheiro. A Corte regional vislumbrou que a restrição ao uso dos banheiros representava degradação moral do trabalhador e impôs à reclamada uma condenação no valor de R$ 15.000,00. O TST confirmou essa decisão nos seguintes termos:

> O Tribunal de origem, com base nas provas dos autos, entendeu que limitação imposta à Reclamante quanto à utilização do banheiro por poucos minutos constitui constrangimento moral. Assim, a alegação da Recorrente, no sentido de que não restou provado o dano, contraria as premissas fáticas delineadas pela Corte *a quo*. Aplica-se a Súmula n. 126 do TST.

As situações de adoecimento identificadas na amostra e a respectiva resposta do Poder Judiciário Trabalhista podem ser sintetizadas na tabela a seguir:

---

(434) BRASIL. TRIBUNAL SUPERIOR DO TRABALHO. Processo n. TST-RR-43300-87.2009.5.09.0012 Data de Julgamento: 25.5.2011, relatora Juíza Convocada: Maria Doralice Novaes, 7ª Turma, Data de Publicação: DEJT 3.6.2011.

(435) BRASIL. TRIBUNAL SUPERIOR DO TRABALHO. Processo n. TST-RR-2242700-15.2008.5.09.0002 Data de Julgamento: 9.6.2010, relatora Juíza Convocada:Maria Doralice Novaes, 7ª Turma, Data de Publicação: DEJT 18.6.2010.

(436) BRASIL. TRIBUNAL SUPERIOR DO TRABALHO. Processo n. TST-RR-5000-70.2008.5.03.0105. Data de Julgamento: 18.11.2009. Relatora Ministra: Maria Cristina Irigoyen Peduzzi. 8ª Turma. Data de Publicação: DEJT 27.11.2009.

PROCESSO	Terceirização – enquadramento conferido pelo TST	Doença	Parte recorrente	Nexo reconhecido?	Condenação por dano moral? / Valor	Condenação por Dano Material / Valor	Violações relacionadas ao ambiente de trabalho
1. 443200	Não discutido	Epicondilite de cotovelo e bursite no ombro	Reclamante	Sim	Sim / R$ 3.000,00	Não	Desrespeito ao intervalo do digitador (72/CLT) – Indeferido
2. 52800	Licitude	Doença não indicada. É possível depreender que a moléstia relaciona-se às atividades manuais da autora e que reduziu em 17,5% a capacidade funcional da obreira	Reclamante	Sim	Sim / R$ 6000,00	Sim / R$ 10.000,00	—
3. 142500	Ilicitude	Tendinite e bursite nos ombros, cotovelos, punhos e mãos	Reclamante	Não	Não	Não	Assédio moral por controle do uso de banheiro. (Alegado, mas não reconhecido)
4. 91000	Licitude	Tendinite de quervain no punho direito	Reclamada	Sim	Sim / Valor não indicado	Não	—
5. 43600	Licitude	Tendinite do tendão extensor do polegar, epicondilite no cotovelo direito e bursite no ombro direito	Reclamante	Sim	Sim / R$ 500,00	Não	—
6. 42740	Licitude	Tendinopatia dos flexo-extensores do membro superior direito	Reclamante	Sim	Sim / R$ 10.000,00	Sim. Pensão -5% do valor da remuneração	—
7. 144900	Ilicitude	Perda da capacidade auditiva mista bilateral	Reclamada	Sim	Sim / R$ 15.000,00	—	—

PROCESSO	Terceirização – enquadramento conferido pelo TST	Doença	Parte recorrente	Nexo reconhecido?	Condenação por dano moral? / Valor	Condenação por Dano Material / Valor	Violações relacionadas ao ambiente de trabalho
8. 328	Ilicitude	Sem referência	Reclamante	Não	—	—	—
9. 74000	Licitude	Epicondilite lateral e tendinopatia dos flexo-extensores do carpo. Caráter de cronicidade. Redução de 25% da capacidade laborativa.	Reclamante	Sim	Sim / R$ 10.000,00	Sim / R$ 8.000,00	—
10. 150000	Licitude	Depressão	Reclamada	Sim	Sim / R$ 5.000,00	—	—

3.2.1.2. Amostra do período compreendido entre 6.1.2012 e 6.1.2013

A segunda amostra de acórdãos considerada reporta-se ao período compreendido entre 6.1.2012 e 6.1.2013, período no qual foram julgados pelo TST cerca de 1081 recursos de revista relativos a trabalhadores em *call centers* do setor de telecomunicações[437].

Dentro desses limites, a amostra examinada comporta um primeiro grupo, geral, que corresponde a aproximadamente 10% dos acórdãos julgados no período (109 julgados)[438] e o segundo grupo, selecionado a partir do crivo do adoecimento, que é integrado por 13 acórdãos específicos[439].

Foi firmado como marco inicial, como já exposto, o momento posterior ao julgamento do *leading case* no qual a SBDI-1 do TST decidiu pela ilicitude da terceirização de atividade-fim por empresas concessionárias de serviços de telecomunicações, como tal compreendidos os serviços de *call center*.

O resultado alcançado, no entanto, demonstra que o referido "divisor de águas" teve repercussão apenas parcial nos julgamentos: isso porque, se no período anterior ao marco estabelecido perfez-se um total de 29,4% de casos em que o TST julgou lícita a terceirização no setor de telemarketing contra 70,6% de casos em que o TST reputou-a ilícita, no período posterior à decisão da SBDI-1 — essa proporção apenas se altera para 23,6% dos acórdãos considerando lícita a terceirização contra 76,4% dos acórdãos considerando-a ilícita.

A primeira hipótese levantada nesse aspecto é a de que o impacto daquela primeira decisão é mitigado porque a questão da ilicitude da terceirização dos serviços de *call center* no âmbito das empresas concessionárias dos serviços públicos de telecomunicações só foi objeto de deliberação pela Subseção I Especializada em Dissídios Individuais (SBDI-1), em sua composição plena, em 8.11.2012, no julgamento do processo n. TST-E-ED--RR-2938-13.2010.5.12.0016 (acórdão publicado no DEJT de 26.3.2013), a qual, por sua maioria (oito votos contra seis), reafirmou e consolidou o entendimento no sentido de que essa modalidade de terceirização é ilícita. Daí se poderia considerar que para alguns julgadores, esse, e não o primeiro momento decisório, firmou-se como marco essencial de fixação da jurisprudência.

---

(437) A referência ao número aproximado decorre da indicação, entre os resultados da busca, de processos nos quais, apesar de não julgadas demandas de operadores de *call center* do setor de telecomunicações, os argumentos de busca também foram identificados no teor do acórdão (por analogia ou por qualquer outra razão). Obviamente, na amostra de 10% desse total, foram considerados apenas acórdãos servíveis, ou seja, acórdãos que contemplavam os argumentos de busca.

(438) Selecionados na ferramenta de pesquisa do sítio virtual do TST a partir das expressões "telecomunicações" e "terceirização" e "*call center*", com relação aos acórdãos proferidos em sede de recursos de revista e publicados no período indicado.

(439) A pesquisa com o crivo da doença, nesse segundo período (argumentos de busca: "telecomunicações" e "*call center*" e "doença"), levou a um conjunto de 30 julgados, dos quais 17 foram descartados porque, apesar de conterem em seu corpo a palavra "doença", efetivamente não continham emissão de pronunciamento pelo TST a respeito da matéria.

Todavia, a presença de julgamentos nas Turmas, nos meses de novembro e dezembro de 2012 (englobados pela pesquisa) e também observadas, por amostragem, e ao longo do ano de 2013[440], sustentando ainda o entendimento quanto à licitude da terceirização de *call centers* no setor de telecomunicações leva a concluir que não houve, quanto ao caso, postura uniforme de disciplina judiciária[441] em relação ao julgamento uniformizador da SBDI-1. Quanto a essa matéria, a cúpula do Poder Judiciário Trabalhista é identificada como espaço real de disputa dos entendimentos favoráveis e contrários à flexibilidade das relações de trabalho no setor de telecomunicações.

Esse dado, longe de tornar inócuo o estabelecimento do marco, reforça o sentido da regulação e permite a construção das reflexões abordadas à frente.

A comparação das decisões judiciais proferidas antes e depois desse "marco" permite verificar que algumas Turmas julgadoras realmente modificaram seu entendimento a partir do julgamento paradigma da SBDI-1. É o caso, por exemplo, da 8ª Turma do TST, que passou, à unanimidade, a se curvar ao entendimento uniformizador. Posição semelhante pode ser identificada em relação a alguns integrantes da 2ª e da 6ª Turma. Todavia, particularmente a 5ª e a 7ª Turmas do TST, no momento subsequente à uniformização, não apenas mantiveram seus posicionamentos originais favoráveis à licitude da terceirização, como efetivamente deram impulso ao julgamento da matéria, colocando uma quantidade significativa de recursos em pauta de julgamento a respeito desse tema no período que seguiu à decisão da SBDI-1[442].

A existência desse terreno de disputa deflagrado no TST pela regulação do mercado de trabalho e sua repercussão na concretização dos mandamentos constitucionais de proteção ao trabalho serão objeto de considerações no Capítulo IV.

3.2.1.2.1. *Primeiro grupo: grupo geral de acórdãos proferidos em reclamações trabalhistas ajuizadas por trabalhadores terceirizados de* call center *do setor de telecomunicações*

A respeito dos 109 acórdãos analisados na amostra geral, como visto, em 23,6% foi considerada lícita a terceirização e em 76,4% dos acórdãos foi considerado ilícita a terceirização.

---

(440) Por exemplo, consultar: BRASIL. TRIBUNAL SUPERIOR DO TRABALHO. Processo n. TST-RR-1521-90.2010.5.03.0043 Data de Julgamento: 24.4.2013, relator Ministro: João Batista Brito Pereira, 5ª Turma, Data de Publicação: DEJT 30.8.2013.

(441) A disciplina judiciária, comumente invocada na fundamentação dos acórdãos do TST, orienta os julgadores a se curvarem a um entendimento superior prevalecente, ainda que contrário ao seu entendimento pessoal, como forma de se evitar que seja frustrada a função uniformizadora do Tribunal Superior e também a função pacificadora de conflitos do Poder Judiciário em geral.

(442) Vale observar que, no curso do ano de 2013, houve alteração da composição do Tribunal, com nomeação de novos Ministros e alteração dos cargos de direção, cuja consequência foi a redistribuição dos Ministros da Corte dentre as Turmas do Tribunal. O resultado desse processo foi a total reformulação da 7ª Turma, cuja nova composição hoje é unânime quanto à ilicitude da terceirização de serviços de *call center* no setor de telecomunicações. O mesmo não aconteceu com a 5ª Turma, que permanece com a mesma composição e que seguiu decidindo pela licitude da terceirização de serviços de *call center* no setor de telecomunicações. Por exemplo, conferir: BRASIL. TRIBUNAL SUPERIOR DO TRABALHO. Processo n. TST-RR-1521-90.2010.5.03.0043. Data de Julgamento: 24.4.2013, relator Ministro: João Batista Brito Pereira, 5ª Turma, Data de Publicação: DEJT 30.8.2013.

Os pedidos relativos à reparação de doenças ocupacionais, dentro dessa amostra, assim como em relação ao período anterior, são inexpressivos: foram identificados apenas quatro acórdãos discutindo adoecimento.

No entanto, mais uma vez, despontam casos de pedidos de indenização por danos morais decorrentes da hostilidade da organização do trabalho (com destaque para o controle do uso de banheiro), num total de nove acórdãos.

No **primeiro caso**[443] de doença destacado na amostra, tem-se recurso de revista da reclamante, julgado pela 1ª Turma do TST, que foi provido para declarar a ilicitude da terceirização de *call center* no setor de telecomunicações. A Turma, já se reportando ao posicionamento uniformizador da SBDI-1, acolheu o recurso da trabalhadora para declarar a formação do vínculo empregatício diretamente com a empresa tomadora de serviços. Entretanto, determinou o retorno dos autos à Vara de Trabalho de origem para julgar os demais pedidos decorrentes do reconhecimento da relação de emprego. Por isso, considerou prejudicado o exame dos outros temas no recurso da trabalhadora.

No entanto, a transcrição do despacho de admissibilidade do recurso de revista, proferido pelo Tribunal Regional, dá notícia da veiculação de pedido de majoração das indenizações por dano moral em razão de assédio ("controle de idas ao banheiro e gestão pelo estresse e medo") e em razão do acometimento da trabalhadora por doença ocupacional ("epicondilite medial", que comprometeu, de modo temporário e parcial, a capacidade laborativa da empregada). As indenizações por dano moral haviam sido fixadas, respectivamente, em R$ 5.000,00 e R$ 10.000,00. Houve pedido de reconhecimento do direito a indenização por danos materiais, que fora julgado improcedente pelo Tribunal Regional em razão da ausência de prova do prejuízo e do nexo de causalidade entre doença e trabalho.

A decisão regional, aparentemente contraditória (porque reconhece a possibilidade de condenação da reclamada, por danos morais, em razão da incapacidade parcial e transitória que acometeu do reclamante, mas não reconhece prejuízo/nexo aptos a ensejar reparação material), não foi objeto da consideração do TST, que apenas reputou, nessa oportunidade, prejudicado o exame desse pedido em razão da remessa dos autos à Vara do Trabalho para julgamento da demanda.

Por isso que, apesar de reportar diretamente a adoecimento e de oferecer mais um quadro de lesão física em trabalhador assediado pela gestão do trabalho, o acórdão não serve ao interesse da pesquisa, porquanto não houve pronunciamento do TST sobre o tema[444].

O **segundo acórdão**[445] sobre doença colhido da amostra geral, também foi proferido em recurso interposto pela reclamante. Primeiramente, o recurso discutia a questão da

---

(443) BRASIL. TRIBUNAL SUPERIOR DO TRABALHO. Processo n. TST-RR-898-73.2010.5.24.0000 Data de Julgamento: 18.12.2012, relator Ministro: Walmir Oliveira da Costa, 1ª Turma, Data de Publicação: DEJT 21.12.2012.

(444) Por isso mesmo, esse e outros 3 acórdãos (RR-1122-11.2010.5.24.0000; RR-342-71.2010.5.24.0000; RR-64940-84.2008.5.24.0006) foram descartados da amostra específica com relação à doença (segundo grupo), eis que todos carecem de decisão do TST a respeito do tema nessa oportunidade processual.

(445) BRASIL. TRIBUNAL SUPERIOR DO TRABALHO. Processo n. TST-RR-243-04.2010.5.24.0000 Data de Julgamento: 12.12.2012, relator Ministro: Mauricio Godinho Delgado, 3ª Turma, Data de Publicação: DEJT 14.12.2012 – correspondente ao caso n. 2 do grupo específico sobre adoecimento (segundo grupo).

ilicitude da terceirização e havia pedido para reconhecimento do vínculo empregatício diretamente com a tomadora de serviços, no que foi conhecido e provido pelo TST. Além disso, o recurso veiculava pedido de indenização por danos morais em razão do controle do uso de sanitário e em razão de doença ocupacional.

Com relação ao controle do uso do sanitário, o quadro fático retratado no acórdão regional foi similar ao padrão já identificado em outros acórdãos: a trabalhadora dispunha de uma "pausa particular" de cinco minutos para ir ao banheiro, fruída no momento autorizado pelo supervisor, e que poderia ser reiterada em caso de uma nova necessidade. No entanto, foi relatado que era comum que os supervisores pedissem às trabalhadoras para aguardar até a pausa para ginástica ou até o intervalo do lanche para irem ao sanitário pela segunda vez, além de ser essa segunda ida ao sanitário dentro da jornada frequentemente condicionada à conclusão da "fila de atendimentos". O relato detalhado da prova testemunhal deixa claro que era comum o pedido de uso do sanitário ser negado, bem como explicita que havia controle público da produtividade e também da jornada dos trabalhadores, cujos absenteísmos, atrasos e problemas com horário em geral (que inclui extrapolação dos intervalos particulares, para lanche e para ginástica) eram destacados no mural em cor vermelha.

Depreende-se do acórdão que foi reconhecido o caráter abusivo dessa conduta empresarial na sentença, que arbitrara indenização no importe de R$ 2.000,00. Dessa decisão recorreu a reclamante para o Tribunal Regional postulando a majoração do valor da condenação.

O acórdão regional, por sua vez, confirmou o valor arbitrado pelo magistrado de primeiro grau, porém por fundamento diverso: apesar de retratar de forma minuciosa o procedimento da empresa em relação ao controle do uso do sanitário, entendeu a Corte Regional que o controle, por si só, não caracteriza ofensa à dignidade da trabalhadora, consignando o entendimento de que o controle do uso do banheiro se traduz na imposição de "regras mínimas de desenvolvimento da atividade laboral, objetivando que ela se desenvolva com qualidade" e que "a situação não configura nenhum absurdo, mormente quando não há nenhuma evidência de o empregador impedir os trabalhadores de irem ao banheiro *quando, de fato, não houvesse mais possibilidade de se aguardar para realização das necessidades fisiológicas*". Entretanto, diante da impossibilidade processual de reforma da decisão recorrida em prejuízo da parte recorrente, a Corte Regional confirmou o montante condenatório de R$ 2.000,00, que fora arbitrado na sentença.

A decisão do TST, no caso, foi firme ao refutar a tese do Regional a respeito da ausência de violação da dignidade do trabalhador, valendo-se, inclusive, de **fundamentos constitucionais** para declarar a abusividade da conduta do empregador:

> Considera-se que a Reclamada, ao adotar um sistema de fiscalização que englobava o controle do tempo que os empregados utilizavam para o uso do banheiro — e infere-se do julgado que havia inclusive exigência de justificação daquele tempo — ultrapassou os limites de atuação do seu poder diretivo para atingir a liberdade do empregado de satisfazer suas necessidades fisiológicas, afrontando normas de proteção à saúde e impondo-lhe uma situação degradante e vexatória. (...) No caso concreto, é nítido que a Reclamante passou por constrangimento no ambiente de trabalho

devido à restrição de liberdade para realizar necessidades fisiológicas básicas do ser humano. E, ante todo o arcabouço jurídico hoje estabelecido na ordem social, não há como não rechaçar esta conduta empresarial cerceadora. **Afinal, o estado democrático de direito é estabelecido sobre certos pilares dos quais se destaca, como primordial, a centralidade do ser humano e a constante busca de valorização e proteção da pessoa humana.**

Entretanto, isso não implicou o acolhimento da pretensão da obreira, porque o valor arbitrado na sentença e confirmado no acórdão regional foi considerado suficiente para reparar o constrangimento suportado pela trabalhadora:

> O valor arbitrado em primeira instância (R$ 2.000,00) não está dissociado de parâmetros razoáveis, como a intensidade do sofrimento, a gravidade do dano, o grau de culpa do ofensor e a sua condição econômica, o não enriquecimento indevido da vítima e o caráter pedagógico da medida.

A respeito da doença, ainda nesse acórdão, o pleito deduzido consistia no pagamento de indenização por danos materiais em razão da doença que acometeu a reclamante ("quadro cronificado de tendinopatia no antebraço direito"), tendo sido reconhecido nas instâncias ordinárias o nexo de causalidade entre trabalho e doença, o prejuízo leve para as atividades pessoais da reclamante e uma perda funcional da ordem de 5%, persistindo a aptidão da autora para o trabalho. O Tribunal de origem havia concedido indenização por danos morais no valor de R$ 5.000,00, mas havia negado à reclamante a pensão pela incapacidade laborativa, por considerar que as consequências pequenas da lesão e a ampla possibilidade de reparação afastariam o pensionamento.

O TST, entretanto, acolheu nesse aspecto o recurso da reclamante, ao fundamento de que, uma vez reconhecida a perda funcional, aplica-se o art. 950 do Código Civil para garantir-se a reparação da vítima. Assim, o apelo foi provido para condenar a reclamada ao pagamento de pensão à trabalhadora, no equivalente a 5% do valor da última remuneração percebida.

Apesar da maior sensibilidade verificada nesse julgamento, tanto quanto à necessidade de correção da precariedade do contrato terceirizado, quanto em relação à regulação das condutas empresariais ofensivas a dignidade do trabalhador e à reparação integral do dano causado à saúde da reclamante, o que se percebe é que essa fundamentação jurídica sólida e extremamente voltada aos fundamentos constitucionais de proteção ao trabalho não necessariamente reverberou, de forma interventiva, na fixação do *quantum* das indenizações, que apresentaram valores reduzidos e foram pautadas em critérios de arbitramento genéricos, que, por isso mesmo, são infensos à ponderação quanto aos seus efeitos econômicos.

O **terceiro caso**[446] de doença que a amostra geral oferece também foi proferido no julgamento do recurso de revista da reclamante. Também aqui a terceirização de *call center* no setor de telecomunicações foi considerada ilícita, com determinação de reconhecimento do vínculo empregatício com a tomadora de serviços. Houve discussão nos autos

---

(446) BRASIL. TRIBUNAL SUPERIOR DO TRABALHO. TST-RR-216-21.2010.5.24.0000; Data de Julgamento: 20.6.2012, relator Ministro: Luiz Philippe Vieira de Mello Filho, 4ª Turma, Data de Publicação: DEJT 29.6.2012 — correspondente ao caso n. 7 do grupo específico sobre adoecimento (segundo grupo).

também quanto ao cabimento de indenização por dano moral em razão do controle do uso do banheiro e de indenizações por danos morais e materiais por doença ocupacional ("tendinopatia do abdutor longo e extensor do polegar do punho direito").

Com relação ao controle do uso do banheiro, o dano moral foi reconhecido na sentença, que arbitrou a indenização no valor de R$ 2.000,00. A Corte Regional, no julgamento do recurso ordinário das reclamadas, excluiu da condenação a indenização a esse título, ao argumento de que "não restou configurado o quadro de terror e pressão psicológica narrado, pois a obreira não demonstrou que as rés tenham atuado ilicitamente, de forma a caracterizar o dever de reparar o suposto dano por ela suportado". E se reportou a precedente do TST no mesmo sentido.

O TST confirmou a decisão regional nesse caso, porque não comprovado nenhum excesso na conduta empresarial, mas deixa claro que o rigor excessivo **poderia** configurar dano moral:

> Partindo desse arcabouço jurídico, a restrição ao uso de toaletes por parte do empregador, em detrimento da satisfação das necessidades fisiológicas do empregado, pode configurar lesão à integridade física e moral do trabalhador, mormente quando ela vem acompanhada de *exposição pública no ambiente de trabalho e admoestações oriundas do tempo em que o trabalhador se encontra satisfazendo as referidas necessidades.* Tal situação implica na condenação da empresa ao pagamento de indenização por danos morais. Em contrapartida, é possível a restrição do uso dos banheiros, desde que inexistente o abuso do empregador na medida. A limitação do uso dos toaletes é cabível quando se tratar apenas de organização interna do trabalho, inserida dentro do poder diretivo e organizacional do empregador, em especial para as empresas de telemarketing e call center, em razão das peculiaridades do trabalho desenvolvido. (...) Na hipótese dos autos, o Tribunal Regional registrou que as reclamadas não praticaram ato ofensivo aos direitos da personalidade da autora, não tendo ocorrido abuso na restrição do uso do banheiro pela reclamante, na função de operadora da call center, ou *terror e pressão psicológica (perseguição e segregação específica)* aptas a configurar o assédio moral. Está expresso no acórdão recorrido que a reclamante não se desincumbiu de demonstrar satisfatoriamente as alegações consignadas na petição inicial, não havendo comprovação do fato constitutivo de seu direito.

O que se extrai da decisão é que a conduta de controlar o uso do banheiro deve ser considerada legítima e decorre "das peculiaridades do trabalho desenvolvido". Entretanto, se o empregador se exceder (e, por "se exceder" o TST entende promover "exposição pública no ambiente de trabalho e admoestações oriundas do tempo em que o trabalhador se encontra satisfazendo as referidas necessidades" ou realizar "terror e pressão psicológica"), adentrará ao campo da ilicitude.

Não ficou evidenciada no acórdão qual a peculiaridade que o trabalho em *call center* teria em relação a outros trabalhos envolvendo atendimento/relação com o público (por exemplo, bancários, servidores públicos, médicos em postos de saúde) para justificar o controle do uso de banheiro. A discussão a respeito da autonomia do trabalhador sobre o próprio corpo também é ocultada em detrimento da premência dos interesses empresariais.

A tutela dos excessos empresariais se apresenta como contraponto, colocando os trabalhadores em questão na condição de sujeitos que tem o direito a não serem submetidos abusos ou exageros. Entretanto, a leitura de que a submissão reiterada e cotidiana a condições adversas que até podem não configurar "um excesso", mas que, a longo prazo, podem ocasionar sofrimento e mesmo lesões físicas (*vide* casos de infecções urinárias levantados na pesquisa sociológica em razão do controle das necessidades fisiológicas[447]) não é alcançada pelo Poder Judiciário. Também cumpre observar que a ponderação de valores exercida não engloba, em sua fundamentação, a regulamentação expressa do Anexo II da NR-17 do MTE quanto a essa conduta, nem aprofunda a discussão a respeito dos valores constitucionais envolvidos na lide.

No mesmo acórdão tem-se a discussão sobre o pedido de indenização por danos morais e materiais em razão de doença. A doença que acometeu a autora teve nexo de causalidade reconhecido com o trabalho pelo laudo produzido pelo perito do juízo, nos qual constaram as seguintes informações: a) o trabalho de atendimento era contínuo; b) a Reclamante trabalhava 6 horas e 15 minutos por dia, com prática de horas extras e dobras, habitualmente; c) o Tempo Médio de Atendimento — TMA durava entre 3 e 4 minutos; d) a trabalhadora atendia uma média de 100 à 150 consultas diariamente (tratava-se de *call center* receptivo); e) havia controle eletrônico permanente e rígido de produtividade, "com a presença da 'mãozinha' na tela, que indicava se o TMO está sendo cumprido ou não"; f) a trabalhadora era chamada à atenção pela supervisora, quando este tempo era alongado acima de seu TMO; g) a reclamante praticou poucas vezes ginástica laboral e de forma irregular; h) havia 15 minutos para o lanche; i) havia intervalo de 5 minutos para o uso do sanitário, com necessidade prévia de autorização da supervisora e permissão subordinada à demanda ou fila de espera dos usuários.

Na sentença, houve condenação da reclamada ao pagamento de indenização por danos morais (R$ 5.000,00), mas, tendo em conta que a incapacidade foi temporária (cerca de 90 dias de afastamento) e parcial, entendeu-se ser impertinente o pagamento de indenização por danos materiais. A Corte Regional confirmou integralmente essa decisão, inclusive reforçando as conclusões do laudo pericial com a identificação do nexo técnico epidemiológico entre a doença e o trabalho:

> Ademais, as doenças com CID M60 até M79 estão relacionadas, pela lista B do Anexo II do Decreto n. 3.048/1999, como potencialmente causadas pela atividade de teleatendimento (CNAE 8220-2), afastando qualquer dúvida acerca do nexo causal, motivo pelo qual é irrelevante que a reclamante esteja, atualmente, trabalhando na mesma atividade pois os atestados e exames adunados aos autos dizem respeito ao período do contrato de trabalho mantido com a primeira reclamada.
>
> Ademais, era ônus da recorrente demonstrar a ocorrência de fator externo ao trabalho como causa da doença, ao que não procedeu.
>
> No caso de reconhecimento de **nexo técnico** epidemiológico (NTEP), o art. 21-A da Lei n. 8.213/1997 assim dispõe: (...)
>
> A presença do NTEP (nexo técnico epidemiológico) gera presunção *juris tantum* do acidente de trabalho, independente da presença da culpa da empresa, porque, a princípio, a patologia está vinculada ao labor e se desenvolve em razão das condições especiais em que o trabalho se realiza.(...)

---

[447] Por todos, conferir BRAGA, Ruy. *A política do precariado:* do populismo à hegemonia lulista. São Paulo: Boitempo, 2012; e SILVA, Fábio Pimentel Maria da. *Trabalho e emprego no setor de telemarketing* (Dissertação de mestrado). Faculdade de Filosofia, Letras e Ciências Humanas da USP. Orientador: Ruy Braga, 2010 (183 p.).

Mesmo considerando que os indicadores ergonômicos e os limites biológicos são individuais, podendo um indivíduo com as mesmas tarefas não apresentar sintoma algum, tal aspecto não altera a situação da reclamante, que teve no trabalho a causa determinante para o surgimento da patologia.

No TST, a matéria foi devolvida por meio do recurso da reclamante, que pretendia a majoração do valor da indenização por danos morais e o acréscimo da indenização por danos materiais à condenação. Nesse caso, a Corte entendeu por confirmar integralmente o acórdão regional, uma vez que "a indenização por danos materiais é descabida quando não comprovados prejuízos financeiros, presentes ou futuros, sofridos pela vítima e causados pelo ofensor, sobretudo quando não constatada a redução da capacidade laborativa da obreira" e, em relação aos danos morais, entendeu que a indenização arbitrada "é adequada e proporcional à violação perpetrada, dentro da razoabilidade e apropriada às peculiaridades das partes e do caso concreto, visto que esse montante é apto a oferecer o necessário conforto moral à obreira. Inexistentes, pois, as alegadas violações constitucionais e legais".

Merece destaque nesse processo a judicialização do critério do nexo técnico epidemiológico pelo Tribunal Regional, inclusive com estabelecimento de presunção relativa do caráter ocupacional da doença. Observe-se que, apesar de o TST não ter se manifestado a respeito, porque não era esse o foco do recurso da reclamante, a adoção do critério retirou a discussão do aspecto fático e a reconduziu para o campo jurídico da distribuição do ônus da prova, esfera esta aberta para a cognição da Corte Superior em sede de recurso de revista.

No **quarto** e último[448] caso de doença identificado na amostra geral, havia três recursos de revista no processo: dois das reclamadas e um da reclamante. No recurso das reclamadas foi refutada a pretensão de reconhecimento da licitude da terceirização. Assim, o TST confirmou o acórdão regional que reconhecera a formação do vínculo empregatício diretamente com a tomadora de serviços e que determinara a aplicação das normas coletivas do sindicato dos empregados da tomadora de serviços.

Já no julgamento do recurso de revista da reclamante, foi conhecido e provido o apelo para acrescer à condenação das reclamadas o pagamento da remuneração correspondente ao intervalo do art. 72 da CLT (intervalo do digitador), não fruído pela reclamante.

Aqui vale ressaltar a evolução do entendimento jurisprudencial do TST, que antes entendia que tal intervalo não era aplicável aos atendentes de *telemarketing*, porque, numa interpretação literal do texto da CLT, esse intervalo só era conferido àqueles que realizavam exclusivamente atividade de digitação, o que não ocorreria com os atendentes de *telemarketing*, que dividiriam seu tempo entre a digitação e a atividade de telefonista.

No acórdão em exame, por outro lado, foi confirmada a condenação da empresa a remunerar a trabalhadora pelo intervalo não fruído, tendo sido superada a tese de que

---

(448) BRASIL. TRIBUNAL SUPERIOR DO TRABALHO. Processo n. TST-RR-93200-51.2008.5.03.0138. Data de Julgamento: 2.5.2012, relator Ministro: Augusto César Leite de Carvalho, 6ª Turma, Data de Publicação: DEJT 11.5.2012 — correspondente ao caso n. 9 do grupo específico sobre adoecimento (segundo grupo).

a circunstância de o trabalhador exercer simultaneamente as funções de telefonista e digitador teria o condão de afastar o direito ao intervalo assegurado pelo art. 72 da CLT: "muito pelo contrário, a atividade de digitação, reconhecidamente penosa, acumulada com a de telefonista, causa um desgaste físico e mental muito maior ao empregado, ensejando-lhe o direito ao intervalo postulado".

Quanto ao pedido de danos morais e materiais decorrentes da doença ocupacional, contudo, a pretensão da reclamante não foi acolhida. O Tribunal Regional entendeu que não havia nexo de causalidade entre trabalho e doença porque, conforme a perícia, a reclamante era portadora de "alterações degenerativas em coluna lombar sem alterações no exame físico" e que não havia sequer nexo técnico entre a moléstia e a atividade e nem mesmo correlação específica no trabalho pericial.

O acórdão do TST que confirma a decisão regional diante da impossibilidade de rever o quadro fático, entretanto, o faz com referência a outra doença, possivelmente incorrendo em equívoco na fundamentação:

> O Colegiado Regional, com base na prova pericial, manteve a decisão de origem, a qual concluiu que restaram não caracterizados os pressupostos para responsabilidade civil, na medida em que não foi demonstrado o nexo causal entre a doença ocupacional adquirida pelo autor (dano) e as atividades desenvolvidas para a ré, tendo ficado comprovado pela perícia que a lesão incapacitante que acometeu o pulso do reclamante é <u>decorrente do tratamento de um tumor benigno que surgiu em seu pulso esquerdo</u>, doença que não guarda relação com o labor prestado à reclamada. Assim, a aferição da alegação recursal ou da veracidade da assertiva do Tribunal Regional depende de nova análise do conjunto fático-probatório dos autos, tarefa que é vedada nesta instância recursal, nos termos da Súmula n. 126 do TST[449].

Exsurge, portanto, que o recurso à Súmula n. 126 do TST, ao implicar automaticamente a confirmação da conclusão do Tribunal Regional sobre nexo de causalidade entre trabalho e adoecimento, qualquer que seja a orientação adotada no âmbito regional, efetivamente afasta a Corte Superior da aferição dos quadros de saúde vivenciados pelos trabalhadores que reclamam perante a Justiça do Trabalho, redundando numa forma de abstenção do TST em relação à tutela da saúde no trabalho.

Dos **nove casos** apontados na amostra, que não se referiam a adoecimento, mas cujos recursos de revista se destacaram pela maior abrangência da reclamação, já que os demais se cingiam à discussão central da ilicitude ou licitude da terceirização (com os consectários do estabelecimento ou não do vínculo com a empresa tomadora de serviços), identificaram-se sete recursos contemplando pedidos de indenização por dano moral em decorrência do controle do uso do sanitário.

Em todos os sete casos, houve reconhecimento de violação dos direitos da personalidade e confirmação, pelo TST, dos valores de condenação impostos pelos Tribunais Regionais, o que representa um encaminhamento mais uniformizador da jurisprudência do Tribunal (agora mais voltada aos fundamentos constitucionais de proteção ao trabalho),

---

(449) O andamento processual disponível para consulta no sítio virtual do TST informa que não foram opostos embargos de declaração para sanar a contradição na fundamentação do acórdão, tendo a decisão transitado em julgado.

em comparação ao período anterior, cujas decisões não revelaram uniformidade quanto a essa matéria. No entanto, o período ainda é marcado por alguns influxos tolerantes quanto a essa prática empresarial, como a análise dos acórdãos específicos sobre o adoecimento irá demonstrar. Os julgamentos, curiosamente, não se reportam à regulamentação do MTE sobre a matéria, mesmo quando convergem com ela.

Embora a imposição do pagamento de indenização por conta desse controle tenha sido unânime nos sete casos analisados, não houve uniformidade no sopesamento do valor das condenações: as indenizações arbitradas ou confirmadas pelo TST para essa questão específica do uso do banheiro, nesse período, oscilaram entre R$ 2.000,00 e R$ 10.000,00[450], o que retira a previsibilidade quanto ao grau de repúdio do Tribunal Superior à conduta empresarial em exame.

Dessa amostra, também se destacou um caso de caracterização do assédio moral contra a trabalhadora, que era tratada mediante xingamentos e humilhada pelo gerente perante os demais colegas (constou de um dos depoimentos transcritos no acórdão regional recorrido: "[a gerente] chamava a reclamante e a depoente de incompetente, burra, na frente da equipe"), hipótese em que a indenização foi fixada em R$ 5.000,00[451].

Ainda destacou-se um caso em que o pedido de dano moral formulado reportava-se à cobrança excessiva quanto ao alcance de metas, situação em que a violação dos direitos da personalidade não foi reconhecida pelo Tribunal Regional, no que foi acompanhado pelo Tribunal Superior do Trabalho[452].

3.2.1.2.2. Segundo grupo: grupo específico de acórdãos sobre adoecimento de trabalhadores de call center do setor de telecomunicações

a) Considerações gerais

Com relação aos acórdãos selecionados especificamente a partir do critério do adoecimento com relação ao período compreendido entre 6.1.2012 e 6.1.2013 (conjunto de 13 acórdãos servíveis), a primeira observação é que **o padrão identificado no período anterior com relação à desconexão entre a precariedade, a organização da produção assediadora e o enfrentamento do adoecimento pelo Poder Judiciário Trabalhista se repete.**

Assim como na primeira amostra, todos os trabalhadores eram terceirizados e, nesse grupo, todos os recursos discutiam, paralelamente à responsabilidade pela reparação do

---

(450) R$ 3.000,00 (TST-RR-62400-43.2008.5.03.0137); R$ 10.000,00 (TST-RR-412-17.2011.5.09.0018) R$ 5.000,00 (TST-RR-27500-05.2009.5.03.0006); R$ 3.000,00 (TST-RR-86700-26.2009.5.03.0140); R$ 10.000,00 (TST-RR-380100-25.2006.5.09.0019); R$ 3000,00 (TST-RR-580-39.2010.5.03.0109); e um acórdão sem indicação do valor condenatório (TST-RR-151100-57.2009.5.03.0008).

(451) BRASIL. TRIBUNAL SUPERIOR DO TRABALHO. Processo n. TST-RR-131800-10.2009.5.03.0138 Data de Julgamento: 7.11.2012, relator Ministro: Alexandre de Souza Agra Belmonte, 3ª Turma, Data de Publicação: DEJT 9.11.2012.

(452) BRASIL. TRIBUNAL SUPERIOR DO TRABALHO. Processo n. TST-RR-276-28.2011.5.03.0037 Data de Julgamento: 30.5.2012, relator Ministro: Ives Gandra Martins Filho, 7ª Turma, Data de Publicação: DEJT 1º.62012.

adoecimento, a questão da licitude ou ilicitude da terceirização da atividade de *call center* no setor de telecomunicações.

Nesse período, em contraposição aos fundamentos dos acórdãos do período anterior, se observa que, quanto ao tema da licitude/ilicitude da terceirização, em boa parte das decisões foram agregados fundamentos de caráter sociológico e foi demonstrada uma ampliação cognitiva em relação ao contexto socioeconômico do trabalho no setor.

Entre os fundamentos para a declaração da ilicitude da terceirização, passaram a constar expressamente o efeito da precariedade, com menção expressa aos debates assistidos na Audiência Pública sobre terceirização que aconteceu no TST em outubro de 2011. Os julgadores efetivamente se apropriaram das informações e dados trazidos pelos diversos pesquisadores que participaram do evento, inclusive se reportando nominalmente às contribuições de cada um deles no corpo das decisões judiciais e muitos deles passaram a pautar o reconhecimento da ilicitude da terceirização no serviço de *call center* no setor de telecomunicações não apenas em fundamentos técnico-jurídicos, mas também em argumentos sociológicos no intuito de evitar o resultado indesejável da precarização.

Também foi marcante nos acórdãos prolatados nessa fase o recurso aos valores constitucionais de proteção ao trabalho em face da terceirização.

O que se observa, entretanto, é que, apesar de alcançada a compreensão da precarização como resultado da contratação terceirizada e um olhar mais constitucionalizado sobre a questão da terceirização, não se pode atribuir a mesma ampliação cognitiva ao julgamento dos pedidos decorrentes do adoecimento.

A precariedade na relação de trabalho não é considerada como fator de adoecimento e, mesmo nos acórdãos em que, quanto ao tema ilicitude da terceirização, a fundamentação foi repleta de dados sociológicos e econômicos que integravam a adoção de conclusões jurídicas, essa gama de informações foi desconsiderada no julgamento do tema alusivo ao adoecimento, oportunidade em que o TST seguiu adstrito aos quadros fáticos mais diversos (e não uniformizados) oferecidos pelos acórdãos regionais.

A semântica constitucional de proteção à dignidade da pessoa humana e, especificamente, à saúde do trabalhador, assim como a tutela constitucional de uma ordem econômica voltada para os valores sociais do trabalho e com amplo compromisso em relação à preservação do meio ambiente de trabalho não apareceu nos acórdãos quando do julgamento do tema do adoecimento.

Nas fundamentações do TST quanto a essa matéria predominaram apreciações técnicas, estritamente voltadas a fundamentos processuais, ou, quando muito, ao preenchimento dos pressupostos da responsabilidade civil subjetiva (arts. 186 e 927, *caput*, do Código Civil) para o equacionamento dos recursos.

Não se pode identificar sequer a associação elementar da "dupla" controle do uso de banheiro (responsável, em grande medida, pela criação de um meio ambiente de trabalho hostil) e adoecimento, sendo que, em algumas decisões, observou-se pronunciamento no sentido de determinar a reparação da doença ocupacional e, ao mesmo tempo, isentar a empresa em relação à responsabilidade civil por dano moral pelo controle do uso de banheiro.

Também consiste em dado novo, que começa a ser observado com mais consistência na fundamentação dos acórdãos do TST desse período, a preocupação com eventual controle pelo Supremo Tribunal Federal da interpretação atribuída ao art. 94, II, da Lei n. 9.472/97. Isso em razão de decisão liminar proferida pelo Ministro Gilmar Mendes, na RCL 10132MC/PR – Paraná (12.11.2010), na qual se firmou que uma decisão da Terceira Turma do TST que atribuíra interpretação restritiva ao mencionado dispositivo legal violaria Cláusula de Reserva de Plenário (art. 97 da Constituição Federal, cuja interpretação hoje é disciplinada pela Súmula Vinculante n. 10 do STF), ao argumento de que, apesar de não declarar a inconstitucionalidade do dispositivo legal, a Turma teria afastado sua aplicação, o que exige a observância do mesmo procedimento de submissão ao Plenário.

A partir de então, se estabeleceu nos acórdãos do TST uma verdadeira batalha de decisões monocráticas do STF, sendo levantadas nos julgados favoráveis à licitude da terceirização a decisão do Ministro Gilmar Mendes, e, nos acórdãos em que se declarava a ilicitude da terceirização, decisões monocráticas de outros Ministros do Supremo (aparentemente majoritárias, mas a questão foge aos limites dessa pesquisa), como Ayres Brito, Dias Toffoli, Ricardo Lewandowski, Cármen Lúcia, Luiz Fux, rejeitando Reclamações Constitucionais com alegações similares.

Outro dado destacado nesse conjunto é o fato de que todas as reclamações trabalhistas levantadas nesse período, com o crivo da doença, envolvem mulheres, reforçando o entendimento sobre a seletividade de gênero que rege o adoecimento no setor, potencialmente atribuída à destinação das mulheres aos piores postos dentro da já precária atividade de *call center*, à sua maior exposição ao abuso gerencial, pela "facilitação" que a desigualdade de gênero promove nesse aspecto, e, ainda, à cumulação do trabalho desgastante em *call center* com a assunção integral e não remunerada das funções reprodutivas no ambiente doméstico.

A proporção entre homens e mulheres no quadro geral dos processos do período, conformado sem o critério da doença, correspondia a aproximadamente 15% de homens contra 85% de mulheres, sendo que, quando se observou exclusivamente os trabalhadores que adoeceram em razão do serviço, o número de trabalhadores do sexo masculino foi eliminado[453].

A conexão entre o "ser-mulher" que é convocado no trabalho dos *call centers* e a conjuntura de adoecimento é flagrante, ainda que o mesmo "ser-mulher" eventualmente venha a ser suscitado como justificativa para não responsabilização dos empregadores pelas consequências do adoecimento[454].

---

(453) No período anterior o dado foi semelhante: dos dez casos de doença, apenas um envolvia trabalhador do sexo masculino.

(454) A contribuição das atividades pessoais (leia-se trabalho doméstico gratuito em favor da família) em certos quadros de adoecimento costuma ser considerada na ponderação entre o grau de contribuição do trabalho para a doença

Outra ponderação, já revelada no exame do conjunto de adoecidos do período anterior, é a variedade das doenças apresentadas pelos trabalhadores, que incluíram lesões por esforço repetitivo (LER/DORT, tendinites, bursites), problemas relacionados à voz (disfonia), à coluna e a quadros depressivos, cujo número se consolida nessa amostra (3 dos 13 casos).

Também é manifesta a prevalência do número de acórdãos em que a matéria da doença é suscitada em recurso da trabalhadora (8 de 13) em relação aos acórdãos em que a discussão foi trazida no bojo de recurso da empresa, reforçando a tese de que a cognição judicial sobre o adoecimento depende mais da provocação do empregado que do empregador.

Por outro lado, as decisões seguem com o padrão escudado na Súmula n. 126 do TST, no sentido de ver no adoecimento uma particularidade fática dissociada de qualquer compreensão mais ampla do processo produtivo e da possibilidade de agregação de informações "extrajurídicas" aos julgamentos, como já realizado em relação ao tema da terceirização. O óbice fático persiste justificando a não intervenção do TST, seja com relação à configuração do nexo entre trabalho e doença, seja com relação aos valores das indenizações porventura arbitradas. O óbice técnico-processual também impede que o Tribunal lance mão dos fundamentos constitucionais de proteção ao trabalho no exame dos casos analisados, visto que a apreciação da questão de fundo do recurso nem sequer é alcançada.

Entretanto, a viabilidade do procedimento de judicialização do critério do nexo técnico epidemiológico previdenciário (NTEP), que já vinha sendo utilizado por alguns peritos judiciais em suas avaliações (como indicado na amostra do período anterior), fica demonstrada em dois acórdãos em que os respectivos Tribunais Regionais consideram o critério do NTEP como elemento apto a estabelecer presunção judicial relativa quanto aos fatos alegados pelo trabalhador[455]. O TST, entretanto, não se manifestou sobre o NTEP, mesmo nesses dois acórdãos.

Diferentemente do que se ponderou quanto ao tema da terceirização, a segmentação entre os períodos não revelou, quanto à questão do adoecimento, nenhum indicativo de modificação no padrão jurisprudencial do Tribunal.

b) Os casos estudados

Quanto ao **primeiro caso**[456], trata-se de acórdão proferido em processo no qual foram interpostos três recursos de revista: dois pelas reclamadas e um pela reclamante.

---

por alguns peritos. Em um dos acórdãos descartados dessa amostra, porque não continha emissão de tese por parte do TST a respeito da doença, chocou a tese estampada no acórdão regional que afastou o nexo de causalidade entre um quadro depressivo e o trabalho em *call center* de uma mulher grávida: acompanhando conclusão pericial no sentido de que dificilmente o adoecimento poderia ser relacionado ao trabalho sobretudo porque "a gravidez muitas vezes traz em seu bojo situações psíquicas consequentes desse estado", o acórdão refutou o nexo de causalidade entre o trabalho da teleatendente e o seu quadro depressivo (BRASIL. TRIBUNAL SUPERIOR DO TRABALHO. Processo n. TST-RR-64940-84.2008.5.24.0006 Data de Julgamento: 18.12.2012, relator Ministro: Walmir Oliveira da Costa, 1ª Turma, Data de Publicação: DEJT 21.12.2012).

(455) Processos n. TST-RR-1125-52.2010.5.06.0004 e TST-RR-216-21.2010.5.24.0000.
(456) BRASIL. TRIBUNAL SUPERIOR DO TRABALHO. Processo n. TST-RR-86900-68.2009.5.24.0004 Data de Julgamento: 12.12.2012, relator Ministro: Pedro Paulo Manus, 7ª Turma, Data de Publicação: DEJT 19.12.2012.

O recurso das reclamadas, que pretendia o reconhecimento da licitude da terceirização, logrou êxito, com afastamento do vínculo empregatício estabelecido pelas instâncias ordinárias com as tomadoras, e, por consequência, dos demais consectários. O recurso da reclamante pretendia, como decorrência da alegação de doença ocupacional, o recebimento de dano moral, o reconhecimento da estabilidade acidentária e, ainda, a determinação de emissão da CAT pela empresa. Entretanto, o apelo não foi conhecido, tendo em vista que a Corte Regional, amparada no laudo pericial, constatou que a trabalhadora adoeceu, porém não ficou com sequelas e nem era possível estabelecer o nexo entre o labor e a doença.

O acórdão do TST apenas afirma que o recurso encontra óbice na Súmula n. 126 do TST e dele não é possível extrair sequer qual a doença que acometeu a trabalhadora.

O **segundo caso**[457] apareceu na amostra geral e, por isso, foi analisado no primeiro grupo (item 3.2.1.2.1, p. 156-158).

O **terceiro caso**[458] consiste em acórdão proferido no julgamento dos recursos de revista das reclamadas, no qual o TST confirmou o acórdão regional quanto à ilicitude da terceirização e também não conheceu do apelo patronal quanto ao pedido de exclusão da indenização em razão de doença ("disfonia por alteração em cordas vocais").

A respeito do quadro de adoecimento, constou do acórdão regional que, além de identificado que nos exames admissionais não foram constatadas anomalias prévias às quais a doença da reclamante pudesse ser atribuída, as condições de trabalho potencialmente contribuíam para a debilidade vocal da trabalhadora. Eis os fundamentos:

> (...) ainda que pelo laudo não existam dados médicos seguros para o estabelecimento do nexo de causalidade entre a doença da autora e o seu labor na ré, entendo que todos os indícios dão conta de que a moléstia que acomete a trabalhadora é decorrente de seu labor na empresa, pelos motivos elencados na sentença, quais sejam: ausência do PPRA e PCMSO das empresas reclamadas aos autos; ausência de exames de fonoaudiologia da reclamante, sendo que como operadora de telemarketing e profissional da voz, cabia às empresas diligenciar neste sentido; exames realizados antes da dispensa da autora, em 22 e 26.6.2007, constataram lesões nas cordas vocais da trabalhadora (f. 30/31); a autora relatou ao vistor que <u>efetuava em média 100 ligações por dia oferecendo planos e aparelhos telefônicos, além disso, recebia a obreira as gratificações "por fora" ou comissões vinculadas ao cumprimento de metas, o que certamente forçava a autora a bater metas, exigindo ainda mais de sua voz</u>. Quanto aos intervalos previstos no anexo II da NR-17, item 5.4, de fato, o perito afirmou que eram observados pela reclamada, de acordo com o quesito n. 3 da 1ª ré, f. 590. De qualquer forma, ficou claro que a reclamante foi tratada de forma negligente pela reclamada, por todos os motivos acima elencados, o que comprova a culpa da ré no evento que vitimou a trabalhadora, donde se conclui que a doença acometida pela autora foi decorrente de seu labor na empresa, estando presentes o dano, a culpa e o nexo de causalidade, pelo que devido o pleito indenizatório em exame.

A indenização, por fim, foi fixada no montante de R$ 15.000,00.

---

(457) BRASIL. TRIBUNAL SUPERIOR DO TRABALHO. Processo n. TST-RR-243-04.2010.5.24.0000 Data de Julgamento: 12.12.2012, relator Ministro: Mauricio Godinho Delgado, 3ª Turma, Data de Publicação: DEJT 14.12.2012.

(458) BRASIL. TRIBUNAL SUPERIOR DO TRABALHO. Processo n. TST-RR-109200-41.2007.5.03.0016 Data de Julgamento: 31.10.2012, redator Ministro: José Roberto Freire Pimenta, 2ª Turma, Data de Publicação: DEJT 14.12.2012.

O TST, entretanto, não enfrentou a questão de fundo. Tendo em vista a ausência de fundamentação técnica que viabilizasse a admissibilidade do apelo (indicação de violação de lei, da Constituição ou de divergência jurisprudencial, nos termos do art. 896 da CLT), dele não conheceu.

O **quarto caso**[459] consiste em recurso de revista interposto pela reclamada, o qual foi conhecido e desprovido pelo TST, confirmando-se a decisão regional quanto à ilicitude da terceirização, bem como quanto à caracterização do dever de indenizar a trabalhadora pela doença e quanto ao valor atribuído à condenação.

Aqui interessa a fundamentação do acórdão regional, que é orientada pelo laudo do INSS que utilizou, entre outros elementos, o nexo técnico epidemiológico previdenciário para estabelecer a vinculação entre a moléstia e o trabalho. O TRT, a partir da conclusão do INSS, afirmou a presunção relativa quanto à existência de doença ocupacional e atribuiu à empresa o ônus de provar que o nexo não existia. Consta do acórdão regional:

> Ressalto, ainda, que consta do documento juntado às fls. 165, emitido pelo INSS, que "foi reconhecido o nexo entre o agravo e a profissiografia, conforme anexo II do Decreto n. 3.048, de 6.5.1999" bem assim que os documentos encontrados às fls. 467/469, coligidos pela própria [empresa], revelam a existência de risco ocupacional ergonômico. E embora o art. 4º, § 1º, da Instrução Normativa n. 31/2008, do INSS, estabeleça que a empresa poderá interpor recurso ao Conselho de Recursos da Previdência Social até 30 dias da ciência da concessão de benefício previdenciário em espécie acidentária, tal providência não foi levada a efeito, o que, à míngua de prova técnica produzida nestes autos para elidir a presunção do NTEP — ônus que recaía sobre o polo passivo, na forma do art. 333, II, do CPC — faz prevalecer, em definitivo, a constatação de que a autora foi acometida de doença ocupacional. O requisito do ato ilícito (culposo *lato sensu*, podendo ser comissivo ou omissivo — CF/88, art. 7º, XXVIII), por sua vez, exsurge da ausência de prova de medidas práticas tendentes a minorar os riscos ocupacionais, encargo que igualmente recaía sobre o polo passivo, à luz do princípio da aptidão do ônus da prova e da regra do art. 333, II, do CPC. Aliás, a declaração da testemunha ouvida na sessão de instrução, L.S.V., de que "há cerca de dois anos não fazem ginástica laboral" (fls. 555) revela justamente o contrário.

O TST confirmou tanto o nexo causal quanto o valor da indenização por danos morais, fixada pela Corte Regional em R$ 9.370,00, afastando as alegações da parte quanto à ausência de vinculação entre labor e doença e, sobretudo, quanto à suposta ofensa às regras de distribuição do ônus da prova.

Todavia, a Corte Superior Trabalhista, embora tenha reconhecido como acertada a distribuição do ônus da prova no julgamento ordinário, não enfrentou a questão alusiva à presunção relativa que NTEP engendra, limitando-se a analisar o ônus da prova **da culpa empresarial** (a despeito de a alegação da parte ter sido mais ampla), para declarar que a negligência restou comprovada nos autos, a tornar inócua a discussão a respeito do ônus probatório.

O **quinto caso**[460] trata de recurso da reclamante, que logra êxito quanto ao reconhecimento da ilicitude da terceirização e ao restabelecimento do vínculo empregatício

---

(459) BRASIL. TRIBUNAL SUPERIOR DO TRABALHO. Processo n. TST-RR-1125-52.2010.5.06.0004 Data de Julgamento: 12.12.2012, relator Ministro: Aloysio Corrêa da Veiga, 6ª Turma, Data de Publicação: DEJT 14.12.2012.

(460) BRASIL. TRIBUNAL SUPERIOR DO TRABALHO. Processo n. TST-RR-1625-09.2010.5.03.0035 Data de Julgamento: 21.11.2012, relator Ministro: Aloysio Corrêa da Veiga, 6ª Turma, Data de Publicação: DEJT 23.11.2012.

diretamente com a empresa tomadora de serviços. A notícia da doença, nesse caso, vem alegada de forma interessante: a trabalhadora argui negativa de prestação jurisdicional e cerceamento do direito de defesa, ao argumento de que, para provar a existência de doença ocupacional, requereu a produção de prova testemunhal, que, entretanto, foi indeferida pelo magistrado no primeiro grau.

O acórdão não identifica de qual doença a trabalhadora alegava estar acometida e, com relação à arguição de nulidade processual, fundamenta que não há ilegalidade no procedimento do juízo, porque já havia sido produzida prova pericial apta a formar o convencimento do magistrado quanto à ausência de nexo causal, e porque, assim sendo, o juiz pode indeferir prova flagrantemente desnecessária, conforme art. 130 do CPC[461].

Não há elementos que permitam estabelecer uma análise crítica a respeito do comando decisório do TST, mas transparece do conflito processual observado que o encargo de provar gera para o trabalhador uma série de enfretamentos de natureza processual necessários para viabilizar que se desincumba desse ônus. A falta de aptidão do trabalhador para produção dessa prova e sua hipossuficiência, inclusive no aspecto processual, figuram como óbices para que ele se desincumba do ônus que lhe tem sido imposto num momento de vulnerabilidade extrema, como o da doença.

O **sexto caso**[462] refere-se a agravo de instrumento em recurso de revista interposto pela reclamante perseguindo o reconhecimento da ilicitude da terceirização e a reparação pela doença ocupacional ("tendinite na mão e no cotovelo direito"). O procedimento do TST, nesse caso, ao prover o agravo de instrumento da autora para determinar o processamento do recurso de revista, foi o de julgar o tema da ilicitude da terceirização — declarando-a ilícita e reconhecendo o vínculo diretamente com a tomadora dos serviços — e confirmar o despacho do Tribunal Regional que denegou seguimento ao recurso de revista quanto aos demais temas, incluindo o pedido de indenização por danos morais em razão de doença ocupacional.

No caso, a Corte Regional, em que pese reconhecer que a reclamante foi acometida por uma tendinite em razão do trabalho, constata que, ao tempo da reclamação trabalhista, já se encontrava apta ao trabalho e não apresentava sequelas, razão por que o pedido de indenização deveria ser julgado improcedente. Constou do acórdão do TST a transcrição do seguinte trecho do acórdão regional:

> ainda que o Perito tenha concluído que a reclamante efetivamente tenha apresentado quadro de 'Tendinite de De Quervain do Antebraço Direito, afirmou que <u>após ser submetida a tratamento médico adequado, houve reversão do quadro, com exame físico foi normal e que presentemente não é portadora de doenças ocupacionais</u>, tanto que encerrou o laudo afirmando: '...a <u>reclamante é apta para o trabalho</u>'. Ora, se a reclamante não está doente, tem capacidade para

---

(461) Solução diferente foi a estabelecida no seguinte acórdão: BRASIL. TRIBUNAL SUPERIOR DO TRABALHO. Processo n. TST-RR-834-20.2011.5.24.0003, Data de Julgamento: 12.12.2012, relator Ministro: Luiz Philippe Vieira de Mello Filho, 4ª Turma, Data de Publicação: DEJT 19.12.2012. No entanto, não será analisado na amostra porque, apesar de se referir trabalho em *call center,* não se refere ao setor de telecomunicações.

(462) BRASIL. TRIBUNAL SUPERIOR DO TRABALHO. Processo n. TST-RR-151100-84.2009.5.24.0004, Data de Julgamento: 29.10.2012, relator Ministro: Mauricio Godinho Delgado, 3ª Turma, Data de Publicação: DEJT 16.11.2012.

o trabalho e é considerada normal em todos os itens analisados, resta evidente que é impossível deferir as indenizações por danos morais e materiais, haja vista que ausente o elemento indispensável que é o dano. A máxima de experiência demonstra que os portadores da doença diagnosticada (tendinite de Quervain) experimentam fácil recuperação com uso de ginástica e fisioterapia. E a prova emprestada dá conta de que havia 15 minutos diários de ginástica laboral, o que certamente contribuiu para a reversão do quadro de saúde da reclamante, excluindo, assim, o elemento culpa. E a ausência do dano justificou até mesmo a dispensa por este juízo da prova pericial ergonômica determinada na maioria dos casos, com o encerramento da instrução logo após a conclusão da perícia médica (f. 578-579). Não há dúvida que a reclamante foi acometida de uma tendinite, mas se encontra apta para o trabalho, revelando que a empresa não agiu com culpa no caso e que não há dano à sua saúde, tanto que continua trabalhando normalmente na reclamada. Nego provimento.

O TST, por sua vez, diante do pedido de reforma desse acórdão pela reclamante, que já tinha tido seu recurso de revista denegado na origem pelo Tribunal Regional, confirmou o despacho de admissibilidade por seus próprios fundamentos, acrescentando apenas que "no presente caso, o Tribunal Regional consignou, expressamente, que o laudo pericial atesta que a Reclamante não foi diagnosticada como portadora de doenças ocupacionais", o que, de pronto, implicou a obstaculização do recurso pela Súmula n. 126 do TST.

Identifica-se, no caso, um movimento de banalização do adoecimento: ao constatar que o trabalhador encontrava-se apto a trabalhar, a Corte Regional desconsiderou o fato de que ele efetivamente tinha estado doente e que a organização do trabalho havia sido a responsável por essa moléstia. Por conta desse entendimento, inclusive, a instrução processual fora encerrada antes da produção da prova pericial ergonômica. O pressuposto adotado foi o de que a trabalhadora passou por um pequeno evento de doença e já está recuperada e apta ao trabalho, numa clara associação entre os conceitos de bem-estar e aptidão para o trabalho, que não necessariamente são correspondentes, tampouco contemplam igualmente as necessidades biopsíquicas dos sujeitos trabalhadores.

Primeiro, se conceito de dano moral é a lesão a direitos da personalidade, o fato de ter estado doente, ainda que sem suportar sequelas permanentes, supostamente seria suficiente para que a lesão à dignidade não apenas fosse reconhecida, mas reputada indesejável, com a consequente resposta do ordenamento jurídico.

Em segundo lugar, a relação cíclica dessas doenças por esforço repetitivo, intimamente relacionadas com a rotina do trabalho, é ignorada. Se o trabalho e as condições ergonômicas que envolvem a sua realização estressam a musculatura a ponto de gerar doenças como a da reclamante, é normal que após pequenos afastamentos do trabalho a empregada observe uma melhora, que será desconstituída assim que ela reassumir o movimento repetitivo. Nesse sentido, Mazzei observou bem o conflito das trabalhadoras quando do retorno dos afastamentos previdenciários[463]. Mas, nesse caso, o Tribunal objetivou sua análise ao extremo, ocultando a complexidade do problema.

---

(463) NOGUEIRA, Cláudia Mazzei. As trabalhadoras do telemarketing: uma nova divisão sexual do trabalho? In: ANTUNES, Ricardo; BRAGA, Ruy (Orgs.). Infoproletários. São Paulo: Boitempo, 2009. p. 191.

O **sétimo caso**⁽⁴⁶⁴⁾ também apareceu na amostra geral e foi analisado no primeiro grupo (item 3.2.1.2.1, p. 158-161).

O **oitavo caso**⁽⁴⁶⁵⁾ refere-se a recurso de revista interposto pelas reclamadas, perseguindo o reconhecimento da licitude da terceirização e o afastamento da responsabilidade empresarial pelo quadro depressivo da reclamante. Numa das decisões mais marcantes dessa série, o TST confirmou integralmente o julgado regional. Foi emitida tese para manter o acórdão do TRT que julgou ilícita a terceirização, com reconhecimento de vínculo com a tomadora de serviços. Por outro lado, de forma técnica (com amparo na impossibilidade de conhecer do recurso por divergência jurisprudencial), foi confirmada a decisão regional que, contrariando a conclusão do laudo pericial, estabeleceu o nexo de causalidade entre o quadro depressivo da reclamante e o trabalho.

No acórdão regional, foram acolhidas as alegações da trabalhadora, no sentido de que, após dois meses "extenuantes" de trabalho no *call center*, suportando pressão excessiva, cobrança de metas, restrição do uso de banheiro e estresse, a reclamante foi induzida à depressão, tendo sido afastada do trabalho pelo INSS. Foi reconhecido que a cobrança excessiva quanto ao atendimento de metas configura assédio moral e pode ser identificada como causa do adoecimento psíquico da reclamante. Por consequência, a Corte Regional condenou a empresa ao pagamento de indenização por danos morais no valor de R$ 10.000,00 em razão do adoecimento, no valor R$ 5.000,00 em razão do assédio moral, e, ainda, reconheceu que a conduta empresarial se caracterizaria como ilícito patronal e configuraria a rescisão indireta do contrato de trabalho.

Vale dizer que essa decisão foi proferida contrariamente às conclusões do laudo pericial, que afastou o nexo de causalidade (ao fundamento de que o quadro depressivo da autora reportava a 2005 e, na perícia realizada em 2008, já não apareciam os sintomas, bem como ao fundamento de que "esta patologia não é considerada de origem ocupacional"), mas que pôde ser elidido pelo conjunto probatório dos autos.

O acórdão considerou, entre outros elementos, o lapso temporal entre o pico da doença e a data da realização da perícia e o fato de ter restado demonstrado nos autos que a reclamante, ainda que não estivesse incapaz no momento do julgamento, realmente sofreu sucessivos afastamentos com CID correlato ao quadro depressivo: duas vezes, com CID F 32.2 (episódio depressivo grave sem sintomas psicóticos), uma vez com CID F32.1 (episódio depressivo moderado). Portanto, foi considerado o adoecimento, ainda que sem sequelas, como fato apto a ensejar a condenação da empresa.

Ademais, o Tribunal Regional amparou-se nos relatos testemunhais quanto ao ambiente de trabalho, às formas de cobrança e engajamento no trabalho engendradas pelas gerências, ao controle excessivo do tempo, à hostilidade dos superiores e, mais importante, ao contexto de sofrimento que essa conjuntura acarretava para a reclamante (episódios

---

(464) BRASIL. TRIBUNAL SUPERIOR DO TRABALHO. Processo n. TST-RR-216-21.2010.5.24.0000. Data de Julgamento: 20.6.2012, relator Ministro: Luiz Philippe Vieira de Mello Filho, 4ª Turma, Data de Publicação: DEJT 29.6.2012.

(465) BRASIL. TRIBUNAL SUPERIOR DO TRABALHO. Processo n. TST-RR-763500-32.2007.5.09.0663. Data de Julgamento: 16.5.2012, relatora Ministra: Maria de Assis Calsing, 4ª Turma, Data de Publicação: DEJT 18.5.2012.

de desmaios e crises do choro são relatadas) para concluir pela ligação entre trabalho e doença mental, a título concausal. Pelo panorama de terror desenhado, é significativa a transcrição literal:

> Observa-se que os eventos depressivos graves tiveram ensejo no período em que a autora laborou como atendente de call center, submetida a trabalho extenuante, aliado a condição de trabalho desfavorável à sua higidez física. Essa conjuntura, é de conhecimento dessa E. Segunda Turma em face, da análise de casos semelhantes, restando confirmado pela testemunha de indicação obreira, a qual alegou: 'que em média, havia uma reunião no mês, fora do horário de trabalho, no tempo de uma hora, não anotado no ponto; essa reunião era para toda equipe, cerca de 20 pessoas; o assunto da reunião era o desempenho e as metas; que na reunião o supervisor advertia o empregado que não alcançou a meta, na frente dos demais; isso já aconteceu com a Reclamante e com a depoente; para aferir a meta, se considera o tempo de atendimento, e o tempo de pausa que podia ser de até 15 minutos; o intervalo de 15 minutos não era suficiente para comer, tomar água e ir ao banheiro; que as refeições só podiam ser feitas no ático ou na rua; que o normal era trabalhar com a Reclamante no 4º andar e no ático corresponde ao 11º andar; havia muita gente circulando e não era possível pegar elevador para ir ao ático; que presenciou a Reclamante desmaiando no ambiente de trabalho; havia pressão em razão da cobrança dos supervisores e coordenadores 'que ficavam em cima' além dos clientes, que telefonavam estressados e tinham que atender rápido; se extrapolasse 15 minutos de intervalo, recebia advertência verbal, depois escrita e a persistir suspensão; que o supervisor J.B. dizia que a Reclamante falava alto, e que a voz o incomodava; que essa pessoa dava broncas na reclamante e até a fez chorar; que J. era grosso com todos os empregados; que J. não permitia que a Reclamante se explicasse e foi até por isso que ela chorou; que J. gritava com a Reclamante e com todos, mesmo estando longe do atendente; várias vezes a Reclamante teve crises de choro no ambiente de trabalho, o que ocorria em razão da cobrança dos supervisores; que muita gente passava mal e também chorava no ambiente de trabalho; que já aconteceu de a depoente socorrer a Reclamante saindo com ela do ambiente do trabalho, indo até o banheiro; certa vez levou um atestado médico particular e não foi aceito sob alegação de que tinha que passar pela [empresa de saúde credenciada]; que ficou sabendo que a Reclamante apresentou atestado de 15 dias para o médico da empresa e ele não aceitou dizendo que a Reclamante podia trabalhar; que o supervisor deixa diariamente em cima de um balcão uma pasta com desempenho de cada empregado para consulta, além de afixar em uma parede; J. B. foi supervisor da depoente a partir do 3º mês de seu contrato e assim ficou por um mês, mas J. ficava no 4º andar e também chamava a atenção de empregados de outras equipes; a empresa funciona em turnos de revezamento; era permitido deixar uma garrafa de água no PA com bico e transparente'.

Nesse quadro se destaca também a resistência empresarial em reconhecer que se sofre e que se adoece com o trabalho: a relutância quanto ao recebimento dos atestados médicos, a absoluta presunção de má-fé em relação aos trabalhadores que alegam doença como justificativa das faltas ao trabalho e a dissociação entre o absenteísmo e o sofrimento pelo trabalho parecem completar o quadro de "cegueira, surdez e mudez" sobre o adoecimento no trabalho que Dejours denuncia[466].

O **nono caso**[467] também apareceu na amostra geral e foi analisado no primeiro grupo (item 3.2.1.2.1, p. 161-162).

---

(466) DEJOURS, Christophe. *A banalização da injustiça social*. Rio de Janeiro: Fundação Getúlio Vargas, 2006.
(467) BRASIL. TRIBUNAL SUPERIOR DO TRABALHO. Processo n. TST-RR-93200-51.2008.5.03.0138. Data de Julgamento: 2.5.2012, relator Ministro: Augusto César Leite de Carvalho, 6ª Turma. Data de Publicação: DEJT 11.5.2012.

O **décimo caso**[468] também retrata acórdão proferido no recurso de revista interposto pela reclamante. A despeito de reconhecer a ilicitude da terceirização, promovendo o estabelecimento do vínculo de emprego da reclamante com a empresa tomadora dos serviços, o TST confirmou o acórdão regional quanto ao indeferimento do pedido de indenização por danos morais em razão de controle do uso de banheiro e em razão de doença ocupacional (LER/DORT e depressão).

A respeito do assédio moral pelo controle do uso de banheiro, o acórdão regional que foi confirmado pelo TST com fundamento (mais uma vez) na Súmula n. 126, a despeito de descrever minuciosamente a forma invasiva como se dava o controle do acesso ao sanitário, não identificou nessa conduta a gravidade de uma situação de assédio moral.

O Tribunal Regional, de forma ofensiva à trabalhadora, inicia seu pronunciamento afirmando que, "apesar da 'garrulice'[469] da reclamante, nenhum dos requisitos para a caracterização do assédio moral ficou demonstrado". O termo pejorativo utilizado pelo julgador, além de o afastar de sua parcialidade, denota que a reclamação da trabalhadora, no caso, é lida como excesso, seja em relação ao que pode ou deve ser reclamado, seja com relação a um exagero na descrição do ambiente de trabalho. E, a partir daí, diferencia o "terror psicológico" (que define o assédio moral) da "simples adoção, pelo empregador, de regras rígidas para a execução do trabalho", ressaltando que a reclamante não conseguiu provar a hostilidade que denunciou. Também destacou que a empresa não fazia isso só com a reclamante, mas, isonomicamente, com todos os empregados e que não havia nada de excessivo ou aviltante nas medidas adotadas.

Fica explícita na decisão do Tribunal Regional a legitimação substantiva da conduta e a chancela a um ambiente de trabalho autoritário em que o empregador disciplina os empregados como melhor lhes aprouver, sem muito espaço para pensar a organização do trabalho desde a perspectiva da dignidade do sujeito que labora ou em consonância com os valores democráticos estampados na Constituição.

E, apesar do profundo juízo de valor que do acórdão emana, quando confronta bens jurídicos e faz prevalecer uns em detrimento de outros, o TST considerou essa decisão impassível de reforma, porque amparada exclusivamente em conteúdo fático probatório. Vale lembrar que a mesma matéria, em outros julgados, é objeto de teses jurídicas extensas, a denotar falta de uniformidade na aplicação da Súmula n. 126 do TST.

Nesse mesmo julgado, também foi refutada pelo Tribunal Regional a pretensão quanto ao pagamento de indenização por danos morais em razão de doença ocupacional (no caso, com a alegação múltipla por parte da trabalhadora, de LER/DORT/tendinite associada a depressão), aspecto que foi mantido pelo TST, também com amparo na Súmula n. 126 do TST, sob o fundamento de que "a verificação dos argumentos da parte, no que concerne à comprovação do ato ilícito, do dano e do nexo de causalidade, demandaria reexame do conjunto fático-probatório dos autos".

---

(468) BRASIL. TRIBUNAL SUPERIOR DO TRABALHO. Processo n. TST-RR-147200-05.2009.5.24.0001. Data de Julgamento: 11.4.2012, relator Ministro: Alberto Luiz Bresciani de Fontan Pereira, 3ª Turma. Data de Publicação: DEJT 13.4.2012.

(469) No dicionário informal, a palavra é definida como sinônimo de tagarelice, algaravia, loquacidade. Disponível em: <http://www.dicionarioinformal.com.br/garrulice/>. Acesso em: 18 set. 2013, 23h11min.

Vale observar que, no caso, embora a perícia tivesse refutado o nexo causal entre o quadro de lesão por esforço repetitivo e o trabalho, foi reconhecida pelo perito a relação de concausa entre o quadro depressivo da trabalhadora e o trabalho, nexo este que foi afastado pelo Tribunal Regional. Aqui, mais uma vez lançou-se mão do argumento de que, ainda que a trabalhadora tenha estado doente, se está apta no momento da reclamação, deve ser afastada a responsabilidade da empresa, numa postura que, em alguma medida, tolera o adoecimento, contanto que ele não deixe sequelas. E o Tribunal Regional também entendeu que a perícia não transmitia a certeza necessária à condenação, porque se pautou em alegações da própria trabalhadora.

A transcrição do acórdão regional demonstra certa resistência quanto ao próprio tema da saúde mental, porquanto compreende a depressão como moléstia de causas desconhecidas e consequências, portanto, pouco moldáveis pela regulação judicial. Destaca, ainda, que a responsabilização também dependeria da prova da culpa do empregador, que não foi demonstrada. E também não analisa a organização do trabalho, salvo na situação do controle do banheiro, que legitima. Abaixo, os fundamentos:

> Ora, como foi registrado no laudo pericial, a etiologia da depressão não é conhecida (f. 643), de forma que o quadro depressivo pode advir de uma série de fatores, inclusive, das suscetibilidades individuais de cada ser humano. Assim, suas causas podem estar ligadas a diversas situações, podendo até mesmo prescindir de motivo para desencadeamento, motivo pelo qual não se pode afirmar que agiu como concausa da depressão. Além disso, ainda que o trabalho desenvolvido pela autora pudesse ter influenciado de alguma forma para o agravamento da patologia, não se poderia falar em responsabilização das reclamadas, haja vista a ausência de qualquer prova quanto ao requisito da culpa, sem o qual não é possível sequer cogitar-se em condenação por danos morais. Pelo exposto, ante a inexistência de prova segura quanto ao nexo causal e principalmente da culpa, nego provimento ao recurso da reclamante e dou provimento aos das reclamadas, para afastar a responsabilidade pelas doenças que acometem a autora e, por corolário, excluir da condenação a indenização por danos morais."

O **décimo primeiro caso**[470] consiste em processo no qual ambas as reclamadas e a reclamante interpuseram recursos de revista. No julgamento dos recursos patronais, foi confirmada a decisão regional que declarara a ilicitude da terceirização. No recurso da reclamante, a decisão regional que afastou o nexo causal entre a doença ("síndrome de túnel do carpo, sinovite, tenossinovite") e trabalho foi confirmada com amparo na Súmula 126 do TST, mantendo-se o acórdão que negou à trabalhadora os pedidos de estabilidade provisória por acidente de trabalho, de reintegração ao emprego e de dano moral.

No caso, o acórdão regional assenta-se na perícia técnica que negou o caráter ocupacional da doença e que reforça a improcedência do pedido por não vislumbrar, na organização do trabalho, os problemas descritos pela trabalhadora. A decisão ignorou os atestados médicos apresentados pela reclamante, porque deles não constara a causa da falta, desconsiderando o absenteísmo como um indicador em si.

Nessa decisão, o perito afastou o NTEP, entendendo que a presunção por ele estabelecida restou elidida no caso concreto. O Tribunal Regional afastou o nexo causal entre doença e trabalho, consignando que "independentemente do mobiliário utilizado pela autora, do fato de ela não realizar ginástica laboral e de desempenhar atividade

---

(470) BRASIL. TRIBUNAL SUPERIOR DO TRABALHO. Processo n. TST-RR-722500-85.2008.5.09.0673. Data de Julgamento: 14.12.2011, relator Ministro: João Batista Brito Pereira, 5ª Turma. Data de Publicação: DEJT 2.3.2012.

sob determinado nível de estresse", não restaram vinculados o trabalho e a doença. No acórdão regional, ainda, foram reputadas inverídicas as alegações de que o ambiente de trabalho no *telemarketing* é lesivo à saúde:

> Ao contrário do que argumenta a recorrente, não é notório que a função de *call center* exige movimentos repetitivos e esforço estático de membros superiores, já que a função preponderante é o atendimento de ligações, na qual a autora tinha que atender telefonemas e conversar com clientes, com consulta eventual a terminais de computadores, o que difere, em muito, daquela atividade desenvolvida pelo digitador que trabalha, de forma ininterrupta na digitação.

E, também por conta disso, o TRT legitimou a não concessão da pausa do art. 72 da CLT à reclamante, pautando-se no entendimento inicial do TST no sentido de que a não exclusividade da digitação prejudicaria o enquadramento analógico desse dispositivo, numa interpretação literal.

O TST, no seu acórdão, limitou-se a aplicar a Súmula n. 126, sem tecer maiores considerações sobre o caso.

O **décimo segundo caso**[471] apresenta recurso de revista da tomadora de serviços insurgindo-se quanto ao reconhecimento da ilicitude da terceirização pelo Tribunal Regional e também quanto ao reconhecimento do direito da trabalhadora à estabilidade provisória no emprego, com a consequente determinação de reintegração ao trabalho, em razão de doença ocupacional ("LER/DORT tendo como patologias subjacentes a síndrome do túnel do carpo à direita e fibromialgia").

O acórdão regional, amparado em laudo pericial, caracteriza um quadro de LER/DORT com nexo de causalidade em relação ao trabalho ("nas tarefas da Reclamante existiam fatores de risco para o desenvolvimento de DORT"), do qual decorreu incapacidade parcial e permanente para o labor, da ordem de 30% ("porque a autora definitivamente não poderá ser reexposta aos fatores que desencadeiam sua doença sob o risco de agravamento do quadro atual").

O TST entendeu que o recurso empresarial encontraria óbice na Súmula n. 126 e também registrou a consonância da decisão atacada com a Súmula n. 378, II, do TST, que trata da estabilidade provisória em razão de acidente de trabalho.

O caso se destaca dos demais porque a questão do adoecimento não foi discutida sob um pedido de indenização por danos morais ou materiais, mas sim em razão de um pedido de reconhecimento da estabilidade provisória de que cuida o art. 118 da Lei n. 8.213/93, com a consequente determinação de reintegração ao serviço.

Destaque-se que o reconhecimento do caráter ocupacional da doença somente após a extinção do vínculo, que não elide o direito da trabalhadora à estabilidade pretendida, por outro lado, denota a resistência empresarial em assumir o adoecimento como consequência do trabalho e em emitir a CAT que habilite o trabalhador à obtenção tempestiva do benefício previdenciário, com as consequências pertinentes no contrato de trabalho. Ao contrário, a conduta empresarial observada foi de "descarte" da trabalhadora lesionada, que foi dispensada apesar do seu quadro clínico, tendo que buscar o amparo social pelo seu quadro de adoecimento nas redes de proteção previdenciária e pela via judicial. O caso é importante para discutir essa tensão entre o suporte previdenciário e a regulação

---

(471) BRASIL. TRIBUNAL SUPERIOR DO TRABALHO. Processo n. TST-RR-183700-26.2003.5.03.0111. Data de Julgamento: 8.2.2012, relatora Ministra: Maria de Assis Calsing, 4ª Turma. Data de Publicação: DEJT 10.2.2012.

judicial, pela capacidade singular dessa última de efetivamente interferir no contrato de trabalho e no círculo de inserção próprio do trabalho.

O **décimo terceiro caso**[472] revela recurso de revista da reclamante, no qual perseguia o reconhecimento do vínculo de emprego diretamente com a tomadora dos serviços, sob a alegação de ilicitude da terceirização, e também o reconhecimento da relação entre o seu quadro depressivo e o trabalho, que fora refutado pela Corte Regional.

O TST deu provimento ao recurso da autora para declarar a ilicitude da terceirização e acolher seu pedido quanto ao vínculo empregatício, mas, com relação ao adoecimento psíquico, entendeu que, para reformar a decisão regional que não considerara o nexo de causalidade, seria necessário revolver fatos e provas, o que é vedado pela Súmula n. 126 do TST.

No mesmo caso, foi veiculado pedido de indenização por dano moral em razão do controle do uso do banheiro e do controle do alcance de metas pelos trabalhadores por meio de listas de produtividade divulgadas na empresa. Também quanto a esse tema o TST chancelou a decisão regional que negou o pedido de indenização por dano moral, registrando não ter restado caracterizado nenhum excesso por parte do empregador, com amparo na Súmula n. 126.

Novamente a "dupla" adoecimento mental/assédio aparece no contexto processual e não é objeto de associação na cognição dos julgadores. Se no controle exagerado do ritmo e das pausas do trabalhado dentro do processo produtivo já pode ser identificada uma intensificação do trabalho que compromete a integridade física dos trabalhadores, com mais razão se associa esse quadro ao adoecimento mental. Entretanto, tanto o acórdão regional que não compreende de tal forma os efeitos do processo produtivo assediado na saúde dos trabalhadores, como o TST, que entende não haver valoração jurídica do problema, mas mera apreciação fática, em ambos os casos, esvaziam a relação de causa e efeito entre trabalho, sofrimento e adoecimento. E, por consequência, se afastam de uma avaliação constitucional do caso.

O acórdão regional, lastreado na perícia, afirma que a trabalhadora não conseguiu provar o quadro psíquico alegado, porque não revelava incapacidade no momento da realização da perícia e porque não havia elementos suficientes para a construção do diagnóstico: "Consoante disposto no laudo pericial, a autora apresentava sintomas que podem fazer parte de um episódio depressivo, porém de maneira inconclusiva para se fazer diagnóstico". Daí a Corte Regional ter entendido pela impossibilidade de responsabilizar a reclamada, porque não caracterizado o nexo: "Exsurge do exposto que a doença apresentada não tem nexo com o trabalho e não existe incapacidade laboral, não havendo falar em indenização nesse aspecto".

Além da já observada imposição à trabalhadora hipossuficiente do ônus de comprovar seu estado de saúde e a conexão entre ele e o trabalho, aqui aparece com certa consistência a dificuldade de reconhecer o próprio adoecimento psíquico, como elemento anterior ao reconhecimento do nexo de causalidade com a doença. A perícia inconclusiva nesses casos é recorrente e a complexidade que envolve a saúde mental parece ser colocada

---

(472) BRASIL. TRIBUNAL SUPERIOR DO TRABALHO. Processo n. TST-RR-40800-46.2009.5.24.0007. Data de Julgamento: 27.6.2012, relatora Ministra: Maria de Assis Calsing, 4ª Turma. Data de Publicação: DEJT 3.8.2012.

como óbice ao estabelecimento de responsabilidades e obrigações necessárias à recuperação do bem-estar. O reconhecimento clínico de sintomas compatíveis com a depressão não parece configurar elemento suficiente para a formulação do diagnóstico, o qual é pressuposto para a adoção de medidas regulatórias em relação ao ambiente de trabalho possivelmente agressor. Ademais, as perícias não vislumbram no ambiente de trabalho um espaço para colher informações que possivelmente contribuam para a formulação do diagnóstico.

Nesse caso, entretanto, não se pode afirmar que escapavam à cognição judicial as condições hostis do ambiente de trabalho no qual a reclamante se inseria, porque postulada indenização por danos morais em razão do controle do uso de banheiro e do controle ostensivo de metas, bem como instruído o processo com informações a respeito desses procedimentos, que, entretanto, foram legitimados pelo julgador regional.

No caso, com relação ao controle de metas, a Corte Regional assentou que a reclamante não provou a divulgação dos nomes dos trabalhadores no mural.

Já com relação ao controle do uso do banheiro, o TRT explicitou que havia limite e necessidade de autorização para ir ao sanitário, com restrições ao seu uso por mais de uma vez dentro da mesma jornada. No entanto, beira ao elogio a descrição do acórdão regional a respeito da existência de ginástica laboral e dos intervalos de 15 e 5 minutos, assim como da possibilidade conferida ao trabalhador de ir ao banheiro uma segunda vez, como se estas se constituíssem em benesses do empregador e não em condições mínimas que a lei disciplina:

> Por outro lado, quanto à necessidade de pedido de autorização para ir ao banheiro, não vejo no fato qualquer ofensa à dignidade humana ou do trabalhador, *data venia*. Lembro que os atendentes tinham jornada de seis horas diárias, com dois intervalos de quinze minutos (um para lanche, outro para ginástica) e, além disso, ainda era concedido um intervalo de cinco minutos para que o atendente fosse ao banheiro e, caso houvesse necessidade, mesmo já tendo ocupado os cinco minutos estipulados, poderia solicitar nova autorização. Ora, não vejo porque reconhecer assédio moral quando o empregador estabelece regras mínimas de desenvolvimento da atividade laboral, objetivando que ela se desenvolva com qualidade. A autora, como todos os trabalhadores do *call center*, tinha uma jornada de seis horas, usufruía de dois intervalos de quinze minutos, estando prevista a possibilidade de, afora os intervalos legais, afastar-se do atendimento por até cinco minutos, para ir ao banheiro. A situação não configura nenhum absurdo, mormente quando não há nenhuma evidência de que o empregador impedisse os trabalhadores de ir ao banheiro quando, de fato, não houvesse mais possibilidade de se aguardar para a realização das necessidades fisiológicas[473].

O TST, particularmente com relação ao controle do banheiro, apesar da bem traçada descrição do quadro fático, se reportou ao óbice da Súmula n. 126 para não conhecer do recurso, confirmando a decisão regional quanto ao indeferimento da indenização por dano moral em razão do controle do uso do sanitário. O mesmo se fez em relação ao alegado excesso na cobrança de metas.

Os dados obtidos a partir da análise dos 13 acórdãos examinados no segundo período podem ser sistematizados por meio da tabela a seguir.

---

(473) Essa fundamentação, proveniente do TRT da 24ª Região é a mesma analisada em relação ao processo n. RR-35840-96.2008.5.24.0002 (BRASIL. TRIBUNAL SUPERIOR DO TRABALHO. Processo n. TST-RR-35840-96.2008.5.24.0002. Data de Julgamento: 14.12.2011. Relator Ministro: Augusto César Leite de Carvalho. 6ª Turma. Data de Publicação: DEJT 19.12.2011), valendo aqui as mesmas ponderações já realizadas.

PROCESSO	TERCEIRIZAÇÃO: ENQUADRAMENTO NO TST	DOENÇA	Parte recorrente	Nexo reconhecido?	DANO MORAL/ VALOR	DANO MATERIAL / VALOR	VIOLAÇÕES RELACIONADAS AO AMBIENTE DE TRABALHO
1. 86900	LÍCITA	NÃO INFORMADA	RECLAMANTE	NÃO	NÃO	NÃO	---
2. 243	ILÍCITA	QUADRO CRONIFICADO DE TENDINOPATIA NO ANTEBRAÇO DIREITO	RECLAMANTE	SIM	SIM/ R$ 5000,00	Sim / Pensão correspondente a 5% do valor da remuneração (Condenação no TST)	LIMITAÇÃO DO USO DO BANHEIRO (DANO MORAL DE R$ 2.000,00)
3. 109200	ILÍCITA	DISFONIA	RECLAMADAS	SIM	SIM/ R$ 15.000,00	NÃO	NÃO
4. 1125	ILÍCITA	LER/DORT	RECLAMADAS	SIM (NTEP)	SIM/ R$ 9.370,00	NÃO	NÃO
5. 1625	ILÍCITA	NÃO INFORMADA: MATÉRIA RESOLVIDA PELO PRISMA DO CERCEAMENTO DO DIREITO DE DEFESA	RECLAMANTE	NÃO	NÃO	NÃO	NÃO
6. 151100	ILÍCITA	TENDINITE NA MÃO E NO COTOVELO DIREITO	RECLAMANTE	Não se falou do nexo, porque a reclamante já se encontrava recuperada quando da perícia.	NÃO	NÃO	NÃO
7. 216	ILÍCITA	TENDINOPATIA NO ABDUTOR LONGO E EXTENSOR DO POLEGAR DO PUNHO DIREITO	RECLAMANTE	SIM (NTEP)	SIM / R$ 5.000,00	NÃO	Controle do uso do banheiro – não responsabilizou porque não houve excesso

PROCESSO	TERCEIRIZAÇÃO: ENQUADRAMENTO NO TST	DOENÇA	Parte recorrente	Nexo reconhecido?	DANO MORAL/ VALOR	DANO MATERIAL / VALOR	VIOLAÇÕES RELACIONADAS AO AMBIENTE DE TRABALHO
8. 763500	ILÍCITA	DEPRESSÃO	RECLAMADAS	SIM	SIM / R$ 10.000,00	NÃO	Desrespeito ao intervalo, assédio moral (rigor excessivo e controle do uso do banheiro), que rendeu indenização de R$ 5.000,00
9. 93200	ILÍCITA	ALTERAÇÕES DEGENERATIVAS NA COLUNA LOMBAR	RECLAMANTE	NÃO	NÃO	NÃO	Intervalo do digitador desrespeitado
10. 147200	ILÍCITA	LER/DORT/ TENDINITE EM OMBRO ESQUERDO, BURSITE NO OMBRO DIREITO E DEPRESSÃO	RECLAMANTE	NÃO	NÃO	NÃO	Assédio moral (alegado em razão da rigidez na cobrança de metas e controle do uso do banheiro) - indenização indeferida
11. 722500	ILÍCITA	SÍNDROME DE TÚNEL DO CARPO, SINOVITE E TENOSSINOVITE	RECLAMANTE	NÃO	NÃO	NÃO	Intrajornada concedido parcialmente
12. 183700	ILÍCITA	DORT	RECLAMADAS	NÃO	Discussão restrita à estabilidade/reintegração		NÃO
13. 40800	ILÍCITA	DEPRESSÃO	RECLAMANTE	NÃO	NÃO	NÃO	NÃO

3.3. O adoecimento de trabalhadores terceirizados no setor de telecomunicações e a resposta do Poder Público: Poder Judiciário x INSS

Da análise global dos julgados levantados se concluiu que, embora a precariedade da contratação seja o ponto mais reincidente nos julgados do TST sobre operadores de *telemarketing* do setor de telecomunicações, o que se conclui é que o quadro de subproletarização desses trabalhadores e a alta rotatividade da mão de obra empregada no setor não são confrontados com as reclamações que se voltam contra a mais grave consequência das condições de trabalho precárias: o adoecimento.

Ainda que a maior parte das demandas relativas a operadores de *call center* do setor de telecomunicações julgada no período não verse especificamente sobre adoecimento, observou-se, nos acórdãos analisados, reiteradas denúncias quanto a situações de assédio moral e a respeito do ritmo acelerado do trabalho, de modo que se pode concluir que o panorama do trabalho assediado chega, de alguma maneira, ao Poder Judiciário Trabalhista.

Mas a avaliação individualizada das demandas, que se diferencia significativamente da política institucional do INSS, aparentemente tem prejudicado o combate judicial ao adoecimento no setor de telecomunicações.

O INSS tem se pautado no nexo técnico epidemiológico para equacionamento das demandas relativas a afastamento por doença e, apesar de ainda haver alguma distorção quanto ao afastamento dos trabalhadores pelo benefício B 31 (auxílio-doença previdenciário) em detrimento do B 91 (auxílio-doença acidentário), tem-se assistido a um incremento dos números relativos ao auxílio-doença acidentário.

A Previdência define o critério do nexo epidemiológico e os impactos da sua adoção nos seguintes termos:

> A Previdência Social propôs ao Conselho Nacional de Previdência Social — CNPS, órgão de natureza quadripartite — com representação do Governo, Empresários, Trabalhadores e Associações de Aposentados e Pensionistas, a adoção de um importante mecanismo auxiliar para a caracterização de um acidente ou doença do trabalho: o Nexo Técnico Epidemiológico Previdenciário — NTEP.
>
> O NTEP, a partir do cruzamento das informações de código da Classificação Internacional de Doenças — CID-10 e de código da Classificação Nacional de Atividade Econômica — CNAE aponta a existência de uma relação entre a lesão ou agravo e a atividade desenvolvida pelo trabalhador. A indicação de NTEP está embasada em estudos científicos alinhados com os fundamentos da estatística e epidemiologia. A partir dessa referência a medicina pericial do INSS ganha mais uma importante ferramenta-auxiliar em suas análises para conclusão sobre a natureza da incapacidade ao trabalho apresentada, se de natureza previdenciária ou acidentária.
>
> O NTEP foi implementado nos sistemas informatizados do INSS, para concessão de benefícios, em abril/2007 e de imediato provocou uma mudança radical no perfil da concessão de auxílios-doença de natureza acidentária: houve um incremento da ordem de 148%. Este valor permite considerar a hipótese que havia um mascaramento na notificação de acidentes e doenças do trabalho[474].

Com a implementação do NTEP, em complemento ao conceito de acidente de trabalho, definido entre as possibilidades dos arts. 19 a 21 da Lei n. 8.213/91 (acidentes de

---

(474) Disponível em: <http://www.mpas.gov.br/conteudoDinamico.php?id=463>. Acesso em: 21 jul. 2013, 14:58.

trabalho típicos, doenças ocupacionais, doenças do trabalho e acidente de trabalho por equiparação), foi agregada a previsão do art. 21-A pela Lei n. 11.430/2006:

> Art. 21-A. A perícia médica do INSS considerará caracterizada a natureza acidentária da incapacidade quando constatar ocorrência de nexo técnico epidemiológico entre o trabalho e o agravo, decorrente da relação entre a atividade da empresa e a entidade mórbida motivadora da incapacidade elencada na Classificação Internacional de Doenças - CID, em conformidade com o que dispuser o regulamento.

O regulamento a que a Lei se reporta é o Decreto Lei n. 3.048/99, que teve a redação do seu art. 337, § 3º, reformulada para considerar-se estabelecido o nexo entre o trabalho e a doença

> quando se verificar nexo técnico epidemiológico entre a atividade da empresa e a entidade mórbida motivadora da incapacidade, elencada na Classificação Internacional de Doenças — CID em conformidade com o disposto na Lista C do Anexo II deste Regulamento.

Ao Decreto foi agregada, no Anexo II, a Lista C, correspondente à tabela na qual **são indicados intervalos de CID-10 em que se reconhece Nexo Técnico Epidemiológico, na forma do § 3º** do art. 337, "entre a entidade mórbida e as classes de CNAE indicadas, nelas incluídas todas as subclasses cujo quatro dígitos iniciais sejam comuns".

Corrobora esse panorama a Instrução Normativa n. 31/2008 do INSS, que disciplina a aplicação do critério do NTEP pelos peritos e agentes administrativos do órgão.

A falta de um mecanismo semelhante perante o Poder Judiciário e o uso reduzido do dado já produzido pela própria Previdência[475] (apenas dois dos acórdãos analisados se reportavam ao NTEP como fundamento para estabelecer o nexo de causalidade) fragilizam a regulação judicial do tema.

Da mesma forma, a pouca intervenção do Tribunal Superior do Trabalho nos julgamentos regionais parece enfraquecer a possibilidade de combate institucionalizado à exposição da saúde dos trabalhadores do ramo de telecomunicações. Seja quanto à caracterização das doenças como ocupacionais, seja no que toca ao valor das condenações, ambos diretamente relacionados a uma questão de política judiciária (aplicação da Súmula n. 126 do TST como filtro para restrição da competência daquela Corte em relação à uniformização jurisprudencial), a opção regulatória pouco interventiva do TST se revela.

Em outubro de 2011 o TST realizou Audiência Pública, na qual foram ouvidos trabalhadores, empregadores e estudiosos a respeito do fenômeno da terceirização e na qual parece ter havido certa sensibilização da Corte Trabalhista para o contexto geral de precariedade em que se insere o fenômeno da terceirização e qual o seu papel no panorama geral das condições de trabalho no Brasil. Tanto é que no ano seguinte foi firmada a posição

---

(475) Esse uso reduzido se dá apesar das contribuições doutrinárias já oferecidas a respeito do tema, inclusive com delineamento das possibilidades de utilização do NTEP em favor do estabelecimento de presunções relativas no âmbito de processos trabalhistas e também para efeito de enquadrar a responsabilidade civil decorrente da doença do trabalho na previsão objetiva contida no art. 927, parágrafo único, do Código Civil. Por todos, consultar: DALLEGRAVE NETO, José Affonso. Nexo técnico epidemiológico e seus efeitos sobre a ação trabalhista indenizatória. *Revista do Tribunal Regional do Trabalho da 3ª Região*, Belo Horizonte, v. 46, n. 76, jul./dez. 2007, p. 143-153.

da SBDI-1 (Seção uniformizadora em matéria de dissídios individuais) no sentido de que a terceirização de *call centers* no setor é ilícita, sendo que, da fundamentação dos votos que compuseram esse julgamento, observou-se significativa referência às condições de trabalho e saúde dos empregados do setor, com diversas remissões aos pontos levantados na Audiência Pública, além, é claro, da fundamentação técnica concernente à vedação da intermediação de mão de obra no ordenamento jurídico.

Ainda que alguns julgados tenham demonstrado resistência quanto à observância desse direcionamento, o fato é que a Corte adotou, majoritariamente, uma diretriz clara para a questão da contratação precária e dá sinais de avanços, paulatinamente, quanto à tutela das condições de trabalho, com destaque para a censura em relação ao controle do uso do banheiro (dos quinze casos analisados em que a questão do controle do uso de banheiro foi discutida, em dez, o TST confirmou a condenação do empregador, contra cinco, em que o TST confirmou sua absolvição[476]) e quanto à observância dos intervalos.

Inclusive, com relação ao tema da terceirização, o que se observou, na linha da evolução da jurisprudência do Tribunal, notadamente após a Emenda Constitucional n. 45/2004, foi uma maior articulação dos fundamentos constitucionais de proteção ao trabalho, na fundamentação dos julgados, ampliando-se a compreensão quanto à força normativa imediata dos princípios constitucionais.

Como já pontuado, no início do período analisado, o Tribunal sofreu mudança significativa de sua composição, notadamente a partir da Emenda Constitucional n. 45/2004, que ampliou o número de Ministros do TST de 17 para 27, sendo certo que a renovação do quadro de julgadores implicou modificação no curso da jurisprudência dominante.

O movimento de constitucionalização da jurisprudência trabalhista, todavia, não foi contemplado nos julgados concernentes à questão do adoecimento no trabalho, no caso dos trabalhadores em *call center*. O que o padrão jurisprudencial majoritário identificado na pesquisa demonstra é a total ocultação dos fundamentos constitucionais de proteção ao trabalho, em favor de fundamentos técnicos, de natureza processual, ou, no máximo, de fundamentos amparados nas normas de Direito Civil acerca da responsabilidade pela reparação de danos, ainda sem uma leitura constitucionalizada dessas premissas.

Por todos esses aspectos, a pesquisa constata a fragilidade da regulação jurisdicional do adoecimento no trabalho em *call centers* no setor de telecomunicações no período estudado, sobretudo quando comparada aos dados promovidos em pesquisas científicas e pelo próprio INSS. Também se constata a discrepância entre a cognição já coletivizada do INSS a respeito do adoecimento e a postura atomizadora do fenômeno que o TST revela.

---

(476) Vale observar, entretanto, que as fundamentações dos acórdãos sobre controle do uso de banheiro, em geral, ampararam-se na Súmula n 126 do TST, seja para confirmar condenações, seja para confirmar juízos de improcedência do pedido de indenização. Quando houve incursão em fundamentos jurídicos pelo TST, prevaleceu o posicionamento no sentido de tutelar os excessos, sem deslegitimar a conduta em si.

Capítulo IV
Estado, Regulação e Saúde dos Trabalhadores em *Call Center*

> *Uma flor nasceu na rua!*
> *Passem de longe, bondes, ônibus, rio de aço do tráfego.*
> *Uma flor ainda desbotada*
> *ilude a polícia, rompe o asfalto.*
> *Façam completo silêncio, paralisem os negócios,*
> *garanto que uma flor nasceu.*
> *Sua cor não se percebe.*
> *Suas pétalas não se abrem.*
> *Seu nome não está nos livros.*
> *É feia. Mas é realmente uma flor.*
> *(...) Furou o asfalto, o tédio, o nojo e o ódio.*
>
> (Carlos Drummond de Andrade)

4.1. A regulação social do trabalho e a missão constitucional da Justiça do Trabalho

O confronto do conjunto de decisões do Tribunal Superior do Trabalho relativas a demandas sobre adoecimento de trabalhadores em *call centers* no setor de telecomunicações, analisado à luz da literatura pertinente à questão da saúde dos trabalhadores, à nova ordem econômica e à nova morfologia do trabalho trazem algumas ponderações a respeito do papel do Direito do Trabalho concretizado, ou seja, do Direito do Trabalho como dado real, aplicado aos casos concretos da maneira como compreendido pela instituição máxima do Poder Judiciário Trabalhista, e não da forma abstrata como prescrito nos textos legais. **Trata-se de compreender, portanto, a regulação social do trabalho.**

Por regulação social do trabalho, Krein entende o conjunto de normas e instituições que foram criadas num determinado país no sentido de reduzir o desequilíbrio presente na relação capital-trabalho[477].

Assim, a Justiça do Trabalho cumpre um importante papel na reparação dos direitos sonegados aos trabalhadores, na medida em que seus julgamentos ajudam a balizar comportamentos dos agentes sociais, entendendo-se, ainda, que a interpretação da legislação pode produzir novas regulamentações do trabalho[478].

---

(477) KREIN, José Dari. *Debates contemporâneos:* economia social e do trabalho, 8: as relações de trabalho na era do neoliberalismo no Brasil. São Paulo: LTr, 2013. p. 21.

(478) *Ibidem*, p. 62.

Mauricio Godinho Delgado também observa que ao Poder Judiciário Trabalhista foram atribuídos importantes papéis na regulação social do trabalho, notadamente "solucionar conflitos surgidos no âmbito da sociedade civil e do Estado" e também "fixar parâmetros relativamente claros acerca do sentido da ordem jurídica imperante nessas realidades sociais e institucionais"[479].

Numa economia de mercado, a tendência de que os bens envolvidos no processo de produção social (como a terra, o trabalho e o dinheiro) sejam mercantilizados é o elemento indutor da extensão da lógica peculiar e dos fundamentos econômicos para todos os aspectos da vida social[480].

A extensão da lógica do mercado em relação às demais relações sociais, potencializada pelo discurso em favor da não intervenção do Estado na economia e na sociedade, em verdade, resulta numa intervenção máxima da lógica mercadológica na vida dos sujeitos que, ao mesmo tempo em que são profundamente desprezados em sua potencialidade criativa e em seu papel no contexto das relações de produção, são contraditoriamente coagidos a se adequar aos desígnios do mercado e a assumir responsabilidades por uma lógica econômica desigual e excludente, que é capaz de compelir o próprio Estado em favor dos interesses economicamente predominantes[481].

Isso porque, ao converter tudo numa compra e venda regulável pelas leis da oferta e da procura, inclusive as habilidades humanas (o denominado "capital humano"), o pensamento econômico hegemônico ignora a produção como processo social, reduzindo-a a uma mera relação individual de troca. Desse modo, tende a tornar invisíveis as relações sociais (e de classe) que determinam o funcionamento da economia capitalista[482].

Polanyi já identificara que a civilização cuja crise hoje se assiste assenta-se no postulado do mercado autorregulável, de acordo com o qual haveria um único mote para a ação dos seres sociais: a criação do lucro, por meio da reprodução do capital. É nesse sentido que todos os fatores produtivos, e entre eles se compreendem os próprios trabalhadores, figurariam como custos a serem eliminados para a geração de mais e mais lucros[483].

Nesse moinho, que o autor intitulou "satânico", a força de trabalho, ao ser regulada pelos arbítrios do mercado, levaria à degradação humana, e, ao cabo, ao desmoronamento

---

(479) DELGADO, Mauricio Godinho. Justiça do Trabalho e sistema trabalhista: elementos para a efetividade do Direito do Trabalho e do Direito Processual do Trabalho no Brasil. In: DELGADO, Mauricio Godinho; DELGADO, Gabriela Neves. Constituição da República e direitos fundamentais: dignidade da pessoa humana, justiça social e direito do trabalho. São Paulo, LTr, 2012. p. 167.

(480) Ibidem, p. 31.

(481) Perelman ainda destaca a seletividade que rege o princípio da não intervenção estatal na economia pelos entusiastas do liberalismo, demonstrando que o Estado revela-se sempre interventor quando se trata de resguardar o sucesso de empreendimentos capitalistas ameaçados, e até mesmo de assumir determinados custos trabalhistas com os quais as empresas se recusam a arcar (PERELMAN, Michael. The invisible handcuffs: how market tyranny stifles the economy by stunting workers. New York: Monthly Review Press, 2011).

(482) PERELMAN, Michael. The invisible handcuffs: how market tyranny stifles the economy by stunting workers. New York: Monthly Review Press, 2011.

(483) POLANYI, Karl. A grande transformação: as origens de nossa época. Rio de Janeiro: Elsevier, 2011. p. 31.

da própria sociedade, visto que "essa suposta 'mercadoria', a força de trabalho, não pode ser impelida, usada indiscriminadamente, ou até mesmo não utilizada, sem afetar também o indivíduo humano que acontece ser o portador dessa mercadoria peculiar"[484].

Dessa maneira, ao dispor da força de trabalho de um homem nessa lógica mercantilista, o sistema disporia também, incidentalmente, "da entidade física, psicológica e moral do homem ligado nessa etiqueta". E conclui, que, ao menos que a substância humana seja protegida contra esse movimento mercantil, "nenhuma sociedade suportaria os efeitos de um tal sistema de grosseiras ficções, mesmo por um período de tempo muito curto"[485].

Portanto, na medida em que não há limitação intrínseca à exploração do trabalho no modelo capitalista, apenas a possibilidade de intervenção externa, seja do Estado, seja das entidades coletivas[486] (que, como visto, estão sendo paulatinamente desmontadas por esse mesmo modelo de acumulação) pode impor freios ao potencial de degradação do trabalho pelo capital.

A regulação social do trabalho pelo Estado e, especificamente, pelo Poder Judiciário, consiste no objeto dessa pesquisa, remetendo-se diretamente à afirmação da Justiça do Trabalho no contexto das relações de trabalho do país.

Biavaschi, em seu estudo histórico sobre a formação do Direito do Trabalho no Brasil, diz da importância da intervenção do Estado nas relações econômicas e sociais, sobretudo nos processos de industrialização e de transformação da sociedade brasileira (em outra, moderna), com trabalhadores constituídos como sujeitos de direitos. Essa intervenção, como pré-condição para o êxito do projeto de superação do liberalismo, fundar-se-ia, sobretudo, na regulação do mercado de trabalho, retirando do projeto da modernidade a tensão profunda entre liberdade e submetimento[487].

Ocorre que, como observa Filgueiras, o discurso ideológico dominante insta o Direito do Trabalho a atuar como mero **atenuador**, que se adapta às ações empreendidas pelo capital. Tal perspectiva partiria da premissa de que o capital é uma força movida no exclusivo sentido da acumulação e que seu movimento é inexorável, restando ao Direito do Trabalho apenas atenuá-la[488].

Ainda segundo o autor, entretanto, o Direito do Trabalho ostenta o potencial transcender esse papel de mera limitação defensiva às ações do capital, "tornando-se agente ativo e impositivo de interferência no movimento da relação, engendrando reorganizações no padrão de contratação, organização e uso da força de trabalho"[489].

---

(484) *Ibidem*, p. 78-79.
(485) *Idem*.
(486) FILGUEIRAS, Vitor. *Estado e direito do trabalho no Brasil:* regulação do emprego entre 1988 e 2008 (Tese de Doutorado). Faculdade de Filosofia e Ciências Humanas da UFBA. Orientadora: Graça Druck, 2012.
(487) BIAVASCHI, Magda Barros. *O direito do trabalho no Brasil — 1930 a 1942:* a construção do sujeito de direitos trabalhistas. São Paulo: LTr: JUTRA — Associação Luso-Brasileira de Juristas do Trabalho, 2007. p. 223-224.
(488) FILGUEIRAS, Vitor. *Estado e direito do trabalho no Brasil:* regulação do emprego entre 1988 e 2008 (Tese de Doutorado). Faculdade de Filosofia e Ciências Humanas da UFBA. Orientadora: Graça Druck, 2012.
(489) *Idem*.

Também para Biavaschi

recuperar o direito do trabalho em seus fundamentos e resgatar o papel histórico das instituições públicas aptas a dizê-lo é uma das tarefas do caminho possível em tempos em que o pensamento oficial continua a insistir na necessidade de serem trilhados aqueles que já haviam se mostrado desastrosos no final do século XIX e início do século XX, apontando para o mercado como solução de todos os males e para os direitos sociais como obstáculo à conquista da liberdade[490].

Gabriela Neves Delgado explicita a contradição permanente que se desenvolve na sociedade civil, em que, ao mesmo tempo em que o trabalho "possibilita a construção da identidade social do homem, pode também destruir a sua existência, caso não existam condições mínimas para o seu exercício". A autora aponta o Direito do Trabalho e, destacadamente, os contornos teóricos do direito fundamental ao trabalho digno assegurado pela Constituição de 1988, como elemento fundante dessa difícil tarefa de mediação[491].

Compreende-se que o Direito do Trabalho tem o potencial de determinar a forma de organização da produção, do trabalho e do próprio assalariamento. Desse modo, "por meio de imposições sobre o tratamento da saúde e segurança ou tempo de trabalho, por exemplo, a regulação do direito do trabalho pode impelir o capital a incrementar não apenas a qualidade, mas a *quantidade* de empregos"[492].

Daí exsurge a compreensão de que o ato jurisdicional de dizer o Direito, e, no caso, o Direito do Trabalho, consiste, em verdade, em uma política pública de regulação indispensável ao funcionamento da economia capitalista, no sentido de afirmar um conteúdo civilizatório desse sistema produtivo.

A função do Poder Judiciário Trabalhista, em sua atuação concreta e real de solução de conflitos é, nesse sentido, o alvo central de qualquer análise efetiva a respeito da dinâmica contemporânea de intervenção do Estado na economia e nas relações sociais por meio do Direito e da afirmação das liberdades da totalidade dos sujeitos que compõem a coletividade.

Assim é que uma atuação regulatória deficiente, em última análise, entrega trabalhadores ao sabor dos mercados, conduzindo inexoravelmente à degradação humana[493].

Entretanto, o discurso da autorregulação do mercado, com redução da intervenção estatal na esfera das políticas sociais (porque, evidentemente, nem o próprio liberalismo

---

(490) BIAVASCHI, Magda Barros. *O direito do trabalho no Brasil — 1930 a 1942:* a construção do sujeito de direitos trabalhistas. São Paulo: LTr: JUTRA — Associação Luso-Brasileira de Juristas do Trabalho, 2007. p. 33.

(491) DELGADO, Gabriela Neves. *Direito fundamental ao trabalho digno*. São Paulo: LTr, 2006. p. 235-236.

(492) FILGUEIRAS, Vitor. *Estado e direito do trabalho no Brasil:* regulação do emprego entre 1988 e 2008 (Tese de Doutorado). Faculdade de Filosofia e Ciências Humanas da UFBA. Orientadora: Graça Druck, 2012.

(493) Não se pode falar em ausência de regulação: a opção por não intervir nas relações de produção de modo a oferecer limites ao movimento de exploração que o sistema capitalista engendra é uma opção regulatória, que permite que o trabalho seja regulado de acordo com o modelo produtivo hegemonizado.

clássico recusou a intervenção do Estado para garantia da propriedade privada, da segurança jurídica e dos contratos mercantis[494]) e prestígio acentuado à autonomia da vontade é requentado pela ideologia neoliberal, que volta a colocar a excessiva proteção ao trabalho como causa do fracasso do Estado e das crises econômicas.

O apelo ao Direito do Trabalho e às instituições que o regulam, como o Poder Judiciário, num panorama de empoderamento do discurso neoliberal e de sua agenda para a regulação do mercado de trabalho no país e de avanço avassalador do capital e do processo produtivo contra a integridade biopsíquica dos trabalhadores é contraditório: ao mesmo tempo em que as demandas pela sua atuação contra hegemônica crescem, os ataques à sua estrutura são potencializados pelo pensamento neoliberal[495].

A retórica usual, inclusive nos espaços públicos de debate democrático, a respeito do caráter excessivamente protetivo do Direito do Trabalho convive de forma tensa com nova demanda dos trabalhadores pela afirmação, nos casos concretos, de um Direito do Trabalho que seja capaz de se reinventar para exercer seu papel histórico de "contramovimento"[496] à ofensiva das cada vez mais velozes e potentes formas de acumulação do capital em detrimento das condições sociais.

Essa demanda é reforçada e consolidada com o advento da Constituição de 1988, que se presta a mediar a tensão constante entre o apelo inescrupuloso de uma ordem capitalista por lucro e do discurso envolto de prescrições protetivas e centradas na dignidade humana que o projeto constituinte do Estado brasileiro promete realizar.

Nesse confronto dialético, importante compreender que os agentes inseridos nas instituições regulatórias comprometem-se e identificam-se de forma não predeterminada e relativamente independente com os diversos interesses conflitantes existentes na sociedade, o que provoca uma nova dimensão de concretude para a regulação do trabalho, na medida em que também esses sujeitos, protagonistas dos processos regulatórios, agem

---

(494) Vitor Filgueiras esclarece: "Segundo Polanyi (2000), a abstração da intervenção do Estado nos mercados é típica do pensamento liberal (ver também Oliveira, 2003. p. 37). O discurso liberal dominante defende que a compra e a venda da força de trabalho devem ocorrer como uma transação qualquer, nas quais supostamente não há intervenção estatal. Contudo, é essencial ressaltar que essa omissão não se encontra nem em ícones do liberalismo. Desde Adam Smith (1983), era expressa a necessidade da intervenção do Estado para garantia da propriedade privada como condição de existência dos mercados. A rigor, mesmo na versão neoliberal, a garantia da propriedade privada continua sendo papel principal do Estado (ver Harvey, 2008). Ocorre que, quando a análise adentra as relações de trabalho, essas teorias abstraem essa intervenção do Estado, discutindo o emprego como se capital e trabalho existissem naturalmente, independentes da ação estatal. O neoliberalismo reaquece com força essa perspectiva de que indivíduos livres se tornam empregados sem a ação do Estado, e que este só se intromete na relação para impor o direito do trabalho. Utilizando dessa retórica, mesmo inconsistente em seus próprios marcos teóricos, as forças neoliberais atacaram sistematicamente o direito do trabalho nas últimas décadas" (FILGUEIRAS, Vitor. Estado e direito do trabalho no Brasil: regulação do emprego entre 1988 e 2008 (Tese de Doutorado). Faculdade de Filosofia e Ciências Humanas da UFBA. Orientadora: Graça Druck. 2012. p. 62).

(495) Quanto aos ataques midiáticos ao Direito do Trabalho, consultar CALIXTO, Clarice. A narrativa jornalística e o ocultamento do trabalho como direito fundamental. 2013. 181 f. Dissertação (Mestrado em Direito). Universidade de Brasília, Brasília, 2013.

(496) POLANYI, Karl. A grande transformação: as origens de nossa época. Rio de Janeiro: Elsevier, 2011.

pautados em suas ideologias e preconcepções. Afastado o "mito da neutralidade"[497], resta compreender a historicidade dos processos regulatórios.

Por um lado, tem-se a afirmação contra-hegemônica do Direito do Trabalho ("contramovimento"[498] em relação à lógica mercantilista) e a instrumentalização que a Constituição de 1988 conferiu ao Poder Judiciário Trabalhista (aprofundada com a ampliação de competências e de estruturas advindas com a Emenda Constitucional n. 45/2004), para a promoção efetiva de uma política pública de inserção por meio do trabalho e de regulação das relações de produção para afirmação do trabalho digno. Munidos das garantias da magistratura e amparados num largo rol de direitos fundamentais, além de perspectiva clara de intervenção na ordem econômica e social, para a garantia do primado do trabalho que o Texto Constitucional assegurou, os agentes judiciais de regulação dispõem de possibilidades regulatórias dignificantes.

Por outro lado, tais agentes de regulação do trabalho podem também viabilizar o enfraquecimento da proteção juslaboral de forma sutil e, muitas vezes, ideologicamente nublada: a retirada da efetividade do Direito do Trabalho parece acontecer por meio de subterfúgios que não necessariamente negam o horizonte de proteção ao trabalho constitucionalmente assegurado, mas, que, ou apenas o ocultam, ou que, em sua práxis, produzem justamente esse efeito de retirada e omissão do direito juslaboral.

Isso acontece por meio de articulações conceituais reducionistas e individualizadoras que podem ter seu caráter político despercebido em meio a um discurso jurídico retoricamente protetivo.

Em outras palavras, o que transparece é que não é preciso necessariamente negar o valor constitucional do trabalho e sua proteção por meio do princípio da dignidade da pessoa humana para que sua eficácia seja mitigada na prática: uma prática seletiva que determina a inaplicabilidade da proteção a determinadas circunstâncias ou uma abstenção cognitiva que deixa de interferir em situações fulcrais por força de óbices procedimentais acabam por produzir, em termos de eficácia dos processos regulatórios, o mesmo resultado que discursos declaradamente neoliberais fariam: desproteger e legitimar a exploração intensificada e subjetivamente assediada dos trabalhadores[499].

O discurso neoliberal, no intuito de implementar, sem limites ou controles externos, a reprodução econômica desenfreada e flexível que constitui seu programa, tenta desmontar,

---

(497) "O mito da neutralidade é apenas a máscara solene do adesismo" (LYRA FILHO, Roberto. *Direito do capital e Direito do Trabalho*. Porto Alegre: Sérgio Antonio Fabris, 1982. p. 12).

(498) POLANYI, Karl. *A grande transformação:* as origens de nossa época. Rio de Janeiro: Elsevier, 2011.

(499) Harvey já identificara uma certa condição reféns dos Estados Nacionais com relação à aceitação de condições degradantes de trabalho como forma de assegurar a permanência dos capitais no seu território : "foram abertas arenas de conflito entre a nação-estado e o capital transnacional, comprometendo a fácil acomodação entre o grande capital e o grande governo tão típica da era fordista. Hoje o estado está numa posição muito problemática. É chamado a regular as atividades do capital corporativo no interesse da nação e é forçado, ao mesmo tempo, também no interesse nacional, a criar um 'bom clima de negócios' para atrair o capital financeiro transnacional e global", contendo a fuga de capitais (HARVEY, David. *A condição pós-moderna*. São Paulo: Loyola, 2003. p. 160). Discurso semelhante se vislumbra entre os representantes do poder judiciário que compreendem a impossibilidade de adotar condutas regulatórias mais assertivas como forma de garantir a número formal de empregos no país.

desviar e nublar a prescrição avançadíssima de direitos e de tutela do trabalho que é posta no cenário jurídico pela Constituição de 1988, com o conjunto de pretensões reais e demandas inclusivas que ela instiga.

Nesse sentido, o discurso neoliberal, que é manifestação de ideologia, mas também um programa de Estado, se infiltra de forma insistente, tanto no espaço da prescrição do Direito (e aqui se pode falar das medidas de desregulamentação e flexibilização instituídas pela própria via legislativa, infraconstitucionalmente, assim como da insistência pela prevalência do negociado sobre o legislado[500]) como também no espaço de concretização do Direito, aqui compreendido como sua aplicação e efetivação pelas instituições estatais encarregadas, notadamente o Poder Judiciário Trabalhista.

Krein localiza a flexibilização do trabalho, no caso brasileiro, entre outros fatores, como decorrente do alto índice de descumprimento da legislação do trabalho, que se desenvolve na medida em que falham as instituições de fiscalização, como também observou Filgueiras[501].

O discurso neoliberal efetivamente se volta contra o aparato jurídico de proteção ao trabalho, mas também o faz em relação às instituições de regulação do trabalho. Basta lembrar que, ao lado das medidas flexibilizadoras e desregulamentadoras colocadas na agenda neoliberal brasileira na década de 1990, estava justamente a proposta de extinção da Justiça do Trabalho e do Tribunal Superior do Trabalho, pela suposta desnecessidade de uma intervenção especializada para o exame da matéria trabalhista.

A desmontagem do Direito do Trabalho que o novo pensamento econômico hegemônico pretende impor, portanto, alcança de forma direta a esfera da regulação e as condutas práticas dos seus agentes.

Também compreendendo as limitações do Poder Judiciário enquanto instituição representante de um Estado capitalista, Kátia Arruda não desconsidera que essa instituição tem um potencial de intervenção na construção e defesa de direitos individuais e sociais, com assunção real de uma função política, porque suscetível às demandas da sociedade e dos oprimidos[502]. No entanto, aponta construções judiciais que, ao encampar esse papel de forma descomprometida com os valores constitucionais de proteção ao trabalho, legitimam o retrocesso e a precarização, sucumbindo à ética neoliberal dominante[503].

---

(500) Por todos, consultar: ARRUDA, Kátia Magalhães. *A atuação do poder judiciário trabalhista e a precarização do trabalho:* as decisões do TST e TRT do Maranhão e sua relação com a terceirização e flexibilização no trabalho (Tese de Doutorado). Programa de Pós-Graduação em Políticas Públicas do Centro de Ciências Sociais da Universidade Federal do Maranhão. São Luís, 2008.

(501) KREIN, José Dari. *Debates contemporâneos:* economia social e do trabalho, 8: as relações de trabalho na era do neoliberalismo no Brasil. São Paulo: LTr, 2013. p. 106; FILGUEIRAS, Vitor. *Estado e direito do trabalho no Brasil:* regulação do emprego entre 1988 e 2008 (Tese de Doutorado). Faculdade de Filosofia e Ciências Humanas da UFBA. Orientadora: Graça Druck. 2012, *passim.*

(502) ARRUDA, Kátia Magalhães. *A atuação do poder judiciário trabalhista e a precarização do trabalho:* as decisões do TST e TRT do Maranhão e sua relação com a terceirização e flexibilização no trabalho (Tese de Doutorado). Programa de Pós-Graduação em Políticas Públicas do Centro de Ciências Sociais da Universidade Federal do Maranhão. São Luís, 2008. p. 55.

(503) *Ibidem,* p. 59.

A flexibilização, portanto, atinge o discurso e as prescrições, mas também as práticas institucionais de regulação social do trabalho. As atenções dessa pesquisa se concentram, nessa altura, em tais práticas, particularmente no que toca à regulação do trabalho em *call centers* do setor de telecomunicações pelo TST.

4.2. O TST no cenário da regulação do trabalho do país: apontamentos críticos

O Tribunal Superior do Trabalho, como instância máxima do Poder Judiciário Trabalhista, tem jurisdição em todo o território nacional e competência para julgamento de conflitos individuais e coletivos de trabalho (nos termos do art. 114 da Constituição Federal, cuja amplitude foi alargada consideravelmente pela Emenda Constitucional n. 45/2004). O Tribunal atua prioritariamente em fase de recurso contra as decisões provenientes dos 24 Tribunais Regionais do Trabalho existentes no país.

A atuação destacada do TST em fase recursal se justifica em face da missão institucional desse órgão de uniformizar a jurisprudência trabalhista do país, o que o afasta da condição de "Corte de Justiça".

Isso porque, ao assumir a condição de Corte de Justiça, assim compreendidas as Cortes que se propõem a rever propriamente a "justiça" das decisões proferidas pelas instâncias inferiores e devolvidas à sua apreciação superior por meio dos recursos, o Tribunal estaria a chamar para si a função de revisão exauriente dos julgados regionais, função esta que demandaria cognição ampla dos processos colocados a julgamento, inclusive de suas peculiaridades fáticas. Entretanto, o enquadramento do Tribunal como uma Corte de uniformização jurisprudencial, e não como uma Corte de Justiça, como será argumentado, não retira dele a significativa potência regulatória no cenário das relações de trabalho do país.

Pela própria amplitude de sua atuação jurisdicional, que abarca as lides propostas em todo o território nacional[504] e, considerando que já existem duas instâncias denominadas "ordinárias" para análise ampla das lides e aferição da "justiça" das decisões, com ampla revisão de fatos e provas (as Varas do Trabalho e os Tribunais Regionais do Trabalho), a função dessa instância extraordinária da Justiça do Trabalho se fez restrita, com a não menos importante atribuição de uniformizar a jurisprudência dos 24 Tribunais Regionais do Trabalho. O que denota que, em sua própria formulação democrática, o Poder Judiciário Trabalhista, tal como assentado na Constituição de 1988, se pauta na compreensão de que é fundamental uma estratégia centralizada de regulação do mercado de trabalho brasileiro.

Nesse sentido, a restrição cognitiva do Tribunal, a quem é vedado o reexame de fatos e provas (Súmula n. 126 do TST), se afirma como medida de racionalização da sua atuação

---

(504) O volume de processos distribuído ao TST anualmente é alarmante, sobretudo considerada a sua estrutura colegiada de julgamento, composta por 27 ministros: no ano de 2013 foram distribuídos ao TST 222.829 processos, que se somam ao passivo de processos que já se encontravam no Tribunal (em setembro de 2012 o resíduo era de 183.995 processos). A capacidade de julgamento de processo, no ano de 2013 no TST, foi de 172.360 processos. (BRASIL. TRIBUNAL SUPERIOR DO TRABALHO. *Movimentação processual do Tribunal Superior do Trabalho —* 2013. Disponível em: <http://www.tst.jus.br/documents/10157/e9944cea-1c84-4c29-95b2-f58e18028e7e>. Acesso em: 6 nov. 2013, 15h02.

judicial, a fim de que concentre sua atividade na interpretação dos conflitos jurídicos de forma ampla, com abrangência da generalidade das situações que um mesmo problema jurídico alcança, o que torna a atividade jurisdicional do Tribunal uma atividade com efeitos propriamente coletivos.

Cada decisão da Corte, alicerçada na situação de fato descrita nos acórdãos regionais, implica a prolação de um entendimento jurídico que se aplica de forma generalizada a todos os trabalhadores e empregadores que se encontrem em situação semelhante. A potência regulatória aí contida é inquestionável: cada entendimento que o TST assenta lança no mercado a previsibilidade da conduta estatal de regulação, direcionando os atores sociais a adequarem-se (ou não) a ela em função da possibilidade/disponibilidade de se submeterem aos efeitos condenatórios decorrentes de uma eventual não adequação.

A uniformização também atinge a esfera concorrencial, na medida em que a padronização do entendimento do Judiciário Trabalhista e, por consequência, de sua resposta condenatória atinge igualmente as empresas que concorrem entre si, apresentando um custo uniforme cuja eliminação, supostamente, não poderia ser um diferencial competitivo para nenhuma delas.

Por fim, para completar o panorama de extrema potência regulatória da Corte Superior do Trabalho, vale dizer que nela desembocam, de alguma maneira, as formas de atuação das demais instituições de regulação do trabalho (Ministério Público do Trabalho e Ministério do Trabalho e Emprego), com ampla possibilidade de intervenção.

Isso porque a atuação do Ministério Público do Trabalho, quando não se esgota na esfera extrajudicial, por meio da proposição de Termos de Ajustamento de Conduta, redunda prioritariamente no ajuizamento de ações civis públicas e ações civis coletivas, entre outras medidas processuais, que serão julgadas pela Justiça do Trabalho e, em última instância, pelo Tribunal Superior do Trabalho.

Analogamente, a atuação da fiscalização do trabalho, promovida pelo Ministério do Trabalho e Emprego por meio de seus auditores fiscais do trabalho, que atuam administrativamente no registro de autos de infração e na imposição de multas aos empregadores e tomadores de serviços que descumprem a legislação do trabalho, além de poder ser questionada administrativamente por meio de recursos às instâncias superiores do próprio MTE, pode ser levada ao controle do Poder Judiciário. Com a competência ampliada pela Emenda Constitucional n. 45/2004, esse controle judicial hoje é exercido pela Justiça do Trabalho (art. 114, VII, da Constituição Federal) e, em última instância, pelo TST.

As atenções dessa pesquisa se centraram na regulação estatal do trabalho, razão por que não foram discutidas as possibilidades de atuação das organizações coletivas dos trabalhadores no intuito de garantir os padrões mínimos e o caráter prospectivo das normas de proteção ao trabalho. Cumpre registrar, contudo, que também os sindicatos exercem papel relevante não apenas na melhoria dos patamares de proteção ao trabalho (levada a cabo por meio da pactuação de normas coletivas), mas também na vigília da observância do aparato de proteção trabalhista pelos empregadores, o que pode culminar no ajuizamento de ações de cumprimento e também de ações civis públicas e ações civis coletivas⁽⁵⁰⁵⁾. Em ambos os casos, tal como acontece em relação ao Ministério Público do Trabalho e ao Ministério do Trabalho e Emprego, essa atuação desemboca no âmbito do Poder Judiciário Trabalhista e a manifestação jurisdicional do TST figura como pronunciamento final em relação às lides.

A Corte Trabalhista se coloca hierarquicamente abaixo do Supremo Tribunal Federal, que, entretanto, só analisa a matéria trabalhista sob o prisma constitucional, o que, por consequência, deixa ao crivo do TST boa parte das controvérsias decorrentes das relações de trabalho, que são disciplinadas detalhadamente pela legislação federal (evidentemente, essa legislação só pode ser lida à luz da Constituição de 1988). Ademais, o encaminhamento interpretativo que o TST confere à própria matéria constitucional trabalhista tende a firmar, no processo dialético que se estabelece entre os Tribunais Superiores, também um contraponto valioso, ainda que não necessariamente acatado pelo STF.

Essa potência regulatória manifesta da instituição judicial superior de regulação do trabalho, que efetivamente foi municiada constitucionalmente com uma estrutura ideal sólida, é também manifestação do perfil includente da Constituição de 1988 e de sua especial atenção ao cidadão trabalhador dentro de um Estado capitalista.

O rol de direitos fundamentais assegurados, a preocupação com a dignidade da pessoa humana e a prescrição de instrumentos jurídicos e de um aparato institucional que resguarda esses valores constituem base inequívoca do projeto de Estado Democrático de Direito que a Constituição de 1988 colocou como horizonte normativo.

A complexidade reside justamente na transplantação desse modelo ideal para a práxis cotidiana das instituições e para o mundo da vida, na medida em que se vivencia, nas palavras de Bercovici, um estado de exceção econômica⁽⁵⁰⁶⁾ e um influxo ideológico neoliberal que alcança e penetra com consistência nas próprias instituições estatais⁽⁵⁰⁷⁾.

Para compreender esse quadro, primeiro, não é possível admitir que um bloco de 27 Ministros constitua um todo homogêneo e neutro de representantes do Estado, na feição do Poder Judiciário, que vá a conduzir uma política regulatória uniformizada.

O que se apresenta é um órgão com composição heterogênea, no qual convivem, em constante conflito, posturas regulatórias mais conservadoras e posturas regulatórias que assumem o viés mais transformador que o Direito do Trabalho se propõe a representar.

As posições bem demarcadas reafirmam a impossibilidade de se confundir a determinação constitucional de imparcialidade dos julgadores com a pretensa neutralidade ideológica que muitas vezes se quer vislumbrar nos representantes do Poder Judiciário.

---

(505) A respeito da legitimidade ampla dos sindicatos para o manejo dessas ações coletivas desenvolveu-se acirrada disputa jurídica quanto à interpretação do art. 8º, III, da Constituição Federal. O resultado da disputa, pacificada com a prolação de decisão mais progressista por parte do STF, foi o cancelamento da Súmula n. 310 pelo TST, que veiculava exegese mais restritiva quanto à legitimidade dos sindicatos para a substituição processual dos integrantes da categoria em ações coletivas.

(506) BERCOVICI, Gilberto. O poder constituinte do povo no Brasil: um roteiro de pesquisa sobre a crise constituinte. Lua Nova, São Paulo, 88, 305-325, 2013.

(507) A pesquisa de Vitor Filgueiras é elucidativa desse cenário: FILGUEIRAS, Vitor. Estado e direito do trabalho no Brasil: regulação do emprego entre 1988 e 2008 (Tese de Doutorado). Faculdade de Filosofia e Ciências Humanas da UFBA. Orientadora: Graça Druck, 2012.

O conflito entre essas posturas díspares em relação à regulação do trabalho, todavia, não tem um resultado predeterminado. Na verdade, as possibilidades de prevalência de um ou outro posicionamento são amplas e oscilam no fluxo histórico. Daí não se poder afirmar, *a priori*, que a posição do Tribunal, no julgamento de um determinado problema jurídico, seja predominantemente conservadora ou predominantemente protetiva[508].

Os próprios resultados da pesquisa tornam insustentável essa colocação. No que toca à terceirização de *call centers* no setor de telecomunicações, os acórdãos pesquisados dão notícia de uma disputa acirrada entre os integrantes da Corte, que defenderam posições marcadamente conservadoras, mas progressistas também, tendo prevalecido, ao cabo de um longo período de indefinição, a posição mais favorável à proteção do trabalho.

Também com relação ao adoecimento e aos processos de trabalho identificados nos *call center*, no recorte setorial pesquisado, se identificaram posições mais e menos interventivas por parte do TST e dos próprios Tribunais Regionais, cujas manifestações vêm encartadas nos acórdãos analisados. Prevaleceu no TST, quanto ao adoecimento, uma postura regulatória tolerante quanto às condutas patronais que ofendem o direito à saúde e ao bem-estar dos empregados. Embora em cada um dos temas tenham prevalecido determinadas posições (inclusive não harmônicas entre si), o que é certo é que não houve uniformidade.

Compreender o modo de ser da regulação do trabalho, especialmente em sua manifestação pelo Tribunal Superior do Trabalho, passa, portanto, por abdicar de uma visão monolítica e de neutralidade em relação ao Poder Judiciário e seus agentes. Cuida-se de assimilar que o processo dialético de manutenção do *status quo* socioeconômico, que o Estado tende a representar, por ser ele também manifestação da hegemonia burguesa na ordem econômica vigente, tem como contraponto a incorporação, pelo próprio Estado, de demandas das classes subalternas e excluídas socialmente, que tendem a se infiltrar na estrutura hegemônica, representando fissuras tendencialmente democráticas em relação ao aparelho capitalista[509].

Recusa-se, tal como delineado por Poulantzas, a compreensão de que o Estado seja uma estrutura predeterminada dentro da sociedade de classes, em condução monoliticamente orientada ao favorecimento dos interesses das classes dominantes. Do contrário, compreende-se que, de fato, o conflito fundante da sociedade de classes se transfere para o seio do Estado, que, todavia, guarda autonomia relativa em face de cada um dos polos desse conflito, de modo que a orientação estatal, a depender da correlação histórica de forças entre o capital e o trabalho, pode figurar como instituição que confirma condições de dominação ou que acomoda algumas transformações dessa estrutura. O Estado seria, portanto, uma "condensação material e específica de uma relação de forças entre classes e frações de classes"[510].

---

(508) Aliás, essa última a impressão que prevalece entre o senso comum a respeito da Justiça do Trabalho, corriqueiramente referida como instituição que sempre tende a decidir em favor do empregado, o que também não corresponde à atuação efetiva observada.
(509) POUTLANZAS, Nicos. *O Estado, o poder, o socialismo.* Rio de Janeiro: Edições Graal, 1980. p. 145-161.
(510) *Ibidem*, p. 148.

As contradições e lutas de classe são, portanto, constitutivas do Estado, bloco de poder que se reveste de autonomia relativa em relação aos segmentos sociais conflitantes. A análise de Poulantzas é elucidativa na medida em que não retira o Estado capitalista dos contextos socioeconômicos nos quais ele se insere e pelos quais ele é moldado, mas também não desconsidera outros conflitos políticos que se apresentam na sociedade e que também interferem nas condições materiais de produção. Os movimentos de luta dos trabalhadores e as conquistas por eles alcançadas em face do Estado se inseriram, portanto, nesse movimento[511].

Uma das principais fissuras em relação à conformação hegemônica do Estado capitalista a que Poulantzas se refere, seria, por excelência, o Direito do Trabalho[512].

É nessa perspectiva que se pode compreender que, em meio ao aprofundamento do discurso neoliberal, se tenha conquistado politicamente a afirmação democrática de uma Constituição moldada em valores sociais e humanistas como os que se assentam na Constituição de 1988. Assim como se pode compreender que, de toda forma, o processo político de disputa pela concretização do programa contido no Documento Político de 1988 segue sendo dialético e segue encontrando mais e menos abertura no bloco heterogêneo do Estado (e do Poder Judiciário) em cada momento histórico singular.

Essa pesquisa pretende, portanto, identificar, com mais clareza, determinados padrões de atuação do Poder Judiciário que comprometeram a sua atuação regulatória nas demandas envolvendo trabalhadores de *call center* do setor de telecomunicações, a partir dos parâmetros constitucionais de proteção conquistados, considerando justamente o seu potencial de ser contra-hegemônico na afirmação e concretização de políticas para o trabalho.

A pesquisa se verticalizou na regulação judicial das condições de trabalho dos operadores de *call center* do setor de telecomunicações e, de forma atida às particularidades dessa categoria, foi possível observar posturas judiciais fundadas em argumentos estritamente técnicos, que, em grande medida, se traduziram em abstenções em relação a sua potência regulatória, engendrando o enfraquecimento da atuação do Poder Judiciário Trabalhista e, ao fim e ao cabo, da missão de resistência do Direito do Trabalho dentro de uma sociedade capitalista[513].

---

(511) A relevância do papel das entidades representativas dos trabalhadores nesse processo de reconhecimento de valores de proteção e de novos direitos pelo Estado é inquestionável e passa pela viabilidade de uma atuação sindical efetivamente revestida de liberdade, como reforça Ricardo José Macedo de Britto Pereira. Consultar: PEREIRA, Ricardo José Macedo de Britto. *Constituição e Liberdade Sindical.* São Paulo: LTr, 2007.

(512) FILGUEIRAS, Vitor. *Estado e direito do trabalho no Brasil:* regulação do emprego entre 1988 e 2008 (Tese de Doutorado). Faculdade de Filosofia e Ciências Humanas da UFBA. Orientadora: Graça Druck, 2012. p. 67.

(513) Mauricio Godinho Delgado resume essa missão em uma estratégia eficiente de inclusão social. O autor também elenca três funções para o direito do trabalho: assegurar a melhoria das condições de pactuação da força de trabalho na ordem socioeconômica, caráter modernizante e progressista, do ponto de vista econômico e social e a função civilizatória democrática, além da função conservadora do sistema socioeconômico (DELGADO, Mauricio Godinho. Relação de emprego e relações de trabalho: a retomada expansionista do direito trabalhista. *In:* SENA, Adriana Goulart de; DELGADO, Gabriela Neves; NUNES, Raquel Portugal (Coord.). *Dignidade humana e inclusão social:* para a efetividade do direito do trabalho no Brasil. São Paulo: LTr, 2010).

Para analisar a condição do TST como protagonista do processo de regulação desse objeto específico[514] não se pode perder de vista a inserção paulatina e contundente da ideologia neoliberal nos padrões de organização do trabalho dentro das próprias instituições reguladoras, como forma decisiva de absorção da ideologia que permeia a flexibilização do trabalho e a transferência de altos níveis de responsabilidade e pressão aos trabalhadores explorados pelo novo modelo de acumulação.

Com a certeza de que a apresentação de afirmações conclusivas a esse respeito foge aos limites dessa pesquisa, mas também com respaldo na vivência cotidiana das relações de trabalho no âmbito do Tribunal Superior do Trabalho e com amparo em diversos estudos já empreendidos a respeito da incorporação das novas formas de gestão pautadas na ideologia neoliberal pela gestão do trabalho no serviço público[515], é possível pontuar que a lógica do produtivismo, da excelência, do engajamento estimulado e do trabalho fomentado por metas exorbitantes, que engendra um culto à individualidade no ambiente de trabalho, já permeia as relações de trabalho no âmbito do TST, influindo, em alguma medida, no processo de absorção de posturas e ideias que acomodam o novo modelo produtivo.

A quantidade avassaladora de processos que os Ministros do TST são instados a julgar mensalmente, sob constantes pressões do Conselho Nacional de Justiça — CNJ, reforçada pela publicação mensal dos números de produtividade de cada um dos gabinetes, em escalonamento, determina um ritmo de trabalho acelerado para os próprios julgadores e para as grandes equipes de servidores que os auxiliam na atividade jurisdicional[516].

Por força desse ritmo imposto pela quantidade excessiva de processos, aliada à política quantitativa do CNJ, o que se tem é o envolvimento cada vez maior dos próprios servidores do Tribunal na lógica produtiva já descrita como predominante para o setor privado. Na quase totalidade dos gabinetes de Ministros do TST, os servidores não são submetidos a controle de jornada e têm seu trabalho controlado por produtividade, com imposição de metas altas, cujo cumprimento costuma vincular o acesso ou permanência do servidor como beneficiário da gratificação de função que lhe é confiada pelo Ministro.

Acresça-se a isso o fato de que há no Tribunal uma política institucional de prestação de horas extraordinárias habitualmente pelos seus servidores, como forma de proporcionar-lhes um acréscimo remuneratório e de saldar o passivo de processos da Corte. A quantificação das horas extraordinárias, entretanto, se dá por meio do controle do

---

(514) Essa reflexão decorre da pertinente ponderação realizada pelo Prof. José Marçal Jackson Filho quando da apresentação desta pesquisa no Encontro da Associação Brasileira de Estudos do Trabalho — ABET realizado entre 28 e 31 de outubro de 2013, em Curitiba, perante o Grupo de Trabalho "Trabalho e Saúde".

(515) Nesse sentido, por exemplo, o projeto de pesquisa "Trabalho docente, trabalho impedido? Uma análise sobre os reflexos das políticas públicas educacionais no trabalho docente", coordenado pela Prof. Dra. Selma Borghi Venco e financiado pelo Conselho Nacional de Desenvolvimento Científico e Tecnológico, ainda em andamento. O projeto se volta à análise da lógica da política educacional desenvolvida nos anos 2000 no estado de São Paulo, tendo como hipótese norteadora verificar em que medida a racionalidade econômica presente na esfera privada tem sido gradativamente transferida ao setor público educacional paulista. Informações disponíveis em: <http://buscatextual.cnpq.br/buscatextual/visualizacv.do?id=K4761358J6>. Acesso em: 15 nov. 2013, 10h52.

(516) Cada um dos 27 Ministros atua com uma equipe composta, em média, por 37 servidores, subdivididos entre atribuições administrativas e de apoio jurídico. Cada ministro julga, também em média, 200 processos por semana.

número de minutas de processos confeccionadas pelos servidores, além da meta ordinária estabelecida para todos eles, num verdadeiro sistema de remuneração por produção[517].

Se não se pode, nesse contexto, afirmar que essa gestão do trabalho dentro do próprio Tribunal reverbera imediatamente no julgamento dos processos, também não se pode negar que ela implica o trânsito livre e a naturalização do discurso gerencial entre os que julgam os reflexos dessa mesma lógica nas relações de trabalho privadas.

Quando diz da "colonização do discurso gerencial em relação aos espaços da vida pessoal dos trabalhadores", Gaulejac identifica, em paralelo, a colonização de espaços propriamente políticos por esse discurso: "o discurso empresarial substitui o discurso político: o bom senso contra a ideologia, o pragmatismo contra as convicções, a eficácia contra os princípios, a ação contra os discursos"[518]. Assim, também na esfera pública (e o autor se reporta especificamente aos espaços da democracia representativa, mas com ampla aplicabilidade a outros espaços públicos basilares da democracia, como o Poder Judiciário) o gerencialismo se imporia: "o eleito deve pôr-se a serviço do cidadão, assim como a empresa deve estar a serviço do cliente"[519]. Nessa altura já é esvaziada a arena pública e os seus agentes não se apresentam senão como empresários e consumidores de um serviço como outro qualquer.

Compreender os próprios julgadores e servidores do Tribunal, em alguma medida, como trabalhadores que, para além de protagonistas políticos dos processos de regulação, são submetidos a determinada organização do trabalho e reproduzem o discurso ideológico no qual ela se sustenta é uma chave para a compreensão da penetração de práticas regulatórias deficientes no âmbito da atuação jurisdicional.

Essa conclusão será perseguida na análise jurisprudencial da regulação do trabalho em *call centers* do setor de telecomunicações, que é objeto dessa pesquisa.

4.3. O TST no cenário da regulação do trabalho em *call centers* do setor de telecomunicações do país: o padrão jurisprudencial identificado

A relevância das decisões do TST em matéria de adoecimento no trabalho em *call centers* do setor de telecomunicações reside na potencialidade de regulação da saúde no trabalho desse setor que tais decisões ostentam: quando o adoecimento se coloca no

---

(517) Consultar, nesse sentido, os seguintes Atos da Presidência do TST: Ato n. 267/GDGCJ.GP, de 27 de julho de 2007 (*Boletim Interno [do] Tribunal Superior do Trabalho*, n. 29, 27 jul. 2007, p. 3-4); Ato n. 452/SETPOEDC.GP, de 20 de junho de 2008 (*Diário da Justiça [da] República Federativa do Brasil*, Brasília, DF, 24 jun. 2008, p. 27-28. Republicado no Diário da Justiça [da] República Federativa do Brasil, Brasília, DF, 7 ago. 2008, p. 22); Ato n. 181/GDGSET.GP, de 20 de março de 2009 (Fonte: *Boletim Interno [do] Tribunal Superior do Trabalho*, Brasília, DF, n. 11, 20 mar. 2009, p. 6); Ato n. 251/GDGSET.GP, de 26 de maio de 2010 (*Boletim Interno [do] Tribunal Superior do Trabalho*, Brasília, DF, n. 21, 28 maio 2010, p. 4-6); ATO N. 319/GDGSET.GP, DE 13 DE MAIO DE 2011 (*Boletim Interno do TST*, n. 19, 13 maio 2011, p. 9-11.); Ato n. 51/GDGSET.GP, de 31 de janeiro de 2012 (*Boletim Interno [do] Tribunal Superior do Trabalho*, Brasília, DF, n. 4, 3 fev. 2012, p. 16); ATO N. 520/GDGSET.GP, de 19 de julho de 2013 (Fonte: *Boletim Interno [do] Tribunal Superior do Trabalho*, Brasília, DF, n. 29, 26 jul. 2013, p. 8-11).

(518) GAULEJAC, Vincent de. *A gestão como doença social*. Aparecida: Ideia & Letras, 2007. p. 276.

(519) *Idem*.

atual contexto econômico e no modelo de gestão do trabalho pós-fordista como uma das manifestações mais contundentes da precariedade (eis que decorrência necessária do assédio à subjetividade obreira cumulado com a intensificação dos ritmos do trabalho e à obstaculização da afirmação de identidades individuais e coletivas), a forma de enfrentamento do Poder Judiciário em relação a esse novo modo de ser da reprodução social, notadamente em uma atividade marcada pela precariedade, é decisiva.

Desse modo, identificar nas práticas regulatórias condutas que podem contribuir com as práticas de precarização do trabalho, problematizando-as, apresenta-se como questão de primeira grandeza para o estudo do Direito do Trabalho, notadamente de sua faceta constitucionalizada.

A análise dos processos judiciais concretos, em que os conflitos do trabalho são retratados, parece ser um panorama fiel e produtivo dessa tensão constitutiva da atuação regulatória do Estado e de seus padrões diferenciados entre as próprias instituições que compõem a burocracia estatal.

E, com relação aos trabalhadores de *call center* do setor de telecomunicações, a demanda por regulação judicial em processos de trabalho pautados em estratégias extremamente prejudiciais à saúde e ao bem-estar dos trabalhadores, se afirmou com imperativa para evitar a perpetuação dos ciclos de adoecimento desses operários. Nesse sentido, a resposta do Poder Judiciário, dividido entre o imperativo de regular e os influxos de tolerância em relação às vicissitudes do modelo produtivo, merece análise acurada.

As decisões analisadas em conjunto indicam um certo padrão regulatório, que, entretanto, não é monolítico: o espaço criado de disputa e divergência dentro do Tribunal Superior do Trabalho ficou bem caracterizado pela polarização dos julgados, sobretudo no que toca à questão da terceirização, a evidenciar o espaço do Estado e, portanto, da regulação, como um palco privilegiado dos confrontos ideológicos que são inerentes a um contexto de avanço do discurso neoliberal em conflito com a conformação jurídica recente de afirmação democrática do Estado brasileiro, assentada em largo rol de direitos fundamentais, incluindo os do trabalho, que a Constituição de 1988 resguardou.

A observação analítica dos acórdãos do TST sobre o adoecimento dos trabalhadores de *call center* do setor de telecomunicações revelou certa debilidade da regulação social do trabalho pelo Tribunal, que, na maioria dos acórdãos analisados, deixou de interferir no resultado dos julgamentos realizados pelos Tribunais Regionais, independentemente das orientações por eles adotadas, configurando-se, em alguma medida, abstenção quanto à sua missão de regulação social tuitiva.

Os acórdãos que compõem essa pesquisa demonstram que tais articulações jurisprudenciais prevalecentes se construíram, principalmente, com respaldo em argumentações que se baseiam nas normas infraconstitucionais vigentes, em detrimento dos postulados constitucionais de proteção, rompendo com o silogismo argumentativo que o constitucionalismo instaura, ao determinar a leitura do ordenamento jurídico a partir da Constituição.

Essas condutas regulatórias omissas podem produzir efeitos desastrosos na esfera da regulação, sobretudo porque emanadas de instituições superiores que sinalizam e que provêm os mercados de diretrizes que, pela sua previsibilidade, repercutem na organização do trabalho para favorecer (ou não) condições de trabalho.

Cumpre, portanto, delinear criticamente o padrão regulatório que prevaleceu no período estudado, como decorrência da correlação histórica entre essas forças e concepções ideológicas presentes dentro da Corte Superior Trabalhista.

O primeiro e mais importante ponto de aferição desse padrão regulatório reside em aspecto central do atual modelo produtivo e que, como visto, se manifesta propriamente no setor de telecomunicações: a contratação terceirizada de trabalhadores.

O largo período de indefinição formal do Tribunal a respeito da licitude ou ilicitude da terceirização de *call centers* no setor de telecomunicações reflete a transposição da disputa pública sobre o tema da terceirização, há muito estagnada na pauta de discussões do Congresso Nacional, para o âmbito do espaço do Poder Judiciário.

No entanto, ainda que a desregulamentação pela via legislativa não tenha expressamente ocorrido com relação ao setor, encontrou-se no Poder Judiciário terreno fértil para travar essa disputa, que foi sustentada com firmeza pelos julgadores que entendiam haver naquela previsão legal autorização especial e diferenciada para a terceirização de serviços no setor de telecomunicações.

O momento formal da pacificação do conflito, que foi a decisão proferida pela Seção Uniformizadora de Dissídios Individuais I a respeito do tema, representou algum acréscimo no percentual já majoritário de decisões que consideravam ilícita a terceirização no setor, com franca prevalência desse entendimento. No entanto, ficou caracterizado o potencial da disputa instalada na medida em que, como visto, a palavra final da SBDI-1 não contou com a disciplina judiciária dos Ministros que ficaram vencidos em seu entendimento, muitos dos quais prosseguiram julgando contrariamente ao entendimento firmado pelo órgão máximo, até o final do ano de 2013, momento da conclusão dessa pesquisa.

A persistência do conflito jurisprudencial dificulta a ação regulatória da posição prevalecente (nesse caso, mais protetiva) e deixa inequívoca a ausência de neutralidade e o tão recusado conteúdo político dos debates jurídicos essenciais. A posição majoritária, por outro lado, tem sido objeto de reforço por meio de condenações exemplares, especialmente em ações coletivas, como apontado no Capítulo III.

Especificamente no que concerne ao adoecimento dos trabalhadores em *call center* do setor de telecomunicações, que é o objeto central dessa pesquisa, pode-se dizer que há também um padrão regulatório prevalecente (ainda que ele se materialize numa opção regulatória não interventiva), mas, especificamente com relação ao tema, não se identificou um terreno de disputa aberta. A construção de posicionamentos divergentes, uns mais incisivos, outros mais flexíveis, não se traduziu em uma polarização, como observado em relação à terceirização.

A construção argumentativa extraída dos julgados, nesses aspectos, fica adstrita às perspectivas de individualização e de descontextualização da questão do adoecimento em relação ao processo produtivo, perspectivas essas que, preocupantemente, redundam na retirada do problema do âmbito de cognição do Tribunal Superior do Trabalho.

Essa retirada se ampara largamente em pressupostos processuais técnicos impostos pela legislação ao conhecimento dos recursos, o que nubla, de certa maneira, os pressupostos sociojurídicos que efetivamente engendram a não intervenção. Isso porque a própria aplicação desses óbices processuais pressupõe francamente a adoção de uma posição política em relação ao problema da saúde dos trabalhadores em face do atual modelo produtivo.

A omissão quanto aos critérios constitucionais de proteção ao trabalho, notadamente da dignidade da pessoa humana, seja nos julgados que negam a reparação pelo adoecimento, seja nos julgados que legitimam a precarização das formas de contratação ou as práticas de gestão que tornam o ambiente de trabalho hostil, também é um indício latente de uma prática regulatória que oculta a construção argumentativa de fundo constitucional.

Para analisar o padrão jurisprudencial identificado, foram classificados os principais esquemas argumentativos verificados nos acórdãos analisados no Capítulo III, que serão discutidos nos subitens a seguir.

No item 4.3.1, será enfrentada a principal omissão identificada nos acórdãos que compõem a amostra, qual seja o silêncio quanto aos fundamentos constitucionais de proteção ao trabalho, que redunda na negação da função interventiva do TST nos processos regulatórios e na fragilização da missão de resistência do Direito do Trabalho.

No tópico 4.3.2 será ponderada a dissociação, verificada nos acórdãos, entre os fenômenos da precariedade e da vulneração da saúde no trabalho, com atenção ao próprio conceito de saúde adotado pelo TST.

Em seguida, no item 4.3.3 será analisado o que se denominou "tutela do excesso" e, no item 4.3.4, será problematizada a perspectiva de individualização do fenômeno do adoecimento que o Tribunal predominantemente adota. A principal consequência dessa perspectiva, que é aplicação generalizada da Súmula n. 126 será analisada no item 4.3.5.

Por fim, no item 4.3.6 será considerado conflito entre a distribuição estática do ônus da prova e a possibilidade de inversão assegurada pela presunção que o NTEP engendra.

No item 4.3.7, serão avaliados os riscos de uma aproximação das fundamentações dos acórdãos em relação aos parâmetros do Direito Civil clássico (ainda afastado das premissas de constitucionalização) e do potencial de negação das particularidades do Direito do Trabalho que ela pode representar.

4.3.1. O lugar da Constituição de 1988 na proteção ao trabalho

A regulação social do trabalho, que foi objeto de análise nesta obra especificamente com relação aos trabalhadores de *call center* do setor de telecomunicações, se situa na esfera de mediação da clássica tensão entre os valores sociais do trabalho e da livre iniciativa, a que a opção por um estado capitalista conduz.

Assim sendo, o critério para mediação dessa tensão não poderia ser outro que não os valores assentados pela Constituição Federal em relação ao trabalho, notadamente a dignidade da pessoa humana[520].

Ao elevar os valores sociais do trabalho e da livre iniciativa, ao lado da dignidade da pessoa humana, à condição de fundamentos da República Federativa do Brasil (art. 1º, III e IV), o Texto Político de 1988 consolidou um modelo de Estado Democrático de Direito assentado em premissas que são caras ao Direito do Trabalho, reafirmando o espaço próprio e autônomo do ramo. Merece destaque a sobrevalorização, inclusive topográfica, que a Constituição de 1988 conferiu aos direitos fundamentais como um todo, e aos direitos sociais especificamente.

Trazer ao Estado Democrático de Direito o pilar da dignidade da pessoa humana significa tornar esse Estado instrumento para o respeito e à promoção da dignidade das pessoas individual e coletivamente consideradas[521]. E, nesse sentido, os direitos sociais, econômicos e culturais consistem em requisito, porquanto a situação de pobreza que inviabiliza a inclusão social e traduz-se num déficit efetivo de autodeterminação, comprometedor do mínimo existencial e da autoestima dos indivíduos, revela-se incompatível com a concretização da dignidade da pessoa humana.

Segundo Sarlet, os direitos sociais consistem em direitos fundamentais de liberdade e igualdade outorgados aos trabalhadores com intuito de assegurar-lhes um espaço de autonomia não mais apenas em face do Estado, mas especialmente dos denominados "poderes sociais", destacando o Direito ao Trabalho como um dos principais direitos fundamentais. E aponta a dignidade da pessoa humana como um "metacritério"[522] para a definição do núcleo de fundamentalidade desses direitos[523].

Portanto, as premissas centrais que nortearam a afirmação autônoma e, sobretudo, o caráter social do Direito do Trabalho devem ser preservadas em favor de uma ordem jurídica comprometida com o princípio da dignidade da pessoa humana.

Se esse princípio revela-se como metacritério para a definição do núcleo fundamental resguardado pela Constituição de 1988, resulta inequívoco, em face de sua inclinação para tutelar o ser que trabalha, o caráter fundamental do Direito do Trabalho, cujas premissas norteadoras devem prevalecer na argumentação jurídica.

O processo argumentativo que a Constituição instaura ao se colocar no centro do ordenamento jurídico, irradiando sua normatividade por todo o sistema, pressupõe sempre que a premissa maior de toda fundamentação jurídica seja a Constituição, notadamente a sua principiologia e seus parâmetros de proteção ao trabalho.

---

(520) SARLET, Ingo Wolfgang. *Dignidade da pessoa humana e direitos fundamentais na Constituição Federal de 1988.* Porto Alegre: Livraria do Advogado, 2010.

(521) *Ibidem*, p. 76.

(522) *Ibidem*, p. 104-107.

(523) Também nesse sentido a compreensão de Gabriela Neves Delgado. Consultar: DELGADO, Gabriela Neves. *Direito fundamental ao trabalho digno.* São Paulo: LTr, 2006.

Os dois suportes fundantes do Texto Constitucional, quais sejam, os direitos fundamentais e o Estado Democrático de Direito, são critério de validade dos argumentos jurídicos e deveriam vincular todos os órgãos jurisdicionais em suas decisões. Daí o perigo de um afastamento ou ocultamento desses vetores constitucionais de proteção: ao caminhar à margem dos valores conquistados pelos trabalhadores com o advento da Lei Maior em 1988, a tendência é que sejam abertas as portas para condutas dissonantes em relação a esses critérios de proteção.

Como analisado exaustivamente, o conjunto de acórdãos do TST que compuseram a amostra dessa pesquisa, no que toca à regulação do trabalho em *call center*, revelou um padrão comum: a majoritária prevalência de argumentação técnico-processual e infraconstitucional em detrimento da fundamentação constitucional.

A disputa instalada em torno da terceirização se fez, majoritariamente, com amparo em interpretações literais da legislação infraconstitucional vigente, e, apenas após a Audiência Pública do TST sobre terceirização, se observou uma ampliação cognitiva, seja quanto à realidade socioeconômica subjacente à discussão jurídica, seja com relação à agregação de fundamentos constitucionais.

Com relação ao adoecimento, o quadro foi mais preocupante. As discussões limitaram-se, como visto, aos óbices processuais e, quando muito, se ativeram à aferição dos pressupostos contidos nas normas infraconstitucionais sobre responsabilidade civil por acidente de trabalho, passando ao largo da nova semântica constitucional de proteção da pessoa humana. O mesmo se diz quanto às práticas ofensivas dos empregadores no ambiente de trabalho, como controle do uso do sanitário e assédio moral na cobrança de metas, em relação aos quais a exceção foram os julgados que lançaram mão de argumentos constitucionais.

Toma-se aqui a dimensão preocupante para a sinalização que o TST realiza em relação à jurisprudência no país, no sentido de uma argumentação jurídica que não observa, em sua coerência interna, a Constituição como premissa maior e ponto de partida de qualquer tese jurídica.

Não se desconsidera aqui que a ausência de atenção aos fundamentos constitucionais, dentro da técnica processual, muitas vezes decorre do fato de terem sido identificados nos recursos julgados pelo TST óbices de natureza processual que impedem o exame da questão de fundo.

No entanto, como será analisado no tópico 4.3.5, a própria identificação das hipóteses de incidência dos óbices processuais (e, para a amostra objeto dessa pesquisa, o principal deles foi a Súmula n. 126 do TST) submete-se a um crivo de política judiciária e a uma concepção sociojurídica a respeito do caso analisado. Nesse sentido, a conclusão acerca do venha a ser uma situação particularizada e do que venha a ser uma situação geral passível de uniformização deve advir não de parâmetros subjetivos dos julgadores, mas do elenco constitucional de prioridades, sem perder de vista que o processo é instrumento do direito material e deve servir à sua concretização.

Para além das observações de natureza argumentativa, o padrão que prevaleceu entre os acórdãos, efetivamente, quanto às condutas empresariais reais e concretas que foram legitimadas (excessos na cobrança dos empregados, rigidez no controle do tempo de trabalho, descaso quanto às medidas preventivas de saúde e segurança no trabalho) foi de distanciamento em relação ao patamar regulatório das relações de trabalho que a Constituição necessariamente assume ao prescrever condições de dignidade e direitos fundamentais na esfera produtiva. Os efeitos concretos desses julgados consistem na legitimação de situações de desrespeito aos direitos fundamentais dos trabalhadores, deixando de exercer a função regulatória de inibi-las entre as empresas.

Portanto, os julgados analisados denotam, em grande medida, desconsideração, não só em relação à semântica constitucional, mas, sobretudo, quanto às suas implicações práticas.

4.3.2. Dissociação entre precariedade e saúde

A literatura relacionada ao adoecimento no trabalho e, especificamente, ao adoecimento dos trabalhadores em *call center*, tem sido assertiva quanto à estreita relação entre o adoecimento e o estabelecimento de vínculos de trabalho precários, entre os quais se destacam, por suposto, os vínculos de trabalho terceirizados.

A maior vulnerabilidade do trabalhador terceirizado, que, em si, já desperta e o faz conviver com um sentimento de insegurança atormentador, se apresenta como decorrência da desatenção que esses trabalhadores recebem dentro dos processos de trabalho, na medida em que são considerados pelas empresas destinatárias dos seus serviços como um custo delegado às empresas prestadoras de serviços, e enxergados pela tomadora de serviços, em regra, apenas no momento da cobrança de resultados do trabalho.

Não obstante esse cenário já revelado, pouco ou muito pouco se observa nos julgados de interlocução entre as decisões proferidas com relação ao tema da licitude/ilicitude da terceirização e o tema do adoecimento, que, em regra, são julgados como se se tratasse de dois casos separados. E a segmentação da análise certamente reverbera em segmentação do processo cognitivo.

Com relação à necessidade de refutar a terceirização de serviços nas atividades como o *call center*, exatamente porque o índice de adoecimento se destacava em relação às demais atividades, apenas após a audiência pública do TST sobre terceirização[524] se observa (e com relação apenas a alguns julgados) a agregação desses fundamentos (necessidade de se preservar a saúde dos trabalhadores) à fundamentação quanto à exegese do art. 94 da Lei n. 9.472/97.

E, no processo inverso, ou seja, na consideração do fato de o trabalhador ser terceirizado para a composição do quadro de adoecimento e da responsabilidade empresarial

---

(524) Interessante notar que o processo dialético de disputa interna nos Tribunais fica caracterizado na própria forma como se deu a audiência pública: convocada pela Presidência do TST como forma de responder a pressões do empresariado pelo cancelamento da Súmula n. 331, o espaço franqueado da audiência foi ocupado por diversos estudiosos e representantes da classe trabalhadora, que colheram frutos reais da sua intervenção contra-hegemônica nesse processo.

daí decorrente, não se observou nenhuma associação, embora tal vinculação já esteja comprovada por diversas pesquisas científicas.

É certo que, no que toca aos quadros patológicos vinculados aos processos de trabalho, a "desocupação" do tomador de serviços em relação à higidez do meio ambiente do trabalho em que se ativa o terceirizado, ao mesmo tempo em que a tomada terceirizada dos serviços revela um incremento das cobranças e da fiscalização do trabalho (o que Selma Venco, de forma pertinente, denominou "novo panóptico do capital"[525]) funcionaria como indicador para efeito da distribuição de responsabilidades (inclusive para caracterização da culpa pelo infortúnio do trabalhador).

Entretanto, não houve simetria, muito menos conexão, nos julgados analisados, entre a questão da forma de contratação e o adoecimento específico dos trabalhadores do setor de *call center*.

Ademais, nos julgados em que fora reconhecida a licitude da terceirização e, por consequência, a mera responsabilidade subsidiária da tomadora de serviços, nem sequer constou, no tema do adoecimento, referência ao moderno entendimento do TST no sentido de que, ainda que a terceirização seja lícita, em se tratando de acidente de trabalho ou de doença ocupacional para o qual as empresas envolvidas tenham concorrido com culpa, por força da aplicação do art. 942 do Código Civil, integrado ao sistema de proteção trabalhista, é cabível a *responsabilidade solidária* entre tomador e prestador de serviços, pela condição comum de causadores do dano[526].

Efetivamente a matéria somente poderia ser objeto da atenção dos julgadores caso fosse objeto de recurso, mas nada obstava, como comumente é feito, que ressalvassem o entendimento, registrando a impossibilidade processual de reforma. Essa função de sinalização jurisprudencial, no entanto, também não foi realizada no conjunto de acórdãos examinado.

4.3.2.1. Conceito de saúde adotado

Com relação ao bem jurídico "saúde" que o TST se propõe a regular, primeiro, cumpre observar que os julgados demonstraram que o Tribunal não aproxima sua função de tutelar a saúde de uma tutela mais geral do bem-estar no ambiente de trabalho.

As pontuais perturbações do bem-estar dos indivíduos, que potencialmente podem gerar humilhações, sofrimento e constrangimentos, que, de acordo com a literatura especializada, podem se encaminhar para quadros patogênicos, foram consideradas nessa pesquisa como objeto de atenção exatamente porque relacionadas ao conceito de saúde no trabalho, em sentido amplo.

---

(525) VENCO, Selma. Centrais de teleatividade: o surgimento de colarinhos furta-cores? In: ANTUNES, Ricardo; BRAGA, Ruy (Orgs.). *Infoproletários*. São Paulo: Boitempo, 2009.

(526) Como exemplos desse entendimento, os seguintes precedentes: BRASIL, Tribunal Superior do Trabalho. Processo: AIRR-172500-04.2009.5.08.0101; Data de Julgamento: 26.9.2012; relator Ministro Mauricio Godinho Delgado; 3ª Turma; Data de Publicação: DEJT 28.9.2012; e BRASIL, Tribunal Superior do Trabalho. Processo: RR-995-58.2011.5.03.0021; Data de Julgamento: 17.4.2013; relator Ministro: José Roberto Freire Pimenta; 2ª Turma; Data de Publicação: DEJT 26.4.2013.

No entanto, esses mesmo elementos não foram tratados nos julgados sob a semântica da preservação da saúde, nem mesmo atrelados a ela quando a situação estrita de doença vinha aos autos conjugada com denúncias de assédio moral ou controle do uso de banheiro.

Como visto no Capítulo I, por saúde, nesse estudo, tomou-se o conceito de Dejours, que a compreende não como contraposição à doença, mas como um estado de bem-estar relacionado, "de um lado, com uma dinâmica de vida pautada pelo que as pessoas fazem e podem fazer dentro de determinadas condições organizacionais e, de outro, com seus aspectos genéticos e fenotípicos"[527].

Ao contrário disso, os julgados do TST revelaram pouca inclinação a considerar que uma potencial atuação regulatória sobre as condições de trabalho que vinham aos autos como perturbadoras do bem-estar obreiro pudessem se dar sob o prisma da saúde no trabalho. A saúde foi objeto de intervenção do Tribunal nas situações estritas em que um quadro de doença foi constatado, a denotar a compreensão de que saúde, para o padrão de regulação estabelecido no período pesquisado, nada mais é que o contrário de doença.

Ainda, destaca-se na amostra colhida, como circunstância majoritária (embora não absoluta), o entendimento de que a circunstância de o trabalhador ter adoecido em um momento específico do passado e de, posteriormente, ter recobrado a saúde, sem que da moléstia sobreviesse alguma sequela, não dá azo ao pagamento de indenização por dano moral ou material. De acordo com o padrão regulatório identificado, a saúde enquanto bem jurídico do trabalhador, por ter sido reconhecidamente turbada por um período isolado no passado, não tem rendido a reparação correspondente pelo empregador, contanto que, no momento da perícia, o obreiro já se encontre apto ao trabalho.

Esse entendimento tem embasamento extremamente problemático mesmo nas normas infraconstitucionais que regem a matéria, porque, quando o Código Civil exige culpa, dano, nexo de causalidade e ato ilícito (art. 186) para que se configure a responsabilidade civil do causador do dano (no caso, o empregador), dificilmente se poderá sustentar que por dano se tome estritamente o dano que deixa sequelas, como se o fato de o trabalhador ter ficado doente, afastado do trabalho e de suas atividades ordinárias, suportando dor e sofrimento não configurasse dano *per se*. Isso porque o reconhecimento central da proteção dos direitos da personalidade no novo Código Civil converge para o valor maior da dignidade da pessoa humana, mais uma vez amparado na Constituição, e impõe respostas a toda e qualquer lesão à integridade humana.

A sinalização jurisprudencial que esse posicionamento denota é o que se está a denominar aqui "**tutela do excesso**". Ou seja, causar algum tipo de desconforto ao trabalhador ou até uma incapacidade temporária para o trabalho é tido como algo corriqueiro, que pode ser tolerado em nome da reprodução capitalista, desde que sejam dadas ao obreiro condições de superar essa circunstância e que não sejam detectados excessos.

O adoecer pelo trabalho, em si, sobressai dessas decisões como algo banal. O importante é que o trabalhador, numa perspectiva que instrumentaliza o ser humano

---

(527) SZNELWAR, Laerte Idal; UCHIDA, Seiji; LANCMAN, Selma. A subjetividade no trabalho em questão. *Revista Tempo social*. [*on-line*]. 2011, vol. 23, n. 1, p. 11-30. ISSN 0103-2070. p.15.

(compreendendo-o com um meio e não como um fim em si mesmo), esteja, ao fim e ao cabo, novamente apto a produzir. Os excessos, entretanto, serão coibidos pela atuação regulatória do Poder Judiciário.

A opção regulatória por detrás desse argumento jurídico dá indicativos de uma postura tolerante, que punirá o capital pelos seus arroubos, deixando de dar repercussão jurídica às suas "falhas menores", como, por exemplo, causar um adoecimento temporário ao trabalhador.

O efeito sinalizador desse tipo de precedente na jurisprudência de um país em que as empresas operadoras de *call center* têm causado lesões cíclicas e incuráveis em trabalhadores, a ponto de ser necessário mantê-los em inatividade remunerada dentro da empresa durante o período de estabilidade acidentária (quando a legislação obsta a dispensa do trabalhador), não parece ser exatamente uma pedagogia em prol da dignidade da pessoa humana[528].

Não se pode descurar que essas decisões implicam manifestação de "desconhecimento" do processo de adoecimento, sobretudo que se desenvolve em relação a lesões por esforço repetitivo, em que o quadro do trabalhador apresenta melhora aparente quando do afastamento do trabalho e retorna ao mesmo ponto tão logo ele reinicie a atividade. Assim é que a conclusão pericial de aptidão para um trabalhador desempregado, afastado de suas atividades, que teve reconhecido o fato de ter adoecido preteritamente por esse tipo de lesão em razão das atividades perante a empresa, dificilmente pode assegurar que ele esteja isento de danos não aparentes.

4.3.3. Os processos de trabalho como esfera infensa à regulação: a tutela do excesso

Duas situações de constrangimento no ambiente de trabalho, que são indicadas como aspectos cruciais e perversos da organização do trabalho em *call centers*, foram objeto de inúmeros pedidos de indenização por dano moral: controle do uso de sanitário e exigência de metas e cobrança pública de produtividade.

O padrão regulatório identificado em relação a esses dois temas, que também não foi uniforme, predominantemente nos remete ao conceito de "tutela do excesso": uma política de regulação tolerante, que punirá o capital pelos seus excessos, deixando de dar repercussão jurídica às suas "falhas menores", ainda que, em si, potencialmente ofensivas aos direitos fundamentais dos trabalhadores.

A tutela do excesso tem dois desdobramentos fundamentais.

Primeiro, banalizar a conduta invasiva do empregador e deixar de interferir em peculiaridades do processo produtivo que instrumentalizam o ser humano e que, como a própria literatura sociológica já identificou, causam sofrimento, constrangimento, perda da autonomia, quando não repercutem sobre a integridade física e psíquica dos obreiros.

---

(528) Caso concreto reportado a fls. 117-119, que ensejou a celebração de TAC pelo MPT da 5ª Região (Bahia).

A reafirmação do espaço empresarial e de gestão como um espaço de arbítrio do empregador também é problemática. A opção regulatória não interventiva, nesses casos, acaba por legitimar o poder empresarial como poder absoluto, envolvendo-o em contornos de autoritarismo e abandonando a retórica constitucional de democratização das relações privadas[529].

O segundo desdobramento crítico da tutela do excesso consiste em transferir ao trabalhador o ônus de prová-lo. O excesso, tratado como fato extraordinário, precisa ser demonstrado por quem o alega: a vítima. Portanto, não basta ter sido extirpado da possibilidade de decidir sobre o próprio corpo (como no caso do controle do uso do sanitário), é preciso provar que passou pelo constrangimento de fazer suas necessidades no posto de trabalho, que suportou diversas recusas, que teve que explicar o porquê de um segundo pedido de uso do toalete, entre outras formas mais explícitas de ofensa à dignidade da pessoa humana.

A dificuldade dessa prova — que não raro efetivamente é produzida pelos trabalhadores, uma vez que a banalização do abuso é tão ampla que ele é realizado abertamente, perante diversas testemunhas que posteriormente vem a relatar os casos em juízo — se alia ao fato de que a "tutela do excesso" não compreende a linha tênue que separa uma organização produtiva que se permite invadir, expor, controlar ao extremo, cobrar acima dos limites, etc., e a deturpação dessas permissões entregues ao empregador em abuso, assédio e violência psicológica.

Ao contrário do que Gaulejac propõe, no sentido de compreender a gestão em si como um sistema generalizado de distribuição de pressão e assédio, sem direcionar os problemas da gestão atual para um sujeito individualizado identificado com a condição de agressor[530], o conjunto majoritário das decisões do TST que versaram sobre o controle do uso de sanitário e a cobrança pública de metas foi cuidadoso no sentido de dizer que a existência dessas práticas na organização do trabalho, por si só, não configura a ocorrência de dano moral, mas que eventuais excessos ou exposição do trabalhador, protagonizados por gerentes ou prepostos, em um e outro controle, seriam coibidos.

Com relação ao controle do uso de banheiro, a maioria das decisões se orientou no sentido de reprimir o empregador por essa conduta. Em dez das quinze ocorrências constatadas, o empregador suportou alguma condenação, ainda que por meio de indenizações com valores não uniformizados. Entretanto, tanto nas situações em que houve condenação quanto nas situações em que não houve, o TST, predominantemente, adotou o óbice processual da Súmula n. 126 para discutir a matéria.

E, quando de fato discutiu o tema, a tese predominantemente adotada foi a da tutela do excesso (inclusive para confirmar decisões regionais que legitimaram a conduta empresarial), sendo certo que é por meio suas teses jurídicas que o Tribunal uniformiza

---

(529) Sobre o poder empregatício e a necessidade de conformação democrática dessa prerrogativa, consultar: DELGADO, Mauricio Godinho. *O poder empregatício*. São Paulo: LTr, 1996.

(530) GAULEJAC, Vincent de. *A gestão como doença social*. Aparecida: Ideia & Letras, 2007.

a jurisprudência do país e sinaliza seus precedentes. Ademais, ainda que haja uma prevalência dos resultados (e não das teses e fundamentos) repressivos, ela encontra-se longe da uniformidade. Acresça-se ainda o fato de que o valor das indenizações arbitradas pelos Tribunais Regionais, por mais díspares que fossem, não foram objeto de uniformização pelo TST.

Portanto, prevaleceu o entendimento jurídico de que a submissão dos trabalhadores ao pedido de autorização dos supervisores para que possam fazer uso do sanitário é uma mera forma de o empregador gerir o ambiente de trabalho e evitar que todos os empregados, a uma só vez, abandonem os postos de trabalho para ir ao banheiro. Todavia, quando caracterizado um "excesso" de rigor da chefia nesse controle, o Tribunal ressalvou seu campo de intervenção.

É relevante pontuar que os julgados analisados foram proferidos, em sua maioria após a edição do Anexo II da NR-17 do MTE, que, como visto, já firmara a posição do Poder Executivo no sentido de ser inadmissível qualquer forma de controle do uso do sanitário, conforme exposto no Capítulo III.

Portanto, a existência de uma regulamentação avançada e sensível, disposta a intervir efetivamente no modo de organização do trabalho no setor, tem sua eficácia retirada por um posicionamento conivente com o ideal gerencial propagado como único viável ao funcionamento dos *call centers*.

No que toca ao controle de metas, exceto quando possível imputar a um sujeito específico a utilização de agressões verbais para cobrar metas e punir aqueles que as descumprem, o mecanismo de cobrança pública e de instigação da competição, em si, não foi problematizado.

Do mesmo modo que os elementos suscitados nos acórdãos revelaram a ausência de vinculação entre precariedade e adoecimento, o que foi demonstrado pela desconexão entre as decisões sobre forma de contratação (licitude da terceirização) e provimentos proferidos em relação ao adoecimento, também ficou evidenciada a desconexão entre as condições de trabalho e o adoecimento, conforme se extraiu da desvinculação entre as decisões sobre controle do uso de banheiros e exigência efetiva de metas e as decisões sobre o adoecimento.

4.3.4. Individualização dos casos de doença e ocultamento do adoecimento como questão coletiva

O ponto mais sutil e, portanto, de identificação mais difícil do comprometimento do padrão de regulação com os valores difundidos pelo discurso gerencial neoliberal residiu justamente na individualização das doenças do trabalho.

A insistente avaliação da condição biopsíquica do trabalhador que adoece de forma descontextualizada das relações gerais de trabalho nas quais ele se insere, imputando--se a ele e a suas circunstâncias pessoais o quadro de adoecimento é um procedimento característico de um sistema que, pautado nas premissas neoliberais, individualiza condutas, descontextualiza sujeitos de sua conformação de classe e, em seguida, atribui a eles altos níveis de responsabilidade, inclusive pela falta de cuidado com sua própria saúde no trabalho.

Por contexto geral da relação de trabalho, que deve ser considerado nas situações de adoecimento e de sofrimento pelo trabalho, entende-se o conjunto composto pela forma de contratação, pelas condições em que se desenvolve o trabalho e pelo contexto coletivo de bem-estar ou adoecimento que o trabalho oferece.

A questão da singularização dos casos de doença e de sua análise individualizada deita raízes na própria tutela preventiva da saúde no trabalho que, sob a atual organização produtiva, tende a focar em medidas de proteção individual (menos custosas e que, em caso de descumprimento, sempre podem permitir que os resultados danosos sejam imputados ao trabalhador) em detrimento do desenvolvimento de mecanismos de segurança coletivos, reconhecidamente mais eficientes.

Filgueiras, comentando a evolução dos parâmetros de elaboração das NR do MTE sobre saúde e segurança no trabalho, pontua acerca da individualização das normas de segurança nos períodos primordiais da regulamentação da saúde no trabalho no país e registra sua superação pela abordagem coletiva do problema, hoje representada destacadamente pela obrigatoriedade de elaboração por todas as empresas de Programa de Prevenção de Riscos Ambientais (PPRA), pela obrigatoriedade, por todos os empregadores, de desenvolver e implementar Programa de Controle Médico de Saúde Ocupacional (PCMSO) com enfoque epidemiológico; e, ainda, pelo estabelecimento, com hierarquia, das medidas de prevenção partindo das mais gerais (eliminação, neutralização) e, por último, as mais individuais (uso de equipamento de proteção individual — EPI):

> Individualizar a saúde do trabalho tende a tirar do capital a responsabilidade pela integridade física dos trabalhadores, imputando-a aos próprios trabalhadores. Ao individualizar a saúde do trabalho, floresce a possibilidade de imputar ao trabalhador a responsabilidade pela sua própria saúde: "ele que não usou o equipamento de proteção", "foi culpa exclusiva do trabalhador". As medidas de proteção coletiva ou de eliminação dos riscos, pelo contrário, inviabilizam tal estratégia, já que só o gestor do espaço produtivo, no caso, o empregador, tem poder (por conseguinte, a responsabilidade) para adotá-las. Ao longo das últimas duas décadas, esse quadro mudou, com privilégio crescente da coletivização da abordagem do problema pelas Normas Regulamentadoras[531].

O autor também identifica, no âmbito do Ministério do Trabalho e Emprego, uma evolução do Poder Executivo quanto ao tratamento dos acidentes de trabalho e à culpabilização prioritária das vítimas pelo evento. Esclarece que as abordagens focadas nos comportamentos individuais e em eventuais erros dos trabalhadores revelaram contribuir pouco ou nada em termos de prevenção, porquanto tendem a ignorar, e, portanto, preservar, as circunstâncias que originam o infortúnio:

---

(531) FILGUEIRAS, Vitor. *Estado e direito do trabalho no Brasil*: regulação do emprego entre 1988 e 2008 (Tese de Doutorado). Faculdade de Filosofia e Ciências Humanas da UFBA. Orientadora: Graça Druck, 2012. p. 138-139.

Essa proposta metodológica é muito importante do ponto de vista científico, pois acidentes de trabalho — como qualquer outro fenômeno social — ocorrem num contexto determinado, sem o qual se engendra a naturalização do evento (imprevisível, por conseguinte, inexorável) ou formação de juízo de valor em torno de uma ação isolada (erro da vítima). Todavia, mais do que "a ampliação do perímetro" da análise, a investigação do acidente com base nas circunstâncias que o engendraram é uma disputa política que compatibilizaria a investigação às prescrições das normas vigentes já citadas, que determinam que a preservação da saúde da força de trabalho é responsabilidade do empregador. Isso não implica qualquer espécie de legalismo, mas apenas entender que as normas são produtos de luta e teleológicas, ou seja, foram construídas com o sentido justamente de evitar os acidentes e, no caso do Brasil, têm progredido na direção das questões coletivas (a começar da eliminação dos riscos)[532].

Nos casos analisados, a metodologia de julgamento dos processos, já nos Tribunais Regionais do Trabalho, em sua maioria, apresentou um padrão que parte da alegação do trabalhador como episódio isolado, a ser periciado, muitas vezes, por meio do exame exclusivo do corpo do empregado, sem visitas o local de trabalho e sem conhecimento seus processos produtivos e organizacionais[533]. Esse procedimento mostrou-se aplicável tanto aos casos em que a queixa do trabalhador era atípica como em casos em que a doenças alegadas pelo obreiro faziam parte do grupo de doenças que são reiteradamente alegadas por teleoperadores.

Também se apresentou como padrão a subutilização do Nexo Técnico Epidemiológico Previdenciário (NTEP), identificado exclusivamente no âmbito dos Tribunais Regionais em apenas 5 dos 23 casos estudados, sendo que, entre eles, em quatro, o NTEP foi utilizado para reconhecer o nexo de causalidade entre trabalho e doença e, em um deles, a perícia judicial prevaleceu contra o NTEP expressamente mencionado, para afastar o nexo de causalidade e eximir o empregador da responsabilidade.

Já no TST, a postura de classificar a matéria como eminentemente fático-probatória já denota que o Tribunal não vislumbrou a possibilidade de estabelecimento de presunções a partir do NTEP (não utilizado, no âmbito do TST, em nenhum dos acórdãos analisados), que agiria, não sobre os fatos controversos da lide, mas sobre a distribuição do ônus da

---

(532) *Ibidem*, p. 141.

(533) Essa observação também é feita por Ellen Hazan: "Normalmente os peritos judiciais não fornecem ao julgador os elementos necessários para o seu convencimento e, na maioria das vezes, não tendo o Juiz o conhecimento técnico da matéria, se limita a analisar a conclusão do perito, sem questionar, como deveria por dever de ofício, se o trabalho restou realizado dentro das técnicas exigidas pelas Normas Técnicas (NTs), inclusive NR-17. Assim, as perícias judiciais, na sua maioria, não apresentam um diagnóstico detalhado; não realizam descrição das condições ergonômicas dos serviços e dos fatores etiológicos da doença para a realização do nexo de causalidade pelo julgador, não investigam os possíveis descumprimentos das normas legais — ergonômicas, técnicas e outras —; não procedem à avaliação dos aspectos organizacionais e psicossociais a que o trabalhador estava exposto para se constatar a culpa do empregador — grave, leve ou levíssima" (HAZAN, Ellen Mara Ferraz. Saúde, segurança, medicina do trabalho e a terceirização: redução ou migração dos índices de acidente do trabalho e de doenças profissionais? *In:* DELGADO, Gabriela Neves; HENRIQUE, Carlos Augusto Junqueira. *Terceirização no Direito do Trabalho*. Belo Horizonte: Mandamentos, 2004. p. 273-320).

prova, matéria que pode ser amplamente debatida na Corte Superior, por consistir em matéria "de direito".

A infinidade de dados sobre saúde no trabalho que estão disponíveis em bancos de dados públicos e em trabalhos científicos (fora dos autos, porém no mundo[534]) e que poderiam ser tomados como fundamento para a identificação de padrões de adoecimento particulares a cada categoria de trabalhadores (coletivamente compreendida) tem sido desconsiderada em favor de uma análise individualizada do adoecimento.

No primeiro período analisado (5.1.2005 a 5.1.2012), em relação ao qual foi examinada uma amostra de dez acórdãos, em apenas dois casos as Cortes Regionais não haviam reconhecido o nexo de causalidade entre trabalho e doença, conclusão que foi confirmada pelo TST da mesma maneira que confirmou os outros oito casos em que o nexo fora reconhecido: diante da impossibilidade de revolver fatos e provas[535].

Já no segundo período analisado (6/1/2012 a 6/1/2013), o qual ofereceu uma amostra de 13 acórdãos para exame, em seis casos as Cortes Regionais não haviam reconhecido o nexo entre trabalho e doença e, também nesse período, constatou-se a abstenção do TST de conhecer das controvérsias, sempre por força do óbice da Súmula n. 126[536].

Importante pontuar que, ainda que o resultado dos julgados, majoritariamente, tenha redundado no reconhecimento da doença ocupacional e tenha engendrado alguma condenação para as empresas envolvidas, a jurisprudência firmada inegavelmente reafirmou um paradigma de individualização dos casos de doença e de retirada dessa matéria da esfera de relevância que acarreta a uniformização por parte do TST e, assim, firma precedente aplicável aos diversos outros casos que possam surgir.

4.3.5. O escudo da Súmula n. 126

O recurso à Súmula n. 126 do TST foi praticamente uniforme nas decisões a respeito do nexo de causalidade entre o trabalho e a doença[537] e, ainda, no que toca à fixação do valor das indenizações.

Seja o pedido de majoração do valor da indenização pelo trabalhador, seja o pedido de redução do valor da indenização pelas empresas, a matéria sempre foi resolvida pelo TST, nos casos analisados, a partir da impossibilidade de adentrar nessa mensuração, que constituiria matéria fática, razão por que as condenações ao pagamento de indenização vislumbradas na amostra estudada (indenização por dano moral em decorrência do assédio moral, indenização por dano moral em decorrência do controle do uso do banheiro e

---

(534) A expressão é utilizada por Kátia Arruda. Consultar: ARRUDA, Kátia Magalhães. *A atuação do poder judiciário trabalhista e a precarização do trabalho:* as decisões do TST e TRT do Maranhão e sua relação com a terceirização e flexibilização no trabalho (Tese de Doutorado). Programa de Pós-Graduação em Políticas Públicas do Centro de Ciências Sociais da Universidade Federal do Maranhão. São Luís, 2008. p. 43.

(535) A análise minuciosa dos julgados relativos ao período foi realizada no Capítulo III, item 3.2.1.1, p. 159-173.

(536) Igualmente, os acórdãos do segundo período foram analisados no Capítulo III, item 3.2.1.1, p. 186-205.

(537) O nexo de causalidade é um dos pressupostos do art. 186 do Código Civil para a configuração da responsabilidade civil e do dever de reparar o dano.

indenização por danos morais e materiais decorrentes de doença ocupacional) carecem de uniformização, havendo profunda disparidade entre os valores arbitrados para uma mesma situação, que variam desde a quantia ínfima de R$ 500,00 até R$ 15.000,00.

Imperativa, pois, a compreensão do instrumento em que se constitui a Súmula n. 126 do TST e do uso que lhe vem sendo emprestado pela Corte Superior Trabalhista.

Dispõe o referido enunciado que é "incabível o recurso de revista ou de embargos (arts. 896 e 894, "b", da CLT) para reexame de fatos e provas".

A interpretação dessa restrição cognitiva no exame dos recursos, em regra, implicaria que, a partir dos fatos já fixados pelas Cortes Regionais como "verdadeiros", o TST analisaria os pedidos das partes, aplicando o direito aos fatos, sem, contudo, discutir os fatos em si, porque, para isso, precisaria se imiscuir na instrução processual, examinando documentos, depoimentos, perícias, entre outras provas, o que tornaria a cognição da Corte Superior incompatível com a quantidade de processos examinados e com sua função extraordinária e uniformizadora.

Vale observar que a função recursal extraordinária, que retira das Cortes Superiores o exame da "justiça" das decisões, impõe essa restrição cognitiva a todas elas, indistintamente: assim o exato teor da Súmula n. 126 do TST é reproduzido na Súmula n. 7 do STJ ("a pretensão de simples reexame de prova não enseja recurso especial") e na Súmula n. 279 do STF ("para simples reexame de prova não cabe recurso extraordinário").

Uma explicação bastante elucidativa do que seja a distinção entre exame de matéria de fato e exame de matéria jurídica, assim como da fluidez dessa classificação, pode ser encontrado em Fábio Furrier, amparado na lição de Larenz:

> À questão de direito pertence, em particular, a qualificação do ocorrido com ajuda daqueles termos cujo conteúdo significativo no contexto dado resulta apenas do ordenamento jurídico, especialmente com base numa coordenação tipológica, numa "ponderação" de pontos de vista divergentes ou numa valoração jurídica nos quadros de uma pauta carecida de concretização. <u>Questão de facto é o que as partes disseram quando da celebração do contrato e o que a esse respeito uma e outra pensaram; é questão de direito saber com que significado deve cada uma das partes deixar que valha sua declaração, a questão da interpretação normativa das declarações de vontade. Se A causou um acidente por ter patinado numa curva numa estrada molhada, a questão de facto é o estado do pavimento e a velocidade com que A conduzia na curva; se o seu modo de condução foi, nessas circunstâncias, "negligente", é questão de direito.</u> (...) Nalguns casos, porém, a questão de facto e a questão de direito estão tão próximas entre si que não é possível, na prática, levar a cabo a sua separação. Este é o caso, desde logo, quando uma situação de facto não pode ser de todo em todo descrita de outro modo senão naqueles termos que contêm já uma valoração jurídica. Se alguém deu origem a um "ruído perturbador do repouso", não se tendo medido exatamente a intensidade, é difícil descrevê-lo de outro modo senão com a indicação de que, de facto, o repouso foi perturbado

de modo considerável. O juízo de que o ruído foi "perturbador do repouso" contém ao mesmo tempo a descrição do acontecimento, tal como é necessária para a colocação da questão de facto, e sua apreciação jurídica, no sentido de uma valoração. É diferente quando se mediu a intensidade sonora e a questão a decidir é então, se uma tal intensidade sonora deve ser considerada como "perturbadora do repouso". Nesse caso a ocorrência está, já antes de sua apreciação jurídica, exatamente determinada mediante conceitos físicos; a questão de como se há de julgar isto, no sentido do critério legal do julgamento, ("perturbador do repouso"), é uma questão de direito[538].

Portanto, a partir do referencial teórico elucidado, pode-se de logo atentar que, naquelas hipóteses em que o acórdão regional traz registros da natureza dos processos de trabalho, da modalidade de adoecimento suportada pelo trabalhador e da conduta empresarial em relação ao cuidado com o ambiente de trabalho, seria impertinente a aplicação da Súmula n. 126 do TST, como óbice ao conhecimento dos recursos, porque já não se estaria a tratar de revolvimento do conteúdo fático da lide, mas da aplicação do direito ao caso concreto. A Súmula se prestaria a afastar a cognição do TST naquelas situações em que o acórdão recorrido não oferecesse clareza quanto aos elementos fáticos nos quais assentou sua conclusão ou quando na descrição dos fatos já estivesse contido um juízo de valor.

Em muitos dos julgados analisados houve reconhecimento do nexo causal entre doença e trabalho e a empresa foi responsabilizada já no âmbito do TRT, mas o TST confirmou tais decisões, negando provimento ao recurso da empresa com o óbice da Súmula n. 126 do TST, mesmo quando as condenações regionais eram pautadas em laudos periciais extremamente detalhados.

As informações públicas da Previdência Social e mesmo os fatos incontroversos constantes dos autos pouco contribuíram para a formação do convencimento dos Ministros nos julgados analisados.

A questão fica mais interessante quando se observa que a própria utilização do instrumento "Súmula n. 126 do TST" decorre de política judiciária para cognições mais ou menos restritivas por parte da Corte Superior. Ou seja, o próprio enunciado e sua aplicação aos casos concretos é passível de interpretação e, portanto, de divergência. Assim é que o próprio Tribunal Superior do Trabalho, em situação outras, já adotou o entendimento de que o exame de uma dada matéria era inviável por pressupor reexame de fatos e provas, e, posteriormente, reconsiderou esse entendimento.

Por exemplo, em demandas relativas à prescrição (notadamente nos reiterados casos de prescrição da pretensão concernente às diferenças da indenização de 40% do FGTS em razão dos expurgos inflacionários), por muito tempo o entendimento predominante no Tribunal orientava-se no sentido de que, caso o acórdão regional não registrasse a data

---

(538) LARENZ, Karl. *Metodologia da diência do direito*. 4. ed. Trad. José Lamego. Lisboa: Fundação Calouste Gulbenkian, 2005 *apud* FURRIER, Fábio Luis. A atuação do STJ no exame do justo valor compensatório dos danos morais. *Revista de Processo — Repro*. Ano 37, n. 206, abr. 2012, fls. 295-319.

do ajuizamento da reclamação trabalhista (que é uma informação processual), a atuação do TST no sentido de verificar tal data nos autos, para afastar ou pronunciar a prescrição (matéria jurídica), se qualificaria como revolvimento de fatos e provas e, portanto, seria obstado. Esse entendimento foi revisto pela SBDI-1 do TST em 2009[539].

Também é exemplificativa do caráter interpretativo e, portanto, variável, da aplicação do referido enunciado, o fato de apenas recentemente a SBDI-1 do TST ter firmado a posição de que fatos incontroversos nos autos (ou seja, fatos que uma parte afirmou e a parte contrária reconheceu ou deixou de infirmar) poderiam ser considerados no julgamento, ainda que não compusessem o quadro fático do qual o Tribunal Regional partiu para julgar e que consignou no acórdão recorrido[540].

Na amostra colhida, o uso largo da Súmula n. 126 do TST transparece como uma prática de jurisprudência defensiva, em relação ao número exorbitante de processo que chegam ao Tribunal, sobretudo nos casos em que o julgamento sucinto do TST sobre as questão da doença se fez, confirmando a conclusão fática do Tribunal Regional, sem aos menos mencionar a doença que o trabalhador reclamava.

As possibilidades de reinterpretação dos fatos incontroversos e de ponderações jurídicas acerca do fenômeno do adoecimento no trabalho poderiam ter produzido outros tipos de julgamento que, ainda que não alterassem as conclusões dos julgados, seriam representativos de uma postura regulatória que examina as formas de gestão do trabalho e que deixa claro, para os jurisdicionados, quais práticas são aceitáveis e quais práticas são repudiadas pelo conceito constitucional de bem-estar.

Ademais, o estabelecimento de presunções a respeito do nexo causal, como de fato o art. 21-A da Lei n. 8.213/91, o art. 337, § 3º e o Anexo II do Decreto Lei n. 3.048/99 já legitimam, retira a discussão, a princípio, da seara fática, porque diante da ausência de caráter conclusivo a respeito do nexo de causalidade e, em se tratando de doença reincidente no setor de atividade, o Tribunal poderia reverter a conclusão do julgado regional que imputara o ônus de provar o nexo causal ao reclamante, para imputá-lo à empresa, que, aliás, tem mais aptidão para produzir provas dessa natureza, na eventualidade de a doença que acometeu o trabalhador ter origens outras que não o trabalho[541].

O problema é que, na ausência de uma disciplina específica da lei trabalhista a respeito da reparação dos trabalhadores em caso de doença do trabalho, o recurso para suprir essa lacuna tem sido um retorno ao Código Civil, ainda interpretado em seu paradigma clássico e não constitucionalizado, que induz uma análise mais individualista dos casos em exame, em oposição ao que a legislação previdenciária (que já coletivizou

---

(539) BRASIL. TRIBUNAL SUPERIOR DO TRABALHO. Processo n. TST-E-RR-77700-27.2002.5.04.0008, SBDI-1, rel. Min. Aloysio Corrêa da Veiga. DJ de 21.8.2009.

(540) BRASIL. TRIBUNAL SUPERIOR DO TRABALHO. Processo n. TST-ED-E-ED-RR-119900-11.2003.5.10.0020, relator Ministro Lelio Bentes Corrêa, DJU de 23.5.2008.

(541) O CNAE 8220, no qual são predominantemente enquadradas as empresas de teleatendimento, já induz o reconhecimento do nexo epidemiológico com as doenças do intervalo M60-M79 da classificação CID-10 (Decreto n. 3.048/99, Anexo II).

a sua cognição e que guarda, de fato, uma origem jurídica mais afinada como o ramo justrabalhista que o Direito Civil, sobretudo em sua leitura clássica)[542].

Ainda quanto ao uso do "escudo" da Súmula n. 126 do TST, no que toca ao valor das indenizações, vale trazer novamente a lição de Furrier, que se posiciona contrariamente à oposição de óbices dessa natureza à mensuração de valores indenizatórios pelas Cortes Superiores: para ele a aplicação cega desse óbice, com a recusa automática da intervenção das Cortes Superiores, militaria tal como a conduta do monge cisterciense Arnold Amaury numa cruzada para eliminar hereges na Idade Média. O referido monge, indagado sobre como separar os infiéis dos bons cristãos, respondera: "Matem todos. Deus saberá quem são os seus", demonstrando que "o modo mais eficiente de contornar a necessidade de um método objetivo para a solução de um problema é, simplesmente, ignorar que o problema existe"[543].

O autor, analisando o uso da Súmula n. 7 do STJ, que tem conteúdo análogo ao da Súmula n. 126 do TST, nos recursos em que se pretendiam majorações de indenizações civis por danos morais no âmbito da Justiça comum, concluiu que a forma que hoje se consolidou no âmbito do Superior Tribunal de Justiça, tem dado azo a altos níveis de subjetivismo na fixação de valores indenizatórios e, por consequência, baixos índices de previsibilidade[544].

Sem deixar, como visto, de problematizar o "crivo objetivo" que a aplicação indiscriminada da Súmula n. 7 do STJ implicaria a tarefa de uniformização das decisões do país a respeito de indenizações por dano moral na esfera civil, o autor pontua que é ainda mais problemático o entendimento assente que admite ora a aplicação desse óbice, a retirar a análise dos processos do âmbito de cognição do Tribunal, ora uma intervenção que se dá conforme o crivo subjetivo dos magistrados, quando os valores fixados na origem fogem aos "parâmetros de razoabilidade"[545].

O Tribunal fica, portanto, com uma escolha política, cuja motivação na maioria das vezes não era declinada senão sob a obscura fórmula da razoabilidade e proporcionalidade.

Furrier conclui que, ainda que se considere a questão da definição do nexo causal como eminentemente fática, o arbitramento do dano moral é matéria que necessariamente sucede o reconhecimento do dano e da responsabilidade civil, razão porque, partindo daquilo que a Corte firmou como "verdade dos fatos" para imputar a responsabilidade, não caberia senão dizer, com base nas disposições legais vigentes (arts. 186, 884 e 944 do Código Civil), se aquela situação fática dada seria melhor equacionada com o estabelecimento de um valor condenatório diverso. Nesses casos, o recurso do STJ à Súmula n. 7, para o autor, é despropositado. Por fim, ele coloca parâmetros para que o enfretamento

---

(542) Maiores considerações a esse respeito serão tecidas no tópico 4.3.7.
(543) FURRIER, Fábio Luis. A atuação do STJ no exame do justo valor compensatório dos danos morais. *Revista de Processo - Repro*. Ano 37, n. 206, Abril/2012, fls. 295-319.
(544) *Idem*.
(545) *Idem*.

da questão possa ser feito, sem uma abstenção absoluta, mas também sem uma arbitrariedade plena entre o que é e não é examinado[546].

Cumpre problematizar aqui, em divergência quanto ao que propõe o citado autor, que nem sempre a questão relativa ao reconhecimento do nexo causal entre o dano e a conduta é necessariamente fático-probatória, por todas as questões já levantadas anteriormente em relação ao adoecimento e ao caráter coletivo dos efeitos do ambiente de trabalho na conformação biopsíquica humana. Todavia, é importante ressalvar que o autor, em seu texto, cuida da atuação do STJ em matéria civilista, que, por essência, tem um perfil mais individualizado, embora a crítica valha também para relações civis de caráter coletivo, como demandas de consumo e danos causados com origem comum, com lesão de direitos individuais homogêneos.

O caso é que, no âmbito das relações de trabalho, a exceção é que o dano seja um fato atípico, isolado, decorrente de peculiaridades individuais. A regra é que aqueles indivíduos que comungam de condições de trabalho idênticas e que se inserem em uma organização do trabalho idêntica respondam biopsiquicamente de forma mais ou menos homogênea. Daí por que as lesões, sua conexão com o trabalho, seus impactos e as possibilidades reparatórias se apresentam como extremamente comuns, viabilizando largamente a uniformização e a regulação que ela decorre.

Interessante, mais uma vez, problematizar que o TST se depara com essa matéria posteriormente à consolidação da jurisprudência do STJ e absorve em grande medida as metodologias e os precedentes já adotados por aquela Corte. Ocorre que a transposição do modo de ver dos problemas civis, e não de outros ramos do direito social, naquilo em que há lacunas na lei trabalhista, diz muito da atuação recente da Justiça do Trabalho. Isso porque a retomada do Direito Civil na regulação das relações de trabalho tende a desconsiderar a dimensão coletiva do fenômeno do trabalho, representando um retorno na trajetória histórica de conquistas do Direito do Trabalho. Esse ponto será discutido no item 4.3.7.

Vale acrescentar, por fim, que, ao aplicar indiscriminadamente o óbice da Súmula n. 126 do TST aos pedidos de revisão dos valores condenatórios, o TST, além de suportar o peso da crítica técnica já deduzida por Furrier, se abstém de um dos mais importantes instrumentos de regulação de que dispõe: a possibilidade de intervir diretamente no custo econômico que cada caso de doença verificado irá acarretar para as empresas envolvidas. Regular esse "custo" nada mais é que a possibilidade concreta de traduzir, na linguagem do capital, a repreensão do Direito às condutas que geram adoecimento, inclusive com caráter pedagógico e punitivo, causando prejuízo econômico às empresas que exorbitam os limites de exploração do trabalho. Recusar essa intervenção é refutar parte considerável do potencial regulatório da Corte.

A ausência de uma política regulatória mais ampla nesse aspecto debilita a dimensão que o Poder Judiciário Trabalhista, por sua Corte Superior, poderia assumir na afirmação

---

(546) *Idem.*

do Direito do Trabalho como política pública de inserção e de humanização das relações de trabalho.

4.3.6. Ônus probatório estático e Nexo Técnico Epidemiológico Previdenciário (NTEP): quando o procedimento é uma opção regulatória

O padrão regulatório identificado na Corte Superior Trabalhista em relação ao ônus probatório foi uniforme no sentido de aplicar a distribuição estática do ônus da prova, com aplicação dos arts. 818 da CLT e 333, I, do CPC. Nesse sentido, é imputado ao trabalhador, ao postular reparação pelo dano moral ou material, o ônus de comprovar o fato constitutivo do seu direito, qual seja, a doença, sua relação com o trabalho e a **culpa** do empregador.

Vale destacar que nenhum dos julgados discutiu a possibilidade de aplicação da responsabilidade objetiva, prevista no art. 927, parágrafo único, do Código Civil, ao adoecimento dos teleoperadores. De fato, essa matéria também é objeto de disputa no Tribunal e, diante da ausência de argumentação das partes nesse sentido, nenhum dos julgadores adentrou essa seara[547].

As dificuldades que decorrem da aplicação da distribuição estática do ônus da prova são diversas. Mais uma vez, ao atribuir o ônus probatório ao trabalhador, que deve demonstrar nos autos sua situação individualizada de adoecimento, fica evidenciado que se adota uma perspectiva individualista na análise das doenças ocupacionais, isolando-se o trabalhador em relação ao contexto produtivo geral no qual se insere.

Como visto no Capítulo III, essa também já foi a forma de atuação do INSS na concessão de benefícios acidentários e, no entanto, ela se mostrou extremamente ineficiente do ponto de vista do alcance dos problemas reais de saúde no ambiente de trabalho. O problema da subnotificação era, de forma ainda mais acentuada que hoje, alvo das críticas quanto ao instituto de previdência brasileiro no período.

Conforme dados oficiais demonstram, o incremento do número de benefícios acidentários após a adoção desse critério é gritante, dado que demonstrou que o isolamento dos problemas de saúde dos trabalhadores, materializado na entrega diagnóstico obreiro a um perito que avalia o caso, muitas vezes, sem informações precisas sobre o modo de trabalho e também, premido pela necessidade responder a quantidade imensa de atendimentos, fragilizava a política pública de previdência.

A metodologia diferenciada no NTEP (Nexo Técnico Epidemiológico Previdenciário), que cruza os dados estatísticos de adoecimento com o CNAE (Cadastro Nacional de Atividades Econômicas) da empresa, revela uma mudança no paradigma de abordagem do

---

(547) Em que pese a omissão supostamente justificada pela ausência de provocação das partes, vale registrar que, como pontua DalleGrave Neto, a verificação do NTEP em relação a uma dada doença, permite caracterizar a atividade do empregador como atividade de risco, com a consequente imposição de responsabilidade objetiva. Consultar: DALLEGRAVE NETO, José Affonso. Nexo técnico epidemiológico e seus efeitos sobre a ação trabalhista indenizatória. *Revista do Tribunal Regional do Trabalho da 3ª Região*, Belo Horizonte, v. 46, n. 76, jul./dez. 2007, p.143-153.

adoecimento no trabalho, por meio da coletivização da visão dos peritos e da consequente, e equânime, atribuição de maiores responsabilidade pelo processo de caracterização e reparação da doença a quem efetivamente assume os riscos da atividade econômica: os empregadores.

A política pública de previdência, quando adota a metodologia do NTEP para aferição e controle de doenças do trabalho assume características contra hegemônicas em relação ao pensamento neoliberal, na exata medida em que retira dos trabalhadores um alto nível de responsabilidade dentro do procedimento administrativo de concessão do benefício previdenciário, que reverbera no resultado da própria política pública, como os dados demonstraram.

O problema da subnotificação, de fato, persiste, porquanto a aferição pericial segue existindo e tendo aptidão para desconstituir a presunção estabelecida pelo NTEP, o que coloca alguma margem de subjetividade para o perito, além de a matéria ainda restar submetida ao crivo de aceitação do próprio trabalhador, em relação à queixa de doença e, ainda, da empresa, na emissão da CAT e encaminhamento do empregado ao órgão previdenciário. Mas os avanços são inegáveis.

Da análise do padrão regulatório do TST, fica claro que a entidade ainda segue o paradigma da avaliação de quadros individualizados e descontextualizados na doença, atribuindo, para tanto, a responsabilidade procedimental ao trabalhador, que tem o encargo da difícil prova de conexão entre trabalho e doença.

O resultado, evidentemente, é a impossibilidade de provar em muitos casos e a consequente ausência de repercussão jurídica e econômica do descuido e descaso das empresas com a saúde no trabalho.

Não sem razão, em algumas decisões foram retratadas disputas mais intensas em relação ao procedimento probatório que em relação à questão de fundo, a denotar o procedimento como um verdadeiro entrave à regulação.

O potencial de inibir condutas por meio das condenações é derramado a partir de uma opção procedimental, que, portanto, refoge à esfera das grandes discussões constitucionais sobre direitos fundamentais dos trabalhadores no ambiente de trabalho, mas que reverbera justamente na negação concreta desses direitos.

É gritante a omissão a respeito do NTEP, que foi positivado na legislação previdenciária, e, que, portanto, teria esperada aplicação analógica pela Justiça do Trabalho, a qual, todavia, julga sem legislação específica a respeito do tema e se socorre frequentemente do Direito Civil, o qual tem sido resgatado em sua faceta mais individualista e não constitucionalizada. A não utilização do NTEP pelo TST (e, em geral, pelos Tribunais Regionais do Trabalho), em favor da aplicação individualizada do Direito Civil pode ser problematizada sob o prisma de um influxo do Direito Civil nas relações de trabalho.

4.3.7. O influxo do pensamento civilista clássico[548]

Como já aventado com relação a diversos dos aspectos observados em relação ao padrão regulatório do TST em relação aos casos de adoecimento de trabalhadores em *call center* do setor de telecomunicações, uma leitura reducionista da atual morfologia do trabalho conduziu a jurisprudência trabalhista, nos casos analisados, a pautar-se num paradigma individualizador que a afastou dos parâmetros constitucionais de proteção ao trabalho e a aproximou dos parâmetros do Direito Civil clássico.

Esse movimento, que se generaliza para além da regulação social do adoecimento em *call centers*, representa, em grande medida, contradição com os princípios históricos do Direito do Trabalho e, por isso mesmo, implica risco para a sua construção histórica.

A gênese do Direito do Trabalho pode ser identificada com a afirmação do trabalho livre. É a partir da superação do sistema feudal e das suas práticas de servidão, pelo capitalismo, mormente a partir do advento da Revolução Industrial, que se pode compreender a formação de uma massa de trabalhadores livres, prestando serviços sob a condição de assalariados e compondo uma nova classe social: o proletariado.

A afirmação da liberdade dos trabalhadores, no entanto, também operou como conquista da burguesia, classe ascendente, que não considerava desejável à sua atividade industrial e mercantil a manutenção das relações feudais de produção. Por isso, a modificação das relações de exploração do trabalho, embora no plano jurídico se traduza num reconhecimento do valor humano, visto que passou a ser intolerável a ideia de sujeição pessoal que era veiculada pela servidão, não representou, numa perspectiva sociológica, a melhoria efetiva das condições de vida da "classe-que-vive-do-trabalho"[549].

A desmedida da exploração do trabalho "livre" pelos detentores dos meios de produção nos primórdios da Revolução Industrial, com a imposição de jornadas de trabalho exaustivas, o pagamento de salários insuficientes mesmo à alimentação das famílias trabalhadoras, a total ausência de segurança no trabalho, a larga utilização da mão de obra feminina e infantil, entre outros, revelou que o mecanismo incessante de reprodução do capital não consideraria, em sua lógica, as necessidades materiais e subjetivas dos indivíduos envolvidos no processo produtivo. Restou evidenciado que o único ponto a que a "mão invisível" do mercado poderia conduzir os trabalhadores seria à miséria e à marginalidade.

Pertinente emprestar a reflexão de Baylos:

> Como fator econômico, o trabalho é governado por "mãos invisíveis" que fazem dele uma mercadoria, sujeito, portanto, à lei da oferta e da procura.

---

(548) As considerações constantes desse tópico foram baseadas no artigo: MELLO FILHO, Luiz Philippe Vieira de; DUTRA, Renata Queiroz. Contrato de locação de serviços, contrato de prestação de serviços e contrato de trabalho: um retorno às origens? *In:* TEPEDINO, Gustavo José Mendes; MELLO FILHO, Luiz Philippe Vieira de; FRAZÃO, Ana de Oliveira; DELGADO, Gabriela Neves (Org.). *Diálogos entre o Direito do Trabalho e o Direito Civil.* 1. ed. São Paulo: Revista dos Tribunais, 2013, v. 1, p. 215-247.

(549) A expressão é de Ricardo Antunes.

Esta visão das relações civis na sociedade produtora de mercadorias concebe o empresário e o trabalhador como seres livres e iguais, que se relacionam através do contrato. Mediante este vínculo o trabalhador, consente, livremente, em ceder o seu trabalho a outro. O trabalhador, agora, é duplamente livre: livre de um senhor, não submetido à escravidão, e livre também em relação ao meio de produção necessário à sua sobrevivência, uma vez desfeita sua adstrição à terra. Desaparecem o escravo e o servo de gleba e o produtor se apresenta como o indivíduo livre em pessoa. Desta maneira, o trabalhador, proprietário apenas de uma força de trabalho imediata, não pode senão alienar sua única possessão livre. Num paradoxo curioso, entrega sua liberdade, mediante seu consentimento voluntário, e submete-a a outro sem coerção, no uso da sua razão autônoma e somente em virtude deste consentimento[550].

Foi nesse contexto que a intervenção do Estado se fez irremediável: ela representava, por um lado, o estabelecimento de regras que garantissem a própria sobrevivência física da classe trabalhadora e, por outro, a garantia da paz social, na medida em que a ausência de intervenção estatal apontava para o acirramento do embate de classes então muito bem delineadas, a ponto de tornar temerário um confronto coletivo direto.

Tendo em vista as particularidades do conflito que se colocava perante o Estado, a resposta reclamada pelas partes passava pela construção de uma nova forma de regulamentação jurídica, que abandonasse as perspectivas individualistas — inaptas a dialogar com a essência coletiva das relações de trabalho —, a ideia de igualdade formal — cuja insuficiência foi demonstrada em face da assimetria material entre empregado e empregador — e a ultravalorização da autonomia da vontade então presente no Direito Civil, tendo em conta a situação de vulnerabilidade e hipossuficiência de cada trabalhador em face de seu empregador.

Nesse sentido despontaram, num primeiro momento, normas trabalhistas esparsas, em sua maior parte com fundamentos humanitários, em resposta às pressões oriundas de diversos setores, como, por exemplo, as decorrentes das novas ideologias socialistas (Manifesto Comunista de Marx e Engels, em 1848), das preocupações da Igreja a respeito da "questão social" (Encíclica *Rerum Novarum* em 1891), até a criação da Organização Internacional do Trabalho em 1919. É a partir desse processo complexo, no curso do qual houve grande sacrifício à classe trabalhadora e marcados conflitos, que surge e se afirma autonomamente o Direito do Trabalho.

Barbagelata afirma que a particularidade essencial do Direito do Trabalho residiria no objeto de sua proteção e no fato de ele supor uma nova atitude em face das realidades do mundo do trabalho, além de representar uma modificação da perspectiva sob a qual se observa a igualdade: não mais como ponto de partida, mas como meta ou objetivo da ordem jurídica[551].

---
(550) BAYLOS, Antonio. *Direito do trabalho:* modelo para armar. São Paulo: LTr, 1999. p. 61.
(551) BARBAGELATA, Héctor-Hugo. *O particularismo do direito do trabalho.* São Paulo: LTr, 1996. p. 20-21.

O autor também elenca como particularismos do Direito do Trabalho a subjacência do conflito nas relações trabalhistas, a dimensão coletiva do conflito trabalhista[552], o papel central da negociação, as repercussões no âmbito das fontes do direito, a significação do tempo social no sistema normativo trabalhista e a variedade e poderes dos operadores do direito[553].

A primeira peculiaridade essencial a ser vislumbrada nessa relação estabelecida no seio das relações produtivas é a impossibilidade de tratamento do objeto do contrato de trabalho de forma apartada de um dos seus sujeitos.

O trabalhador, ao celebrar contrato de trabalho, vincula a sua força de trabalho em proveito do empreendimento econômico do sujeito que o contrata, mas a inapartabilidade entre sujeito e objeto revela a dificuldade de tratar, como pretenderia a lógica do sistema capitalista, da força de trabalho empenhada pelo obreiro como uma mercadoria.

A desvinculação entre trabalho e trabalhador, sobremaneira para efeito de mercantilizar o labor humano, teria implicações — como de fato teve, nos primórdios da Revolução Industrial — violentas com relação à pessoa do trabalhador, colocando sua integridade humana à mercê da oscilação dos interesses, ademais instáveis, do capital.

Diante desse contexto, o Direito do Trabalho, surge, na gênese capitalista, da necessidade de uma ação estatal que, por meio de "contramovimentos" protetores que limitassem o mecanismo autodestrutivo do mercado capitalista, obstasse a transformação do trabalho humano em mercadoria[554].

Uma das primeiras afirmações principiológicas proferidas pela Organização Internacional do Trabalho não foi outra que não a de que o trabalho humano não é uma mercadoria, conforme consta da Parte XIII do Tratado de Versalhes, da Declaração de Filadélfia de 1944 e, mais recentemente, da Declaração de Princípios Fundamentais da OIT de 1998[555].

Assim, a construção jurídica do Direito do Trabalho, inclusive no âmbito dos instrumentos internacionais de proteção, ocupou-se em negar a ideia de trabalho como mercadoria e, por conseguinte, toda concepção de trabalho que não vislumbre estar nele envolvida a subjetividade humana, advindo daí a compreensão de que o trabalho é mecanismo essencial à afirmação de identidades sociais por parte do ser humano, que, só por meio do trabalho, pode ser inserir socialmente.

---

(552) Ricardo Macedo de Brito Pereira explora com precisão a relevância da dimensão coletiva das relações de trabalho, sobretudo no sentido da implementação de condições de trabalho mais vantajosas por meio da negociação coletiva, desde que firmada por sindicatos realmente livres e com atuação consolidada. Consultar: PEREIRA, Ricardo José Macêdo de Britto. Revisitando o Conceito de Autonomia Sindical. *In:* PEREIRA, Ricardo José Macedo de Britto; PORTO, Lorena Vasconcelos. *Temas de Direito Sindical:* Homenagem a José Cláudio Monteiro de Brito Filho. São Paulo: LTr, 2011.

(553) *Idem.*

(554) POLANYI, Karl. *A grande transformação*: as origens de nossa época. Rio de Janeiro: Elsevier, 2011.

(555) A respeito, consultar: DELGADO, Gabriela Neves. Direitos Humanos dos Trabalhadores: perspectiva de análise a partir dos princípios internacionais do Direito do Trabalho e do Direito Previdenciário. *In:* DELGADO, Mauricio Godinho; DELGADO, Gabriela Neves. *Constituição da República e Direitos Fundamentais:* dignidade da pessoa humana, justiça social e direito do trabalho. São Paulo, LTr, 2012. p. 173-188.

Impossível desconsiderar a função integradora do trabalho numa sociedade salarial, como preconizou Castel, para quem o trabalho é a chave para a inserção do indivíduo em círculos de socialidade que permitem a sua afirmação como sujeito social e também o amparo em situações de enfermidade, infortúnio e velhice[556].

Nesse sentido, o autor associa a discussão sobre o trabalho e relações salariais à questão social, identificando-a como ponto central das discussões sobre pobreza, precariedade e exclusão. O trabalho é pensado por Castel "não enquanto técnica de produção, mas como um suporte privilegiado de inscrição na estrutura social"[557]. E prossegue:

> Existe, de fato, uma forte correlação entre o lugar ocupado na divisão social do trabalho e a participação nas redes de sociabilidade e nos sistemas de proteção que 'cobrem' um indivíduo diante dos acasos da existência. Donde a possibilidade de construir o que chamei, metaforicamente, de 'zonas' de coesão social. Assim, a associação trabalho estável — inserção relacional sólida — caracteriza uma área de integração. Inversamente, a ausência de participação em qualquer atividade produtiva e o isolamento relacional conjugam seus efeitos negativos para produzir a exclusão, ou melhor, como vou tentar mostrar, a desifiliação. A vulnerabilidade social é uma zona intermediária, instável, que conjuga a precariedade do trabalho e a fragilidade dos suportes de proximidade[558].

Também há que se considerar a relevância de categoria trabalho para a afirmação da identidade do indivíduo. O trabalho é fonte não apenas de inserção, mas de reconhecimento, revestindo-se de influência direta na construção da imagem que faz de si cada sujeito, em relação ao seu valor social e utilidade, traduzindo-se em fonte de dignidade e autoestima.

A necessidade de reconhecimento pessoal do valor individual em face do outro está intimamente ligada à identidade do trabalho [559]. Na modernidade, ter uma profissão se tornou a forma institucionalizada e socialmente reconhecida de construir uma identidade, tendo em vista os dramáticos efeitos da ausência de um trabalho[560] e os diferentes níveis de reconhecimento social decorrentes da medida de inserção de cada trabalhador no mercado de trabalho[561].

Portanto, é diante dessa conjuntura social complexa que se mostram as vulnerabilidades materiais e subjetivas dos trabalhadores. Nesse sentido, é imperativa a conclusão

---

(556) CASTEL, Robert. *As metamorfoses da questão social*. Rio de Janeiro: Vozes, 1998. p. 24.
(557) *Idem*.
(558) *Idem*.
(559) MACIEL, Fabrício. Todo trabalho é digno? Um ensaio sobre moralidade e reconhecimento na modernidade periférica. *In:* SOUZA, Jessé (Org.). *A invisibilidade das desigualdades brasileiras*. Belo Horizonte: Ed. UFMG, 2006. p. 295.
(560) *Vide* estudos sobre sofrimento engendrado pelo trabalho e pelo desemprego em DEJOURS, Christophe. *A banalização da injustiça social*. Rio de Janeiro: Fundação Getúlio Vargas, 2006.
(561) MACIEL, Fabrício. Todo trabalho é digno? Um ensaio sobre moralidade e reconhecimento na modernidade periférica. *In:* SOUZA, Jessé (Org.). *A invisibilidade das desigualdades brasileiras*. Belo Horizonte: Ed. UFMG, 2006. p. 300.

de que proteger o trabalho prestado por um indivíduo significa proteger a dignidade desse próprio indivíduo, que dele não se aparta e por meio dele se afirma.

Daí a dificuldade de se cogitar de liberdade plena do trabalhador na pactuação do instrumento jurídico contratual: diante da quantidade de valores que, para ele, se encontram em jogo quando se coloca perante um empregador que arbitrariamente decide sobre a articulação dos seus meios de produção com o capital disponível, a liberdade do obreiro de decidir sobre se vincular ou não à relação contratual é praticamente nula.

Assim, para a construção jurídica do contrato de trabalho, de forma muito diversa das premissas clássicas do Direito Civil, partiu-se da premissa de uma autonomia da vontade extremamente mitigada no que toca ao trabalhador.

O reconhecimento da disposição do trabalhador para uma prestação de serviços subordinada pressupõe o desprovimento dos meios de produção e a necessidade premente de vincular-se a uma fonte de trabalho que lhe remunere para a garantia de sua sobrevivência e para alcance de um determinado patamar de conforto subjetivo, como visto.

Essa conjuntura, aliada à existência do "exército de mão de obra de reserva", disposto a competir com o trabalhador contratado por aquele posto de trabalho, subjuga a condição jurídica do trabalhador em face ao empregador-contratante, não apenas no momento da contratação, mas durante todo o curso da relação contratual, na medida em que o fim da relação empregatícia representa para o obreiro o risco da miserabilidade e exclusão.

O contrato de trabalho, assim, representa, nas palavras de Orlando Gomes, um contrato de adesão, que demanda a interferência estatal a fim de evitar que a desigualdade real entre as partes suplante a igualdade formal e submeta o trabalhador ao arbítrio empresarial[562]. "É restringindo-a [a liberdade de contratar] que consegue desabilitar o poder individual dos capitalistas, pois que à sombra dessa liberdade eles haviam estabelecido, no mundo do trabalho, a ditadura do patronato"[563].

Se, de um lado, se reconhece a mitigação da autonomia da vontade do trabalhador, a denotar a inadequação desse pressuposto clássico do Direito Civil, por outro, a desigualdade entre as partes da relação de trabalho suplanta outra premissa do Direito Civil clássico: a noção igualdade formal dos contratantes.

O tratamento formalmente igual de partes economicamente tão distintas equivaleria a tornar o empregado um refém da vontade do seu empregador. O Direito do Trabalho, mais uma vez, se diferencia do Direito Civil clássico e assume o papel de compensar as desigualdades, viabilizando o estabelecimento de uma relação equilibrada.

O caráter desse "contramovimento" que o Direito do Trabalho busca operar fica bem evidenciado nas palavras de Baylos:

> Desta maneira, o Direito do Trabalho é concebido como um direito especial dos trabalhadores subordinados, produto do Estado e da autotutela dos próprios

---

(562) GOMES, Orlando; GOTTSCHALK, Elson. *Curso de Direito do Trabalho*. Rio de Janeiro: Forense, 2005. p. 120.
(563) GOMES, Orlando. *Direito do Trabalho: Estudos*. 3. ed. Bahia, 1954. p. 28

trabalhadores, que existe para corrigir e remediar a real desigualdade econômica e jurídica. [...] Não é, portanto, o direito para explorar uma classe, mas sim o direito para remediar tal exploração; não é o direito do capitalismo, mas o direito que põe limites ao sistema capitalista. É o regime jurídico do trabalho e de sua tutela, antípoda do direito de propriedade, mas que coincide com o conjunto do ordenamento nas intenções de conseguir o bem comum, a justiça, a paz social e talvez, num futuro, a supressão da ideologia da luta de classes [564].

O vetor da concretização da isonomia em plano material não foi outro que não o princípio protetivo, apto a promover a equiparação jurídica dos polos desiguais da relação de trabalho, por meio da regulação não mercantil do labor humano[565].

A partir dele se desdobra grande parte dos princípios específicos do ramo juslaboral. Exemplo marcante é a distribuição de responsabilidades pelos riscos decorrentes da atividade econômica de forma desigual, a fim de que o empregador responda pelas oscilações econômicas do empreendimento, sem onerar o trabalhador com os resultados negativos, e também para que responda exclusivamente e de forma ampla por outras consequências nocivas que a atividade econômica venha a causar a terceiros ou à sociedade.

Também na esfera processual trabalhista o princípio protetivo se apresenta, reconhecendo-se a hipossuficiência do trabalhador para a produção de prova a respeito da relação de trabalho e de seus percalços.

Reitere-se, ainda, a percepção e o tratamento coletivo das relações de trabalho, que o Direito Trabalhista historicamente tendeu a afirmar, em substituição à perspectiva individualista do Direito Civil clássico.

Como decorrência dessa construção jurídica peculiar, atenta às singularidades do seu objeto, tem-se que o contrato de trabalho, por meio do qual se concretiza a relação de emprego, representa o "principal veículo de inserção do trabalhador na arena socioeconômica capitalista, visando propiciar-lhe um patamar consistente de afirmação individual, familiar, social, econômica e, até mesmo, ética"[566], afigurando-se decisivo para a construção da cidadania, na esfera pública, e da dignidade, no plano individual.

Portanto, a afirmação de pressupostos teóricos e princípios orientadores tão diversos destacou, inequivocamente, o Direito do Trabalho do seio do ramo jurídico onde inicialmente se formou: o Direito Civil Clássico, ainda não emaranhado dos princípios fundantes da Constituição de 1988.

Somente a partir do tratamento singular conferido ao trabalho humano pelo contrato de trabalho é que foi possível o prestígio à condição digna do sujeito trabalhador e a tratamento adequado do trabalho, em sua complexidade socioeconômica.

---

(564) BAYLOS, Antonio. *Direito do trabalho:* modelo para armar. São Paulo: LTr, 1999. p. 69.

(565) SILVA, Sayonara Grillo Coutinho Leonardo da; HORN, Carlos Henrique. O princípio da proteção e a regulação não mercantil do mercado e das relações de trabalho. *Revista de Direito do Trabalho (RDT),* Revista dos Tribunais, ano 34, vol. 32, out./dez. 2008, p. 185-205.

(566) DELGADO, Mauricio Godinho. *Capitalismo, trabalho e emprego.* São Paulo: LTr, 2006. p. 30 e 142.

Parece atual e demanda reflexão à luz do novo contexto do mundo do trabalho a lição de Orlando Gomes, que, já nos primeiros anos após a edição da CLT, se questionava a respeito da antinomia consistente na existência de um ramo jurídico autônomo, como o Direito do Trabalho, em contradição aberta com o tronco do qual se originou: o Direito Civil[567].

Refletia Gomes no sentido de que, em algum momento, o imperativo da uniformidade dos sistemas jurídicos reclamaria que essa antinomia fosse sanada e supunha que isso se daria, ou por meio da reabsorção do Direito do Trabalho pelo tronco original do Direito Civil, ou pela contaminação de todo o Direito Civil pelas premissas sociais do novo ramo[568].

Uma das marcas mais agudas do processo neoliberal é impor aos contratos de trabalho e a toda a regulação trabalhista o ritmo e os pressupostos teóricos do Direito Civil, que já se revelaram incompatíveis. Esse movimento fica evidenciado no exame da amostra dos acórdãos, em que as normas relativas à responsabilidade civil do causador de dano foram aplicadas aos casos de adoecimento no trabalho, material e processualmente, da mesma forma em que supostamente deveriam se aplicadas às relações civis, sem atenção às peculiaridades da relação de trabalho.

O denominador comum desse processo, que subverte a lógica do Direito do Trabalho e reafirma as premissas civilistas clássicas, é a supressão do vetor de proteção que constitui pilar fundante do Direito do Trabalho.

Com a absorção pelo ordenamento jurídico de todas essas medidas, o que se observa é que o contexto econômico, que, nos primórdios da criação do Direito do Trabalho, foi reconhecido como inapto para ditar as regras das relações de trabalho, eis que tendencialmente conduziria tais relações numa perspectiva mercadológica incompatível com a inerência do trabalho à condição humana, no momento atual, é, novamente, o grande responsável pelo apelo no sentido de que o trabalho não seja tão protegido a ponto de obstar de reprodução desmedida do capital.

Ocorre que, se naquele primeiro momento, o pensamento jurídico representou aspiração contra-hegemônica suficiente para reagir aos reclamos da burguesia industrial em ascensão, impondo limites ao capital e construindo um ramo específico da ciência jurídica, com princípios e contornos próprios, capazes de revestir de dignidade a figura do trabalhador, de apreender a complexidade da relação entre capital e trabalho, e, inclusive, de recusar os institutos clássicos de Direito Civil para envolver essa relação singular, o caminho hoje observado tende a ser diverso.

O que hoje se denomina sensibilidade às demandas do mercado e cuidado para "não inviabilizar as atividades econômicas" revela a negação das premissas centrais do Direito do Trabalho e sua reaproximação à origem civilista clássica que, pela natureza das relações que regula, pela autonomia das partes envolvidas, pela presumida igualdade existente

---

(567) GOMES, Orlando. *Direito do Trabalho*: estudos. 3. ed. Bahia, 1954. p. 16.
(568) *Idem*.

entre elas, e pela sua natureza individualizante, quando aplicada ao trabalho, conduz a classe obreira ao arbítrio das oscilações do mercado, que apenas dão consequência à sua pauperização e exclusão.

Não se pode olvidar, ademais, que o próprio Direito Civil, hoje constitucionalizado, já é sensível aos desvios que a perspectiva individualista e excessivamente privatística podem conduzir, tendo incorporado perspectivas diversas ao longo de sua trajetória, no sentido de tutelar diferenciadamente relações em que há assimetria entre as partes, buscando a igualdade substancial, entendendo limitada a própria autonomia da vontade (autonomia da vontade limitada e autonomia privada regrada), outrora considerada absoluta, bem como relendo seus institutos a partir dos postulados da dignidade da pessoa humana, da boa fé-objetiva, da solidariedade social, da função social da propriedade, dos contratos, e da empresa[569].

Essa modificação de paradigma que o Direito Civil Constitucionalizado reabre as possibilidades de diálogo entre os dois ramos do Direito, como bem observam Frazão e Mello Filho: as modificações pelas quais o Direito Civil passou ao longo do século XX diminuíram o fosso existente em relação ao Direito do Trabalho, na medida em que os pressupostos teóricos do "novo Direito Civil" não apenas deixaram de ser incompatíveis com os princípios do Direito do Trabalho, como se mostraram aptos a potencializá-los, instaurando um novo horizonte de diálogo[570].

Aliás, a tensão identificada por Orlando Gomes entre os dois ramos do Direito, ainda em 1954, mereceu uma profecia por parte do autor. Dizia Gomes: "Ainda não é possível traçar, com rigor geométrico, os lineamentos gerais do futuro ordenamento jurídico da sociedade. Mas uma interpretação honesta das tendências econômicas hodiernas permite asseverar que os princípios informativos da legislação social contemporânea serão, mais cedo ou mais tarde, os alicerces uniformes de todo o direito"[571].

Ocorre que, se por um lado, a profecia se concretizou com relação à evolução do pensamento jurídico, que representa, de fato, a contaminação do Direito Comum individualista pela nova concepção revolucionária[572] do Direito do Trabalho, a qual pode ser vislumbrada pelos novos valores albergados pela Constituição Federal, pela releitura do Direito Civil sob o prisma da pessoa humana em detrimento do patrimônio, pela afirmação de outros ramos como o Direito do Consumidor e o Direito Ambiental, por outro lado, tais construções teóricas vêm sendo turbadas pelos imperativos mercadológicos, que pressionam no sentido de desvirtuar os padrões trabalhistas estabelecidos.

Nesse sentido, se, por um lado, o Direito do Trabalho reciprocamente se inspira e serve de inspiração ao Direito Civil em sua dinâmica constitucionalizada, que contempla

---

(569) Nesse sentido, cabe referir a teóricos como Luiz Edson Fachin, Gustavo Tepedino, Cristiano Chaves e Nelson Rosenvald, Ana de Oliveira Frazão, entre outros.

(570) FRAZÃO, Ana de Oliveira; MELLO FILHO, Luiz Philippe Vieira de. Apresentação. In: TEPEDINO, Gustavo José Mendes; MELLO FILHO, Luiz Philippe Vieira de; FRAZÃO, Ana de Oliveira; DELGADO, Gabriela Neves (Org.). *Diálogos entre o Direito do Trabalho e o Direito Civil*. 1. ed. São Paulo: Revista dos Tribunais, 2013. v. 1, p. 5-6.

(571) GOMES, Orlando. *Direito do Trabalho*: wstudos. 3. ed. Bahia, 1954. p. 4.

(572) *Idem*. p. 17.

os fundamentos constitucionais da proteção ao trabalho, por outro, se vê oprimido pelos reclamos do mercado a ceder aos imperativos de flexibilidade, ampliação da autonomia das partes e, portanto, involução às matrizes individualistas do Direito Civil clássico.

No objeto específico analisado, esse movimento representou uma limitação da cognição da Corte Superior aos critérios da responsabilidade civil subjetiva, aplicados de forma individualizada e contraditória em relação à dimensão coletiva do trabalho, o que reverberou na negação de parâmetros constitucionais de proteção e na realização de opções procedimentais onerosas para o trabalhador hipossuficiente.

No entanto, diante da modificação do paradigma civilista, nem mesmo a aproximação com o Direito Civil hoje pode justificar o afastamento em relação aos parâmetros constitucionais, que se irradiam por todo o ordenamento e coíbem interpretações e formas de cognição que neguem, direta ou indiretamente, o imperativo de proteção da pessoa humana por meio da regulação social do trabalho.

4.4. Direito do Trabalho: perspectivas de resistência

O quadro econômico de influxo neoliberal e a debilidade regulatória das instituições de regulação do trabalho no país colocam sérias questões sobre o Direito do Trabalho e seus rumos, sobre a vivência real de um Estado Democrático de Direito e suas implicações, e, mais, sobre a possibilidade de se afirmar concretamente a centralidade do trabalho em uma ordem constitucional que convive institucionalmente com violações da monta das aqui examinadas.

De forma muitas vezes dissociada desse debate, está a construção teórica do Direito acerca dos paradigmas de Estado Constitucional contemporâneo, que se sucederiam de forma dialética, sempre num horizonte de aperfeiçoamento.

Assim, o Estado Liberal, marcado pela valorização extrema dos direitos individuais, únicos a justificar a intervenção do Estado (notadamente os direitos à propriedade privada e à segurança), que se omitia solenemente quanto às questões sociais fundamentais, numa absorção da lógica econômica liberal de Adam Smith, teria sido sucedido pelo Estado Social, que ampliou de forma paternalista a proteção dos hipossuficientes e criou uma ampla teia de amparo social aos trabalhadores, com políticas interventivas na econômica, com destaque para o pensamento de Keynes.

A crítica, entretanto, alcançou também o modelo de Estado Social, que além de não ter se mostrado economicamente viável, caminhou, na mesma medida em que oferecia condições de vida dignas por meio do direito ao trabalho, à segurança, à saúde, à educação, ao lazer, à habitação, etc., para a afirmação paternalista de uma subcidadania, que colocava os sujeitos em uma condição desprovida de autonomia e de participação política[573].

---

(573) HABERMAS, Jurgen. *Direito e democracia:* entre facticidade e validade. Vol. II. Rio de Janeiro: Tempo Brasileiro, 2011. p. 145.

Por isso a afirmação subsequente do Estado Democrático de Direito, como faceta mais desenvolvida do Estado Constitucional, a amparar-se nos direitos fundamentais, nos princípios da constitucionalidade, da legalidade, da segurança jurídica, da proteção jurídica e das garantias processuais, sem, contudo, deslegitimar os conflitos sociais e propondo a afirmação da cidadania em uma nova acepção: a de cidadão, portador de amplo rol de direitos e membro ativo da sociedade à qual pertence[574].

A ruptura com o paradigma do Estado Social e a subsequente afirmação do Estado Democrático de Direito traduziu-se na modificação da concepção de sujeito constitucional. Longe de reproduzir a ideia de um indivíduo carente da tutela paternalista estatal, a perspectiva do Estado Democrático de Direito orienta-se para a afirmação de sujeitos emancipados, que possam exercer liberdades e fruir de bens necessários à afirmação da igualdade com autonomia e participação política. Trata-se de afirmar cidadãos e não meros clientes de políticas públicas estatais.

Na esfera do Direito do Trabalho, esse novo paradigma não se traduz no abandono dos patamares sociais. Pelo contrário, o Estado Democrático de Direito brasileiro se erigiu sobre a valorização social do trabalho — assim como da livre iniciativa, em tensão permanente e constitutiva — e firmou-se a partir de um extenso rol de direitos fundamentais sociais dos trabalhadores, cunhado em seu art. 7º.

Entretanto, Gabriela Neves Delgado ressalta o potencial que a complexa estrutura globalizada tem de desestabilizar o sentido amplo e contemporâneo de cidadania, mediante o enfraquecimento da regulação social pelo Estado. O estímulo a práticas de autorregulação e de individualismo, para a autora, desenvolve dimensões de instabilidade e incerteza na sociedade, oficializando um quadro de exclusão social permanente que coloca um dilema histórico e jurídico para a diretriz do Estado Democrático de Direito[575].

Esse, aliás, o panorama amplamente delineado pela pesquisa.

Seria, então, possível afirmar ser a fragilidade o destino de qualquer proposta regulatória em um Estado capitalista? É possível ao Direito do Trabalho firmar, de fato, algum tipo de humanização desse sistema, com conquistas reais para a classe que vive do trabalho? Há margem para a emancipação dos trabalhadores?

Krein, captando o caráter contraditório e dialético da regulação pública do trabalho, entrega valor às conquistas do Estado de Direito e dos direitos fundamentais, ao mesmo tempo em que problematiza a questão do influxo neoliberal:

> O aprofundamento da democracia e a construção de instituições são construções sociais concretas, fruto de tensões sociais entre distintos interesses, que expressam, a cada momento, as posições hegemônicas presentes na sociedade. Mas, dentro do Estado, dada a sua relativa autonomia, baseada nos valores formais e abstratos da liberdade e da igualdade, estão contidas as

---

(574) DELGADO, Gabriela Neves. *Direito fundamental ao trabalho digno*. São Paulo: LTr, 2006. p. 50-52.
(575) *Ibidem*, p. 52-53.

contradições políticas e os diferentes interesses de classe. Apesar dos limites da democracia liberal, com a prevalência do sistema capitalista, houve espaço para o contraditório e a criação de instituições que vão se contrapor à lógica pura e simples do mercado. É o caso, por exemplo, do direito do trabalho, do sistema de proteção social, das políticas sociais e mesmo da condução ou indução do desenvolvimento econômico[576].

A discussão retorna, ao fim e ao cabo, ao próprio papel do Direito e, em especial, do Direito do Trabalho dentro da sociedade.

Cárcova identifica uma função paradoxal no direito: ao mesmo tempo em que ostentaria a função de reproduzir as condições econômicas, políticas e sociais vigentes em um dado modo de produção, ele caminharia para a modificação progressiva ou mesmo superação dessas condições. Assim, o autor vê no Direito terreno fértil para as demandas dos oprimidos. Ao se afirmar como discurso ideológico e, ao mesmo tempo, como discurso de poder, o direito operaria, no primeiro aspecto, no sentido de consagrar noções que não efetiva, mas que, uma vez reconhecidas, engendram futuras reivindicações. E, na segunda perspectiva, compreendendo-o como relação de poder, dentro da qual se fazem presentes tanto dominadores quanto dominados, em sua correlação histórica de forças, que é tão somente transitória[577].

Essa dicotomia do Direito naturalmente se reproduz no Direito do Trabalho. Lyon-Caen considerou reducionistas as perspectivas quanto ao Direito do Trabalho que o compreendiam ou exclusivamente como disciplina que legaliza a exploração capitalista do trabalho, "cloroformizando" a ação operária; ou superficialmente como disciplina que supera a luta de classes e põe termo à questão social por meio de normas tutelares. Para o autor, a legislação do trabalho em países capitalistas não é senão a mistura entre garantias altruístas e engodos legitimadores[578]:

> O que todo ordenamento legal delineia é a estrutura mesma, que o direito estatal mantém; e reduzir todo o direito a isto é transformar o direito em mero instrumento de domínio classista, pouco importando que contradições ele apresente, em todo caso subordinadas e contidas pelo sistema instituído[579].

É nessa contradição também que Mauricio Godinho Delgado, ao mesmo tempo em que identifica no Direito do Trabalho uma política pública de inclusão social e de melhoria das condições dos trabalhadores, reconhece a função conservadora desse ramo do Direito, que legitima e acomoda a forma capitalista de exploração do trabalho[580].

---

(576) KREIN, José Dari. *Debates contemporâneos:* economia social e do trabalho, 8: as relações de trabalho na era do neoliberalismo no Brasil. São Paulo: LTr, 2013. p. 88-89.

(577) CÁRCOVA, Carlos María. *A opacidade do direito.* São Paulo: LTr, 1998. p. 167-168. Essa forma de ver o Direito também é compartilhada em: NEVES, Sylvia Malatesta das. Reestruturação Produtiva, reorganização da força de trabalho e desenvolvimento tecnológico no capitalismo contemporâneo: desafios ao direito do trabalho. *In:* RAMOS FILHO, Wilson. *Trabalho e regulação:* as lutas sociais e as condições materiais da democracia. Volume 1. Belo Horizonte: Fórum, 2012. p. 300-301.

(578) LYRA FILHO, Roberto. *Direito do Capital e Direito do Trabalho.* Porto Alegre: Sérgio Antonio Fabris, 1982. p. 16.

(579) *Ibidem*, p. 17.

(580) DELGADO, Mauricio Godinho. *Curso de Direito do trabalho.* São Paulo: LTr, 2011.

O próprio Marx, tratando da legislação social do trabalho, vislumbrou ali amplo potencial emancipatório porquanto, ainda que ela revelasse altos níveis de legitimação do sistema de exploração do trabalho pelo capital, reconheceu naquela possibilidade de relativização da exploração, o fomento de inconformismos e a criação de um horizonte de organização coletiva para finalidades emancipatórias mais amplas que os direitos decorrentes do assalariamento[581].

E, ainda em 1850, recomendava que a classe trabalhadora extraísse e fruísse de todas as concessões possíveis, encampando e tirando novas consequências de projetos reformistas, numa especial consideração com o que denominava "conquistas parciais"[582].

Sylvia Malatesta das Neves pontua que é justamente a ambiguidade do Direito do Trabalho que o tornaria peculiar na disputa e na definição da correlação de forças entre classes sociais, sobretudo em um contexto de flexibilização e precarização. É que, por mais que o Direito do Trabalho inserido num regime capitalista se preste a legitimar esse mesmo sistema, ele ostenta a capacidade de levar a cabo melhorias nas condições de vida da classe trabalhadora e de contribuir no processo de contestação das desigualdades[583].

A tensão constante entre igualdade e liberdade é constitutiva do Estado Democrático de Direito[584].

É compreendendo o Direito em sua condição histórica e concretizada, notadamente por meio dos influxos relacionais, ideológicos e de poder que conduziram a um padrão regulatório por parte do TST, instituição pesquisada, que se deu o horizonte teórico desta pesquisa.

---

(581) "Se a universalização da legislação fabril tornou-se inevitável como meio de proteção física e espiritual da classe trabalhadora, tal universalização, por outro lado, e como já indicamos anteriormente, universaliza e acelera a transformação de processos laborais dispersos, realizados em escala diminuta, em processo de trabalho combinados, realizados em larga escala, em escala social; ela acelera, portanto, a concentração do capital e o império exclusivo do regime de fábrica. Ela destrói todas as formas antiquadas e transitórias, embaixo das quais o domínio do capital ainda se esconde em parte, e as substitui por seu domínio direito, indisfarçado. Com isso, ela também generaliza a luta direta contra esse dmínio. Ao mesmo tempo que impõe nas oficinas individuais uniformidade, regularidade, ordem e economia, a legislação fabril, por meio do imenso estímulo que a limitação e a regulamentação da jornada de trabalho dão à técnica, aumenta a anarquia e as catástrofes da produção capitalista em seu conjunto, assim como a intensidade do trabalho e a concorrência da maquinaria com o trabalhador. Juntamente com as esferas da pequena empresa e do trabalho domiciliar, ela aniquila os últimos refúgios dos 'supranumerários' e, com eles, a válvula de segurança até então existente de todo o mecanismo social. Amadurecendo as condições materiais e a combinação social do processo de produção, ela também amadurece as contradições e os antagonismos de sua forma capitalista e, assim, ao mesmo tempo, os elementos criadores de uma nova sociedade e fatores que revolucionam a sociedade velha" (MARX, Karl. *O capital:* crítica da economia política: livro I: o processo de produção do capital. São Paulo: Boitempo, 2013. p. 570-571).

(582) MAXIMILIEM, Rubel. *Pages de Karl Marx:* pour une ethique socialiste. V. I. Paris, Payot, 1970. p. 54-56 *apud* LYRA FILHO, Roberto. *Direito do capital e Direito do Trabalho.* Porto Alegre: Sérgio Antonio Fabris, 1982. p. 16.

(583) NEVES, Sylvia Malatesta das. Reestruturação Produtiva, reorganização da força de trabalho e desenvolvimento tecnológico no capitalismo contemporâneo: desafios ao direito do trabalho. *In:* RAMOS FILHO, Wilson. *Trabalho e regulação:* as lutas sociais e as condições materiais da democracia. Volume 1. Belo Horizonte: Fórum, 2012. p. 304-305.

(584) CARVALHO NETTO, Menelick. A hermenêutica constitucional e os desafios postos aos direitos fundamentais. *In:* José Adércio Leite Sampaio (Org.). *Jurisdição constitucional e os direitos fundamentais.* Belo Horizonte: Del Rey, 2003. p. 141-163.

Com essa abordagem não se pretendeu negar a relevância do horizonte de prescrição e de fomento a pretensões que a afirmação de direitos sociais e que a centralidade da pessoa humana no ordenamento jurídico podem promover. A relevância dessa afirmação discursiva está dada na medida em que ela se imiscui nas raízes profundas das próprias práticas regulatórias que se entende por eficazes.

A perspectiva teórica adotada, portanto, visou justamente resgatar, nas práticas institucionais dos agentes estatais que se colocam a serviço dessa política pública de inclusão social (o Direito do Trabalho), a celebração dos fundamentos jurídicos protetivos e progressistas que envolvem a disciplina trabalhista na Constituição. Ler a Constituição é mais que emitir discursos: ler a Constituição é torná-la concreta e é sobre essa continuidade, inclusive discursiva, de afirmação da centralidade do trabalho no ordenamento jurídico que se deitam as perspectivas regulatórias aqui aventadas.

Longe de se propor uma negação da afinidade entre o Estado Democrático de Direito e a concretização de políticas mais amplas para o trabalho, se tratou de dizer que, apesar da potência inclusiva e humanizadora desse ideal jurídico, ele não é automático. A disputa real pelos preceitos afirmados na Constituição não se esgotou em 1988, mas se dá no bojo da sociedade e na práxis diária das relações de trabalho, das organizações coletivas de trabalhadores e dos diversos instrumentos jurídicos institucionais de proteção ao trabalho.

A democratização franqueia, de fato, o campo aberto para disputa, com potencial de vitórias e derrotas para ambas as perspectivas sobre o trabalho. A tão só circunstância histórica de se assegurar o espaço da disputa e, assim, de se colocar um horizonte de possibilidades de concretização de uma sociedade centrada no trabalho (e não na exploração) parece ser a certeza que o Estado Democrático de Direito e o Direito do Trabalho podem garantir.

Com isso, assegura-se um fomento contínuo a pretensões, críticas e desenvolvimento de projetos de sociedade por parte daqueles que trabalham, ainda que encontrem mais ou menos amparo para fazê-lo na esfera estatal. A disputa entre capital e trabalho, contudo, segue instalada, a demandar reflexões, construções teóricas e contrapontos.

Conclusões

A trajetória da pesquisa se iniciou com uma compreensão geral da nova conjuntura econômica da acumulação flexível, bem como da nova dinâmica instaurada pelo padrão pós-fordista de produção, que, de um lado, conserva traços dos modelos fordista e taylorista, e, de outro, inova em relação à forma de organização produtiva, colocando novos desafios à regulação social do trabalho.

Além da substituição de um paradigma de Estado Social e da afirmação ideológica do pensamento neoliberal, que passa não apenas a colonizar as expectativas em relação ao Estado, mas também a pautar uma priorização generalizada dos parâmetros econômicos para definição de prioridades na vida e na reprodução social, o pós-fordismo ou toyotismo se afirma como uma organização do trabalho que passa a assediar, com maior expressão, a subjetividade dos trabalhadores.

A essa nova densidade manipulatória do capital[585] são atribuídos efeitos complexos no modo de vida da classe trabalhadora, agora acometida de um engajamento estressante e individualista com o trabalho, que dissocia vínculos de solidariedade entre os trabalhadores e precariza identidades sociais, ocasionando, ainda, as novas "doenças da alma", que, de resto, apenas se somam às lesões físicas que o ritmo intenso do trabalho de há muito causa aos trabalhadores.

O movimento é contraditório: ao assédio e à exigência de compromissos cada vez mais intensos com o trabalho se contrapõem a volatilidade do capital financeiro, o parâmetro da flexibilidade e o afrouxamento geral dos vínculos que ligam os indivíduos à sua fonte primordial de integração social, o trabalho. A instabilidade dos empregos e a precariedade das narrativas de vida que eles proporcionam entram como novo fator de desestabilização subjetiva da classe trabalhadora, também contribuindo para o adoecimento, para o sofrimento, para a dificuldade de inserção social a partir do trabalho e para a fragilização das formas de reconhecimento mútuo dos trabalhadores e seus coletivos de socialização.

Essa nova morfologia do trabalho, com suas preocupantes dimensões de precarização[586], pôde ser cirurgicamente identificada quanto ao trabalho em *call centers* do setor de telecomunicações. A análise do remodelamento da arquitetura produtiva do setor no Brasil, a partir da década de 1990, com o fenômeno das privatizações e de abertura econômica a empresas multinacionais, implicou a instalação do padrão pós-fordista de

---

(585) ALVES, Giovanni. *Trabalho e subjetividade:* o espírito do toyotismo na era do capitalismo manipulatório. São Paulo: Boitempo, 2011.

(586) DRUCK, Maria da Graça; FRANCO, Tania; SELLINGMANN-SILVA, Edith. As novas relações de trabalho, o desgaste mental do trabalhador e os transtornos mentais no trabalho precarizado. *Revista Brasileira de Saúde Ocupacional*, São Paulo, 35 (122): 228-248, 2010, p. 229-248.

produção nesse ramo, que passou a ser dominado por contratações flexíveis e precárias (com destaque para a terceirização), com empresas articuladas em rede e trabalhadores assumindo, cada vez mais, a condição de descartabilidade.

A lógica gerencial do toyotismo, colhendo a individualização dos processos de trabalho e o engajamento estimulado dos trabalhadores, se soma ao cronômetro taylorista nesse trabalho informacional para assediar a classe trabalhadora numa proporção assustadora: os resultados diagnosticados são adoecimento físico e psíquico, além de relatos recorrentes em relação ao sofrimento no trabalho. A ocupação é precária, tanto pela retribuição e pelas condições de trabalho que ele oferece, como pela sua inaptidão para oferecer segurança social aos trabalhadores.

O perfil de gênero dos operadores de *telemarketing* brasileiros se destaca como forma de instrumentalização das desigualdades pelo capital: a possibilidade de compatibilizar o trabalho extenuante em jornada de seis horas com as responsabilidades reprodutivas e de se mobilizar o "ser-mulher" em favor da submissão aos assédios e desmandos verificados no processo produtivo dos *call centers* revelam outra dimensão da precariedade desse trabalho.

Perquirir a resposta do ordenamento jurídico e da esfera de regulação social, notadamente pelo Poder Judiciário Trabalhista e seu órgão de cúpula (o TST, por meio da sua jurisprudência consolidada), sobre esse novo contexto de exploração do trabalho em *call center* no setor de telecomunicações foi o mote para discutir a capacidade de reação do Direito e do Estado ao novo modo de ser do capital, em sua faceta neoliberal.

Para tanto se confrontou o padrão normativo elevadíssimo de proteção ao trabalho e de valorização da dignidade da pessoa humana instituído pela Constituição Federal de 1988, a qual perpassa todo o ordenamento como vetor de proteção que orienta uma interpretação mais protetiva do trabalhador desde as formas de contratação até a tutela da saúde, com a concretude do direito verificada na sua aplicação aos casos concretos pelo TST.

Contrariamente ao movimento de constitucionalização que a Corte Trabalhista tem seguido desde a mudança de composição promovida pela promulgação da Emenda Constitucional n. 45/2004, o padrão jurisprudencial identificado na amostra de acórdãos analisada se mostrou afastado das premissas constitucionais de proteção ao trabalho e da dimensão da realidade socioeconômica a ser regulada.

Isso porque se traduziu numa conduta regulatória individualizadora das ocorrências de doença (que não têm sido compreendidas como problema coletivo), com marcante dificuldade de associar a precariedade, o trabalho assediado e o adoecimento, premissa cognitiva que, evidentemente, tem retirado da esfera de atuação do Tribunal a possibilidade de conferir eficácia normativa aos preceitos constitucionais vanguardistas da centralidade da pessoa humana e do valor social do trabalho na fundação da ordem econômica.

A abstenção da Corte quanto a uma interferência uniformizadora em relação ao reconhecimento do caráter ocupacional das doenças e também da resposta condenatória devida nos casos de reconhecimento, que foi verificada a partir dos resultados dos julgamentos analisados, tem debilitado a sua possibilidade de intervenção da dinâmica do mercado e se contrapõem a políticas regulatórias já adotadas pelo próprio Estado em outros setores, como é o caso do enfrentamento das doenças ocupacionais pelo INSS, a partir do uso do Nexo Técnico Epidemiológico Previdenciário (NTEP).

Essa debilidade sutil da regulação social protagonizada pelo TST é lida como resultado da própria inserção e infiltração naquela Corte, em alguma medida, dos influxos do discurso neoliberal, que, de forma não declarada, se revela a partir do distanciamento dos critérios de julgamento em relação aos paradigmas do Direito do Trabalho, dos fundamentos constitucionais de proteção à pessoa humana e dos demais ramos do Direito Social (como o Direito Previdenciário), em favor de uma aproximação com premissas civilistas, em sua faceta ainda tomada pelo paradigma individualista e não constitucionalizado, em franco prejuízo das conquistas históricas do Direito do Trabalho.

Entretanto, esse movimento jurisprudencial, como de resto o próprio Direito do Trabalho como afirmação perante o Estado e para o Estado, não devem ser compreendidos como fenômenos monolíticos e lineares.

A dimensão dos conflitos sociais representados dentro do próprio movimento jurisprudencial e também na função paradoxal do Direito do Trabalho em uma sociedade capitalista precisa ser compreendida em sua complexidade e deve ser vista como produtiva e constitutiva de avanços e recuos que se apresentam a partir do caminhar histórico das forças sociais.

A tão só afirmação retórica do Direito do Trabalho, no panorama estudado, não é suficiente à intervenção efetiva e dignificadora das relações de trabalho (em *call center* do setor de telecomunicações), podendo ainda ser perigosamente usurpada como forma de obtenção de consentimento para a manutenção desse *status quo* de exceção econômica.

No entanto, é nesse mesmo Direito do Trabalho, inclusive em suas formulações retóricas e utópicas, que reside o horizonte de resistência dos agentes que atuam no Estado e na sociedade civil em sua marcha contra hegemônica.

Por isso mesmo que problematizar, refletir e colocar os dedos nas feridas da concretização do Direito do Trabalho, longe de negá-lo em sua potencialidade de atuação dentro de uma sociedade capitalista, é forma de recolocá-lo, mais adiante ainda, no horizonte constitucionalizado de dignidade e justiça que ele se propõe a concretizar, consagrando sua possibilidade de proteger e trazer dignidade e progressividade social ao trabalho e, especificamente no caso analisado, aos operadores de *call center* do setor de telecomunicações.

Referências Bibliográficas

ALVES, Giovanni. *Dimensões da precarização do trabalho:* ensaios de sociologia do trabalho. Bauru: Canal 6, 2013.

_____. *Trabalho e subjetividade:* o espírito do toyotismo na era do capitalismo manipulatório. São Paulo: Boitempo, 2011.

_____. *Trabalho e cinema:* o mundo do trabalho através do cinema. Volume I. Londrina: Praxis: 2006.

_____. *Trabalho e cinema:* o mundo do trabalho através do cinema. Volume II. Londrina: Praxis; Bauru: Canal 6, 2008.

_____. *O novo (e precário) mundo do trabalho*: reestruturação produtiva e crise do sindicalismo. São Paulo: Boitempo, 2000.

_____. Trabalho, capitalismo global e "captura" da subjetividade: uma perspectiva crítica. In: SANT'ANA, Raquel Santos (Org.) *et al*. *Avesso do Trabalho II:* trabalho, precarização e saúde do trabalhador. 1. ed. São Paulo: Expressão Popular, 2010.

ANTUNES, Ricardo. *Adeus ao trabalho?* Ensaio sobre as metamorfoses e a centralidade no mundo do trabalho. São Paulo: Cortez, 2010.

_____. *Os sentidos do trabalho:* ensaio sobre a afirmação e a negação do trabalho. São Paulo: Boitempo, 1999.

_____ (Org.). *Riqueza e miséria do trabalho no Brasil*. São Paulo: Boitempo, 2006.

ANTUNES, Ricardo; BRAGA, Ruy (Orgs.). *Infoproletários*. São Paulo: Boitempo, 2009.

ARAÚJO, Adriane Reis de. *O assédio moral organizacional*. São Paulo: LTr, 2012.

ARRUDA, Kátia Magalhães. *A atuação do poder judiciário trabalhista e a precarização do trabalho:* as decisões do TST e TRT do Maranhão e sua relação com a terceirização e flexibilização no trabalho (Tese de Doutorado). Programa de Pós-Graduação em Políticas Públicas do Centro de Ciências Sociais da Universidade Federal do Maranhão. São Luís, 2008.

BARBAGELATA, Héctor-Hugo. *O particularismo do direito do trabalho*. São Paulo: LTr, 1996.

BAYLOS, Antonio. *Direito do trabalho:* modelo para armar. São Paulo: LTr, 1999.

BENDASSOLLI, Pedro Fernando. *Trabalho e identidade em tempos sombrios:* insegurança ontológica na experiência atual com o trabalho. São Paulo: Ideias & Letras, 2007.

BERCOVICI, Gilberto. O poder constituinte do povo no Brasil: um roteiro de pesquisa sobre a crise constituinte. *Lua Nova*, São Paulo, 88, 305-325, 2013.

BIAVASCHI, Magda Barros. *O direito do trabalho no Brasil — 1930 a 1942:* a construção do sujeito de direitos trabalhistas. São Paulo: LTr: JUTRA — Associação Luso-Brasileira de Juristas do Trabalho, 2007.

_____. Relatório Científico do Projeto de Pesquisa "A terceirização e a justiça do trabalho" (1º nov. 2007 a 31 out. 2009) — Projeto FAPESP n. 2007/55182-2. Programa CESIT/IR-FAPESP. Campinas, 2009 *(mimeo)*.

_____. Justiça do Trabalho e terceirização. *In*: GOMES, Angela de Castro; SILVA, Fernando Teixeira da. *A justiça do trabalho e sua história*: os direitos dos trabalhadores no Brasil. Campinas: Editora da Unicamp, 2013. p. 447-480.

BOITO JR., Armando. A crise do sindicalismo. *In*: RAMALHO, José Ricardo; SANTANA, Marco Aurélio (Orgs.). *Além da Fábrica*: trabalhadores, sindicados e a nova questão social. São Paulo: Boitempo, 2003. p. 319-333.

BONFIM, Ana Soraya Vilasbôas. *Entre a voz e o ouvido:* o trabalho emocional e os impactos para a saúde dos trabalhadores do teleatendimento/telemarketing em Salvador. (Dissertação de mestrado). Faculdade de Filosofia e Ciências Humanas da UFBA. Orientadora: Graça Druck. 2009 (267 p.)

BOURDIEU, Pierre. *Contrafogos*: táticas para enfrentar a invasão neoliberal. Rio de Janeiro: Zahar, 1998.

BRAGA, Ruy. *A política do precariado:* do populismo à hegemonia lulista. São Paulo: Boitempo, 2012.

BRAGA, Ruy. A vingança de Braverman: o infortaylorismo como contratempo. *In*: ANTUNES, Ricardo; BRAGA, Ruy (Orgs.). *Infoproletários*. São Paulo: Boitempo, 2009.

CALIXTO, Clarice. A narrativa jornalística e o ocultamento do trabalho como direito fundamental. 2013. 181 f. Dissertação (Mestrado em Direito). Universidade de Brasília, Brasília, 2013.

CÁRCOVA, Carlos María. *A opacidade do direito*. São Paulo: LTr, 1998.

CARDOSO, Adalberto Moreira. Os sindicatos e a segurança socioeconômica no Brasil. *In*: RAMALHO, José Ricardo; SANTANA, Marco Aurélio (Orgs.). *Além da fábrica*: trabalhadores, sindicados e a nova questão social. São Paulo: Boitempo, 2003. p. 227-270.

CARDOSO, Luís Antônio. A categoria trabalho no capitalismo contemporâneo. *Tempo Social*, revista de sociologia da USP, v. 23, n. 2, p. 265-295.

CARVALHO, José Henrique (Org.). *O debate sobre a centralidade do trabalho*. São Paulo: Expressão Popular, 2006.

CARVALHO NETTO, Menelick. A hermenêutica constitucional e os desafios postos aos direitos fundamentais. *In*: José Adércio Leite Sampaio (Org.). *Jurisdição constitucional e os direitos fundamentais*. Belo Horizonte: Del Rey, 2003.

CASTEL, Robert. *As metamorfoses da questão social*. Rio de Janeiro: Vozes, 1998.

CASTELLS, Manuel. *A sociedade em rede* (A era da informação: economia sociedade e cultura. Volume 1). São Paulo: Paz e Terra, 1999.

CAVAIGNAC, Mônica Duarte. Precarização do trabalho e operadores de *telemarketing*. *Revista Perspectivas*, São Paulo, v. 39, p. 47-74, jan./jun. 2011.

CAVALCANTE, Sávio. *Sindicalismo e privatização das telecomunicações no Brasil*. São Paulo: Expressão Popular, 2009.

COSTA, Fernando Braga da. *Os invisíveis*. São Paulo: Editora Globo, 2004.

DALLEGRAVE NETO, José Affonso. Nexo técnico epidemiológico e seus efeitos sobre a ação trabalhista indenizatória. *Revista do Tribunal Regional do Trabalho da 3ª Região*, Belo Horizonte, v.46, n.76, jul./dez. 2007, p.143-153.

DAL ROSSO, Sadi. *Mais trabalho!* A intensificação do labor na sociedade contemporânea. São Paulo: Boitempo, 2008.

DEJOURS, Christophe. *A banalização da injustiça social*. Rio de Janeiro: Fundação Getúlio Vargas, 2006.

DEJOURS, Christophe. Inteligência operária e organização do trabalho: a propósito do modelo japonês de produção. *In:* HIRATA, Helena (Org.). *Sobre o modelo japonês.* São Paulo: Edusp, 1993.

DELGADO, Gabriela Neves. *Terceirização:* paradoxo do direito do trabalho contemporâneo. São Paulo: LTr, 2003.

_____. *Direito fundamental ao trabalho digno.* São Paulo: LTr, 2006.

DELGADO, Gabriela Neves; HENRIQUE, Carlos Augusto Junqueira. *Terceirização no Direito do Trabalho.* Belo Horizonte: Mandamentos, 2004.

DELGADO, Gabriela Neves; Dutra, Renata Queiroz. Obrigações constitucionais extrapatrimoniais das empresas prestadoras e tomadoras de serviços nas relações de trabalho terceirizadas. *Revista Síntese Trabalhista e Previdenciária,* São Paulo: IOB, v. 24, n. 293, (nov. 2013), p.74-99, ISSN: 1809-757X.

DELGADO, Mauricio Godinho. *O poder empregatício.* São Paulo: LTr, 1996.

_____. *Capitalismo, trabalho e emprego.* São Paulo: LTr, 2006.

_____. *Curso de Direito do Trabalho.* São Paulo: LTr, 2011.

_____. *Direito Coletivo do Trabalho.* São Paulo: LTr, 2011.

_____. Relação de emprego e relações de trabalho: a retomada expansionista do direito trabalhista. *In:* SENA, Adriana Goulart de; DELGADO, Gabriela Neves; NUNES, Raquel Portugal (Coords.). *Dignidade humana e inclusão social:* para a efetividade do direito do trabalho no Brasil. São Paulo: LTr, 2010.

DELGADO, Mauricio Godinho; DELGADO, Gabriela Neves. *Tratado jurisprudencial de direito constitucional do trabalho.* Volume I. São Paulo: Revista dos Tribunais, 2013.

_____. *Constituição da República e direitos fundamentais:* dignidade da pessoa humana, justiça social e direito do trabalho. São Paulo: LTr, 2012.

DIEESE, *Rotatividade e flexibilidade no mercado de trabalho.* São Paulo: DIEESE, 2011. 128 p.

DRUCK, Maria da Graça. *Terceirização:* (des)fordizando a fábrica. São Paulo: Boitempo, 1999.

DRUCK, Maria da Graça; FRANCO, Tania; SELLINGMANN-SILVA, Edith. As novas relações de trabalho, o desgaste mental do trabalhador e os transtornos mentais no trabalho precarizado. *Revista Brasileira de Saúde Ocupacional.* São Paulo, 35 (122): 228-248, 2010, p. 229-248.

_____. Trabalho, precarização e resistências: novos e velhos desafios? *Cadernos CRH* [on-line]. 2011, vol. 24, n. spe1, p. 37-57. ISSN 0103-4979.

DUBAR, Claude. *A crise das identidades:* a interpretação de uma mutação. São Paulo: Editora Edusp, 2009.

_____. *A socialização:* construção das identidades sociais e profissionais. São Paulo: Martins Fontes, 2005.

DUTRA, Renata Queiroz. Direitos fundamentais sociais à afirmação da identidade e à proteção da subjetividade no trabalho. *Revista do Tribunal Superior do Trabalho,* vol. 78, n.4, out./dez. 2012. p. 256-287.

DUTRA, Renata Queiroz; RAMOS, Gabriel Oliveira. Tendências desmobilizadoras oriundas da terceirização e da precarização trabalhistas: reflexos na atuação sindical. *In:* DELGADO, Gabriela Neves; PEREIRA, Ricardo Macedo de Brito (Orgs.). *Trabalho, Constituição e Cidadania* (no prelo).

ENGELS, Friedrich. *A situação da classe trabalhadora na Inglaterra*. São Paulo: Boitempo, 2008.

FENATTEL/DIEESE. *Cartilha do Seminário Nacional do Setor de Teleatendimento* (26 e 27 de setembro de 2012). São Paulo — SP. Disponível em: <http://www.fenattel.org.br/site/arquivos/pdf/setor/Telatendimento.pdf>. Acesso em: 24 fev. 2014, 23h27min.

FILGUEIRAS, Vitor. *Estado e direito do trabalho no Brasil*: regulação do emprego entre 1988 e 2008. (Tese de Doutorado). Faculdade de Filosofia e Ciências Humanas da UFBA. Orientadora: Graça Druck. 2012.

FRAZÃO, Ana de Oliveira; MELLO FILHO, Luiz Philippe Vieira de. Apresentação. *In*: TEPEDINO, Gustavo José Mendes; MELLO FILHO, Luiz Philippe Vieira de; FRAZÃO, Ana de Oliveira; DELGADO, Gabriela Neves (Orgs.). *Diálogos entre o Direito do Trabalho e o Direito Civil*. 1. ed. São Paulo: Revista dos Tribunais, 2013, v. 1, p. 5-6.

FURRIER, Fábio Luis. A atuação do STJ no exame do justo valor compensatório dos danos morais. *Revista de Processo*. Repro. Ano 37, n. 206, abr. 2012, fls. 295-319.

GAULEJAC, Vincent de. *A gestão como doença social*. Aparecida: Ideia & Letras, 2007.

GOMES, Orlando. *Direito do Trabalho*: estudos. 3. ed. Bahia, 1954.

GOMES, Orlando; GOTTSCHALK, Elson. *Curso de Direito do Trabalho*. Rio de Janeiro: Forense, 2005.

GRANGEIRO, Maria Vanessa T.; ALENCAR, Denyse Torquato de; BARRETO, Julyanne de O. Paes. A síndrome de burnout: uma revisão da literatura. *Revista eletrônica Saúde Coletiva*: Coletânea, n. 2, novembro de 2008. Disponível em: <http://coletanea2008.no.comunidades.net/index.php?pagina=1225285076>. Acesso em: 25 ago. 2012, 9:10:40.

GUIMARÃES, Sônia. As telecomunicações no Brasil após a privatização. *In*: PICCININI, Valmiria Carolina [et all] (Orgs.). *O mosaico do trabalho na sociedade contemporânea*. Porto Alegre: Editora da UFRGS, 2006.

GUSTIN, Miracy Barbosa de Sousa. *(re)pensando a pesquisa jurídica*. Belo Horizonte: Del Rey, 2010.

HABERMAS, Jurgen. *Direito e democracia*: entre facticidade e validade. Vol. II. Rio de Janeiro: Tempo Brasileiro, 2011.

HARVEY, David. *A condição pós-moderna*. São Paulo: Loyola, 2003.

HAZAN, Ellen Mara Ferraz. Saúde, segurança, medicina do trabalho e a terceirização: redução ou migração dos índices de acidente do trabalho e de doenças profissionais? *In*: DELGADO, Gabriela Neves; HENRIQUE, Carlos Augusto Junqueira. *Terceirização no Direito do Trabalho*. Belo Horizonte: Mandamentos, 2004. p. 273-320.

HIRATA, Helena (Org.). *Sobre o "modelo" japonês*: automatização, novas formas de organização e relações de trabalho. São Paulo: Editora da Universidade de São Paulo, 1993.

KREIN, José Dari. *Debates contemporâneos*: economia social e do trabalho, 8: as relações de trabalho na era do neoliberalismo no Brasil. São Paulo: LTr, 2013.

LINHART, Daniele. *A desmedida do capital*. São Paulo: Boitempo, 2009.

LYRA FILHO, Roberto. *Direito do capital e Direito do Trabalho*. Porto Alegre: Sérgio Antonio Fabris, 1982.

MACIEL, Fabrício. Todo trabalho é digno? Um ensaio sobre moralidade e reconhecimento na modernidade periférica. *In*: SOUZA, Jessé (Org.). *A invisibilidade das desigualdades brasileiras*. Belo Horizonte: Editora UFMG, 2006.

MARX, Karl. *Manuscritos econômico-filosóficos*. São Paulo: Boitempo, 2010.

_____. *O capital*: crítica da economia política: Livro I: o processo de produção do capital. São Paulo: Boitempo, 2013.

MCCHESNEY, Robert W. Introdução. *In*: CHOMSKY, Noam. *O Lucro ou as Pessoas?* Neoliberalismo e Ordem Global. Rio de Janeiro: Bertrand Brasil, 2006.

MELLO FILHO, Luiz Philippe Vieira de; DUTRA, Renata Queiroz. Contrato de locação de serviços, contrato de prestação de serviços e contrato de trabalho: um retorno às origens? *In*: TEPEDINO, Gustavo José Mendes; MELLO FILHO, Luiz Philippe Vieira de; FRAZÃO, Ana de Oliveira; DELGADO, Gabriela Neves (Orgs.). *Diálogos entre o Direito do Trabalho e o Direito Civil*. 1. ed. São Paulo: Revista dos Tribunais, 2013. v. 1, p. 215-247.

MELLO FILHO, Luiz Philippe Vieira de; DUTRA, Renata Queiroz. Centralidade da pessoa humana na constituição versus centralidade do cidadão trabalhador: o desafio de reler o trabalho a partir da Constituição Federal de 1988. *In*: SARLET, Ingo Wolfgang; FRAZÃO, Ana de Oliveira; MELLO FILHO, Luiz Philippe Vieira de (Orgs.). *Diálogos entre o direito do trabalho e o direito constitucional*. São Paulo: Saraiva, 2013. (no prelo)

MÉSZARÓS, István. *Para além do capital*. São Paulo: Boitempo, 2011.

MOCELIN, Daniel Gustavo. Emprego e condições laborais em empresas de teleatendimento no Brasil, 2003-2008. *Revista ABET*, vol. IX, n. 2, 2010, p. 71-97.

MURADAS, Daniela. *O princípio da vedação ao retrocesso no direito do trabalho*. São Paulo: LTr, 2010.

NEVES, Sylvia Malatesta das. Reestruturação Produtiva, reorganização da força de trabalho e desenvolvimento tecnológico no capitalismo contemporâneo: desafios ao direito do trabalho. *In*: RAMOS FILHO, Wilson. *Trabalho e regulação*: as lutas sociais e as condições materiais da democracia. Volume 1. Belo Horizonte: Editora Fórum, 2012.

NOGUEIRA, Cláudia Mazzei. *O trabalho duplicado*: a divisão sexual no trabalho e na reprodução: um estudo das trabalhadoras de telemarketing. São Paulo: Expressão Popular, 2006.

_____. As trabalhadoras do telemarketing: uma nova divisão sexual do trabalho? *In*: ANTUNES, Ricardo; BRAGA, Ruy (Orgs.). *Infoproletários*. São Paulo: Boitempo, 2009.

_____. A feminização do mundo do trabalho: entre a emancipação e a precarização. *In*: ANTUNES, Ricardo; SILVA, Maria A. Moraes (Orgs.). *O avesso do trabalho*. São Paulo: Expressão Popular, 2010.

OLIVEIRA, Marco Antonio de. Tendências recentes das negociações coletivas no Brasil. *In*: RAMALHO, José Ricardo; SANTANA, Marco Aurélio (Orgs.). *Além da fábrica*: trabalhadores, sindicados e a nova questão social. São Paulo: Boitempo, 2003. p. 271-298.

OLIVEIRA, Sirlei Marcia de. Os trabalhadores das centrais de teleatividades no Brasil: da ilusão à exploração. *In*: ANTUNES, Ricardo; BRAGA, Ruy (Orgs.). *Infoproletários*. São Paulo: Boitempo, 2009.

OLIVEIRA, Sebastião Geraldo de. *Proteção jurídica à saúde do trabalhador*. São Paulo: LTr, 2010.

PAIXÃO, Cristiano; LOURENÇO FILHO, Ricardo Machado. Entre a indisponibilidade e a negociação: as normas coletivas como fontes do direito do trabalho. *Caderno Jurídico*. Escola Judicial do TRT da 10ª Região. Brasília, ano 3, vol. 3, n. 4, jul./ago. 2009.

PENA, Paulo Gilvane Lopes; CARDIM, Adryanna e ARAUJO, Maria da Purificação N. Taylorismo cibernético e Lesões por Esforços Repetitivos em operadores de telemarketing em Salvador-Bahia. *Cad. CRH* [on-line]. 2011, vol. 24, n. spe1, p. 133-153.

PEREIRA, Ricardo José Macedo de Britto. *Constituição e liberdade sindical*. São Paulo: LTr, 2007.

_____. Revisitando o conceito de autonomia sindical. In: PEREIRA, Ricardo José Macedo de Britto; PORTO, Lorena Vasconcelos. *Temas de Direito Sindical:* Homenagem a José Cláudio Monteiro de Brito Filho. São Paulo: LTr, 2011.

PERELMAN, Michael. *The invisible handcuffs:* how market tyranny stifles the economy by stunting workers. New York: Monthly Review Press, 2011.

_____. *Manufacturing discontent:* the trap of individualism in corporate society. London: Pluto Press, 2005.

POLANYI, Karl. *A grande transformação:* as origens de nossa época. Rio de Janeiro: Elsevier, 2011.

PORTO, Noemia Aparecida Garcia. *O trabalho como categoria constitucional de inclusão*. São Paulo: LTr, 2013.

_____. Sofrimento banalizado em 'carne e osso': o direito a qual proteção fundamental? *Revista do Tribunal Superior do Trabalho*, v. 78, p. 220-239, 2012.

POUTLANZAS, Nicos. *O Estado, o poder, o socialismo*. Rio de Janeiro: Graal, 1980.

RAMALHO, José Ricardo; SANTANA, Marco Aurélio. *Sociologia do trabalho*. Rio de Janeiro: Jorge Zahar, 2004.

_____ (Orgs.). *Além da fábrica:* trabalhadores, sindicados e a nova questão social. São Paulo: Boitempo, 2003.

RAMOS, Giovane Saionara. *Pela (re)apropriação do sentido de existência*. Disponível em: <http://www.estudosdotrabalho.org/anais6seminariodotrabalho/giovanisaionararamos.pdf>. Acesso em: 25 out. 2013; 22h49.

RANIEIRI, Jesus José. *A câmara escura:* alienação e estranhamento em Marx. São Paulo: Boitempo, 2001.

ROSENFIELD, Cinara Lerrer. A identidade no trabalho em *call centers*: a identidade provisória. In: ANTUNES, Ricardo; BRAGA, Ruy (Orgs.). *Infoproletários*. São Paulo: Boitempo, 2009.

SANT'ANA, Raquel Santos (org) et al. *Avesso do Trabalho II:* trabalho, precarização e saúde do trabalhador. 1. ed. São Paulo: Expressão Popular, 2010.

SARLET, Ingo Wolfgang. *Dignidade da pessoa humana e direitos fundamentais na Constituição Federal de 1988*. Porto Alegre: Livraria do Advogado, 2010.

SCHOLZE, Simone Henriqueta Cossetin. A retomada dos esforços de P&D nas telecomunicações brasileiras: uma perspectiva das teorias regulatórias. *Revista de Direito, Estado e Telecomunicações*, v. 5, n. 1, p. 107-134 (2013).

SENA, Adriana Goulart de; DELGADO, Gabriela Neves; NUNES, Raquel Portugal (Coords.). *Dignidade humana e inclusão social:* para a efetividade do direito do trabalho no Brasil. São Paulo: LTr, 2010.

SENNETT, Richard. *A corrosão do caráter:* o desaparecimento das virtudes com o novo capitalismo. Rio de Janeiro: Bestbolso, 2012.

SILVA, Airton Marinho da. *A regulamentação das condições de trabalho no setor de teleatendimento no Brasil:* necessidades e desafios. (Dissertação de Mestrado). Programa de Pós-Graduação em Saúde Pública da Faculdade de Medicina da UFMG, 2004. (90 pág.).

SILVA, Edith Selingmann. *Trabalho e desgaste mental:* o direito de ser dono de si mesmo. São Paulo: Cortez, 2011.

SILVA, Fábio Pimentel Maria da. *Trabalho e emprego no setor de* telemarketing (Dissertação de mestrado). Faculdade de Filosofia, Letras e Ciências Humanas da USP. Orientador: Ruy Braga. 2010 (183 p).

SILVA, Sayonara Grillo Coutinho Leonardo da.; HORN, Carlos Henrique. O princípio da proteção e a regulação não mercantil do mercado e das relações de trabalho. *Revista de Direito do Trabalho (RDT)*, Revista dos Tribunais, ano 34, vol. 32, out./dez. 2008, p. 185-205.

SOUZA, Jessé. *Os batalhadores brasileiros:* nova classe média ou nova classe trabalhadora? 2. ed. rev. e ampl. Belo Horizonte: Editora UFMG, 2012.

SZNELWAR, Laerte Idal; UCHIDA, Seiji; LANCMAN, Selma. A subjetividade no trabalho em questão. *Tempo social.* [on-line]. 2011, vol. 23, n. 1, p. 11-30. ISSN 0103-2070.

VÁZQUEZ, Adolfo Sanchez. *Filosofia da práxis.* São Paulo: Expressão Popular, 2011.

VENCO, Selma Borghi. Telemarketing *nos bancos*: o emprego que desemprega. Campinas: Editora da Unicamp, 2003.

_____. *As engrenagens do* telemarketing: vida e trabalho na contemporaneidade. Campinas: Arte Escrita, 2009.

_____. Centrais de teleatividade: o surgimento de colarinhos furta-cores? *In:* ANTUNES, Ricardo; BRAGA, Ruy (Orgs.). *Infoproletários.* São Paulo: Boitempo, 2009.

VENCO, Selma Borghi; BARRETO, Margarida. O sentido social do suicídio no trabalho. *Revista espaço acadêmico*, n. 108, maio 2010.

VIANA, Márcio Túlio; DELGADO, Gabriela Neves; AMORIM, Helder Santos. Terceirização — Aspectos gerais. A última decisão do STF e a Súmula n. 331 do TST. Novos enfoques. *Revista do TST*, Brasília, vol. 77, n. 1, jan./mar. 2011. p. 54-84.

WACQUANT, Loïc. *As prisões da miséria.* Rio de Janeiro: Jorge Zahar, 2001.

WOLFF, Simone. *O espectro da reificação em uma empresa de telecomunicações:* o processo de trabalho sob os novos parâmetros gerenciais e tecnológicos (Tese de Doutorado). Departamento de Sociologia do Instituto de Filosofia e Ciências Humanas da UNICAMP. Orientador: Ricardo Antunes. 2004.

WOLFF, Simone; CAVALCANTE, Sávio. O mundo virtual e reificado das telecomunicações. *In:* ANTUNES, Ricardo (Org.). *Riqueza e miséria do trabalho no Brasil.* São Paulo: Boitempo, 2006.

WOOD, Stephen. Toyotismo e/ou Japonização. *In:* HIRATA, Helena (Org.). *Sobre o "modelo" japonês:* automatização, novas formas de organização e relações de trabalho. São Paulo: Editora da Universidade de São Paulo, 1993.

Artigos de jornais

"Bom dia, meu nome é Sheila". *Revista Piauí*, Edição n. 1, out. 2006. Disponível em: <http://revistapiaui.estadao.com.br/edicao-1/mundo-do-trabalho/bom-dia-meu-nome-e-sheila>. Acesso em: 13 out. 2013, às 9h35.

"Fábrica na China dá bônus ao funcionário que namorar colega de trabalho". *Yahoo! Notícias.* Disponível em: <http://br.noticias.yahoo.com/f%C3%A1brica-china-d%C3%A1-b%C3%B4nus-ao--funcion%C3%A1rio-namorar-colega-trabalho-165020958.html>. Acesso em: 25 out. 2013, 21h45.

"Minuto do celular no Brasil é o mais caro do mundo". *Folha de S. Paulo on-line*, 7 out. 2013. Disponível em: <http://www1.folha.uol.com.br/mercado/2013/10/1352956-minuto-do-celular--no-brasil-e-o-mais-caro-do-mundo.shtml>. Acesso em: 15 out. 2013, 8h39.

"Telemarketing emprega 1,4 milhões no país". *Portal G1*. Disponível em: <http://g1.globo.com/concursos-e-emprego/noticia/2012/10/telemarketing-emprega-14-milhao-no-pais-veja-como-e--o-trabalho-no-setor.html>. Acesso em: 25 nov. 2013, 20h28.

Sítios virtuais acessados

"Amor e mais-valia". Blog *Passa palavra*. Disponível em: <http://passapalavra.info/2012/12/69851>. Acesso em: 25 out. 2013, 21h45.

Associação Brasileira de Telesserviços. Disponível em: <http://www.abt.org.br/pesquisa.asp?banner=ABT>. Acesso em: 31 ago. 2013. 20h47min.

Ministério do Trabalho e Emprego: <http://portal.mte.gov.br>. Acesso em: 24 fev. 2014, 23h04min.

Dicionário Informal. Disponível em: <http://www.dicionarioinformal.com.br>. Acesso em: 18 set. 2013, 23h11min.

Filmografia

Tempos Modernos. Direção: Charles Chaplin. Produção: Charles Chaplin, Paulette Goddard, 1936. Rio de Janeiro: Continental Home Video. 1 fita de video (87 min), HI-FI, VHS.

Vertigem Coletiva. Roteiro, produção e direção geral: Silvino Castro, Marta Oliveira, Clarissa Menicucci, Frederico Vaccari, Graciela Gonzalez, Reginaldo Barcelos e Wladia Ferraz. Belo Horizonte: Fundação João Pinheiro Centro de Estudos Históricos e Culturais. 1 fita de vídeo (15 min. e 15 seg.), HI-FI, VHS.

O sucesso a qualquer preço. Direção: James Foley. Roteiro: David Mamet. Produção: Jerry Tokofski. 1990. Manaus: Spectra Nova Produções. 1 DVD (100 min).

Carne e osso. Ficha Técnica. Duração: 65 min. Direção: Caio Cavechini e Carlos Juliano Barros. Roteiro e Edição: Caio Cavechini. Fotografia: Lucas Barreto. Pesquisa: André Campos e Carlos Juliano Barros. Produção Executiva: Maurício Hashizume. Realização: Repórter Brasil, 2011.

Bom dia, meu nome é Sheila. Direção: Angelo Defanti. Rio de Janeiro, 2009. Duração: 17 min, Formato: HDV. Disponível em: <http://portacurtas.org.br/filme/?name=bom_dia_meu_nome_e_sheila>. Acesso em: 15 out. 2013, 08:47h.

Audiência pública do TST sobre terceirização — Abertura. Disponível em: <http://www.youtube.com/watch?v=FNlm3eJmqzg>. Acesso em: 19 out. 2013, 14h36.

Audiência pública do TST sobre terceirização — Parte 1. Disponível em: <http://www.youtube.com/watch?v=CCCmoCnzfQk>. Acesso em: 19 out. 2013, 14h36.

Audiência pública do TST sobre terceirização — Parte 2. Disponível em: <http://www.youtube.com/watch?v=ldcpGs1kRmI>. Acesso em: 19 out. 2013, 14h36.

Audiência pública do TST sobre terceirização — Parte 3. Disponível em: <http://www.youtube.com/watch?v=MrTZtZgpl5k>. Acesso em: 19 out. 2013, 14h36.

Audiência pública do TST sobre terceirização — Parte 4. Disponível em: <http://www.youtube.com/watch?v=_lBVGDStCjQ>. Acesso em: 19 out. 2013, 14h36.

Audiência pública do TST sobre terceirização — Parte. 5. Disponível em: <http://www.youtube.com/watch?v=ZyqvyZGNmkI>. Acesso em: 19 out. 2013, 14h36.

Audiência pública do TST sobre terceirização — Parte 6. Disponível em: <http://www.youtube.com/watch?v=nTiNWDuDpwk>. Acesso em: 19 out. 2013, 14h36.

Jurisprudência

BRASIL. SUPREMO TRIBUNAL FEDERAL. Súmula n. 279.

BRASIL. TRIBUNAL SUPERIOR DE JUSTIÇA. Súmula n. 7.

BRASIL. TRIBUNAL SUPERIOR DO TRABALHO. Processo n. TST-E-RR-134640-23.2008.5.03.0010, Data do Julgamento: 28.6.2011, SBDI-1, relª. Minª. Maria de Assis Calsing; Subseção I Especializada em Dissídios Individuais. Data de Publicação: DEJT 10.8.2012.

BRASIL. TRIBUNAL SUPERIOR DO TRABALHO. Processo n. TST-E-ED-RR-2938-13.2010.5.12.0016. Data de Julgamento: 8.11.2012. Redator Ministro: José Roberto Freire Pimenta. Subseção I Especializada em Dissídios Individuais. Data de Publicação: DEJT 26.3.2013.

BRASIL. TRIBUNAL SUPERIOR DO TRABALHO. Processo n. TST-RR-2175200-64.2001.5.09.0005 Data de Julgamento: 25.9.2013, relator Ministro: José Roberto Freire Pimenta, 2ª Turma. Data de Publicação: DEJT 4.10.2013.

BRASIL. TRIBUNAL SUPERIOR DO TRABALHO. Processo n. TST-RR-110200-86.2006.5.03.0024, Data de Julgamento: 5.6.2013, relator Ministro: Fernando Eizo Ono, 4ª Turma. Data de Publicação: DEJT 22.11.2013.

BRASIL. TRIBUNAL SUPERIOR DO TRABALHO. Processo n. TST-RR-42740-20.2007.5.24.0006. Data de Julgamento: 15.12.2010. Relatora Ministra: Dora Maria da Costa. 8ª Turma. Data de Publicação: DEJT 17.12.2010.

BRASIL. TRIBUNAL SUPERIOR DO TRABALHO. Processo n. TST-RR-16100-43.2009.5.03.0022. Data de Julgamento: 29.6.2011. Relatora Ministra: Rosa Maria Weber. 3ª Turma. Data de Publicação: DEJT 19.8.2011.

BRASIL. TRIBUNAL SUPERIOR DO TRABALHO. Processo n. TST-RR-208-93.2010.5.03.0011. Data de Julgamento: 28.6.2011. Relator Ministro: Carlos Alberto Reis de Paula. 8ª Turma. Data de Publicação: DEJT 15.8.2011.

BRASIL. TRIBUNAL SUPERIOR DO TRABALHO. Processo n. TST-RR-35840-96.2008.5.24.0002. Data de Julgamento: 14.12.2011. Relator Ministro: Augusto César Leite de Carvalho. 6ª Turma. Data de Publicação: DEJT 19.12.2011.

BRASIL. TRIBUNAL SUPERIOR DO TRABALHO. Processo n. TST-RR-47400-63.2008.5.03.0020. Data de Julgamento: 11.5.2011. Relatora Ministra: Dora Maria da Costa. 8ª Turma. Data de Publicação: DEJT 20.5.2011.

BRASIL. TRIBUNAL SUPERIOR DO TRABALHO. Processo n. TST-RR-443200-93.2005.5.09.0663. Data de Julgamento: 3.8.2011, relatora Ministra: Rosa Maria Weber. 3ª Turma. Data de Publicação: DEJT 12.8.2011.

BRASIL. TRIBUNAL SUPERIOR DO TRABALHO. Processo n. TST-RR-52800-55.2007.5.24.0005. Data de Julgamento: 29.6.2011. Relator Ministro: Pedro Paulo Manus. 7ª Turma. Data de Publicação: DEJT 12.8.2011.

BRASIL. TRIBUNAL SUPERIOR DO TRABALHO. Processo n. TST-RR-142500-08.2008.5.24.0005. Data de Julgamento: 22.6.2011. Relator Ministro: Emmanoel Pereira. 5ª Turma. Data de Publicação: DEJT 5.8.2011.

BRASIL. TRIBUNAL SUPERIOR DO TRABALHO. Processo n. TST-RR-91000-62.2008.5.03.0044. Data de Julgamento: 25.5.2011. Relator Ministro: Guilherme Augusto Caputo Bastos. 2ª Turma. Data de Publicação: DEJT 3.6.2011.

BRASIL. TRIBUNAL SUPERIOR DO TRABALHO. Processo n. TST-RR-43600-24.2007.5.24.0005. Data de Julgamento: 13.4.2011. Relator Ministro: Carlos Alberto Reis de Paula. 8ª Turma. Data de Publicação: DEJT 29.4.2011.

BRASIL. TRIBUNAL SUPERIOR DO TRABALHO. Processo n. TST-RR-144900-06.2005.5.12.0014. Data de Julgamento: 20.10.2010. Relatora Ministra: Maria de Assis Calsing. 4ª Turma. Data de Publicação: DEJT 28.10.2010.

BRASIL. TRIBUNAL SUPERIOR DO TRABALHO. Processo n. TST-RR-328-87.2010.5.24.0000 Data de Julgamento: 15.9.2010, relator Ministro: Mauricio Godinho Delgado, 6ª Turma, Data de Publicação: DEJT 24.9.2010.

BRASIL. TRIBUNAL SUPERIOR DO TRABALHO. Processo n. TST-RR-74000-18.2007.5.24.0006. Data de Julgamento: 30.6.2010. Relatora Ministra: Dora Maria da Costa. 8ª Turma. Data de Publicação: DEJT 30.7.2010.

BRASIL. TRIBUNAL SUPERIOR DO TRABALHO. Processo n. TST-RR-150000-44.2006.5.09.0513. Data de Julgamento: 30.6.2010. Relatora Ministra: Maria Cristina Irigoyen Peduzzi. 8ª Turma. Data de Publicação: DEJT 30.7.2010.

BRASIL. TRIBUNAL SUPERIOR DO TRABALHO. Processo n. TST-RR-43300-87.2009.5.09.0012 Data de Julgamento: 25.5.2011, relatora Juíza Convocada: Maria Doralice Novaes, 7ª Turma, Data de Publicação: DEJT 3.6.2011.

BRASIL. TRIBUNAL SUPERIOR DO TRABALHO. Processo n. TST-RR-2242700-15.2008.5.09.0002 Data de Julgamento: 9.6.2010, relatora Juíza Convocada: Maria Doralice Novaes, 7ª Turma, Data de Publicação: DEJT 18.6.2010.

BRASIL. TRIBUNAL SUPERIOR DO TRABALHO. Processo n. TST-RR-5000-70.2008.5.03.0105. Data de Julgamento: 18.11.2009. Relatora Ministra: Maria Cristina Irigoyen Peduzzi. 8ª Turma. Data de Publicação: DEJT 27.11.2009.

BRASIL. TRIBUNAL SUPERIOR DO TRABALHO. TST-RR-1521-90.2010.5.03.0043 Data de Julgamento: 24.4.2013, relator Ministro: João Batista Brito Pereira, 5ª Turma. Data de Publicação: DEJT 30.8.2013.

BRASIL. TRIBUNAL SUPERIOR DO TRABALHO. Processo n. TST-RR-898-73.2010.5.24.0000 Data de Julgamento: 18.12.2012, relator Ministro: Walmir Oliveira da Costa, 1ª Turma. Data de Publicação: DEJT 21.12.2012.

BRASIL. TRIBUNAL SUPERIOR DO TRABALHO. Processo n. TST-RR-1122-11.2010.5.24.0000 Data de Julgamento: 18.12.2012, Relator Ministro: Walmir Oliveira da Costa, 1ª Turma. Data de Publicação: DEJT 21.12.2012.

BRASIL. TRIBUNAL SUPERIOR DO TRABALHO. Processo n. TST-RR-342-71.2010.5.24.0000 Data de Julgamento: 18.12.2012, relator Ministro: Walmir Oliveira da Costa, 1ª Turma. Data de Publicação: DEJT 21.12.2012.

BRASIL. TRIBUNAL SUPERIOR DO TRABALHO. Processo n. TST-RR-64940-84.2008.5.24.0006 Data de Julgamento: 18.12.2012, relator Ministro: Walmir Oliveira da Costa, 1ª Turma. Data de Publicação: DEJT 21.12.2012.

BRASIL. TRIBUNAL SUPERIOR DO TRABALHO. Processo n. TST-RR-243-04.2010.5.24.0000 Data de Julgamento: 12.12.2012, relator Ministro: Mauricio Godinho Delgado, 3ª Turma. Data de Publicação: DEJT 14.12.2012.

BRASIL. TRIBUNAL SUPERIOR DO TRABALHO. Processo n. TST-RR-216-21.2010.5.24.0000 Data de Julgamento: 20.6.2012, relator Ministro: Luiz Philippe Vieira de Mello Filho, 4ª Turma. Data de Publicação: DEJT 29.6.2012.

BRASIL. TRIBUNAL SUPERIOR DO TRABALHO. Processo n. TST-RR-93200-51.2008.5.03.0138 Data de Julgamento: 2.5.2012, relator Ministro: Augusto César Leite de Carvalho, 6ª Turma. Data de Publicação: DEJT 11.5.2012.

BRASIL. TRIBUNAL SUPERIOR DO TRABALHO. Processo n. TST-RR-62400-43.2008.5.03.0137 Data de Julgamento: 14.11.2012, relator Ministro: Mauricio Godinho Delgado, 3ª Turma. Data de Publicação: DEJT 23.112012.

BRASIL. TRIBUNAL SUPERIOR DO TRABALHO. Processo n. TST-RR-412-17.2011.5.09.0018 Data de Julgamento: 24.10.2012, relator Ministro: Alberto Luiz Bresciani de Fontan Pereira, 3ª Turma. Data de Publicação: DEJT 31.10.2012.

BRASIL. TRIBUNAL SUPERIOR DO TRABALHO. Processo n. TST-RR-27500-05.2009.5.03.0006 Data de Julgamento: 13.6.2012, relator Ministro: José Roberto Freire Pimenta, 2ª Turma. Data de Publicação: DEJT 5.10.2012.

BRASIL. TRIBUNAL SUPERIOR DO TRABALHO. Processo n. TST-RR-86700-26.2009.5.03.0140 Data de Julgamento: 7.8.2012, relatora Ministra: Kátia Magalhães Arruda, 6ª Turma. Data de Publicação: DEJT 17.8.2012.

BRASIL. TRIBUNAL SUPERIOR DO TRABALHO. Processo n. TST-RR-380100-25.2006.5.09.0019 Data de Julgamento: 27.6.2012, relator Ministro: Fernando Eizo Ono, 4ª Turma. Data de Publicação: DEJT 3.8.2012.

BRASIL. TRIBUNAL SUPERIOR DO TRABALHO. Processo n. TST-RR-580-39.2010.5.03.0109 Data de Julgamento: 30.4.2012, relator Ministro: Mauricio Godinho Delgado, 3ª Turma. Data de Publicação: DEJT 4.5.2012.

BRASIL. TRIBUNAL SUPERIOR DO TRABALHO. Processo n. TST-RR-151100-57.2009.5.03.0008 Data de Julgamento: 9.11.2011, relator Ministro: Ives Gandra Martins Filho, 7ª Turma. Data de Publicação: DEJT 3.2.2012.

BRASIL. TRIBUNAL SUPERIOR DO TRABALHO. Processo n. TST-RR-131800-10.2009.5.03.0138 Data de Julgamento: 7.11.2012, relator Ministro: Alexandre de Souza Agra Belmonte. 3ª Turma, Data de Publicação: DEJT 9.11.2012.

BRASIL. TRIBUNAL SUPERIOR DO TRABALHO. Processo n. TST-RR-276-28.2011.5.03.0037 Data de Julgamento: 30.5.2012, relator Ministro: Ives Gandra Martins Filho, 7ª Turma. Data de Publicação: DEJT 1º.6.2012.

BRASIL. TRIBUNAL SUPERIOR DO TRABALHO. Processo n. TST-RR-86900-68.2009.5.24.0004 Data de Julgamento: 12.12.2012, relator Ministro: Pedro Paulo Manus, 7ª Turma. Data de Publicação: DEJT 19.12.2012.

BRASIL. TRIBUNAL SUPERIOR DO TRABALHO. Processo n. TST-RR-243-04.2010.5.24.0000 Data de Julgamento: 12.12.2012, relator Ministro: Mauricio Godinho Delgado, 3ª Turma. Data de Publicação: DEJT 14.12.2012.

BRASIL. TRIBUNAL SUPERIOR DO TRABALHO. Processo n. TST-RR-109200-41.2007.5.03.0016 Data de Julgamento: 31.10.2012, redator Ministro: José Roberto Freire Pimenta, 2ª Turma. Data de Publicação: DEJT 14.12.2012.

BRASIL. TRIBUNAL SUPERIOR DO TRABALHO. Processo n. TST-RR-1125-52.2010.5.06.0004 Data de Julgamento: 12.12.2012, relator Ministro: Aloysio Corrêa da Veiga, 6ª Turma. Data de Publicação: DEJT 14.12.2012.

BRASIL. TRIBUNAL SUPERIOR DO TRABALHO. Processo n. TST-RR-1625-09.2010.5.03.0035 Data de Julgamento: 21.11.2012, relator Ministro: Aloysio Corrêa da Veiga, 6ª Turma. Data de Publicação: DEJT 23.11.2012.

BRASIL. TRIBUNAL SUPERIOR DO TRABALHO. Processo n. TST-RR-834-20.2011.5.24.0003 Data de Julgamento: 12.12.2012, relator Ministro: Luiz Philippe Vieira de Mello Filho, 4ª Turma. Data de Publicação: DEJT 19.12.2012.

BRASIL. TRIBUNAL SUPERIOR DO TRABALHO. Processo n. TST-RR-151100-84.2009.5.24.0004 Data de Julgamento: 29.10.2012, relator Ministro: Mauricio Godinho Delgado, 3ª Turma. Data de Publicação: DEJT 16.11.2012.

BRASIL. TRIBUNAL SUPERIOR DO TRABALHO. Processo n. TST-RR-216-21.2010.5.24.0000 Data de Julgamento: 20.6.2012, relator Ministro: Luiz Philippe Vieira de Mello Filho, 4ª Turma. Data de Publicação: DEJT 29.6.2012.

BRASIL. TRIBUNAL SUPERIOR DO TRABALHO. Processo n. TST-RR-763500-32.2007.5.09.0663 Data de Julgamento: 16.5.2012, relatora Ministra: Maria de Assis Calsing, 4ª Turma. Data de Publicação: DEJT 18.5.2012.

BRASIL. TRIBUNAL SUPERIOR DO TRABALHO. Processo n. TST-RR-93200-51.2008.5.03.0138 Data de Julgamento: 2.5.2012, relator Ministro: Augusto César Leite de Carvalho, 6ª Turma. Data de Publicação: DEJT 11.5.2012.

BRASIL. TRIBUNAL SUPERIOR DO TRABALHO. Processo n. TST-RR-147200-05.2009.5.24.0001 Data de Julgamento: 11.4.2012, relator Ministro: Alberto Luiz Bresciani de Fontan Pereira, 3ª Turma. Data de Publicação: DEJT 13.4.2012.

BRASIL. TRIBUNAL SUPERIOR DO TRABALHO. Processo n. TST-RR-722500-85.2008.5.09.0673 Data de Julgamento: 14.12.2011, relator Ministro: João Batista Brito Pereira, 5ª Turma. Data de Publicação: DEJT 2.3.2012.

BRASIL. TRIBUNAL SUPERIOR DO TRABALHO. Processo n. TST-RR-183700-26.2003.5.03.0111 Data de Julgamento: 8.2.2012, relatora Ministra: Maria de Assis Calsing, 4ª Turma. Data de Publicação: DEJT 10.2.2012.

BRASIL. TRIBUNAL SUPERIOR DO TRABALHO. Processo n. TST-RR-40800-46.2009.5.24.0007 Data de Julgamento: 27.6.2012, relatora Ministra: Maria de Assis Calsing, 4ª Turma. Data de Publicação: DEJT 3.8.2012.

BRASIL. TRIBUNAL SUPERIOR DO TRABALHO. Processo n. TST-RR-35840-96.2008.5.24.0002. Data de Julgamento: 14.12.2011. Relator Ministro: Augusto César Leite de Carvalho. 6ª Turma. Data de Publicação: DEJT 19.12.2011.

BRASIL, Tribunal Superior do Trabalho. Processo N. TST-AIRR-172500-04.2009.5.08.0101; Data de Julgamento: 26.9.2012; relator Ministro Mauricio Godinho Delgado; 3ª Turma. Data de Publicação: DEJT 28.9.2012

BRASIL, Tribunal Superior do Trabalho, Processo N. TST-RR-995-58.2011.5.03.0021; Data de Julgamento: 17.4.2013; relator Ministro: José Roberto Freire Pimenta; 2ª Turma. Data de Publicação: DEJT 26.4.2013.

BRASIL. TRIBUNAL SUPERIOR DO TRABALHO. Processo n. TST-E-RR-77700-27.2002.5.04.0008, SBDI-1, rel. Min. Aloysio Corrêa da Veiga. DJ de 21.8.2009.

BRASIL. TRIBUNAL SUPERIOR DO TRABALHO. Processo n. TST-ED-E-ED-RR-119900-11.2003.5.10.0020, relator Ministro Lelio Bentes Corrêa, DJU de 23.5.2008.

BRASIL. TRIBUNAL SUPERIOR DO TRABALHO. Súmula n. 126.

BRASIL. TRIBUNAL SUPERIOR DO TRABALHO. Súmula n. 331.

Legislação

BRASIL, Constituição Federal. Constituição da República Federativa do Brasil, promulgada em 5 de outubro de 1988.

BRASIL, Emenda Constitucional n. 8 de 1995 — Altera o inciso XI e a alínea "a" do inciso XII do art. 21 da Constituição Federal.

BRASIL, Emenda Constitucional n. 45/2004 — Altera dispositivos dos arts. 5º, 36, 52, 92, 93, 95, 98, 99, 102, 103, 104, 105, 107, 109, 111, 112, 114, 115, 125, 126, 127, 128, 129, 134 e 168 da Constituição Federal, e acrescenta os arts. 103-A, 103-B, 111-A e 130-A, e dá outras providências.

BRASIL, Decreto-lei n. 5.452, de 1º de maio de 1943 — Aprova a Consolidação das Leis do Trabalho.

BRASIL, Lei n. 5.645/70 — Estabelece diretrizes para a classificação de cargos do Serviço Civil da União e das autarquias federais, e dá outras providências.

BRASIL, Lei n. 6.019/74 — Dispõe sobre o Trabalho Temporário nas Empresas Urbanas, e dá outras Providências.

BRASIL, Lei n. 7.102/83 — Dispõe sobre segurança para estabelecimentos financeiros, estabelece normas para constituição e funcionamento das empresas particulares que exploram serviços de vigilância e de transporte de valores, e dá outras providências.

BRASIL, Lei n. 8.078/90 — Dispõe sobre a proteção do consumidor e dá outras providências.

BRASIL, Lei n. 8.213/91 — Dispõe sobre os Planos de Benefícios da Previdência Social e dá outras providências.

BRASIL, Lei n. 8.666/93 — Regulamenta o art. 37, inciso XXI, da Constituição Federal, institui normas para licitações e contratos da Administração Pública e dá outras providências.

BRASIL, Lei n. 8.863/94 — Altera a Lei n. 7.102, de 20 de junho de 1983.

BRASIL, Lei n. 8.987/95 — Dispõe sobre o regime de concessão e permissão da prestação de serviços públicos previsto no art. 175 da Constituição Federal, e dá outras providências.

BRASIL, Lei n. 9.472/97 — Dispõe sobre a organização dos serviços de telecomunicações, a criação e funcionamento de um órgão regulador e outros aspectos institucionais, nos termos da Emenda Constitucional n. 8, de 1995.

BRASIL, Decreto n. 3048/99 — Aprova o Regulamento da Previdência Social, e dá outras providências.

BRASIL, Decreto n. 6.523/2008. Regulamenta a Lei n. 8.078, de 11 de setembro de 1990, para fixar normas gerais sobre o Serviço de Atendimento ao Consumidor — SAC.

BRASIL, Decreto-lei n. 200/67 — Dispõe sôbre a organização da Administração Federal, estabelece diretrizes para a Reforma Administrativa e dá outras providências.

BRASIL, Decreto-lei n. 229/67 — Altera dispositivos da Consolidação das Leis do Trabalho, aprovada pelo Decreto-lei n. 5.452, de 1º de maio de 1943, e dá outras providências.

BRASIL, Ministério do Trabalho e Emprego — Norma Regulamentadora n. 17, Anexo II.

BRASIL, Ministério da Previdência e Assistência Social. INSS. Instrução Normativa n. 31 /2008.

Outros documentos

BRASIL. Ministério da Previdência e Assistência Social. Anuário Estatístico da Previdência Social – AEPS. 2011. Disponível em: <http://www.mpas.gov.br/conteudoDinamico.php?id=463>. Acesso em: 21 jul. 2013, 14:58.

BRASIL. Ministério Público do Trabalho. Termo de Ajustamento de Conduta n. 388, Procuradoria Regional do Trabalho da 5ª Região. Disponível em: <http://mpt.gov.br/portaltransparencia/downloadtac.php?IDDOCUMENTO=588753>. Acesso em: 6 nov. 2013, 17h56

BRASIL. Ministério do Trabalho e Emprego. RAIS — Relação Anual de Informações Sociais, 2011. Disponível em: <http://portal.mte.gov.br/rais/>. Acesso em: 24 fev. 2014, 23h04min.

BRASIL. Tribunal Superior do Trabalho. Ato n. 267/GDGCJ.GP, de 27 de julho de 2007. Boletim Interno [do] Tribunal Superior do Trabalho, n. 29, 27 jul. 2007, p. 3-4.

BRASIL. Tribunal Superior do Trabalho. Ato n. 452/SETPOEDC.GP, de 20 de junho de 2008. Diário da Justiça [da] República Federativa do Brasil, Brasília, DF, 24 jun. 2008, p. 27-28. Republicado no Diário da Justiça [da] República Federativa do Brasil, Brasília, DF, 7 ago. 2008, p. 22.

BRASIL. Tribunal Superior do Trabalho. Ato n. 181/GDGSET.GP, de 20 de março de 2009. Boletim Interno [do] Tribunal Superior do Trabalho, Brasília, DF, n. 11, 20 mar. 2009, p. 6

BRASIL. Tribunal Superior do Trabalho. Ato n. 251/GDGSET.GP, de 26 de maio de 2010. Boletim Interno [do] Tribunal Superior do Trabalho, Brasília, DF, n. 21, 28 maio 2010, p. 4-6.

BRASIL. Tribunal Superior do Trabalho. Ato n. 319/GDGSET.GP, de 13 de maio de 2011. Boletim Interno [do] Tribunal Superior do Trabalho, Brasília, DF, n. 19, 13 maio 2011, p. 9-11.

BRASIL. Tribunal Superior do Trabalho. Ato n. 51/GDGSET.GP, de 31 de janeiro de 2012. Boletim Interno [do] Tribunal Superior do Trabalho, Brasília, DF, n. 21, n. 4, 3 fev. 2012, p. 16.

BRASIL. Tribunal Superior do Trabalho. Ato n. 520/GDGSET.GP, de 19 de julho de 2013. Boletim Interno [do] Tribunal Superior do Trabalho, Brasília, DF, n. 29, 26 jul. 2013, p. 8-11.

BRASIL. Tribunal Superior do Trabalho. Movimentação Processual do Tribunal Superior do Trabalho – 2013. Disponível em: <http://www.tst.jus.br/documents/10157/e9944cea-1c84-4c29-95b2-f58e18028e7e>. Acesso em: 6 nov. 2013, 15h02.